Für Tonio Pflaum und Enrique Schmidt Cuadra

Die Autoren:

Manfred Ernst, Jahrgang 1951, Politikwissenschaftler aus Hamburg, Veröffentlichungen über Mittelamerika und die Karibik, Mitarbeiter des Karibik Informationszentrums Hamburg e. V. 1982 – 1985, mehrere Arbeitsaufenthalte in Mittelamerika.

Ali Schwarz, Jahrgang 1953, Studium der Geschichte und Pädagogik, längerer Nicaragua-Aufenthalt 1982, Mitarbeiter im Berliner El Salvador-Komitee.

IMPRESSUM

Verlag: Forschungs- und Dokumentationszentrum
Chile – Lateinamerika
Gneisenaustr. 2, 1000 Berlin 61
Redaktion: Jutta Borner
Satz: Gegensatz, Berlin
Druck: Oktoberdruck, Berlin
Umschlaggestaltung: Michaela Booth
Fotos: CITA-Freundeskreis, medico international, Ali Schwarz,
Rosi Karges, Sissi Karnehm, Carsten Hellpapp, Peter Schwiebert

ISBN: 3-923020-05-8

1. Auflage Juni 1985

Ali Schwarz / Manfred Ernst

DENN SIE WISSEN WAS SIE TUN

Zwischen Solidarität und Boykott
BRD & Nicaragua

EDITION BAND 7

FDCL

FORSCHUNGS- UND DOKUMENTATIONSZENTRUM CHILE/LATEINAMERIKA

INHALTSVERZEICHNIS

Wir danken dem Ausschuß für entwicklungsbezogene Bildungsarbeit und Publizistik (ABP), der Aktion Selbstbesteuerung und Terre des Hommes für die Unterstützung zur Herstellung dieses Buches.

Vorwort

Jedes Jahr im Winter treffen auf einem alten Herrensitz in Bergisch-Gladbach an verschiedenen Wochenenden rund 130 junge Frauen und Männer zusammen. Sie kommen aus allen Teilen der Bundesrepublik und sind in der Regel zwischen 20 und 30 Jahre alt. Die Rede ist von den ausgewählten Teilnehmern eines Studien-Stipendienprogramms, welches es seit nunmehr genau 25 Jahren gibt, – das sogenannte ASA-Programm (Arbeits- und Studienaufenthalte in Asien, Afrika und Lateinamerika).
Dieses Programm entstand 1960 als studentische Initiative und entwickelte sich seitdem zu einem entwicklungspolitischen Studienprogramm für Studenten aller Fachrichtungen.
Jährlich reisen ca. 130 'Asaten' in Länder der Dritten Welt und sammeln dort erste praktische Erfahrungen. Für viele bedeutet das Stipendium den Einstieg in das Berufsfeld 'Entwicklungspolitische Zusammenarbeit'.
Finanziert wird das Programm zu mehr als 90 % aus Mitteln des Bundesministeriums für Wirtschaftliche Zusammenarbeit/BMZ. Kennzeichnend für den Charakter des Programms ist, trotz der finanziellen Abhängigkeit, eine relativ weitgehende Autonomie und Mitbestimmung bei der Programmgestaltung, der Auswahl und Durchführung von Projekten und der Abwicklung des Programms durch gewählte studentische Vertreter.

Seit einigen Jahren, vor allem aber seit dem Regierungswechsel im Jahr 1982, wird seitens des Hauptgeldgebers BMZ versucht, massiv in diese Autonomie einzugreifen, indem man sich beispielsweise weigert, Projekte in politisch mißliebigen Ländern zu finanzieren. Im Gegensatz zur bisherigen Praxis wurden vier bereits zugesagte Studienvorhaben in Nicaragua im nachhinein gestrichen. Die Anfrage des SPD Abgeordneten Uwe Holtz an das BMZ »Welche Gründe haben die Bundesregierung bewogen, die vier gut vorbereiteten Projekte des ASA-Programms in Nicaragua zu streichen...?« wurde vom Parlamentarischen Staatssekretär Dr. Köhler am 23. Mai mit den Sätzen beantwortet: »Die Bundesregierung hält es nicht für zweckmäßig, Maßnahmen, die der Motivierung junger Menschen dienen, in einem Land durchzuführen, in dem sie zur Zeit keine neuen staatlichen Entwicklungsvorhaben fördert. Bei sachlicher Betrachtung zeigt sich, daß entsprechende Maßnahmen in anderen Ländern unter günstigeren Voraussetzungen zu verwirklichen sind.«
Diese eindeutig politisch begründete Streichung der Studienvorhaben empörte die Teilnehmer des Jahrgangs 1984, die nicht gewillt waren, den mas-

siven Eingriff geduldig hinzunehmen. Nach langen, oft kontrovers geführten Diskussionen über die Frage 'Was Tun'? entstand die Idee, zu versuchen, die subtile Boykottpolitik der Bundesregierung gegenüber Nicaragua, die entwicklungspolitisch nicht begründbar ist, öffentlich anzuprangern.
Fast alle Teilnehmer des Jahrgangs 1984 und einige ehemalige Teilnehmer zahlten aus ihrer eigenen Tasche in einen 'Solidaritätsfonds', um die Durchführung eines Forschungsvorhabens über die Praxis der bundesdeutschen Nicaragua-Politik zu ermöglichen.
Vor nun fast genau einem Jahr wurden wir, Manfred Ernst und Ali Schwarz, von den studentischen Vertretern ausgewählt und können nun eine Bestandsaufnahme der öffentlichen und privaten Entwicklungshilfe der BRD an Nicaragua seit 1979 vorlegen.
Nach Überwindung vieler Hürden, nach intensiven Recherchen in der Bundesrepublik und in Nicaragua, auf der Grundlage einer Vielzahl von Gesprächen und Interviews hoffen wir, mit dem vorliegenden Buch einen Beitrag zu leisten, dem Klima der Wende, die auch vor der Entwicklungspolitik nicht haltgemacht hat, entgegenzuwirken. Wir hoffen, der Diffamierung Nicaraguas durch die Bundesregierung mit entwicklungspolitisch begründeten Argumenten entgegenwirken zu können.
Die breite Unterstützung, die wir bei der Realisierung des Projektes selbst von Mitarbeitern staatlicher Vertreter und Organisationen erfahren haben, half uns über manches Problem hinweg. Wir möchten es nicht versäumen, uns an dieser Stelle bei all jenen zu bedanken, die uns materiell und politisch unterstützt haben. Es sind derer viele, angefangen von den Teilnehmern des ASA-Jahrgangs 1984, den studentischen Vertretern des ASA-Programms, bis hin zum nicaraguanischen Generalkonsul Alberto Evertsz in Hamburg, den Mitarbeitern verschiedener staatlicher und nichtstaatlicher Entwicklungshilfeorganisationen, besonders der Evangelischen Kirche, Terre des Hommes und medico international, dem Informationsbüro Nicaragua in Wuppertal, den Mitarbeitern/innen des FDCL in Berlin, Andreas von den Grünen in Bonn, unseren Interviewpartner und Informanten in Nicaragua und der BRD, nicht zuletzt Rose, Erich und ganz besonders Jutta, die mit uns das Manuskript diskutierten und uns halfen, es in die vorliegende Form zu bringen.

Manfred Ernst und Ali Schwarz

Hamburg/Berlin, Mai 1985

Einleitung

Während seines Staatsbesuches in der Bundesrepublik anläßlich des Weltwirtschaftsgipfels ließ US-Präsident Reagan am 1. Mai 1985 in Bonn verkünden, er habe ein umfassendes Handelsembargo gegenüber Nicaragua angeordnet – nur wenige Tage, nachdem der Kongreß es abgelehnt hatte, 14 Millionen US-Dollar für die Finanzierung der antisandinistischen Contra zu bewilligen. Diese Ankündigung traf bei der Bundesregierung nicht gerade auf begeisterte Zustimmung, allerdings mehr aus Gründen des diplomatischen Protokolls denn aufgrund ernsthafter Differenzen in der Mittelamerikapolitik. Schließlich läßt die CDU-geführte Regierung keine Möglichkeit aus, sich als musterhafter Verbündeter der USA zu beweisen.
In jeder erdenklichen Weise leisten konservative Kreise in der BRD der US-Administration Hilfestellung bei dem Versuch, der sandinistischen Regierung ihre Legitimation zu entziehen, um sie zu stürzen. Jüngstes, besonders provozierendes Beispiel war die Eröffnung einer Ausstellung im Berliner Schöneberger Rathaus Ende April unter dem Titel: »Nicaragua libre – Land ohne Freiheit«. Mit Schlagzeilen wie »Meinungsterror«, »Grausamkeiten«, »Menschen verschwinden« soll dem Betrachter ein Bild vermittelt werden, das zu Guatemala und El Salvador, nicht jedoch zu Nicaragua paßt.
Nach dem Sieg der Sandinistischen Befreiungsfront FSLN über die Somoza-Diktatur am 19. Juli 1979 hatte es zunächst ganz anders ausgesehen. Bis Ende 1980 kam es zu einem regelrechten Nicaragua-Boom: Entwicklungshelfer und Experten wurden entsandt, die Bundesregierung und Entwicklungshilfeorganisationen leisteten unbürokratische Soforthilfe, und es begann ein reger politisch-kultureller Austausch.
Neben den Vereinigten Staaten, Cuba, den skandinavischen Ländern, Holland und Frankreich gehörte die damals noch SPD-regierte BRD in den ersten beiden Revolutionsjahren zu den großen Geberländern. Als im Juli 1980 SPD-Präsidiumsmitglied Erhard Eppler an den Feierlichkeiten zum ersten Jahrestag der Revolution teilnahm, gab er anschließend eine Stellungnahme ab, die die allgemein vorherrschende Stimmung recht gut charakterisierte. Eppler damals: »Der Versuch muß unterstützt werden, auch auf die Gefahr hin, daß dort nicht alles so läuft, wie es uns gefällt und dies keine Revolution ist, die sich am Godesberger Programm orientiert.«
Doch es lief sehr viel anders, als es der sozialliberalen Koalition und der argwöhnisch beobachtenden Opposition gefiel. Die Sandinistische Front zur Nationalen Befreiung / FSLN versuchte ihren eigenen Weg zwischen der Sowjetunion und den USA, aber auch weitgehend unabhängig von anderen Ländern zu definieren.

Unter der Prämisse der Blockfreiheit sah man es in Managua als selbstverständlich an, auch Kontakte zum sozialistischen Lager zu knüpfen. Ebenso machte man keinen Hehl daraus, daß man kulturell, historisch und politisch eher Übereinstimmungen mit Cuba als mit den USA sah.
Die im westlichen Lager vermutete Radikalisierung der nicaraguanischen Revolution führte schon 1981 zu einer ersten Distanzierung in einigen westlichen Ländern.
Als im Jahre 1981 der SPD-Entwicklungsexperte und Vorsitzende des Ausschusses für Wirtschaftliche Zusammenarbeit, Uwe Holtz, an den Revolutionsfeierlichkeiten teilnahm, drückte sich diese Distanzierung in der abschließenden Stellungnahme aus, die sich deutliche von der Epplers im Jahre zuvor abhob.
Holtz wies darauf hin, daß die Bundesrepublik Nicaragua nur dann weiter unterstützen könne, wenn die Sandinisten weiterhin für demokratische Freiheiten, ideologischen und politischen Pluralismus eintreten würden. Hinter dieser diplomatischen Formulierung verbarg sich schon damals der unverhüllte Versuch, Nicaragua die Daumenschrauben anzulegen. Als sich abzeichnete, daß die »Sozialdemokratisierung« der Revolution offensichtlich zum Scheitern verurteilt war, begann, schon unter der SPD-geführten Regierung Schmidt, der strategische Rückzug.
Die materielle Unterstützung floß ab 1981 merklich spärlicher; man wollte Gegenleistungen in Form politischer Konzessionen sehen.
Oktober 1982 – Regierungswechsel in Bonn: Das Schlagwort von der »Wende« machte die Runde. Der neue Chef im Bundesministerium für Wirtschaftliche Zusammenarbeit, der CSU-Politiker Jürgen Warnke, machte durch flotte Sprüche wie: »Wer uns vors Schienbein tritt, kann nicht mit unserer Hilfe rechnen«, auf sich aufmerksam und deutete damit auch eine Umorientierung in den Beziehungen der Bundesrepublik zu den Ländern der Dritten Welt an.
Nicaragua wurde zur bevorzugten Zielscheibe, um die neue Linie deutlich zu machen.
Unter fadenscheinigen Vorwänden, deren Beweis man bis heute schuldig blieb, wie: »Nicaragua destabilisiert die Region« oder es gäbe »keine demokratischen Freiheiten«, wurde nach und nach die staatliche entwicklungspolitische Zusammenarbeit auf ein Minimum reduzeirt.
Alle entwicklungspolitischen Vorhaben, die Nicaragua betreffen, wurden zur »Ministervorlage« erklärt. Den staatlichen und privaten entwicklungspolitischen Organisationen, die aufgrund der anerkannt guten Rahmenbedingungen für eine sinnvolle Verwendung von Entwicklungshilfegeldern mit viel Enthusiasmus ihre Arbeit in Nicaragua aufgenommen hatten, bläst seitdem der Wind ins Gesicht.

Im Windschatten der USA, die auf allen Ebenen nach dem Amtsantritt Präsident Reagans 1981 dem wirtschaftlichen, politischen und diplomatischen Boykott Nicaraguas forcierten, erwies sich die neue christlich-liberale Regierung als treuer Verbündeter. Es erfolgte die vollkommene Unterordnung entwicklungspolitischer Grundsätze unter außen- und bündnispolitische Erwägungen, eine Unterordnung, wie es sie seit den Zeiten des Kalten Krieges in den fünfziger und frühen sechziger Jahren nicht mehr gegeben hat.
Dieses Buch soll ein besonders düsteres Kapitel in der ohnehin nicht glanzvollen Geschichte bundesdeutscher Entwicklungspolitik dokumentieren.
Es handelt sich um den Versuch einer Bestandsaufnahme der politischen und wirtschaftlichen Beziehungen zwischen der BRD und der Republik Nicaragua seit 1979.
Exemplarisch wird aufgezeigt, wie wenig heute Entwicklungspolitik der Entwicklung dient, sondern zum Instrument der Außen-, Wirtschafts-, Exportförderungs- und Bündnispolitik verkommen ist.
Qualität und Quantität der Unterstützung Nicaraguas durch bundesdeutsche Nicht-Regierungsorganisationen / NRO's und seitens der Solidaritätsbewegung waren Gründe dafür, die Untersuchung über die ursprünglich geplante staatlich-bilaterale Ebene hinaus auszudehnen und neben der reinen Bestandsaufnahme auf dem Hintergrund des Selbstverständnisses der verschiedenen Trägerorganisationen eine vergleichende Bewertung vorzunehmen.
Durch die Kombination von Analyse und Interviews sollen allgemeine, theoretische Einschätzungen durch die Aussagen der oft seit Jahren entwicklungspolitisch engagierten Personen ergänzt und untermauert werden.
Bei der Auswertung der zahlreichen Gespräche und Interviews konnten wir feststellen, daß durch die konkrete Darstellung von Erfolgen und Problemen der täglichen Projektarbeit in Nicaragua ein Einblick in die Entwicklungsproblematik eines revolutionären Entwicklungslandes ermöglicht wird – ein Aspekt, der in den meisten Publikationen zu Nicaragua ausgespart ist.
Im ersten Teil wird versucht, durch die Analyse von Ideologie und Praxis der staatlichen Entwicklungspolitik, die ergänzt wird durch die konkrete Darstellung der bilateralen Zusammenarbeit BRD – Nicaragua auf staatlicher Ebene, den Rahmen zum Verständnis entwicklungspolitischer Denk- und Arbeitsweisen zu entwickeln. Ergänzt wird dieser einführende Teil durch die Beschreibung und Analyse der entwicklungspolitischen Grundvorstellungen und der Nicaragua-Politik von SPD und CDU. Die Probleme der bilateralen Zusammenarbeit mit der BRD aus nicaraguanischer Sicht schließen, in Form eines Interviews mit den zuständigen nicaraguanischen Behörden, den ersten Teil ab.
Teil zwei ist der Darstellung und Bewertung der bundesdeutschen staatlichen Entwicklungshilfeprojekte in Nicaragua gewidmet, das heißt der Arbeit

der Gesellschaft für Technische Zusammenarbeit / GTZ und des Deutschen Entwicklungsdienstes / DED.

Wie hier deutlich wird, handelt die Bundesregierung mit ihrer Boykottpolitik gegen Nicaragua auch gegen jeden entwicklungspolitischen Sachverstand, da ausnahmslos alle von uns befragten Experten und Entwicklungshelfer den positiven Ansatz der sandinistischen Entwicklungskonzeption und die guten Rahmenbedingungen für die Realisierung entwicklungspolitischer Projekte hervorgehoben haben.

Anhand der in Nicaragua arbeitenden Nicht-Regierungsorganisationen wird in Teil III versucht, das sich in den letzten Jahren verändernde Verständnis von Entwicklungspolitik der kirchlichen und privaten Träger nachzuzeichnen.

Dargestellt werden auch die Unterschiede in Vorgehensweisen und Grundkonzeptionen der einzelnen Organisationen, die zum Teil, wie hier deutlich gemacht wird, erhebliche Unterschiede aufweisen. So gehören beispielsweise auch die politischen Stiftungen per definitionem zu den Nicht-Regierungs-Organisationen. Entwicklungspolitisch tätig sind sie dagegen kaum.

Das Buch schließ ab mit der Beschreibung von Entstehung und Entwicklung der Nicaragua-Solidaritätsbewegung in der Bundesrepublik, die eine breite Verankerung in fast allen gesellschaftlichen Gruppierungen erreicht hat. Aufgezeigt werden aber auch die Schattenseiten und Probleme, die sich in politischen Auseinandersetzungen um Formen und Inhalte niedergeschlagen haben, wobei versucht wird, eine kritische Würdigung der politischen und materiellen Unterstützung Nicaraguas durch die Solidaritätsbewegung vorzunehmen.

Ideologie und Praxis staatlicher Entwicklungspolitik in der Bundesrepublik*

Oberziel der Entwicklungspolitik ist nach Eigendarstellung der Bundesregierung eine globale Friedenspolitik. Die Nord-Süd-Spannungen sollen durch »partnerschaftliche« Unterstützung abgebaut und die Einbindung der Entwicklungsländer in den kapitalistischen Weltmarkt gesichert werden.[1]
In den am 5. März 1982 einstimmig vom Bundestag verabschiedeten Leitlinien für die Entwicklungspolitik der BRD, die am 19. 1. 84 wiederum einstimmig bestätigt wurden[2], werden in diesem Sinne folgende Grundsätze formuliert:

— Unterstützung der wirtschaftlichen, sozialen und politischen Stabilität sowie der echten Blockfreiheit der Entwicklungsländer,
— Forderung nach Gewaltverzicht und friedlicher Konfliktregelung,
— Verwirklichung der Menschenrechte und sozialer Gerechtigkeit und
— Einschränkung der Zusammenarbeit mit Regierungen, die die genannten Grundsätze mißachten.[3]

Die vage Formulierung dieser Grundsätze läßt keinen unmittelbaren Schluß auf die tatsächliche Politikausrichtung zu. Lippenbekenntnisse wie diese sind eher als Bestandteil diplomatischer Umgangsformen zu betrachten.
Seit Ende der 60er Jahre ist auf internationaler Ebene vermehrt versucht worden, sogenannte Global-, bzw. Weltmodelle zu konzipieren, in denen die nationalen Wirtschaftspolitiken sowohl von Industrie- als auch von Entwicklungsländern in international verbindlichen Strategien miteinander verbunden werden sollen. In diesem Zusammenhang ist die Öffentliche Entwicklungszusammenarbeit/ÖEZ durchaus als 'Ansatz zu einer Weltinnenpolitik'[4] zu begreifen. Dies gilt im besonderen für Leistungen, die nicht direkt an das Kapitalverwertungsinteresse der deutschen Wirtschaft gebunden sind.
Trotz der sich ständig wiederholenden Bekenntnisse für einen freien Welthandel gewinnen gerade auf der Ebene der multilateralen Zusammenarbeit innerstaatliche sozialpolitische Elemente an Gewicht, wie zum Beispiel im

* Bei diesem Einführungsteil handelt es sich um die überarbeitete und leicht gekürzte Fassung eines Manuskripts von Sönke Schmidt, Politikwissenschaftler aus Hamburg.

Rahmen des 'Integrierten Rohstoffprogramms' der UNCTAD (Welthandelskonferenz der Vereinten Nationen), innerhalb dessen unter anderem internationale Produzenten und Konsumentenabkommen getroffen werden:
»Im Kern ist die Neue Weltwirtschaftsordnung nichts anderes als die Übertragung der 'mixed economy' – also der Kombination von Marktprozessen, die eine effiziente Allokation der Ressourcen gewährleisten sollen, und aktiver staatlicher Sozial- und Strukturpolitik überall dort, wo die Marktprozesse den Zielen der Chancengleichheit und Verteilungsgerechtigkeit, zuwiderlaufen – von der Ebene der Nationalstaaten auf die Ebene der Weltwirtschaft.«[5]

Damit wird die spezifische Funktion der Entwicklungshilfe im Rahmen der Entwicklungspolitik deutlich. Die Entwicklungspolitik legt die Betonung auf das langfristige Interesse der Bundesrepublik, allgemein günstige Kapitalverwertungsbedingungen in der Dritten Welt vorzufinden, und sucht dort in diesem Sinne die brutalsten Folgen der kapitalistischen Penetration abzumildern oder aufzufangen. In der unverbindlichen entwicklungspolitischen Zielrahmen-Rhetorik sind die Unterziele, die konkreten Schwerpunkte entwicklungspolitischer Zusammenarbeit des Bundesministeriums für Wirtschaftliche Zusammenarbeit (BMZ):

— »die Befriedung der Grundbedürfnisse zur Bekämpfung der absoluten Armut,
— die ländliche Entwicklung, insbesondere der Aufbau einer eigenen Ernährungsgrundlage,
— die Förderung der Energieversorgung,
— die Erhaltung der Umwelt und pfleglicher Umgang mit Rohstoffen,
— die am Entwicklungsprozeß orientierte Bildung und Ausbildung auf allen Ebenen,
— die Förderung privatwirtschaftlicher Alternativen in Industrie und Handwerk.«[6]

Inwieweit diese Unterziele allerdings überhaupt einen Niederschlag in der konkreten Politikumsetzung gefunden haben, wollen wir auf den folgenden Seiten untersuchen.

Strukturen, Aufgaben und Ziele bundesdeutscher Entwicklungspolitik

In Bezug auf die Strukturen, Aufgaben und Ziele muß die bundesdeutsche Entwicklungspolitik als äußerst heterogen gesehen werden. Diese Heterogenität erklärt sich unter anderem auch daraus, daß das BMZ das schwächste

Glied innerhalb der Bundesregierung darstellt. Die Kompetenz des BMZ bei der Etatfestlegung ist verschwindend gering, wie auch die politische Bewertung, nach welcher Projekte durchgeführt oder abgelehnt werden, außerhalb des Entscheidungsbereichs des BMZ liegt. Hier verfügen das Finanzministerium und das Auswärtige Amt über wichtige Einflußmöglichkeiten, während das Wirtschaftsministerium in nahezu allen bedeutsamen Bereichen Rahmenbedinungen setzen kann.[7]

Ursprünglich wurden die beiden wichtigsten Instrumente der Öffentlichen Entwicklungszusammenarbeit, die Technische Zusammenarbeit/TZ und die Finanzielle Zusammenarbeit/FZ, gänzlich vom Auswärtigen Amt bzw. vom Bundeswirtschaftsministerium (BMWi) verwaltet. Nachdem 1956 die Entwicklungspolitik in den Blickwinkel der parlamentarischen Arbeit rückte und die USA auf ein verstärktes finanzielles Engagement der Bundesrepublik in der Dritten Welt drängten,[8] versuchten das Auswärtige Amt und das Wirtschaftsministerium, ihren Zuständigkeitsbereich auf dieses neue Politikfeld auszudehnen.

Aufgrund der vielfältigen Kompetenzschwierigkeiten, unter denen das Ansehen der BRD gerade zu Beginn der ersten Entwicklungsdekade zu leiden drohte, gelangte das Parlament zu der Auffassung, daß die Einrichtung eines Ministeriums zur Koordinierung der verschiedenen entwicklungspolitischen Aktivitäten sinnvoll sei.[9]

Damit wollte man den Willen der Bundesrepublik zur praktischen Entwicklungshilfe demonstrieren. Man ging sogar soweit, festzustellen, Entwicklungspolitik stelle eine staatliche Teilpolitik 'sui generis' dar, deren sachliche Eigenständigkeit nicht durch eine Verquickung mit Diplomatie und Außenhandelspolitik gefährdet werden dürfe:[10]

Neben den Kompetenzschwierigkeiten und administrativen Unwägbarkeiten wurde damit der humanitäre Auftrag zur eigentlichen Existenzlegitimierung gegenüber dem Auswärtigen Amt und dem Wirtschaftsministerium.[11]

Trotz alledem blieb die eigentliche Aufgabe des BMZ bis heute die Koordination, Entwicklung und kontrollierende Begleitung entwicklungspolitischer Programme. Es gelang dem BMZ zwar, 1964 die Technische Hilfe und 1972 die bi- und multilaterale Kapitalhilfe in seinem Kompetenzbereich zu vereinigen. Dennoch wirken die verschiedenen Ministerien weiterhin an Entscheidungsprozessen mit, die sie für relevant halten. Insbesondere ist nach wie vor dem Auswärtigen Amt vorbehalten, aufgrund politischer Erwägungen Projekte des BMZ abzulehnen bzw. Einfluß darauf zu nehmen. Das Wirtschaftsministerium setzt den Rahmen im Energiesektor, der Entwicklungspolitik der Europäischen Gemeinschaft und der Außenwirtschaft; das Finanzministerium bestimmt über die Haushalts-, Finanz-, Währungs-, Zoll- und Steuerpolitik und behält sich gleichfalls die Zustimmung bei Kreditvergaben über 15 Mio. DM vor.[12] Es ist einsichtig, daß bei einer solchen Kompetenzverteilung die Entwicklungspolitik immer wieder zum Brennpunkt unterschiedlicher wirtschaftlicher und politischer Interessen wird, wie nicht zuletzt der Streit um die Haltung der Bundesregierung gegenüber Nicaragua gezeigt hat, wo es zu einem Machtgerangel zwischen dem FDP-dominierten Außenministerium und dem CSU-dominierten Entwicklungshilfeministerium kam, das bis zur Gegenwart andauert. Die BMZ-Spitze möchte beispielsweise Nicaragua vollkommen isolieren und blockieren, während im Auswärtigen Amt eine solche vollkommene Konfrontationspolitik als wenig sinnvoll angesehen wird.

Entwicklungshilfe – Ein Anachronismus?

Vor dem Hintergrund der aktuellen Politik des Bundesministeriums für Wirtschaftliche Zusammenarbeit stellt sich die Frage, ob denn überhaupt ein humanitärer, auf dem Hilfsgedanken begründeter Handlungsbedarf in der Entwicklungspolitik der Bundesregierung besteht. Angesichts der Tendenz, daß der Staat in einer Zeit zunehmender internationaler Konkurrenz mehr und mehr für den Kampf der Privatwirtschaft um Weltmarktanteile funktionalisiert wird, mag man dieses um so mehr bezweifeln. Dennoch meinen wir, daß in der Bundesrepublik eine relativ eigenständig motivierte Entwicklungspolitik existiert, die auch durch die derzeitige Orientierung des gegenwärtigen Bundesministers Warnke, der auf eine verstärkte Instrumentalisierung des BMZ-Etats für rein wirtschafts- und bündnispolitische Interessen setzt, langfristig schwerlich revidierbar sein wird. Diese relative Eigenständigkeit beruht auf verschiedenen Faktoren:[13]

a) Aufgrund traditioneller Rechtfertigungsmechanismen für den Einsatz von Entwicklungshilfe muß – zumindest in der Öffentlichkeit – das Entwicklungsziel weiter Berücksichtigung finden.
b) Bedingt durch den allgemeinen Wirtschaftsaufschwung in den 60er und Anfang der 70er Jahre war eine 'mangelnde Selektivität' in der Haushaltspolitik der Bundesregierung erkennbar. Interessenkonflikte wurden oftmals durch Etaterhöhungen beigelegt. Das '0,7 %-Ziel' tat hierbei ein übriges, den Etat zu erhöhen.
c) Staatliche entwicklungspolitische Institutionen haben ein Selbsterhaltungsinteresse entwickelt. Das wirkt sich dahingehend aus, daß in dem Bemühen um Erhalt bzw. Ausweitung der Organisation der Aufgabenstellung der Institution ein großes Gewicht beigemessen wird. Eine solche Eigendynamik gilt insbesondere für die dem BMZ nachgeordneten Organisationen (z. B. Deutscher Entwicklungsdienst/DED).

d) Eine tendenzielle Identifikation mit dem Entwicklungsziel ist vor allem bei den Angestellten dieser entwicklungspolitischen Organisationen nachweisbar. Dies resultiert zum einen aus dem speziellen Arbeitsauftrag, der den Mitarbeitern gestellt ist, und entspringt zum anderen der persönlichen Betroffenheit über die im jeweiligen Land herrschenden Umstände.
e) Internationale Organisationen neigen dazu, das Entwicklungsziel der Entwicklungsländer zu betonen, da sie nicht dem Druck z. B. wirtschaftlicher Lobbies ausgesetzt sind. Ihr starker internationaler Einfluß stützt im nationalen Rahmen diejenigen Gruppen, die das Entwicklungsziel vertreten.

Kurz- und langfristige Interessen in der bundesdeutschen Entwicklungspolitik

Die Koordinierungsaufgabe in der Entwicklungspolitik ist dem BMZ übertragen. Im Groben geht es dabei darum, gegen die Außenwirtschaftsinteressen der einzelnen Ministerien eine Politik zu formulieren, welche auf Weltniveau dazu beiträgt, ein Optimum an Reibungselementen und Abschottungsmechanismen langfristig auszuschalten.[14] Während im Deutschen Bundestag mit Ausnahme der Grünen durchaus Konsens über die bereits dargestellten Ziele der Entwicklungspolitik besteht, geht es in den zwischenparteilichen Auseinandersetzungen meist um »die unterschiedliche Wertung kurz- und langfristiger Perspektiven«[15] zugunsten bundesrepublikanischer Interessen.
Wirtschaftspolitisch versucht man in der Praxis diesem Grundproblem mit zwei Lösungsansätzen zu begegnen: Als kurzfristig greifende Maßnahme wird Entwicklungshilfe aufgrund außenpolitischer Erwägungen in Form von Budget- oder Warenhilfe massiv eingesetzt, um die prowestliche Haltung des begünstigten Landes zu untermauern (Türkei, Ägypten etc.). Hierbei werden fast immer entwicklungspolitische Effizienzkriterien mißachtet und bewußt in Kauf genommen, daß die Gelder zu rein konsumtiven Zwecken von der herrschenden Elite verwendet werden.
Langfristig ausgerichtet ist die Entwicklungspolitik gegenüber den sogenannten 'Least Developed Countries' (LLDC). Seit 1978 erhalten diese Länder von der Bunderregierung die Entwicklungshilfegelder ausschließlich in Form von Zuschüssen, während die Gruppe der 'Most Seriously Affected Countries' (MSAC)[16] die ihnen gewährten Kredite zwar zurückzahlen muß, dies allerdings zu günstigen Bedinungen.

Transferkonditionen in der Finanziellen und Technischen Zusammenarbeit (FZ und TZ)[17]
— Für die am wenigsten entwickelten Länder (LLDC) sowie ausnahmsweise für andere ärmere Entwicklungsländer (insbesondere für Vorhaben der sozialen Infrastruktur): Finanzierungsbeiträge. Zuschußelement (ZE): 100 %
— Für die von den Vereinten Nationen als »besonders betroffen« klassifizierten Länder (MSAC): Darlehen zu 0,75 % Zinsen, 50 Jahre Laufzeit einschließlich 10 tilgungsfreier Jahre. ZE: 83,4 %
— Für die mittlere Gruppe der Entwicklungsländer: Darlehen zu 2 % Zinsen, 30 Jahre Laufzeit einschließlich 10 tilgungsfreier Jahre. ZE: 66,14 %
— Für die fortgeschrittenen Entwicklungsländer (über 887 US-Dollar BSP/Kopf nach dem Stand von 1980) und für Länder mit hohen eigenen Deviseneinnahmen: Darlehen zu 4,5 % Zinsen, 20 Jahre Laufzeit einschließlich 5 tilgungsfreier Jahre. ZE: 36,52 %
— Mischfinanzierungen: Sie werden zu unterschiedlichen Laufzeiten und einem Zuschußelement zwischen 25 und 66,14 % gewährt. Die zins- und tilgungsfreie Zeit beträgt üblicherweise ein halbes Jahr, da der kommerzielle Kreditanteil zu Marktbedingungen zurückgezahlt werden muß.

Die günstigen Bedingungen für die LLDC und MSAC beruhen auf der Tatsache, daß trotz verstärkter Entwicklungsanstrengungen in den letzten 25 Jahren die ärmsten Länder noch immer keine 'Entwicklungserfolge' aufzeigen können. Selbst nach BMZ-Vorstellungen ist daher in diesen Ländern vorerst eine stärkere Binnenmarktorientierung anzustreben, um eine Verbesserung der Lebensbedinungen der breiten Bevölkerung zu erreichen.[18] Entsprechend betrug der Anteil grundbedürfnisorientierter Projekte 1981 28 % aller bilateralen Zusagen und 1982 sogar 41 %.[19]

Diese Zahlen zeigen jedoch eher die 'Interpretationsfähigkeit statistischer Realität', da hier meist eine 'Umdefinierung ursprünglich anders definierter Projekte' stattgefunden hat.[20]
Ohne die partiellen Erfolge grundbedürfnisorientierter Projekte abstreiten zu wollen – das sei hier ausdrücklich betont –, sind jedoch andere Indikatoren zur Charakterisierung der aktuellen Tendenzen in der Entwicklungspolitik bedeutsamer. So wird in den »Leitlinien für die Beschäftigungswirksamkeit der Leistungen der bilateralen staatlichen Zusammenarabeit mit Entwicklungsländern« explizit auf die »mittelfristig zu erwartenden Probleme der deutschen Wirtschaft« hingewiesen, was »verstärkt« bei der Vergabe der staatlichen bilateralen Zusammenarbeit berücksichtigt werden müsse. Konkretes Ziel von Bundesminister Warnke ist, den Rücklauf einer geleisteten DM Entwicklungshilfe von 1,25 DM auf 1,40 DM zu erhöhen. Die Grundbedürfnisstrategie bleibt zwar weiter programmatische Leitlinie, immer öfter wird jedoch ein Gleichheitszeichen zwischen Entwicklungshilfe und die mittelfristigen Interessen der deutschen Privatwirtschaft gesetzt.

Die Instrumente der Entwicklungspolitik – bilaterale und multilaterale Hilfe

Etwa ein Drittel der Öffentlichen Entwicklungszusammenarbeit der BRD geht an multilaterale Organisationen. Hierunter fallen alle Finanzierungsleistungen an internationale und supranationale (EG) Organisationen. Vorteilhaft ist die multilaterale Hilfe besonders für die Entwicklungsländer, da langfristige Finanzierungszusagen gegeben werden und eine entsprechende Planung mithin möglich ist. Sie unterliegen weniger politischen und wirtschaftlichen Schwankungen, die in bilateralen Beziehungen einen Unsicherheitsfaktor darstellen. Darüber hinaus erlaubten multilaterale Hilfe eine durch Lieferbindung ungehinderte Einholung der günstigsten Konditionen für die Durchführung des jeweiligen Projektvorhabens.
Gegen die multilaterale Hilfe wird von Geberseite angeführt, daß der Verwaltungsaufwand wesentlich höher sei als bei der bilateralen.[21] Allerdings ist hierbei zu berücksichtigen, daß multilaterale Organisationen teilweise nicht ausschließlich die Funktion der effizienten Kanalisierung von Kapital haben, sondern darüber hinaus oftmals regierungsberatende Funktionen wahrnehmen und politische Diskussionsforen darstellen. Eine Aufstockung der multilateralen Hilfe würde daher prozentual zu einer Senkung der Verwaltungskosten führen, da der Verwaltungsaufwand unterproportional steigen würde. Entsprechend würde umgekehrt bei einer Kürzung der Etats dies noch eine

Steigerung der Verwaltungskosten in Prozent bedeuten. Im übrigen profitiert natürlich auch die staatliche Entwicklungszusammenarbeit, z.B. im konzeptionellen Bereich, von den Leistungen der multilateralen Zusammenarbeit.
Die bilaterale Zusammenarbeit: Die gewährten projektgebundenen Zuwendungen haben den erwünschten außenpolitischen und -wirtschaftlichen Effekt, das Prestige der BRD in den jeweiligen Ländern zu erhöhen und damit generell günstige Verhandlungsbedingungen zu schaffen. Es entsteht eine engere Zusammenarbeit zwischen den beiden Ländern und die Möglichkeit von Lieferbindungen ist gegeben, ebenso wie die der Beeinflussung wirtschaftspolitischer Strukturen. Der derzeitigen Entwicklungspolitik entsprechend ist es daher nur konsequent, wenn Bundesminister Warnke eine »erhöhte Wachsamkeit gegenüber multilateralen Organisationen« fordert, da in den internationalen Institutionen eine gewaltige innerorganisatorische Bürokratisierung eine effiziente Entwicklungspolitik verhindere[22].

Die Technische Zusammenarbeit (TZ)

Die Technische Zusammenarbeit der BRD mit Entwicklungsländern wird fast ausschließlich von der Gesellschaft für Technische Zusammenarbeit (GTZ) in Eschborn abgewickelt. Diese hat als bundeseigenes Unternehmen mit privater Rechtsform primär die Aufgabe, Entwicklungsprojekte im Auftrag des Bundes fachlich-technisch zu planen, durchzuführen und zu evaluieren[23].
Ihrer Programmatik nach stellt die GTZ ihr Wissen und know-how zur Verfügung, hilft bei der Lösung von Einzelproblemen, fördert eine ausgeglichenere Verteilung der Einkommen und Sozialchancen durch prioritäre Durchführung entsprechend zielgruppenorientierter Projekte und unterstützt den Aufbau neuer Verwaltungen ('institution building') bzw. effektiverer Verwaltungsstrukturen. Die GTZ stellt also sowohl ideelle als auch materielle, personelle als auch Güterhilfe zur Verfügung und versteht sich als Management-Gesellschaft, »die nach privatwirtschaftlichen Grundsätzen den Einsatz aller Ressourcen zur Lösung von Problemen in Entwicklungsländern mobilisiert, programmiert und kontrolliert.«[24]
Bezüglich dieser stromlinienförmigen Programmatik ist anzumerken, daß grundsätzlich die Zusammenarbeit der GTZ mit Partnerorganisationen in den Ländern der Dritten Welt auf die staatlichen Sektoren beschränkt ist. Als staatliches Unternehmen darf die GTZ nicht mit Nicht-Regierungsorganisationen zusammenarbeiten, womit ihrem Aktionsradius vor allem im Hinblick auf basisorientierte Projekte von vornherein enge Grenzen gesetzt sind.
Auf der anderen Seite verblaßt diese Programmatik noch stärker, wenn man die entwicklungspolitische Praxis berücksichtigt, in der auch als 'grundbe-

dürfnisorientiert' etikettierte Vorhaben nicht von der Instrumentalisierung für bundesdeutsche privatwirtschaftliche Interessen ausgespart sind. Diese Erkenntnis läßt sich anhand vieler Einzelbeispiele belegen, wofür hier jedoch der Raum fehlt.

Innerhalb der TZ ist die personelle Zusammenarbeit das wichtigste Instrument. Über sie erfolgt die Übermittlung von Grundlagenwissen und Spezialkenntnissen. Indem die GTZ ihr Wissen zur Verfügung stellt, will sie Engpässe im Güter- und Leistungsangebot des begünstigten Landes beseitigen und damit die Absorptionsfähigkeit der Wirtschaft erhöhen. Diese 'Hilfe zur Selbsthilfe' soll überwiegend die armen Entwicklungsländer begünstigen, wird aber auch gezielt zur Ausräumung von wirtschaftlichen Hemmfaktoren in Armutsregionen der Schwellen- und Schwerpunktländer eingesetzt. Ebenso unter die TZ fällt heute das traditionelle entwicklungspolitische Instrument der Regierungsberatung. Als Teilbereich der Verwaltungsförderung sollen hierüber leistungsfähige Trägerstrukturen geschaffen werden, Einzelprobleme wie die Erstellung eines nationalen Wirtschaftsplans gelöst werden und die Zusammenarbeit der beiden Staaten ökonomisch und politisch intensiviert werden.

Die TZ wird unentgeltlich bereitgestellt, allerdings sind die im Land entstehenden Kosten vom Empfänger zu tragen, wenn die benötigten Güter und Dienstleistungen vor Ort verfügbar sind.

Über die Entwicklungszusammenarbeit auf staatlicher Ebene hinaus ist es den Entwicklungsländern ebenso möglich, privatrechtliche Verträge mit der GTZ abzuschließen, an denen die Bundesregierung nicht beteiligt ist. Bei letzteren muß insbesondere das Auswärtige Amt seine Zustimmung geben. Diese Form der technischen Zusammenarbeit erfolgt nach kommerziellen Kriterien, in der GTZ-Kalkulation ist ein Reingewinn von 1 % eingeschlossen.

In der TZ gilt das Antragsprinzip. Meist wird ein Projektvorschlag aber bereits zusammen mit der GTZ formuliert, eingereicht und via Deutsche Botschaft und AA, das das Projekt einer außenpolitischen und diplomatischen Prüfung unterzieht, an das BMZ weitergeleitet, wo es dann eine Beurteilung unter entwicklungspolitischen Gesichtspunkten erfährt. Es wird dann nach positiver Befindung zur Detailprüfung der GTZ übergeben, worauf es nach Gutheißung zu einer Regierungsvereinbarung bzw. Projektvereinbarung kommt.

Die Finanzielle Zusammenarbeit

Die Finanzielle Zusammenarbeit (auch: Kapitalhilfe) wird sowohl bi- als auch multilateral vergeben. Die Kapitalhilfe ist eine langfristige Finanzierungshilfe, die mittels Zuschüssen und Darlehen den Auf- und Ausbau der wirtschaftlichen Eigenanstrengungen von Entwicklungsländern unterstützen soll.[25] Gewährt werden primär projektgebundene Mittel für die Erstellung von Produktionsanlagen oder Infrastrukturmaßnahmen. Seit 1981 können auch Maßnahmen zur Vorbereitung und zur fachlichen Begleitung von Projekten im Rahmen der FZ durchgeführt werden, was vorher streng arbeitsteilig von der GTZ übernommen werden mußte. Neben der projektgebundenen Mittelvergabe werden auch Wirtschaftsprogramme sektor- oder regionalspezifisch gefördert.

Grundsätzlich läßt sich die Kapitalhilfe in ungebundene und gebundene Kredite unterteilen (siehe Mischfinanzierung). Offiziell gilt das Antragsprinzip, und das Vorhaben soll dem Entwicklungsplan des Empfängerlandes entsprechen. Das Projekt soll rentabel sein, die entstehenden Folgekosten die Leistungsfähigkeit des Landes nicht übersteigen und sowohl sozioökonomisch als auch ökologisch keine negativen Effekte zeitigen.

Es erübrigt sich fast schon zu sagen, daß auch hier natürlich zwischen entwicklungspolitischem Anspruch und der Praxis eine eklatante Diskrepanz zu konstatieren ist. Explizit soll hier lediglich auf den Programmpunkt hingewiesen werden, in dem die Finanzierung von Luxusgütern und militärischen Anlagen ausgeschlossen wird. Abgesehen von der Schwierigkeit, Luxusgüter gegen andere Waren abzugrenzen, muß beachtet werden, daß immer wieder Projekte mit lediglich scheinbar zivilem Charakter durchgeführt werden, ohne daß das immer publik wird. Dies ist eine statistische Grauzone, in der – sorgfältig von den verschiedenen Bundesregierungen in den Etats versteckt – eine quantitative Bewertung der 'Militärhilfe' kaum möglich ist.[26]

Ebenfalls als verdeckte 'Militärhilfe' kann teilweise die Waren- und Budgethilfe interpretiert werden, die eher der kurzfristigen Stabilisierung von Regierungen, denn einer strukturell ausgerichteten Entwicklungshilfe dienlich ist.

Eine Schwierigkeit wird teilweise in der Anerkennung privater Leistungen an Entwicklungsländer als Entwicklungshilfe gesehen. Bei Leistungen der Privatwirtschaft stellt sich die Frage, ob hier nicht der Rentabilitätsgedanke im Vordergrund steht, und das Zuschußkriterium allein vielleicht nicht mehr ausreicht.

Diese Zweifel gelten nicht bezüglich der privaten Träger wie Kirchen, Spendenorganisationen und Mitgliedervereine, die sich weitgehend als Non-Profit-Organisationen dem Entwicklungsziel der Entwicklungsländer verschrieben haben und vom BMZ anteilig bezuschußt werden.

Durchführendes Organ der FZ in der Bundesrepublik ist die Kreditanstalt für Wiederaufbau (KfW oder KW)[27]. Sie befindet sich zu 80 % in Staats- und zu 20 % in Länderbesitz. Ursprünglich zur Kanalisierung und Verwaltung der Entwicklungshilfegelder gegründet, die im Rahmen des Marshall-Plans der BRD gewährt worden waren, macht die Abwicklung der Finanziellen Zusammenarbeit im Auftrag des BMZ heute etwa 20 % der Gesamtaktivitäten der KfW aus. Als öffentlicher Anstalt obliegt ihr »die Prüfung und Abwicklung aller im Rahmen der direkten Kapitalhilfe anfallenden Darlehensgewährungen und Zuschußgewährungen an Entwicklungsländer im Auftrage des BMZ«. Sie ist damit praktisch die 'Entwicklungsbank des Bundes'[28].

Nach Antragstellung des Entwicklungslandes und einer Vorabstellungnahme der KfW im Auftrag des BMZ erfolgt die Detailprüfung der KfW, auf deren Basis die Bundesregierung über die Durchführung und deren Konditionen entscheidet bzw. mit dem Empfängerland verhandelt. Der Darlehensvertrag erfolgt zwischen KfW und Empfängerland.

In der Diskussion um die Effizienzsteigerung der entwicklungspolitischen Instrumente wird oft die zu ungenaue Überprüfung der beantragten Projekte beklagt. Eine gründliche Alternativenprüfung wird nämlich nur bei Vorliegen eines expliziten Antrages seitens des BMZ durchgeführt. Mischfinanzierungen werden sogar 'beschleunigt' bearbeitet. Ohne die generellen Schwierigkeiten einer Vorausevaluierung von Projekten unterschlagen zu wollen, drängt sich gerade an diesem Punkt der Verdacht auf, daß in der FZ schlicht der zu erwartende Auftragseingang das primäre Entscheidungskriterium ist und daß erst in zweiter Linie eine Klassifizierung des Projektes als grundbedürfnisorientiert, dem Energiebereich oder dem der ländlichen Entwicklung zugehörig vorgenommen werden.

Indirekte staatliche Kapitalhilfe im Rahmen der Finanziellen Zusammenarbeit

Unter die indirekte staatliche Kapitalhilfe fallen Förderungsmaßnahmen, die das BMZ zur Unterstützung deutscher Unternehmen anbietet, welche in Entwicklungsländern investieren wollen. Als hierfür zuständige Fachorganisation verfügt die Deutsche Gesellschaft für wirtschaftliche Zusammenarbeit GmbH (DEG) über verschiedene Instrumente, die diesem Zweck dienen. Begünstigt werden sollen primär kleine und mittlere Unternehmen, die ohne die staatliche Hilfe Schwierigkeiten hätten, eine Auslandsinvestition zu riskieren. Die DEG nun übernimmt Beteiligungen, berät bei der Finanzierung und vermittelt Kontakte für die investitionswilligen Unternehmen. Maximal 35 % des DEG-Etats sollen Großunternehmen zugute kommen. Bevorzugt werden mittelständische Betriebe: »Sie können in beispielhafter Weise angepaßte Problemlösungen anbieten. Sie bauen Abhängigkeiten der Entwicklungsländer vom Einfluß großer transnationaler Unternehmen ab.«[29]

Zwar können Direktinvestitionen, die durch die DEG kanalisiert werden und zu Technologietransfers führen, durchaus u. U. 'Engpässe' der nationalen Wirtschaften beseitigen helfen, 'Hilfe zur Selbsthilfe' jedoch stellen sie

nicht dar, und ein 'Opfer' bzw. Zuschußelement des Geberlandes läßt sich für die Entwicklungsländer nicht verbuchen.
Die Förderung der Niederlassung von Klein- und Mittelbetrieben wird weiter durch Bereitstellung günstiger Kredite und durch die Erstellung von Marketingstudien unterstützt. Die KfW stellt Risikokapital bereit, das nicht unbedingt zurückgezahlt werden muß.
Die GTZ übernimmt die Ausbildung von Fachkräften vor Ort, die bei deutschen Unternehmen eingesetzt werden sollen. In Übereinstimmung mit dem Deutschen Industrie- und Handelstag (DIHT) ist ein Senioren-Experten-Dienst (SED) eingerichtet worden, der insbesondere kleinen und mittleren Unternehmen zur Verfügung steht.

Die Mischfinanzierung
Ein Instrument, das zwischen indirekter Kapitalhilfe bzw. Exporthilfe und Entwicklungshilfe angesiedelt ist, stellt die Mischfinanzierung dar. In der Öffentlichen Entwicklungszusammenarbeit bildet die Mischfinanzierung eine Kombination verschiedenartiger Mittel in Verknüpfung zwischen Kapitalhilfe und Exportkrediten, also zwischen öffentlichen und privaten bzw. kommerziellen Darlehen.
Bei der 'Mischung' der Kreditteilbeträge gilt es für das BMZ zu beachten, daß der Gesamtkreditbetrag ein Zuschußelement von mindestens 25 % enthält, um als Bestandteil der Öffentlichen Entwicklungszusammenarbeit/ ÖEZ statistisch eingehen zu können.

Volumen der bundesdeutschen Gesamtzusagen
für Mischfinanzierungsprojekte auf der
Basis abgeschlossener Darlehensverträge (wie DAC)

1980[1]:	insgesamt	360,6 Mio DM, davon	128,0 Mio DM FZ-Mittel
1981[1]:	insgesamt	508,9 Mio DM, davon	352,3 Mio DM FZ-Mittel
1982[1]:	insgesamt	438,7 Mio DM, davon	178,9 Mio DM FZ-Mittel
1983[2]:	insgesamt	272,8 Mio DM, davon	155,5 Mio DM FZ-Mittel
1984[3]:	insgesamt	2000,0 Mio DM, davon	1155,3 Mio DM FZ-Mittel

Quelle: 1) Antwort der Bundesregierung auf die Kleine Anfrage der Abgeordneten Frau Gottwald, a.a.O., S. 2
2) Mischfinanzierung der Bundesrepublik Deutschland 1982 und 1983, BMZ, Ref. 120, a.a.O.
3) vorläufiges Ergebnis; schriftliche Mitteilung von Herrn Schwab, BMZ, an den Verfasser vom 16.1.85

Als Vorteile einer gemischten Entwicklungshilfefinanzierung werden hauptsächlich zwei Argumente angeführt: Erstens vergrößere sich der entwicklungspolitische Aktionsradius durch die Erweiterung der knappen Entwicklungshilfegelder, und zweitens erhöhe sich hierdurch die Konkurrenzfähigkeit der deutschen Unternehmen auf dem Weltmarkt.
Auf der anderen Seite jedoch lassen sich aus entwicklungspolitischer, aber auch aus außenwirtschaftlicher Sicht eine Reihe von Einwänden gegen dieses zunehmend von der Bundesregierung eingesetzte Instrument anführen: Unter entwicklungspolitischen Gesichtspunkten fällt die starke Ausweitung der Mischfinanzierung und deren prioritäre Anwendung auf.
Für den Fall, daß normale Projekte der Finanziellen Zusammenarbeit entgegen der ursprünglichen Planung nicht durchgeführt werden können – was keine Seltenheit in den letzten beiden Jahren war –, ist es möglich, die damit freigewordenen Mittel für Mischfinanzierungsprojekte einzusetzen. Umgekehrt jedoch können stornierte Mischfinanzierungsprojekte wieder nur durch ebenso geartete ersetzt werden[30]. Die Mitwirkung des Bundeswirtschaftsministeriums wird hier besonders deutlich[31]. Das Antragsprinzip findet bei dieser Finanzierungsform keine Anwendung. Die Initiative für die durchgeführten Projekte geht meistens von deutschen Unternehmen aus. Die Richtlinien zur 'Verbesserung des Verfahrens bei Mischfinanzierungsprojekten' vom Juli 1983 streben zusätzlich eine beschleunigte und eingeschränkte Prüfung durch die KfW an.
Entwicklungspolitische Kriterien verlieren also zunehmend ihre Anwendung! Oder die entwicklungspolitischen Technokraten der CDU/CSU setzen diese in ihrer politischen Rhetorik schlicht als erfüllt voraus. Nahezu die Hälfte der 1984 gewährten Kapitalhilfe gerät damit unter den Verdacht des Etikettenschwindels: Als Instrument der Imageaufbesserung erhöht die Mischfinanzierung kosmetisch den Anteil der Öffentlichen Entwicklungszusammenarbeit am Bruttosozialprodukt. Gleichzeitig werden seit 1983 im Sinne exportwilliger deutscher Unternehmen die Beschlüsse des Parlaments über Länderquoten und Programmumfänge unterlaufen, indem verschiedene vorgesehene Entwicklungshilfeprojekte durch Mischfinanzierungen verdrängt worden sind – insbesondere im Bereich der ländlichen Entwicklung und Grundbedürfnisbefriedigung.
Darüber hinaus war der Ausschuß für wirtschaftliche Zusammenarbeit (AWZ) bei weitem nicht über das Ausmaß der mischfinanzierten Projekte informiert worden. Real muß also eine Korrektur grundbedürfnisorientierter Projekte im Etat des BMZ nach unten erfolgen.
Nachdem in den 70er Jahren Abschied von der auf 'trickle-down'-Effekte abzielenden Entwicklungspolitik genommen worden war und man sich jetzt von der Grundbedürfnisstrategie die Realisierung der erwünschten Entwick-

lungsresultate erhoffte, erfolgte jedoch auch in diesem Fall bald eine 'zweite Ernüchterung'.

Verdrängung entwicklungspolitisch prioritärer Projekte und Sektoren durch Mischfinanzierungskredite im Jahre 1983

	Anteil	Betrag (in Mio DM)
Mischfinanzierungskredite insgesamt	100 %	1 330
davon:		
— für Elektrifizierungsvorhaben (insb. Großkraftwerke z.T. auf Ölbasis)	60,3 %	802
— für Telekommunikation	12,8 %	170
— für Lokomotiven	9,2 %	122
— für Schiffe und Häfen	4,7 %	63
Sogenannte Grundbedürfnisvorhaben	9,4 %	125

zum Vergleich:
Anteil der Grundbedürfnisvorhaben an der regulären Entwicklungshilfeplanung 28,5 %

Quelle: Die Grünen im Bundestag, a.a.O., Tabelle 1

Zum einen wurde deutlich, daß trotz der Zuwendungen der Entwicklungshilfe sich wachstumsmäßig nur diejenigen Länder entwickelten, die ohnehin bereits ziemlich fortgeschritten waren und für deren Haushaltsplan die Öffentliche Entwicklungszusammenarbeit eine untergeordnete Rolle spielt.
Zum anderen stellte sich heraus, daß neben dem sogenannten Absorptionsproblem, von dem besonders die LLDC betroffen sind, oftmals indirekt die Repressionsorgane korrupter Regime gestützt wurden, indem in dem Maße nationale Finanzmittel aus dem sozialen Sektor abgezogen und für militärische oder Luxusgüter unproduktiv konsumiert wurden, wie diesem Mittel durch Entwicklungshilfeprojekte von außen zugeflossen waren. Genau diese beiden Problembereiche – Absorptionsprobleme und Korruption – sind der eigentliche Kern der derzeitigen **Theorieauseinandersetzung und Analysearbeit.**

Durch Vertiefung der Personellen Zusammenarbeit und die 'institution building'-Diskussion will man versuchen, die verschiedenen administrativen 'constraints'[32] auf möglichst effektive Weise auszuräumen. Diese Effektivitätsüberlegungen finden sowohl auf der Nehmer- als auch der Geberseite statt. Diskutiert wird hier auf verwaltungswissenschaftlicher Ebene z. B. eine Verkürzung der 'pipeline', Möglichkeiten zur Standardisierung von Projektprüfungen, verstärkter Einsatz von Sozialwissenschaftlern in der Projektbegleitung, integrierte regionale Entwicklungsplanung in entwicklungshilfepolitischen Großprojekten zur Erleichterung des Aufbaus einer effizienten administrativen Infrastruktur und der Ausbau der Produktpfadanalysetechnik.
Bezüglich der 'Selbstprivilegierungstendenzen' (Elsenhans) vieler Regimes in Entwicklungsländern existiert in der BRD eine parteiübergreifende Einstimmigkeit gegen zentralisierte Bürokratien und für basisnahe Selbsthilfebewegungen. Hierbei soll die ländliche Entwicklung im Vordergrund stehen. Ein entscheidendes Entwicklungsproblem ist nämlich die strukturelle Benachteiligung der Aktivitäten im ländlichen Raum zugunsten der urbanen Ökonomien. In vielen Ländern wurde die Landwirtschaft durch Preis- und Marktpolitiken indirekt schwer besteuert, das ländliche Kleingewerbe durch städtische Konkurrenz zerstört und die ländliche materielle und immaterielle Infrastruktur vernachlässigt, während gleichzeitig die städtischen Industrie- und Dienstleistungsbereiche sowohl indirekt als auch direkt subventioniert wurden. Daraus resultierte in den urbanen Sektoren eine ineffiziente Verwertung von Arbeit, Kapital und Devisen, während auf dem Lande die Nahrungsmittelerzeugung zurückging und Einkommensunterschiede, Arbeitslosigkeit und Landflucht zunahmen.
In Projekten, die auf diese Problematik abgestellt sind, wird den privaten Trägerorganisationen eine besondere Rolle zugedacht, da es diesen möglich ist, an der staatlichen Administration vorbei direkt 'Hilfe zur Selbsthilfe' zu leisten. Der staatlichen Zusammenarbeit ist durch das Antragsprinzip diese Möglichkeit verschlossen. Projekte werden von den Regierungen der Entwicklungsländer beantragt und natürlich entsprechend für ihre Interessen instrumentalisiert. Aber auch die NRO's können sich nur schwer unabhängig von der Unterstützung der staatlichen Bürokratie entfalten. Anzustreben ist daher aus Effektivitätserwägungen ein »Zangenansatz 'von unten' und 'von oben'«.
»Die nichtstaatliche Entwicklungshilfe büßt an Breitenwirksamkeit ein, wenn sie von der staatlichen nicht ergänzt und unterstützt wird. Gleiches gilt auch umgekehrt«.[33].
Damit allerdings taucht erneut das Problem staatlicher Determinanten für die Durchführung sinnvoller entwicklungspolitischer Projekte auf, die je-

weils abhängig sind von der 'Weichheit' (Myrdal) des Staats. Myrdal zieht hieraus die Konsequenzen und fordert u.a. die ausschließliche Förderung von Regimen, die ein Mindestmaß an günstigen Transfer- und Transformationsbedingungen gewährleisten, was letztlich heißt, daß auch ein gewisses Maß an Entwicklungshilfegeldern dort ankommt, wo es ankommen soll.
Auf bundesrepublikanischer Ebene ist in diesem Sinne der Vorschlag von Elsenhans in der aktuellen Diskussion zu erwähnen, demzufolge der Versuch unternommen werden sollte, auch innerhalb korrupter Regime die Staatsklasse analytisch in 'Segmente' zu unterteilen, daraufhin dasjenige mit dem größten Demokratiepotential zu identifizieren und in der Folge gezielt zu fördern.
In den politischen Tagesauseinandersetzungen bilden die Überlegungen von Elsenhans praktisch das Bindeglied zwischen der Grundbedürfnisdiskussion und der Diskussion über den 'Politikdialog' – das Schlagwort für die zunehmenden Versuche des BMZ, die Gewährung von Entwicklungshilfe an die Verwirklichung seiner ordnungs- und bündnispolitischen Vorstellungen zu binden. Ordnungs- und bündnispolitische Ambitionen greifen hier über die Schiene der entwicklungspolitischen Effizienzdiskussion in den parlamentarischen Dialog ein und unterhöhlen den entwicklungspolitisch relativ breiten Parteienkonsens.
Sowohl in der außenpolitischen Konzeption als auch in der außenwirtschaftlichen Ausrichtung des BMZ läßt sich tendenziell eine Übereinstimmung mit der US-amerikanischen Entwicklungshilfevergabepraxis feststellen[34], was in besonders exemplarischer Weise in Zentralamerika geschieht. Und innerhalb der OECD wird gleichzeitig eine verbesserte Koordinierung zwischen den Gebernationen angestrebt, um über entsprechend höhere Sanktionsmöglichkeiten einen effektiveren Politikdialog führen zu können.
Ohne hier eine umfassende Darstellung der aktuellen entwicklungshilfepolitischen Diskussion leisten zu können, wird doch der krasse Bruch zwischen den durchaus diskussionswürdigen Thesen bzw. Reformvorschlägen der entwicklungspolitischen Experten und den tatsächlichen Tendenzen in der Entwicklungshilfepolitik deutlich. Hier tut sich eine Schere auf, in der die beiden dargestellten Ebenen oft nur noch durch verbalakrobatische Verrenkungen zur Überschneidung zu bringen sind.
Tatsächlich wird die Berücksichtigung des Entwicklungsziels der Länder der Dritten Welt in zunehmender Weise faktisch eingestellt, wie auch deren soziokulturell eigenständige Entwicklung systematisch torpediert wird. Die Diskrepanz zwischen offizieller BMZ-Ideologie – die Grundbedürfnisstrategie habe Priorität bundesdeutscher Entwicklungshilfepolitik – und tatsächlicher Instrumentenausrichtung ist heute so eklatant, daß es um die entwicklungspolitische Zukunft schwarz aussieht.

BRD-Entwicklungsgelder für Nicaragua - Ein Zahlenverwirrspiel

Die scheinbar leichte Frage zu beantworten, in welcher Größenordnung die Bundesregierungen seit Somozas Sturz im Juli '79 bilaterale Hilfe an Nicaragua geleistet haben, entpuppt sich als schwieriges Unterfangen. Das hat mehrere Gründe.

— Die Entwicklungshilfe wird über mehrere, unterschiedliche Titel im BMZ-Haushalt geleistet. Neben der eigentlichen staatlichen Hilfe, der Finanziellen und Technischen Zusammenarbeit (FZ+TZ) werden auch Projekte der Freien Träger – der Nicht-Regierungsorganisationen (NRO's) – des DED, der Parteienstiftungen, sowie Nahrungsmittelhilfe und Schenkungen aus BMZ-Mitteln finanziert. Unklar bleibt, ob die im Mai '83 vom BMZ genannte Zahl von rund 169 Mio. DM, »die für die bilaterale Zusammenarbeit mit Nicaragua aus dem Bundeshaushalt zur Verfügung gestellt worden« sind[1], nur die FZ und TZ im engeren Sinne – wie eigentlich üblich – umfassen oder weitere Etatposten miteinschließen.

— Die von der Bundesregierung veröffentlichten Zahlen über die entwicklungspolitische Zusammenarbeit mit Nicaragua beziehen sich auf unterschiedliche Zeiträume. Mal werden die gemachten Zusagen von Beginn der Entwicklungshilfe im Jahre '68 bis Ende '83 zusammengerechnet. So kommt man auf eine Gesamtsumme an FZ und TZ von 194 Mio. DM.[2] Dann wieder nimmt man den Zeitraum von '80–'83 und kommt auf einen Betrag von 97 Mio. DM für FZ und TZ.

Entsprechend widersprüchlich sind auch die in den Medien oder von einzelnen Politikern gemachten Angaben über Zahlungen an Nicaragua seit Juli '79. Nach einer Auflistung der FDP-Politikerin Hildegard Hamm-Brücher sind bis Februar '81 von der BRD 97,7 Mio. DM für Nicaragua an Entwicklungshilfe nach dem Bürgerkrieg geleistet worden, ohne die Bonner Beteiligung an internationalen Hilfsaktionen, wie sie ausdrücklich betont.[3]

Die Tageszeitung (TAZ) schreibt am 28. 12. 1982, daß schon Warnkes Vorgänger Offergeld (SPD) die besonders großzügige Hilfe der BRD an Nicaragua von 135 Mio. DM hervorgehoben habe, schränkt jedoch ein, daß nur ein Teil dieser Gelder – ca. die Hälfte – auch tatsächlich ausbezahlt worden sei. Nur zwei Tage später gibt die FAZ ihren Lesern bekannt, daß die BRD für Nicaragua seit dem Sturz Somozas für Nicaragua Entwicklungshilfe in Höhe von rund 160 Mio. DM bereitgestellt hat.[4]

— Doch selbst wenn in den Zahlenangaben aus dem BMZ Somozas Sturz im Juli '79 zur Berechnungsgrundlage für die staatlichen Leistungen an Ni-

caragua genommen wird, heißt das noch nicht, daß der unterm Strich herauskommende Betrag wirklich nach Nicaragua geflossen ist. Denn die im Etat angesetzten sogenannten Verpflichtungsermächtigungen (VE) sind lediglich Kann-Bestimmungen. Diese im Haushalt angesetzten Zusagen sind völkerrechtlich nicht verbindlich und müssen nicht in voller Höhe ausgeschöpft werden. In der Regel werden diese Zusagen in bilateralen Verhandlungen nach Verwendungszweck und finanziellem Umfang präzisiert. Erst nach Unterzeichnung eines entsprechenden Regierungsabkommens und der Formulierung dazugehöriger Ausführungsbestimmungen ist eine allgemeine Verbindlichkeit für die Auszahlung von Geldern gegeben.
Ist somit zwar klar geworden, daß sich die großen Zahlendiskrepanzen aus zeitlich unterschiedlichen Berechnungsgrundlagen ergeben, fehlt es doch noch an einer Verifizierung der tatsächlich von Juli '79 bis Ende '84 nach Nicaragua geflossenen Millionenbeträge an FZ und TZ. Diese fallen weit geringer aus als selbst die am niedrigsten angesetzten amtlichen Quellen verlauten lassen. Einer entsprechenden Analyse wollen wir uns im folgenden widmen.

Finanzielle Zusammenarbeit mit Nicaragua

Im Rahmen der Finanziellen Zusammenarbeit wurden dem sandinistischen Nicaragua von 1979 bis 1984 folgende Zusagen gemacht:[5]

	Projekt	Jahr der Zusage /Verpflichtungsermächtigung (VE)	Betrag	Regierungsabkommen
1.	Krankenhaus Esteli (Zuschuß)	1979	10 Mio DM	3. 7.1980
2.	Warenhilfe I[6]	1979	20 Mio DM	31.10.1979
3.	Warenhilfe II	1979	6 Mio DM	27. 3.1980
4.	Warenhilfe III	1980	15 Mio DM	3. 7.1980
5.	Gesundheitszentren Esteli (Zuschuß)	1980	1 Mio DM	30. 3.1981
6.	Warenhilfe IV	1981	10 Mio DM	
7.	unspezifiziert	1981	15 Mio DM	
8.	unspezifiziert	1982	15 Mio DM	

Von diesen 92 Mio. DM wurden bis heute – Februar '85 – nur 41 Mio. DM ausgezahlt. Nur bezüglich der Warenhilfe I–III wurde nach Regierungsverhandlungen und entsprechenden Abkommen innerhalb eines knap-

pen Jahres – August '79 bis Juli '80 – die entsprechende Summe auch bereitgestellt. Nicht so bei den beiden Posten für das Gesundheitswesen. Die 11 Mio. DM wurden Nicaragua als nicht rückzahlbare Zuschüsse, also Schenkungen, versprochen und vertraglich fixiert. Mit der offiziell im BMZ gegebenen Begründung, das Krankenhausprojekt würde sich noch im Stadium der 'Prüfung' befinden, wurde eine Auszahlung bisher erfolgreich verzögert. Unter anderem dadurch, daß Angestellten der Kreditanstalt für Wiederaufbau (KfW) untersagt wurde, nach Nicaragua zu reisen, um im Detail zu klärende Ausführungsbestimmungen mit den dortigen Behörden abzustimmen. Die KfW wickelt für das BMZ alle Geschäfte der FZ ab. Ohne Verhandlungen über die Durch- und Ausführung des Abkommens kann keine Auszahlung erfolgen. Die sich hier schon abzeichnende Taktik einer bürokratischen Verschleppung wurde ab '81 zur Generallinie der Bundesregierung. Der FIR (Nationaler Wiederaufbaufonds), der auf nicaraguanischer Seite für bilaterale Verhandlungen und Projekte im staatlichen Sektor zuständig ist, beschreibt diesen Klimawechsel folgendermaßen:
»Nach den Regierungsverhandlungen vom April '80 kam man überein, sich erneut zusammenzusetzen, um die Zusammenarbeit für '81 zu planen. Trotz der noch anstehenden Verhandlungen über eine fällige Schuldzahlung wurde ein beiderseitiges Treffen vorgeschlagen, doch die deutsche Delegation kam nicht nach Nicaragua. Die Zusammenarbeit, die in finanzieller und technischer Hinsicht noch ganz generell diskutiert worden war, zerbrach, und man entschloß sich dazu überzugehen, die Projekte von Fall zu Fall zu prüfen.«[7]

Das Tauziehen um 40 Millionen DM

Die in der FZ-Liste aufgeführten Posten 6., 7. und 8. bilden das in der Öffentlichkeit und im Parlament vielzitierte '40 Mio. DM-Paket', über dessen Verwendung keine Einigkeit erzielt werden konnte. Von der sozial-, dann auch der christdemokratischen Regierung wurde, als Vorbedingung für die Paket-Verhandlungen, immer wieder auf ein noch nicht abgeschlossenes Umschuldungsabkommen verwiesen. Diese Hürde wurde zum 31. 12. 82 genommen, als Nicaragua sich zur Rückzahlung einer 4,8 Mio. DM-Schuld Somozas an den Siemens-Konzern verpflichtete. Die '81 und '82 ausgesetzten Regierungsverhandlungen konnten im Februar '83 wieder aufgenommen werden, führten aber trotz eines vorsichtigen Optimismus seitens der nicaraguanischen Delegation zu keinem Ergebnis, obwohl diese bereit war, die eigenen Vorschläge[8] zurückzunehmen und die Bedingungen des CSU-geführten BMZ zu akzeptieren, daß 60 % der 40 Mio. DM von einem – noch zu schaffenden – Gremium der Privatunternehmer verwaltet und 40 % an den staatlichen Entwicklungsfonds FED, zur Verteilung an die private Kleinindustrie, gehen sollten.[9] Angesichts einer fast hoffnungslosen Devisenknappheit war Nicaragua bereit, die politische Kröte 'Geld für die Privatwirtschaft' zu schlucken. Denn »nach schlechten Erfahrungen mit US-Hilfsgeldern, die auf dem Umweg über die Privatwirtschaft in antisandinistischen politischen Kanälen gelandet waren, entschloß sich die Regierung in Managua im vergangenen Jahr, nur noch Wirtschaftshilfe zu akzeptieren, die durch Regierungsinstitutionen überwacht werden kann.«[10] Doch die von Nicaragua gezeigte Konzessionsbereitschaft verhinderte nicht, daß konservative Politiker in der BRD in den folgenden Monaten öffentlichkeitswirksam ihre Desinformationskampagne bezüglich Nicaraguas verstärkten. Ausgerechnet mit dem Vorwurf, es fehle ein 'Mindestmaß an Privatwirtschaft'[11], wurde die blockierte Freigabe zu erklären versucht. Denselben Zweck erfüllten auch Warnke-Äußerungen, wonach die Tendenz zu Menschenrechtsverletzungen steige und die Abhaltung von Wahlen ungewiß sei.[12] Trotzdem verneinte das BMZ auf Anfrage der TAZ im August '83, daß der Auszahlung der 40 Mio. DM politische Probleme entgegenstünden. Die Verzögerung wurde mit technischen Schwierigkeiten begründet.[13] Doch die technokratischen Ausreden sind fadenscheinig. Zu leicht ist erkennbar, daß es der konservativen Bundesregierung darum geht, Entwicklungshilfe nur an solche Länder auszuzahlen, die sich dem ordnungspolitischen Konzept westlicher Industrie- und NATO-Staaten fügen[14], wie die Wiederaufnahme der entwicklungspolitischen Zusammenarbeit in Höhe von rd. 50 Mio. DM mit El Salvador zeigt.

Minister Warnke findet dafür auch klare Worte, wenn er sagt, die vorgesehenen Gelder werden Nicaragua »... so lange nicht ausbezahlt, bis Friedensversprechen in die Tat umgesetzt sind, die ausländischen Militärberater das Land verlassen haben und ausländische Guerilleros keine Unterstützung mehr erhalten.«[15]

Ein letzter Versuch

Trotz dieser schier aussichtslosen Situation – die Zusagen der BRD an Nicaragua wurden offiziell nie rückgängig gemacht –, mit der Bundesregierung zu einer Einigung zu kommen, reiste im Mai '84 eine nicaraguanische Delegation auf eigenen Wunsch zu einem informellen Arbeitsbesuch nach Bonn. In ihrer Begleitung befand sich der größte private Zucker- und auch Reisproduzent des Landes. Die Gäste legten einen selbst formulierten Antrag in Höhe von 20,6 Mio. US-Dollar vor, der ausschließlich der Privatindustrie[16] zugutekommen sollte und der die Anschaffung von Ersatzteilen, industrieller Ausrüstung sowie von Werkzeugen vorsah. Die mitgereisten Privatunternehmer sollten dem BMZ garantieren, daß die vorgesehenen Investitionen

auch wirklich ihren Betrieben zugute kommen würden.[17] Der Antrag überstieg die offenen Zusagen um knapp 50 %, da Nicaragua bei einer teilweisen Ablehnung seiner Vorschläge um Alternativen nicht verlegen sein und den in Aussicht gestellten 40 Mio. DM-Betrag weitgehend ausschöpfen wollte.
Da die BMZ–Bürokraten dem Vorschlag an sich schlecht etwas entgegensetzen konnten, sannen sie auf einen anderen Ausweg. Die Schuldenfrage bot sich an.
Bis Dezember '83 lag Nicaragua mit seinen Schuldenzahlungen an die BRD mit 15,8 Mio. DM im Rückstand. Man kam überein, die 10 Mio. DM aus dem Warenhilfe-Kredit IV, der den Nicaraguanern 1981 zum dringenden Kauf von Erntemaschinen versprochen, aber nie ausbezahlt worden war, zur Tilgung zuzulassen. Es blieb noch eine Schuld von 5,8 Mio. DM. Diesen Restbetrag wollte Nicaragua im Laufe des Jahres '84 in vier Raten zurückzahlen. Die BRD ging auf diesen Vorschlag nicht ein, sondern bestand auf einer sofortigen Begleichung der noch offenen Rechnung. Die deutsche Seite lehnte die Ratenzahlung ab, denn – so die weitergehende Argumentation – bis zum Jahresende '84 würden sich 8,9 Mio. DM neuer Schulden an die BRD angehäuft haben. Nicaragua wurde die Zahlungsunfähigkeit attestiert.
Platzten die Verhandlungen wieder wegen technischer Probleme? Wohl kaum. Dafür gibt es zu viele Gegenbeispiele. Auch wurden darüber hinaus schon vielfach bekannte politische Gründe für die Ablehnung genannt:
— Militarisierung Nicaraguas: 50 000 Mann stehendes Heer, 40 000 Reservisten;
— Destabilisierungspolitik gegenüber den Nachbarländern;
— Moralische und materielle Unterstützung der FMLN El Salvadors.[18]

Effektive FZ-Zahlungen an Nicaragua seit Juli 1979

Seit dem sandinistischen Sieg erhielt Nicaragua nicht mehr als 51,5 Mio. DM an FZ. Zu den 41 Mio. Aus den Warenhilfe-Krediten kommen noch 10,5 Mio. DM aus drei verschiedenen Krediten hinzu, die Somoza in den 70 er Jahren gewährt, 1978 wegen des Bürgerkrieges storniert, 1979 und 1980 dann aber an die neue Regierung ausbezahlt wurden:
— Von einem 12,5 Mio. DM-Kredit für Somozas Nationales Industrieförderungsinstitut (INFONAC) verblieb noch eine Rate von 2,5 Mio., die den Sandinisten zu flexiblen Bedingungen gewährt wurde;
— 3 Mio. DM für den Speziellen Entwicklungsfond (FED), über die mit Somoza im Mai 1978 noch ein Regierungsabkommen erzielt wurde, jedoch nicht mehr zur Auszahlung gelangten;
— Aus den der Diktatur gewährten Krediten für den Ausbau des Fernmeldewesens – ausschließlich Siemens-Anlagen – in Höhe von 43 Mio. DM

verblieb ein Rest von 5 Mio., der Nicaragua 1980 als Darlehen gewährt wurde, zur »... Beschaffung dringend benötigter fernmeldetechnischer Ersatzteile, sowie Meß- und Prüfgeräte«.[19]

Technische Zusammenarbeit mit Nicaragua

Im Rahmen der TZ wurden Nicaragua seit Juli 1979 bis Ende 1983 folgende Zusagen gemacht:[20]

Projekt	Zusagejahr	Betrag TDM	Auftrag an GTZ	Projektvereinbarung (Notenwechsel)
1. Ankauf von Dünge- u. Pflanzenschutzmitteln	1979	1.831,9	1979	
2. Medizinische Hilfsmittel	1979	168,0	1979	
3. Förderung Alphabetisierung	1979	48,5	1979	
4. Ausrüstung von Sekundarschulen	1980	891,0	1980	09.10.1980
5. Beratung der Fernmeldeverwaltung	1980	417,3	1980	23.12.1980
	1981	56,8	1981	
6. Ausbau des Primarschulwesens	1980	2.199,8	1981	30.03.1981
	1983	2.298,8	1983	31.08.1983
7. Gewerbliche Ausbildung	1980	4.921,5	1981	03.09.1980
8. Vermessungswesen	1980	599,8	1980	23.12.1980
	1981	2.773,1	1981	30.01.1982
	1983	5.842,9	1983	31.08.1983
9. Ausrüstung Krankenhaus A. Davila Bolanos	1980	401,3	1980	05.11.1980
10. Studien- u. Expertenfond bei FINAPRI	1980	2.141,7	1980	23.04.1981
11. Ausbau des Pflanzenschutzdienstes	1981	2.499,3	1981	30.01.1982
	1982	6.328,0	1982	31.08.1983

Die vom BMZ gemachten Angaben über die Technische Zusammenarbeit, die ausschließlich über die Gesellschaft für Technische Zusammenarbeit (GTZ) abgewickelt wird (vgl. GTZ-Kapitel), belaufen sich für den Zeitraum Juli '79 bis August '83 auf 33,4 Mio. DM. Auch wenn bei diesem Betrag im Januar 1985 noch 15 Mio. offenstanden[21], ist davon auszugehen, daß er weitgehend ausbezahlt wurde bzw. wird, da hiervon die in Nicaragua arbeitenden Experten und für die Durchführung der Projekte notwendigen Ausrüstungsgegenstände finanziert werden. Es sei denn, die Bundesregierung würde z. B. aus Sicherheitsgründen alle Entwicklungshelfer und Experten zurückrufen. Augenblicklich werden die zur Zeit noch laufenden 5 GTZ-Projekte – das letzte endet 1987 – von der Bundesregierung immer wieder als Beweis einer weiterhin bestehenden Zusammenarbeit angeführt. Einige Projekte, wie im Bereich des Primarschulwesens und des Vermessungswesens, wurden gar von den Bonner Wendepolitikern verlängert.[22].
Doch seit Juli '82 wurde keine neue Projektprüfung mehr durchgeführt bzw. zugelassen, auch wenn entsprechende Anträge vorlagen. Die letzte Bewilligung wurde dem Biogas-Projekt zugestanden. In der BMZ-Liste taucht es nicht auf, da es als ein GTZ-Pilotprojekt in mehreren 3. Welt-Ländern (Obervolta, Tansania, Karibik, Nicaragua) durchgeführt und somit aus einem anderen Haushaltstitel finanziert wird. Sein finanzieller Umfang, Nicaragua betreffend, ist jedoch gering.
Im Gegensatz zur Finanziellen läuft die Technische Zusammenarbeit recht problemlos.

Schenkungen der BRD an Nicaragua

Von den versprochenen Schenkungen für das Krankenhaus in Esteli und die Gesundheitszentren für die gleiche Region einmal abgesehen sind den Nicaraguanern von staatlicher Seite tatsächliche Schenkungen im Wert von rund 10 Mio. DM zugute gekommen.[23] Dabei handelte es sich unter anderem um Lebensmittelschenkungen (Reis, Mais), Krankenhausausrüstung oder eine finanzielle Unterstützung der Alphabetisierungskampagne. Interessant ist in diesem Zusammenhang, daß der weitaus größte Teil dieses Geldes in den Jahren 1979/80 gestiftet wurde. 1981/82 erreichten Schenkungen nur noch ein knappes Viertel des 1979/80 geleisteten Betrages. Schon '81 wurde den Bitten Nicaraguas nach weiteren Schenkungen für die Ausrottung der Malaria, den Bau von Schulen sowie dazugehörigen Einrichtungen (Mobiliar) etc. in Höhe von knapp 7 Mio. DM von der Bundesregierung abschlägig beschieden. In den Jahren 1983/84 wurde Nicaragua nicht ein Pfennig geschenkt.

Im krassen Gegensatz zur Regierungspolitk steht das Verhalten der in Nicaragua arbeitenden Nicht-Regierungsorganisationen (NRO's). Ihre Schenkungen in den Jahren 1979 bis 1984 (1. Halbjahr) liegen mit über 15 Mio. DM nicht nur um 50 % höher als die staatlichen[24], sie verhalten sich auch auf die Kalenderjahre bezogen umgekehrt proportional, will sagen, daß ihre Beiträge sich ab '81 erhöhten, während die staatlichen zurückgingen bis sie zwei Jahre später völlig versiegten. Real fallen die von den NRO's geleisteten Zuwendungen noch sehr viel höher aus, da vom Nationalen Wiederaufbaufonds / FIR nur die Gelder kontrolliert werden, die in den staatlichen Sektor fließen. Besonders die kirchlichen NRO's arbeiten viel mit privaten kirchlichen Organisationen zusammen. Ihre Spenden und Schenkungen werden nicht vom FIR erfaßt.

Fazit

Mit den 51,5 Mio. DM an Finanzieller, den 18,4 Mio. DM an Technischer Zusammenarbeit (bis Ende 1984) und den 10 Mio. an Schenkungen sind Nicaragua seit '79 knapp 80 Mio. DM zugekommen. Nicht einmal die Hälfte der in der Öffentlichkeit genannten Gesamtbeträge hat Nicaragua bisher erhalten. Die vom BMZ herausgegebenen Zahlen sind irreführend und schönfärberisch.

Es ist naheliegend, daß die rosaroten und schwarzen Bundesregierungen sich dieser Kosmetik bedienten und sie auch weiter benützen werden, um den gravierenden Einschnitt – 1981 – in ihrer Nicaragua-Politik zu übertünchen. 1981 trat Reagan seine erste Amtsperiode an. Politiker aller etablierten Parteien betonen immer wieder, daß die BRD keine der Schutzmacht und dem Hauptverbündeten USA entgegengesetzte Politk machen könne. Auch wenn die BRD zu einem wirtschaftlichen Konkurrenten der USA geworden ist, wird ihr außenpolitischer Spielraum vom jeweiligen US-Präsidenten vorgegeben. Dies wird von den bürgerlichen Parteien im Grundsatz akzeptiert. Hier dürfte der tiefere Grund für die recht plötzlichen Veränderungen in der bundesdeutschen Nicaragua-Politik liegen. Es gilt der Ansicht entgegenzutreten, erst die Konservativen hätten eine Wende in der Nicaragua-Politik vollzogen. Die Fakten sprechen dagegen.

Die Sozialdemokratie und Nicaragua

Die internationale Sozialdemokratie wird heute zweifellos auch dank ihrer Gallionsfigur Willy Brandt von einem breiten Spektrum politischer Parteien und Bewegungen in der Dritten Welt als wichtiger Bündnispartner angesehen.
»Was treibt insbesonders die lateinamerikanische Linke, die internationale Sozialdemokratie unter Einschluß der SPD für eine fortschrittliche Kraft zu halten und ihre Nähe zu suchen, – während wir die regierende SPD als Urheber von Berufsverboten und Abgrenzungsbeschluß, als Architekten der 'Inneren Sicherheit', als Mitträger von Umweltzerstörung und Rüstungswahnsinn sowie als Krisenverwalter des westdeutschen Kapitals kennengelernt haben?«[1]
Umgekehrt wäre zu ergänzen: Was treibt die Internationale Sozialdemokratie dazu, sich vor allem seit 1976 massiv der Dritten Welt und dort insbesondere Lateinamerika zuzuwenden?
Am Fallbeispiel Nicaragua wollen wir versuchen, auf beide Fragen eine Antwort zu finden. Nach einer einleitenden Betrachtung der grundlegenden SPD-Positionen gegenüber der Dritten Welt werden wir das Verhältnis SPD – Sozialistische Internationale (SI) und die Motive des 'Sprungs nach Lateinamerika' kurz darstellen. Wir unterscheiden dabei sehr wohl zwischen der SPD als Regierungs- und als Oppositionspartei, der SPD als Massenpartei mit vielfältigen Basisaktivitäten gerade zu Nicaragua und den Aktivitäten der SPD-Führung. Wir wissen um die zahllosen Aktivitäten von Orts- und Kreisverbänden, von Jungsozialisten und Arbeitsgruppen, von vielen Einzelpersonen, Aktivitäten, die zusammengenommen einen großen Stellenwert innerhalb der westdeutschen Nicaragua-Solidaritätsbewegung einnehmen. Viele von ihnen haben ihre Zweifel und ihre Probleme mit ihrer Partei, stellen kritische Fragen.

Die SPD und die Dritte Welt: Von der Vielfalt in der Einheit

Die Intergrationskraft und Attraktivität der SPD als Massen- und Volkspartei besteht unter anderem auch dadurch, daß ihr völlig unterschiedliche Leute wie Erhard Eppler und Helmut Schmidt, Jo Leinen oder Hans Apel, angehören. Am Beispiel der Entwicklung des Bundesministeriums für Wirtschaftliche Zusammenarbeit (BMZ), das seit seinem Bestehen (1961) fünf (von bislang sieben) SPD-Minister an der Spitze gesehen hat, läßt sich zeigen, wie wenig realen Einfluß Politiker wie Erhard Eppler auf die konkrete Politik der SPD hatten und haben.

Der erste SPD-Minister im BMZ war Hans Jürgen Wischnewski, im Algerienkrieg als 'Kofferträger' (von Geld) und 'Ben Wisch' bekanntgewordener SPD-Rechter, der in den Jahren der Großen Koalition 1966 – 1968 Walter Scheel ablöste. Wischnewski gilt als der Mann mit dem 'heißen Draht' zu den Befreiungsbewegungen in der Dritten Welt und pflegt erfolgreich dieses Image. Als Minister rückte er die wirtschaftlichen Vorteile von Entwicklungspolitik in den Vordergrund, einer Entwicklungspolitik, die damals noch sehr stark von humanitären und karitativen Leitlinien geprägt war. »Die Fortführung der Gedanken Marshalls (und des Marshall-Plans, d. Verf.) mit neu verteilten Rollen«[2] war sein Leitprinzip. Nach dem Gießkannenprinzip wurden 1966 in 72 Staaten Projekte unterstützt, viele davon ungenügend oder gar nicht geprüft: Wichtiger als effektiv zu helfen, war es damals, den Alleinvertretungsanspruch Bonns gegenüber der DDR in der Dritten Welt durchzusetzen.

1968 wurde Erhard Eppler 'Entwicklungshilfe'-Minister. Eine langfristigere, integrierte Planung, stärkere Berücksichtigung von Interessen der Entwicklungsländer, die Orientierung an Grundbedürfnissen und den ärmsten Staaten brachten Eppler und dem BMZ schnell den Ruf ein, 'linksorientiert' zu sein. In die Eppler-Zeit fiel beispielsweise das Begräbnis der Hallstein-Doktrin[3] im Zuge der Ostpolitik.

Die Reformtendenzen der SPD führten 1971 zur Verabschiedung der 'Entwicklungskonzeption der Bundesrepublik Deutschland für die Zweite Entwicklungsdekade', womit in einem ersten Schritt eine internationale Orientierung der Entwicklungspolitik und die ansatzweise Überwindung des provinziellen Denkens innerhalb des BMZ erfolgte. Im Gefolge der sogenannten Ölkrise 1973/74 und nach Antritt des neuen Bundeskanzlers Helmut Schmidt rückte dann die Rohstoffsicherung in den Vordergrund des entwicklungspolitischen Denkens. Als der BMZ-Etat nicht – wie vorher versprochen – erheblich angehoben wurde, nahm Eppler seinen Hut und trat 1974 in einem Akt des Protestes zurück.

»Für uns ist jetzt Entwicklungspolitik stärker eingebettet in die Außenpolitik«, so tönte damals der 'Weltökonom' Schmidt und forderte eine 'Überprüfung' der Epplerschen Konzeption.

Unter Egon Bahr, bis dahin bekannt als Ost- und Rüstungsexperte, traten von 1974 – 1976 wieder die Interessen des Auswärtigen Amtes und des Wirtschaftsministeriums in der Entwicklungspolitik stärker in den Vordergrund. Bahr sprach häufig von Entwicklungspolitik als Faktor weltweiter

Friedenspolitik. Staaten, die Menschenrechte mißachteten, sollten keine Entwicklungshilfe mehr bekommen. Auf der anderen Seite profilierte sich die SPD-geführte Regierung auf verschiedenen UNCTAD-Konferenzen (United Nations Conference on Trade And Development) als einer der härtesten Gegner einer von der Dritten Welt geforderten Neuen Weltwirtschaftsordnung.
In den im Juni 1974 verabschiedeten 'Gymnicher Thesen', einer Art Godesberger Programm für die Entwicklungspolitik, wurden die Beseitigung von Handelshemmnissen, die Rohstoffsicherung der Industrieländer und Exportsteigerung der Dritten Welt als zukunftsweisende Richtlinien ausgegeben.
1976, Egon Bahr war zum Geschäftsführer der SPD ernannt worden, trat als erste und bislang einzige Frau Marie Schlei an die Spitze des BMZ. Ihre Versuche der Problematisierung der Beziehungen BRD-Südafrika, ihre Ablehnung der Übertragung des Ost-West-Konflikts auf die Nord-Süd-Problematik blieben im wesentlichen genauso erfolg- wie folgenlos und brachten ihr auch aus den eigenen Reihen viel Kritik und Diffamierungen ein. Zum ersten Mal wurde unter Marie Schlei auch auf die Rolle der Frauen in der Dritten Welt hingewiesen.
1978 wurde nach dem Rücktritt von Marie Schlei ein 'Schmidt-Mann', der Parlamentarische Staatssekretär im Finanzministerium und Fachanwalt für Steuerrecht, Rainer Offergeld (später intern auch 'Offermoney' genannt), neuer Chef der BMZ-Bürokraten. Wie schon in den sechziger Jahren wurde vor dem Hintergrund steigender Arbeitslosigkeit die beschäftigungssichernde Funktion der Entwicklungshilfe stark betont. Noch mehr steuerliche Anreize sollten die Privatunternehmer zu Investitionen in die Dritte Welt locken. Während der Amtszeit Offergelds stieg der BMZ-Etat erheblich, wenn auch nur die Hälfte des international versprochenen 0,7 %-Anteils am Bruttosozialprodukt für die Entwicklungshilfe erreicht wurde.
Unter Offergeld waren Menschenrechtsfragen weniger wichtig als globalstrategische Interessen. Nach dem Einmarsch der Sowjetunion in Afghanistan erhielten besonders die Türkei und Pakistan – ungeachtet ihrer repressiven Innenpolitik – verstärkt Entwicklungshilfe.
In Offergelds Amtszeit fällt auch die Wiederaufnahme der Entwicklungshilfe an Nicaragua nach dem Sturz Somozas. Doch schon ab 1981 beginnt man nach und nach die Geldhähne zuzudrehen. Die heute vieldiskutierten 40 Millionen DM im Rahmen der finanziellen Zusammenarbeit, die die Regierung Kohl nicht auszahlen will, wurden schon 1981/82 in der SPD-Regierungsverantwortung eingefroren. Noch am Tage seines Rücktritts, dies am Rande, unterschrieb Offergeld ein Abkommen, in dem langfristig verbindlich die Weichen für eine entwicklungspolitische Zusammenarbeit mit Moçambique gestellt wurden. Etwas Ähnliches wäre im Falle Nicaraguas mög-

lich gewesen, wurde jedoch nicht veranlaßt. Daß dies kein Zufall ist, wollen wir auf den folgenden Seiten aufzeigen.

Sätze wie »Sicher ist die Entwicklungspolitik langfristige Friedenssicherung!«[4]

»Unsere eigene Zukunft ... wird unsicherer, solange die Armenhäuser der Welt wachsen!« (Willy Brandt)

«Das Schicksal von Millionen Menschen in der Dritten Welt hängt von unserer Solidarität und Opferbereitschaft ab!« (Helmut Schmidt)

»Die Länder der Dritten Welt sind gleichberechtigte Partner!« (Helmut Schmidt)

zeugen von der immensen Kluft zwischen Anspruch und Wirklichkeit sozialdemokratischer Dritte Welt- und Entwicklungspolitik. Ob SPD/FDP oder CDU/CSU/FDP an den Schalthebeln der Macht, ob Eppler, Offergeld oder Warnke: Entwicklungspolitik war, ist und bleibt offensichtlich »eine analytisch kaum klar entwirrbare Mischung aus karitativen Elementen, Hilfsinstrument bei einer Eindämmungspolitik gegenüber der Sowjetunion im Rahmen des Ost-West Konfliktes, Unterstützung außenwirtschaftlicher und wirtschaftpolitischer Eigeninteressen und eigenständigen Ansätzen einer genuinen Entwicklungspolitik, die auf langfristige Effekte und eine Unterstützung emanzipatorischer Anstrengungen der Entwicklungsländer angelegt ist.«[5]

Zum Verhältnis von SPD und SI – Der 'Sprung nach Lateinamerika'

Um die Politik der bundesdeutschen Sozialdemokratie gegenüber Zentralamerika und besonders Nicaragua angemessen beurteilen zu können, scheint es uns sinnvoll, sie im Rahmen und Zusammenhang mit den Aktivitäten der Sozialistischen Internationale zu beleuchten und zu interpretieren. Dies nicht nur wegen des schon erwähnten Ansehens und der Rolle von Willy Brandt, sondern auch aufgrund der Tatsache, daß die SPD knapp zwei Drittel zum Etat der SI beiträgt.[6]

Die SI ein Instrument der SPD?

Vor seiner Lateinamerika-Rundreise im Oktober 1984 konnte Willy Brandt stolz verkünden, die SI habe »ihre europäische Begrenzheit durchbrochen« und in Lateinamerika ihr »zweites Bein« aufgestellt.[7]

Worauf gründet sich diese Aussage?

Die SI, der inzwischen weltweite Zusammenschluß aller sozialdemokratischen und sozialistischen Parteien, gewann in der zweiten Hälfte der 70er Jahre an internationaler Bedeutung. Dies läßt sich auf drei Hauptursachen zurückführen:

»Erstens konnten Mitgliedsorganisationen der SI in Europa und Lateinamerika ihren politischen Einfluß stabilisieren bzw. ausbauen und Regierungen stellen oder sich an Regierungen beteiligen. Zweitens hat die politische, inhaltliche und personelle Reorganisation der SI auf dem Kongreß in Genf 1976 sowohl die Fähigkeit verbessert als auch den Willen geschaffen, auf internationale Politik Einfluß zu auszuüben. Drittens wurde dies durch bestimmte Veränderungen im internationalen System wie den Schwierigkeiten im amerikanisch-sowjetischen Dialog und dem wachsenden Einfluß der Dritten Welt begünstigt«[8].

Führend bei den Kontakten zu den linken demokratischen Parteien und Gruppierungen in Lateinamerika ist zweifelsohne die deutsche Sozialdemokratie. Sie verfügt als einzige der Mitgliedsparteien der SI über ein dichtes Netz von Kontaktleuten: die Mitarbeiter der Friedrich-Ebert-Stiftung/FES. Wie die Stiftungen der anderen im Bundestag vertretenen Parteien (Ausnahme Die Grünen) erhält die FES ihre gesamten Mittel aus dem Bundeshaushalt. Vom Bundesministerium für Wirtschaftliche Zusammenarbeit erhalten die Stiftungen mehr an finanziellen Zuwendungen als die katholische und evangelische Kirche zusammengenommen.[9]

	Auslandsmitarbeiter (1982)	Mittel aus dem BMZ (1982)	regionaler Schwerpunkt
FES	115	62 Mio DM	Afrika (34 %)
KAS	75	62 Mio DM	Lateinamerika (52 %)
FNS	48	31 Mio DM	Lateinamerika (45 %)
HSS	31	31 Mio DM	Afrika (o. Angabe)

In Zentralamerika unterhält die FES Büros in San José/Costa Rica, dem Dreh-und Angelpunkt sozialdemokratischer Zentralamerika-Aktivitäten, in México-Stadt, in Panamá-Stadt und in Managua. Versucht man die Arbeit der SI seit 1976 zusammenzufassen, so kristallisieren sich vier Schwerpunkte heraus: Abrüstung, Nord-Süd-Dialog, Demokratisierung in Lateinamerika und Vermittlung in einzelnen Fällen von Menschenrechtsverletzungen. Insbesondere die Unterstützung der Demokratisierung Lateinamerikas hat innerhalb dieser Schwerpunkte einen breiten Raum eingenommen. Innerhalb dieser Aktivitäten ist auch die Politik von SPD und SI gegenüber Nicaragua zu sehen.

In Lateinamerika konnte die SI bislang die größten Erfolge in ihrer Öffnung gegenüber der Dritten Welt erzielen. Ermöglicht wurde dies durch die schon erwähnte Ausdehnung der Aktivitäten und durch die Mitarbeit und Einbindung der lateinamerikanischen Mitgliedsorganisationen. Der cubanische Staatschef Fidel Castro bewertete schon 1980 die Aktivitäten der SI in bemerkenswerter Weise:

»Nach jahrelanger Abstinenz hat sich Lateinamerika in ein permanentes Szenarium der Sozialdemokratie verwandelt. Dies ist in großem Maße auf die ideologischen und politischen Kräfte zurückzuführen, die im Prozeß der durch die generelle Krise des Kapitalismus hervorgerufenen Veränderung die Hegemonie anstreben. In dieser Präsenz manifestieren sich auch ökonomische Interessen des nationalen Finanzkapitals einiger europäischer Länder. Trotz der bekannten Differenzen ... hat die Teilnahme der Sozialdemokratie und die Sozialdemokratisierung vergangener bürgerlicher und oligarchischer Parteien Lateinamerikas einen positiven Aspekt. Sie erweitert die Kräfte und das Feld der Auseinandersetzungen gegen die Dominaz des US-Imperialismus in Lateinamerika. Zugleich trägt die sozialdemokratische Propaganda zur politisch-sozialen Mobilisierung der Massen dort bei, wo die Botschaft des Marxismus-Leninismus voll unterdrückt ist.«[10]

Dieser Aussage ist vollkommen zuzustimmen. Bleibt die Frage, welche Rahmenbedingungen diese 'Erfolge' begünstigen.

Wir sehen im wesentlichen folgende Gründe:

a) Das cubanische Modell galt Ende der 70er Jahre als 'gescheitert'. Cuba hatte Mitte der 70er Jahre einen außen- und innenpolitischen Kurswechsel vollzogen und war zu kooperativen Verhaltensmustern gegenüber dem Westen übergegangen, ohne die grundlegende ökonomische Abhängigkeit von der Sowjetunion überwinden zu können.

b) Die Menschenrechtspolitik der Carter-Administration hatte dazu beigetragen, die im wesentlichen aus den USA kommende Unterstützung repressiver Regimes einzuschränken und auf Liberalisierung des politischen Lebens zu drängen.

c) Neokonservative Wirtschaftsmodelle, wie etwa in Chile oder Argentinien, waren gescheitert, was dazu führte, daß dort auch die Wirtschaftseliten begannen, sich nach Alternativen umzusehen.

d) Es entstanden neue soziale, kirchliche und politische Bewegungen, die zu signifikanten Veränderungen der innenpolitischen Kräfteverhältnisse in einigen Ländern Lateinamerikas führten (Beispiel Nicaragua/1979, Grenada/1979, Surinam/1980).

Was die SI den Staaten Lateinamerikas anzubieten hat, ist eine legalistische und schrittweise Reformstrategie. Soziale Reformbewegungen sollen mit Unterstützung der nationalen Bourgeoisien, der Kirchen und der Gewerkschaften die Handlungsfreiheit bekommen, um sich in einem weiteren Schritt in freien Wahlen durchsetzen zu können. So das einfach erscheinende Strickmuster. Die kurz aufeinanderfolgenden Revolutionen in Grenada und Nicaragua stellten dieser Reformstrategie in einem wesentlichen Punkt in Frage: Sie erfolgten, wenn auch in unterschiedlichem Ausmaß, unter Anwendung von Gewalt.

Später wurde für viele Linke, für die reformistischen, nationalistischen Kräfte und für die Mitgliedsorganisationen der SI in Lateinamerika, Nicaragua zum Testfall für die Durchsetzungsfähigkeit einer solchen sozialdemokratischen Strategie gegenüber den USA und diktatorischen Regimes.

Mit mehr oder weniger Erfolg – zumindest bis zum Amtsantritt von Präsident Reagan – versuchte die SI, die Vereinigten Staaten zur Duldung der Entwicklung in Nicaragua zu bewegen und auf der anderen Seite die FSLN prowestlich zu halten. Diese politische Unterstützung der SI für Nicaragua schlug sich im Engagement vor allem sozialdemokratisch regierter Länder zum wirtschaftlichen Aufbau des zerstörten Landes nieder.

Die politische Garantiefunktion der SI war zweifelsohne mit der wichtigste Faktor dafür, daß sich der »Dritte Weg« auch in einem revolutionären Fall durchsetzen und bis heute behaupten konnte. Die Vorteile und die Notwendigkeit der Zusammenarbeit mit der internationalen Sozialdemokratie wurden auch von der Führung der FSLN erkannt, die dieser Zusammenarbeit als unabdingbaren Bestandteil ihrer Politik der umfassenden sozialen und politischen Bündnisse von der nationalen Ebene auf die internationale Ebene übertrug. Dabei betonten die Führer der FSLN immer, daß ihnen dies in keiner Weise – weder auf ideologisch-theoretischer noch auf politischer Ebene – irgendwelche Verpflichtungen auferlege. »Wenn wir die Hilfe annehmen««, so erklärten sie wiederholt, »nehmen wir keinerlei Verpflichtung auf uns, binden wir uns nicht an irgendwelche Versprechungen.«[11]

Ob dies mehr Wunsch oder Wirklichkeit war und ist, soll auf den folgenden Seiten untersucht werden.

Die Sozialdemokratie und Nicaragua vor dem Sturz der Somoza-Diktatur

1969 stellte die Sozialdemokratische Partei Deutschlands erstmals nach dem Zweiten Weltkrieg den Regierungschef. Das änderte freilich nichts an den wirtschaftlich wie politisch relativ unbedeutenden deutsch-nicaraguanischen Beziehungen. Wie die Regierungen vorher hüllte sich auch die SPD-Regierung weitgehend in Schweigen zur Somoza-Diktatur, ein Schweigen, das erst gebrochen wurde, als sich mit dem Erstarken der Volksbewegung in Nicaragua und der FSLN eine reale Machtalternative zu Somoza abzeichnete.

Dabei blieben die Sozialdemokraten allerdings zunächst auf Distanz zur FSLN. Die ersten positiven Stellungnahmen und konkreten Unterstützungsmaßnahmen bezogen sich auf die Frente Amplio Opositor/FAO und die Unión Democrática de Liberación/UDEL, beides antisomozistische Bewegungen des bürgerlich-gemäßigten Lagers.[12]
Auf einer Tagung der SI in Lissabon im September/Oktober 1978 wurde eine Resolution verabschiedet, die den vollständigen Abbruch aller diplomatischen Beziehungen und die Einstellung jeglicher wirtschaftlichen, militärischen und finanziellen Hilfe für den Diktator forderte. An dieser Tagung nahm als offizieller Vertreter der nicaraguanischen Opposition Donald Castillo von der FAO teil. Ernesto Cardenal konnte auf dieser Tagung zwar eine Rede halten – aber lediglich als Person und Schriftsteller, nicht als Vertreter der FSLN.
Schon auf der nächsten Tagung – die Bemühungen des bürgerlichen Lagers zur Herstellung eines Somozismus ohne Somoza zerfielen angesichts der Dynamik des Befreiungskampfes – änderte sich die Haltung der SI zur FSLN. Zu diesem XIV. Kongreß der SI in Vancouver im November 1978 wurde offiziell Ernesto Cardenal als Repräsentant der Befreiungsbewegung eingeladen. Neben den üblichen Solidaritätsbekundungen sagte die SI humanitäre Hilfe von monatlich 50 000 US-Dollar zu. Laut Rathgeber soll diese Summe allerdings nur ein einziges mal ausbezahlt worden sein.[13] Obwohl die sozialdemokratische Bundesregierung 1978 die Entwicklungshilfezahlungen an Somoza fast gänzlich einstellt hatte, wurden die diplomatischen Beziehungen aufrecht erhalten; die Zustimmung des bundesdeutschen IWF-Gouverneurs zu einem Kredit über 66 Millionen US-Dollar war eine indirekte Unterstützung Somozas.
Die im wesentlichen auf öffentlichen Druck hin gestoppten Zahlungen im Rahmen der Technischen und Finanziellen Zusammenarbeit sollen nach Aussagen Somozas und des damaligen Botschafters der BRD, Meyer Lindemann, dann offiziell doch erfolgt sein.[14]

Sozialdemokratische Solidarität mit dem Freien Nicaragua

Für die SPD – so die offizielle Diktion – stellte die Befreiung von der Diktatur »eine Hoffnung für die in Unterdrückung und Armut gehaltenen Völker Mittel- und Südamerikas dar« (W. Brandt am 25. 9. 1979). Es begann eine Phase reger diplomatischer, wirtschaftlicher und politischer Kontakte zwischen der SPD/SI und der neuen Führung in Managua. Einer Delegation der SI unter der Leitung des zum rechten Flügel gehörenden Portugiesen Mário Soares im August 1979 gehörte der Parlamentarische Staatssekretär Alwin Brück an. Die Bundesregierung beschloß noch im gleichen Jahr, die Entwicklungshilfe für Nicaragua wiederaufzunehmen und auf 30 Millionen DM aufzustocken.

Im März 1980 waren Sergio Ramirez, damals Mitglied der Regierungsjunta, der Bundesrepublik. Schon im November 1979 reiste auch BMZ-Chef Offergeld nach Nicaragua, und im Juli nahm SPD-Präsidiumsmitglied Eppler im Auftrag Willy Brandts an den Feierlichkeiten zum ersten Jahrestag des Sturzes der Diktatur teil. Eppler betonte der damaligen Stimmung entsprechend:

»Der Versuch (Nicaragua, d. Verf.) muß unterstützt werden, auch auf die Gefahr hin, daß dort nicht alles so läuft, wie es uns gefällt und dies keine Revolution ist, die sich am Godesberger Programm orientiert.«

Eppler galt allerdings schon immer als linkslastig, und seine Aussage stieß auf wenig Resonanz bei den 'Machern' der westdeutschen Sozialdemokratie. Als nur ein Jahr später der SPD-Abgeordnete und Vorsitzende des Ausschusses für Wirtschaftliche Zusammenarbeit des Deutschen Bundestages, Uwe Holtz, an den Revolutionsfeierlichkeiten teilnahm, hörte sich die abschließende Stellungnahme schon deutlich anders an. Holtz brachte zum Ausdruck, daß die SPD nur dann weiterhin Unterstützung geben könne, wenn die Sandinisten weiterhin für demokratische Freiheiten, ideologischen und politischen Pluralismus, eine gemischte Wirtschaft und für die Blockfreiheit eintreten würden.[15]

Die Bundesrepublik hatte bis Ende 1980 als eines der großen Geberländer rund 98 Millionen DM für finanzielle und technische Zusammenarbeit zur Verfügung gestellt. Weitere Zusagen seitens des zuständigen Ministeriums, des BMZ, erfolgten durch Minister Offergeld. Am 10. 12. 1981 wurde beispielsweise ein Darlehen in Höhe von 25 Millionen DM zugesagt, davon waren 10 Millionen für den Kauf von Landmaschinen inklusive Ersatzteilen, für Düngemittel und Saatgut, sowie 15 Millionen für den Bau einer Kartonfabrik in León vorgesehen.

Die Tatsache, daß im Bundeshaushalt ein bestimmter Betrag für Entwicklungshilfe an Nicaragua angesetzt wird, bedeutet allerdings weder, daß a) die Bundesregierung eine völkerrechtlich oder anderweitig bindende Verpflichtung gegenüber Nicaragua eingegangen ist, noch b) konkret zu fördernde Projekte feststehen, noch c) daß die entsprechenden Mittel tatsächlich ausgezahlt werden.[16]

Bis zum Regierungswechsel 1982 liefen so 40 Millionen an Zusagen auf, die aufgrund diverser Probleme nicht zur Auszahlung kamen.

Soweit das Verhalten der SPD als Regierungspartei. Wie sah es nun mit der konkreten Unterstützung der SPD außerhalb der zwischenstaatlichen offi-

ziellen Beziehungen aus?
Die direkte SPD-Unterstützung begann über die Friedrich-Ebert-Stiftung 1980 mit der Eröffnung eines Büros in Managua. Vorher hatte die FES schon 600 000 DM für die Finanzierung der Alphabetisierungskampagne zur Verfügung gestellt. Für die Stiftung zahlten sich die guten Kontakte aus, die man durch die informelle Unterstützung der 'Gruppe der 12' (Zurverfügungstellen der Infrastruktur der FES in Zentralamerika über Fernschreiber, Seminare etc.!) aufgebaut hatte. In den ersten zwei Jahren nach der Revolution gehörte die FES neben Organisationen wie der Agency for International Development/AID, den UN, dem Weltkirchenrat und der holländischen Regierung zu den größten Geldgebern der Alphabetisierungskampagne.

Schon 1980 wurden über die FES 18 Mitarbeiter finanziert. Andere Aktivitäten liefen in Zusammenarbeit mit dem FLACSO, dem CSUCA[17] (Consejo Superior Universitário de Centroamérica) und dem Erziehungsministerium. Finanziert wurden die Ausbildung von Gesundheitspromotoren im Rahmen der Gesundheitskampagne, Seminare für Aus- und Fortbildung von Inspektoren für die Einführung eines Sozialversicherungssystems oder Fortbildungskurse für künftige nicaraguanische Diplomaten im Auslandsdienst. Nach nur zwei Jahren eines im Rahmen der Stiftung erstaunlichen Engagements wurden die vielfältigen Aktivitäten dann stark eingeschränkt. Was war geschehen?
Ein Mitarbeiter der FES in Zentralamerika nannte uns folgende Gründe: Beide Seiten – die SPD und die FSLN – hätten sich 'Illusionen' über die Möglichkeiten einer längerfristigen Zusammenarbeit gemacht. Die FSLN habe die Möglichkeiten der SPD/SI überschätzt, und die Sozialdemokraten hätten den revolutionären Prozeß 'zu optimistisch' gesehen. Bruchstelle der Beziehungen zwischen FES und FSLN soll demnach das Scheitern eines Planes gewesen sein, ähnlich wie in Costa Rica ein größeres Studienzentrum aufzuziehen.[18] Die FSLN sei zwar daran interessiert gewesen, allerdings wollte man auf nicaraguanischer Seite nicht den Einfluß der FES-Mitarbeiter aus der fernen BRD auf Seminarinhalte und Programmplanung, sondern lediglich die finanziellen Mittel. Somit, so unser Gesprächspartner, sei »natürlich die Geschäftsgrundlage der Zusammenarbeit für die FES entfallen«.
1982 tauchten daraufhin in Insider-Kreisen Gerüchte über die Schließung des Büros und die Einstellung der Arbeit der FES in Nicaragua auf, die sich allerdings als unwahr herausstellten. Allerdings wurde nach 1982 die Arbeit der FES stark reduziert. Die Projektpartner blieben im wesentlichen dieselben, die Summe der Zuwendungen wurde allerdings auf rund ein Drittel reduziert.
Im Wahlkampf 1984 unterstützte die FES dann indirekt (Finanzierung eines

Seminars) die PPSC (Partido Popular Social Cristiano) mit einem Betrag von eher symbolischer Bedeutung. Mitarbeiter der Stiftung beklagten, daß die FES ja schließlich ihre Finanzmittel über das BMZ bekommen würde. Das heißt, Projekte müßten dort vorgelegt und abgerechnet werden. Dabei habe es bislang zwar keine Probleme gegeben, aber eine Aufstockung der Mittel oder eine Ausweitung der Aktivitäten würde wahrscheinlich nicht genehmigt werden. Auf gezielte Nachfragen hin erfuhren wir, daß man sich gar nicht erst bemüht hatte; dabei wurde deutlich, daß der politische Wille zur Intensivierung der Zusammenarbeit nicht vorhanden war. Im Herbst 1984 drückte man das in Gesprächen mit uns in der Leerformel »die Beziehungen sind gut, wenn auch nicht mehr so herzlich wie 1979/80«, aus. Vorherrschend sei ein »Realismus auf beiden Seiten«. Interessant dabei war, daß man unter anderem, analog zum BMZ, damit argumentierte, man habe die Aktivitäten auf das der Größe und Bedeutung Nicaraguas entsprechende Maß reduziert. Das heißt, es sei nicht einsichtig, warum Nicaragua genauso viel Geld über die FES wie beispielsweise Peru bekommen solle.
Nicht nur am Beispiel der FES in Nicaragua wird klar, daß die SPD seit 1982 zunehmend auf Distanz zur FSLN geht und versucht, die Sandinisten politisch und auch wirtschaflich unter Druck zu setzen. Diese Distanz zeigte sich auch beispielsweise im Juni 1982, als Brandt in Bonn Eden Pastora empfing, der erst wenige Monate vorher in Costa Rica zum bewaffneten Kampf gegen die Regierung in Managua aufgerufen hatte.
Im Mai desselben Jahres hatte Brandt noch einen Versuch von Mário Soares – einem der schärfsten Gegner der Sandinisten unter den westeuropäischen sozialdemokratischen Parteiführern –, Pastora gleichberechtigt mit Bayardo Arce von der FSLN zu einem SI-Treffen nach Helsinki einzuladen, gestoppt.
Im Juli 1983 kam es nach einem Treffen zwischen dem spanischen Regierungschef Felipe Gonzalez, Willi Brandt, Carlos Andres Pérez (Venezuela) und Daniel Oduber (Ex-Präsident Costa Ricas) zu einem regelrechten Ultimatum an die FSLN, als diese in einem an die Sandinisten gerichteten Brief forderten:

- noch vor dem von den Sandinisten gesetzten Termin (1985) Wahlen durchzuführen,
- eine Kommission zur Ausarbeitung einer Verfassung unter Einbeziehung aller politischen Kräfte einzusetzen,
- ein Wahlgesetz auszuarbeiten, das die Beteiligung möglichst aller politischen Parteien ermögliche und
- die Pressefreiheit unmittelbar wiederherzustellen.[19]

Das Druckmittel der SPD/SI ist dabei so einfach wie wirksam: Entzug der politischen Unterstützung bei Nichterfüllung der Forderungen. Je stärker der Druck der USA auf Nicaragua wurde, umso stärker wuchs auch der Druck

der internationalen Sozialdemokratie auf die Sandinisten.
Kaum weniger deutlich als in dem zitierten Brief wurde dies in jüngerer Zeit durch die Reise von Hans Jürgen Wischnewski, SPD-Präsidiumsmitglied, Vorsitzender der Kommission für Internationale Beziehungen und Entwicklungspolitik beim SPD-Parteivorstand und stellvertretender Vorsitzender des Auswärtigen Ausschusses des Deutschen Bundestages, der vom 9. - 25. Mai 1983 Mexico, Costa Rica, El Salvador, Cuba, Panamá, Venezuela und die Dominikanische Republik bereiste. Diese Reise wurde im Namen des SPD-Parteivorstandes, der SPD-Bundestagsfraktion sowie im Auftrag des Präsidenten der SI, Willy Brandt, durchgeführt. Zweck der Reise, so die SPD eigene Darstellung, sollte es sein, »im Sinne einer fact-finding-mission« eigene Erkenntnisse und Informationen zur gegenwärtigen Lage Mittelamerikas zu sammeln; andererseits ging es darum, die Unterstützung der SI für die »Friedensanstrengungen im Rahmen der 'Contadora-Gruppe' (Kolumbien, Panamá, Venezuela, México), zum Ausdruck zu bringen.«[20] In der Bewertung der Gespräche Wischnewskis in Nicaragua steht in dem ausführlichen internen Bericht des Brandt-Referenten Lindenberg unter anderem:
»Im Hinblick auf die innenpolitische Entwicklung Nicaraguas hat Hans Jürgen Wischnewski allen Gesprächspartnern gegenüber deutlich gemacht, daß aus westeuropäischer Sicht im allgemeinen und aus sozialdemokratischer Sicht im besonderen viele Aspekte und Tatsachen des revolutionären Prozesses in Nicaragua als nicht akzeptabel erscheinen«.
An anderer Stelle fährt der Berichterstatter fort:
»Wenn die sandinistische Führung ihre Sympathie in Westeuropa wesentlich aus der Arbeit der Solidaritätsbewegung schöpft, mußte Hans Jürgen Wischnewski darauf hinweisen, daß dies eher eine Randerscheinung, auf gar keinen Fall aber ein Bild der tatsächlichen politischen Konstellation widerspiegelt. Er hat auch deutlich gemacht, daß nicht zuletzt auch gerade angesichts der Entschlossenheit der Vereinigten Staaten, den revolutionären Prozeß zu vernichten, es sehr darauf ankomme, daß die sandinistische Führung bemüht sei, gegenüber westeuropäischen Ländern und sozialdemokratischen Parteien die Spielregeln einzuhalten, die sie als Ziel der Revolution selber aufgestellt hat: politischer Pluralismus, Blockfreiheit, gemischtes Wirtschaftssystem.«
»Das Überleben der Revolution in Nicaragua könnte auch davon abhängen, ob die großherzige Sympathie in Westeuropa nicht leichtfertig verspielt wird. Hans Jürgen Wischnewski hatte den Eindruck, daß diese message verstanden wurde.«
Kein Wunder, die 'message' läßt ja auch trotz der diplomatisch verschlüsselten Diktion kaum Mißverständnisse aufkommen. Was an diesen ausgesuchten aber exemplarischen Zitaten des Berichtes sehr deutlich wird, ist die Tat-

sache, daß weder SPD- noch SI-Solidarität ohne politische Bedingungen zu haben ist. Ziel sozialdemokratischer Politik in Nicaragua ist es offensichtlich, eine Entwicklung zu verhindern, deren Ergebnisse und Ziele von der Mehrheit des nicaraguanischen Volkes selbst formuliert und durchgesetzt werden.
Der Handlungsspielraum für die SI/SPD gegenüber Nicaragua ergibt sich erst aus den massiven Maßnahmen der USA gegen Nicaragua. Erst vor diesem Hintergrund können ultimative Forderungen gestellt und durchgesetzt werden, Forderungen, die ohne die ständig präsente Vernichtungsdrohung der Revolution durch die USA in dieser Form nicht gestellt werden könnten.
Worte wie Solidarität, Partnerschaft, Hilfe etc., wie sie oft und gerne seitens der SPD-Führung angewendet werden, geraten vor diesem Hintergrund zum blanken Zynismus. Hier wird eine kalte und genau kalkulierte Machtpolitik aus einer Position heraus betrieben, die ihre Stärke aus den wirtschaftlichen und militärischen Problemen Nicaraguas bezieht, Probleme, die aber im wesentlichen außeninduziert sind.
Bleibt die Frage, was wollen die Sozialdemokraten in Nicaragua, in Zentralamerika, in Lateinamerika und in der Dritten Welt?

Die sozialdemokratische Vision: Der »Dritte Weg« zwischen Kommunismus und klassischem Kapitalismus

Auf der einen Seite grenzt sich die SI gegenüber den kommunistischen Parteien vor allem über den Begriff der politischen Demokratie ab, auf der anderen Seite gegenüber dem konservativen Kapitalismus über die Begriffe des Sozialstaates und der Wirtschaftsdemokratie. Konsens besteht bei den europäischen Mitgliedsparteien der SI darin, daß Verstaatlichung bzw. Vergesellschaftung insbesondere in der Dritten Welt legitime und notwendige Mittel sind, die Voraussetzungen für Wirtschaftsdemokratie zu schaffen. Graduelle Differenzen bestehen zwischen der SPD, die eine offene Verstaatlichung nicht vertritt und beispielsweise der SPÖ (Österreich), bei der Staatsbetriebe eine wichtige Rolle spielen, sowie der PS Frankreichs bzw. der britischen Labour Party, die eine Verstaatlichung fordern.[21]
Dem Monetarismus mit dem Abbau von sozialen Leistungen werden verschiedene neo-keyesianische Modelle entgegengestellt. Dabei gehen die Diskussionen auch in Richtung einer Internationalisierung neo-keynesianischer Politik mit Hilfe internationaler wirtschaftspolitischer Lenkungsremien. Das Nord-Süd-Problem offensiv anzugehen, wie es die SI seit 1976 tut, bedeutet nichts anderes, als daß man erkannt hat, daß das westliche Industrie- und Produktionsmodell reformiert, wenn auch nicht in Frage gestellt werden

muß.
»Überall weisen die nationalen und internationalen Veränderungen in der Arbeitsteilung auf die Asymmetrie der internen Krisenstrategien und die ungleiche Entwicklung des Kapitalismus hin, durch die die klassichen linearen und fordistischen Modelle zum Scheitern verurteilt werden.«[22]
Seit dem Amtsantritt Reagans 1980 wird zur Lösung der gravierenden weltwirtschaftlichen Probleme im Zentrum des Kapitalismus ein radikaler Kurs gefahren, der ohne Zweifel das Risiko eines begrenzten oder weltweiten Konfliktes der Systeme erhöht hat. Lösungsstrategien, wie sie beispielsweise im Rahmen der 'Trilateralen Kommission'[23] vor allem in der Regierungszeit Präsident Carters vorgedacht wurden, Strategien, die auch von führenden Sozialdemokraten mitformuliert wurden, sind aktuell scheinbar in der Versenkung verschwunden.
Die Strategie eines Dritten Weges zwischen Kommunismus und Kapitalismus erstreckt sich auf alle wichtigen Politikbereiche: Wirtschafts-, Gesellschafts-, Militär- und Außenpolitik. Das dabei schrittweise entwickelte, bislang jedoch noch nicht ausformulierte Konzept basiert auf jener für die SI seit 1976 so typischen Mischung aus Pragmatismus und Idealismus. Während auf der einen Seite kein Zweifel an den berechtigten Forderungen nach einer grundlegenden internationalen Strukturreform gelassen wird, soll diese allerdings nicht gegen, sondern mit den konkurrierenden Großmächten erreicht werden.
Schließlich folgt aus dieser Grundeinstellung auch die Auffassung, eigene Verantwortung und Verpflichtungen übernehmen zu müssen – wie etwa im Falle Nicaraguas oder weiter im Falle der Krise Zentral-/Lateinamerikas.
Ziele sind dabei die reformistische Liberalisierung und Demokratisierung, relative Unabhängigkeit und die Stärkung der Idee regionaler wirtschaftlicher und politischer Zusammenschlüsse und Zusammenarbeit. Kurzum: langfristige soziale und politische, innen- und außenpolitische Stabilisierung durch schrittweise Strukturreformen. Radikale und revolutionäre Lösungen durch Guerilla und Befreiungsbewegungen werden mittlerweile zwar in Grenzen unterstützt, aber gezielt im Sinne dieser Reformstrategie zu instrumentalisieren versucht.
Dabei kann die SPD/SI auf – aus ihrer Sicht – positive Erfahrungen zurückgreifen. Erfahrungen, wie sie beispielsweise in Portugal gesammelt wurden, wo man 1974 exemplarisch demonstrierte, wie man durch gezielte Einflußnahme die politischen Verhältnisse eines ganzen Landes im Sinne des sozialdemokratischen Verständnisses von 'Drittem Weg' verändern kann. Die PSP (Sozialdemokratische Partei Portugals) wurde im Exil in den Räumen der Friedrich-Ebert-Stiftung in Münstereifel gegründet und von einer Partei ohne Basis in Portugal zur Regierungspartei aufgebaut. Mário

Soares, portugiesischer 'Enkel' Willy Brandts, wie auch der spanische Regierungschef González, verstanden es, die Ansätze zu radikalen Veränderungen ihrer Gesellschaften nach langen Jahren der Diktatur zu kanalisieren und rückgängig zu machen (Rücknahme der Agrareform in Portugal, Stärkung der spanischen sozialdemokratischen Gewerkschaften durch die SPD, was die spanische Arbeiterbewegung insgesamt geschwächt hat).

Glücklicherweise sind die politischen Voraussetzungen in Nicaragua anders als in den 70er Jahren in Portugal und Spanien. Die SI hat in Nicaragua keine sozialdemokratische Partei als Ansprechpartner. Die sich mit dem Etikett 'sozialdemokratisch' schmückende PSD ist dermaßen reaktionär, daß sich die SI ausdrücklich von ihr distanziert hat. Das Medium zur Beeinflussung à la Portugal ist somit nicht vorhanden. Die FSLN ist einziger relevanter Ansprechpartner für die SI. Deshalb wird versucht, ganz gezielt innerhalb der FSLN eine Gruppierung zu stärken und zu unterstützen (Terceristas), die man für gemäßigt, das heißt linkssozialdemokratisch, hält. Gezielt wurde deshalb beispielsweise die Präsidentschaftskampagne von Daniel Ortega unterstützt.[24]

Die globalen Ziele sozialdemokratischer Dritte-Welt-Politik haben sich seit Portugal, wie das folgende Zitat zeigt, offensichtlich nicht geändert. 1981 sagte Willy Brandt in einem Interview, man solle »Nicaragua nicht abschreiben. Das mit dem Abschreiben kenne ich. Ich war selbst dabei, wie 1974 führende Amerikaner Portugal abgeschrieben haben. Ich kann die Reden noch zitieren, wo drinstand, das falle dem Marxismus anheim. Ich habe ein bißchen mitgeholfen, daß es nicht passiert ist.«[25]

Entwicklungspolitik der CDU

Anspruch und Wirklichkeit konservativer Entwicklungspolitik

Die in einem entwicklungspolitischen Papier der CDU 1982 aufgeworfene Frage, ob es sich die BRD, angsichts einer hohen Arbeitslosenzahl, überhaupt leisten könne, Entwicklungshilfe an die Dritte Welt zu geben, wird ausdrücklich bejaht:

»Wir müssen das sogar in unserem eigenen wirtschaftlichen Interesse. Wie kaum ein anderes Industrieland sind wir auf Export angewiesen. Nur ein wachsender Weltmarkt und die Entstehung von Massenkaufkraft, auch in Entwicklungsländern, können langfristig Arbeitsplätze bei uns sichern.«[1]

Entwicklungspolitik muß also stark auf das Wohl der BRD ausgerichtet sein, das – laut CDU – SPD-geführte Bundesregierungen nur halbherzig verfolgten: Nach christdemokratischer Meinung war deren Entwicklungspolitik nur allzu oft eine Begleiterscheinung zu diplomatischen Beziehungen und ließ eine wirksame politische Zielsetzung kaum erkennen.[2]

Entwicklungspolitik als integraler Bestandteil der Gesamtpolitik

Für die CDU hingegen ist klar, daß sich Entwicklungspolitik an ihren politischen Grundwerten orientieren, auch an ihren ordnungspolitischen, außenpolitischen und wirtschaftspolitischen Zielen messen lassen muß.[3]

Förderung der freien Marktwirtschaft:

Ihre entwicklungspolitische Zusammenarbeit mit Ländern der Dritten Welt will die CDU als partnerschaftlichen Dialog verstanden wissen, der keine Einbahnstraße sein darf.[4] Hinter dem Begriff »Partnerschaft und Solidarität«[5] – eine Formel, die oft für Entwicklungszusammenarbeit gebraucht wird – verbergen sich jedoch nüchterne Geschäftsvereinbarungen auf Gegenseitigkeit:

»So muß beispielsweise der finanziellen Unterstützung der Entwicklungsländer durch die Industrieländer die Sicherung der Rohstoffversorgung oder der Privatinvestitionen in umgekehrter Richtung folgen.«[6]

Gemeinsam mit den Entwicklungsländern will die CDU nach Wegen zur Beseitigung entwicklungshemmender Strukturen suchen und zur Verwirkli-

chung einer freiheitlichen Gesellschaftsordnung beitragen, »die die individuellen Freiheitsräume sichert und den privaten Initiativen einen besonderen Rang einräumt.«[7]
Der Schlüssel hierzu liegt in der »Förderung marktkonformer Entwicklungsstrategien durch die Entwicklungspolitik der Bundesrepublik«[8], da nach konservativem Grundverständnis allein die freie Marktwirtschaft zu Wachstum und damit 'Entwicklung' führen kann. In diesem Sinne rät man den Entwicklungsländern, ihre Ökonomien nach folgenden Marktelementen zu gestalten:

— »Schaffung und Förderung eines funktionsfähigen Markt- und Preismechanismus, Sicherung des Leistungswettbewerbs, Verbesserung der Produktionsstruktur für den Binnenmarkt und den Außenhandel,
— Förderung von privater Eigeninitiative und Selbstverantwortung,
— Schaffung und Förderung von offenen Märkten, auch in außenwirtschaftlichen Beziehungen.«[9]

Werden diese Ratschläge befolgt, sind die Grundlagen für wirtschaftliche Entwicklung gegeben, die Voraussetzung für soziale Gerechtigkeit ist. Eine weitere Prämisse für das Funktionieren des Marktes wird in der Schaffung von Massenkaufkraft gesehen, die jedoch eine freiheitliche Gesellschaftsordnung voraussetzt; »denn ohne die freiheitliche wirtschaftliche und politische Teilhabe der gesellschaftlichen Gruppen wird eine wesentliche Steigerung der Produktivität in den Entwicklungsländern nicht realisierbar sein.«[10]

Absage an eine veränderte Weltwirtschaftsordnung:
Die von den 3.-Welt-Ländern – mehrheitlich in der Gruppe der Blockfreien zusammengeschlossen – auf internationalen Konferenzen und in internationalen Institutionen immer wieder erhobene Forderung nach einer Neuen Weltwirtschaftsordnung (NWWO), um den Teufelskreis einer immer stärkeren Verschuldung und sich rapide zu ihren Ungunsten verschlechternden 'terms of trade' zu entkommen, werden von den Christdemokraten kategorisch abgelehnt. Das Festhalten an den bestehenden Welthandelsstrukturen gehört zu ihrem Glaubensbekenntnis an die alles regulierende Kraft des Marktes. Die Forderungen nach einer NWWO werden als dirigistische und planwirtschaftliche Maßnahmen abgelehnt; sie seien nicht geeignet, die Probleme der Entwicklungsländer zu lösen.[11]
»Sie führen nicht nur zu erheblichen wirtschaftlichen Wachstumsverlusten für Industrie- und Entwicklungsländer, sondern auch zu einer zunehmenden Politisierung und Vermachtung der internationalen Wirtschaftsbeziehungen. Planwirtschaft und Dirigismus in der Weltwirtschaft bedeuten darüber hinaus einen Verlust an Freiheit, der nicht ohne negative Konsequenzen für die nationale Wirtschafts- und Gesellschaftsordnung der einzelnen Länder blei-

ben wird.«
Verbesserungen für Entwicklungsländer können sich nur aus einer Weiterentwicklung der bestehenden freien Weltwirtschaftsordnung ergeben. Allein durch sie ist die Chancengleichheit gegeben, die bei entsprechenden Eigenanstrengungen und einer größeren Selbstverantwortung für die eigene Entwicklung schon fruchten wird. Zwar tritt die CDU weltweit für Gerechtigkeit ein, betont aber:
»Internationale Gerechtigkeit kann nicht allein als Verteilungsprinzip verstanden werden. Sie muß vielmehr als Leistungsgerechtigkeit zum Ausdruck kommen.«[13]
Darüberhinaus wird klargestellt, daß es mit entwicklungspolitischen Zielen unvereinbar sei, internationale Gleichheit anzustreben, da den Entwicklungsländern doch die Möglichkeit zu eigenständiger Entwicklung belassen werden sollte.
»Eine Strategie, die internationale Gleichheit durch Beseitigung der sogenannten Kluft zwischen Industrieländern und der 3. Welt will, ist nicht nur utopisch, sondern wegen der unterschiedlichen Voraussetzungen und der zum Teil bewußt unterschiedlichen Entwicklungswege der Länder dieser Welt auch freiheitsfeindlich.«[14]
Schwere Geschütze werden da aufgefahren. Freiheitsfeind wird gescholten, wer es wagt, an den Welthandelsstrukturen zu rütteln und auch noch die Einhaltung von Gerechtigkeits- und Gleichheitsprinzipien fordert. Es geht ja schließlich um die »Sicherung unserer Zukunft«, wie es im Untertitel eines entwicklungspolitischen Papieres der CDU vom März 1982 geschrieben steht, das unter dem Titel »Solidarisch gegen Armut und Not« herausgegeben wurde. Doch angesichts einer weltweiten gegenseitigen Abhängigkeit »brauchen wir die Entwicklungsländer im wirtschaftlichen Bereich als leistungsfähige, zuverlässige Partner für Handel und Investitionen.«[15]
Man will sich von der internationalen Konkurrenz der übrigen Industrieländer bei der Neuerschließung von Einflußsphären nicht abdrängen lassen. Der für seine klaren Äußerungen bekannte BMZ-Minister Warnke formulierte dies so: »Für uns geht es jetzt darum, daß wir uns von anderen nicht die Butter vom Brot nehmen lassen. Wir werden alles tun, um die Absatzchancen der deutschen Wirtschaft zu verbessern.«[16]
Warnkes Ambitionen im BMZ sind so auch eher wirtschaftlicher als entwicklungspolitischer Natur. Er hat sich zum Ziel gesetzt, in seiner Amtszeit den Rücklauf einer geleisteten DM Entwicklungshilfe von 1,25 (1980, während der SPD/FDP-Regierung) auf 1,40 anzuheben.[17]

Entwicklungspolitik im Ost-West-Raster

Wie überall, so sehen auch die Konservativen in der BRD den Nord-Süd-Konflikt zunehmend vom Ost-West-Konflikt überlagert. Hinter jeder mittleren und größeren sozialen oder gar revolutionären Bewegung in einem Dritte-Welt-Land wittern sie die Regie der Sowjetunion. Ihr gehe es darum, »durch die Schaffung oder Ausnutzung politischer Konflikte und Krisen in der Dritten Welt mit Hilfe sogenannter Stellvertreterkriege und prosowjetischer Befreiungsbewegungen ihre strategische Lage dem Westen gegenüber«[18] erheblich zu verbessern. Dabei verfolge sie das Ziel, die Energie- und Rohstoffwege zwischen dem Westen und der Dritten Welt zu kontrollieren. Dieser globalen Herausforderung durch die Sowjetunion gilt es sich zu stellen. »Für den Bereich der Entwicklungspolitik erfordert dies vor allem eine engere Zusammenarbeit mit prowestlichen Entwicklungsländern und hierbei besonders mit jenen, die regionale Führungsfähigkeiten und -möglichkeiten haben. Erforderlich ist ferner die Beendigung der undifferenzierten Unterstützung jener Entwicklungsländer, die sich in die agressive Globalstrategie der Sowjetunion eingeordnet haben.«[19]

Der CDU-Politiker Todenhöfer hebt des weiteren hervor, daß es nicht ausreicht, mit den Entwicklungsländern im wirtschaftlichen und sozialen Bereich eine gute Kooperation zu haben. Der partnerschaftliche Dialog muß die Gesamtheit der Beziehungen umfassen, »beispielsweise auch die Haltung von Entwicklungsländern auf internationalen Konferenzen.«[20] Bei solchen Anlässen eine »lautstarke Konfrontation« zu suchen und »Maximalforderungen« zu stellen, ist »ebensowenig erfolgversprechend, wie die Politik ungehaltener Versprechungen oder ordnungspolitisch gefährlicher Zugeständnisse der Industrieländer.«[21]

Die Sicherung der bundesrepublikanischen Wirtschaftsinteressen soll mit Hilfe der freien Marktwirtschaft international durchgesetzt werden. Hierzu bedarf es der außen- und sicherheitspolitischen Absicherung durch die NATO, deren allgemeine Stärkung ihren »spürbaren Niederschlag« in der Entwicklungspolitik finden muß, wie Warnke auf einer internationalen Strategietagung der Hanns-Seidel-Stiftung (CSU) am 5. 11. 82 verkündete.[22] In besonderem Maße verlangt konservative Entwicklungspolitik die unbedingte Unterordnung unter die »wohlverstandenen Sicherheitsinteressen des Westens.«[23] Das NATO-Bündnis tritt dabei als Garant auf, eine weitere wirtschaftliche Ausbeutung der Dritte-Welt-Länder durch die westlichen Industriestaaten zu ermöglichen. Nur auf diesem Hintergrund können die Zielvorstellungen und konkreten Maßnahmen der CDU/CSU-Entwicklungspolitik eine Erklärung finden.[24] Anschaulichstes Beispiel ist die aktuelle Mittelamerika-Politik der gegenwärtigen Bundesregierung.

Grundwerte konservativer Entwicklungspolitik

»Die Not in der Dritten Welt bedeutet für uns eine ethische Herausforderung: Als Zeichen dafür, diese Herausforderung annehmen zu wollen, stimmte auch die CDU/CSU für die vom vom Bundestag am 10. 2. 82 einstimmig verabschiedeten entwicklungspolitischen Grundsätze. Hierin werden unter anderem genannt:

— die Verwirklichung der Menschenrechte, Förderung demokratischer Strukturen,
— die Mobilisierung und aktive Beteiligung der betroffenen Bevölkerung am Entwicklungsprozeß sowie die Erfüllung ihrer Grundbedürfnisse.
— Generell wurde vereinbart, daß die ärmsten Bevölkerungsschichten Hauptzielgruppe deutscher Entwicklungszusammenarbeit sein sollten.«[26]

Menschenrechte:

»Innenpolitische Instabilität, wirtschaftliche und soziale Not und damit verbunden soziale Unruhen, Minderheitenprobleme und die politisch-ideologischen Auseinandersetzungen über Entwicklungswege sind in der Dritten Welt der Nährboden für Konflikte und Menschenrechtsverletzungen.«[27] An anderer Stelle heißt es zu diesem Thema, daß die »rigorose Beachtung der Menschenrechte« zusammen mit »ernstgemeinter Demokratiepolitik« unabdingbare Voraussetzungen für eine erfolgversprechende Entwicklungspolitik seien.[28]

In den vielfachen Menschenrechtsverletzungen in den Entwicklungsländern sieht die CDU aber auch eine Herausforderung für unsere eigene Sicherheit, denn: »Der Grundsatz des Gewaltverzichts wird von vielen dieser Länder nicht akzeptiert. In der UN werden zunehmend Gewaltakte, wie der Terror der Befreiungsbewegungen, legitimiert.«[30]

Nur unter bestimmten und strengen Voraussetzungen will die CDU ein Widerstandsrecht anerkennen. Grundsätzlich jedoch spricht sie dieses Recht den auf gesellschaftliche Veränderungen abzielenden Befreiungsbewegungen ab.[31]

Da sich entwicklungspolitische Praxis und ethische Programmatik widersprechen, will Warnke die Einhaltung von Menschenrechten nicht zum entscheidenden Kriterium für Vergabe von Entwicklungshilfe machen. Er sieht sie eher als 'Zielwert'. Man versucht lieber, einen Fuß in der Tür des jeweiligen Landes zu haben und durch die Mittelvergabe gezielt 'demokratisch orientierte' Gruppen im Land zu fördern, um so Einfluß – nicht nur auf die Menschrechtsentwicklung – ausüben zu können. Mit dieser Argumentation brachte es die CDU sogar fertig, 50 Mio. DM Entwicklungshilfe für Nicaragua praktisch einzufrieren. Diese beiden Beispiele zeigen neben vielen anderen, daß die Existenz oder Nichtexistenz von Menschenrechtsverletzungen kein seriöses Kriterium für entwicklungspolitische Zusammenarbeit der Konservativen ist. Ausschlaggebender hierfür sind die westlichen Sicherheitsinteressen.

»Wir sind aber bereit, die entwicklungspolitische Arbeit dann wieder aufzunehmen, bzw. zu intensivieren:

— wenn die politische Entwicklung in diesen Ländern .. (es) ... als sinnvoll erscheinen läßt,
— oder wenn außenpolitische Gründe oder entsprechende Gegenleistungen des ... Empfängerlandes diese Entwicklungshilfe rechtfertigen.«[33]

Als Gegenleistung garantiert die deutsche Seite: »Wir werden den Ländern der Dritten Welt, die auf unserer Seite stehen, die Gewißheit geben, daß sie im Falle der Not und Gefahr auf uns rechnen können.«[34]

Grundbedürfnisstrategie:

Auch die Unterstützung der Ärmsten der Armen – bezogen auf LLDC-Länder und extrem benachteiligte Bevölkerungsgruppen in wohlhabenderen Entwicklungsländern – ist für die CDU eine ethische Herausforderung.[35] Ihre »christlich motivierte Solidarität« veranlaßte die CDU, die Bekämpfung der Armut gar zu einem »strategischen Nahziel der Entwicklungshilfe«[36] zu erklären. Die Grundbedürfnisse der Menschen sollen gedeckt, Hunger und Armut bekämpft werden, da nur so eine menschenwürdige Existenz aufgebaut und die Voraussetzungen für eigene Entwicklung gegeben werden können.[37]

Doch ganz so selbstlos ist das christliche Eintreten für die Grundbedürfnisstrategie nicht. Die CDU gibt zu, daß sie sie auch aus politischen Gründen in ihrem Programm stehen hat. Zu Recht zwar sieht die CDU in der Befriedigung elementarer Grundbedürfnisse die Voraussetzung für politische Stabilität in Entwicklungsländern, doch ob diese dann auch wirklich »in unserem Interesse liegt«[38], muß angesichts konservativen Politikverständnisses bezweifelt werden. Welche Herausforderung nimmt die CDU angesichts einer Milliarde hungernder Menschen da an? Von vorneherein ist klar, daß es nicht im außenpolitischen Interesse der CDU liegen kann, »die Entwicklungspolitik weltweit auf eine Not- und Sozialhilfe zu reduzieren«[39], denn: »Nur persönliche Initiative und privater Leistungswille können aus der Armut führen, zur Befriedigung der Grundbedürfnisse, zu Wohlstand und Kaufkraft.«[40] »Vorrang sollte deshalb die Hilfe für privatwirtschaftliche Betätigung in Kleinbetrieben von selbständigen Bauern, Handwerkern und Gewerbetreibenden haben. In diesem Sinne, nämlich zur Förderung von Produktivität und Einkommenschancen, kann die sogenannte Grundbedürfnisstrategie Kern einer Entwicklungspolitik der Unionsregierung sein.«[41] Es geht der CDU also nicht um die Erfüllung elementarer, sozialer Menschenrechte wie

Wohnung, Gesundheit und Arbeit an sich, sondern sie wird als Mittel zum Zweck gesehen. Über die Errichtung lokaler und regionaler Märkte soll Massenkaufkraft entstehen, womit der Kreis wieder geschlossen und die CDU bei ihrem Credo der freien Marktwirtschaft angelangt wäre.
Daß gerade das Elend in der Dritten Welt durch die freie Marktwirtschaft seine heute so krasse Ausprägung erreicht hat, wird aus »wohlverstandenem Eigeninteresse« übersehen oder geleugnet. In diesem Sinne fordert der entwicklungspolitische Sprecher der CDU/CSU, W. Pinger, der »entwicklungspolitischen Wirksamkeit« wegen »die Hilfe bevorzugt dort einzusetzen, wo die armen Bevölkerungsschichten Freiheitsspielräume und Anreize für eine Selbsthilfe nutzen können.«[42]
Unter »Hilfe zur Selbsthilfe« versteht die Union in erster Linie, zur Bildung lokaler Selbsthilfeorganisationen der Entwicklungsländer, Entwicklungsbanken, Entwicklungsgesellschaften, Genossenschaften, Gewerkschaften, von Handwerker- und Unternehmeverbänden beizutragen.[43] Nach christdemokratischem Verständnis kann allein eine an marktwirtschaftlichen Prinzipien orientierte Grundbedürfnisstrategie Hilfe zur Selbsthilfe leisten und Not und Elend in der Dritten Welt gelindert werden. Die von der CDU intendierte »produktivitätsorientierte Armutsbekämpfung« zielt jedoch primär auf die Unterstützung privatwirtschaftlich organisierter Klein- und Mittelbetriebe ab. Wer dem nicht zustimmt, hat seinen Anspruch auf christdemokratische Entwicklungshilfe verwirkt. »Wir sollten nicht Projekte und Systeme fördern, die nach unserer Erfahrung den falschen Weg einschlagen.«[45]
Darüberhinaus gibt die Union den Entwicklungsländern zu verstehen, daß sie nur mit Geldern aus der BRD rechnen können, wenn sie sich dem ordnungspolitischen Konzept des 'Freien Westens' fügen: »Die Einsicht muß endlich Platz greifen, daß Fleiß und Leistung, nicht Agitation und Revolution Voraussetzung für eine Besserung der Lebensverhältnisse sind.«[46]

Karibik-Lateinamerika-Politik der CDU

Schwerpunkt deutscher Entwicklungspolitik sind Afrika und Asien. Nicht mehr als ein Sechstel der BMZ-Gelder fließt nach Lateinamerika und in die Karibik. Diese Ausgaben stehen damit im Gegensatz zur politischen Bedeutung, die die CDU Lateinamerika seit einigen Jahren zumißt. Hier setzt auch die christdemokratische Kritik an, verbunden mit Vorwürfen schwerer Versäumnisse an die Adresse der Sozialdemokratie. Denn ein »schrittweises Abmelden aus der Region, wie es vom BMZ unter Minister Offergeld ('78-'82) praktiziert wurde, ist daher undenkbar und würde zudem zu einer politischen Selbstbeschränkung führen«[47], schreibt der parlamentarische Staatssekretär im BMZ, Köhler, in einem CDU-Positionspapier zur Karibik und

Lateinamerika im Oktober '82. Und kopfschüttelnd stellt er an gleicher Stelle fest: »Seit einiger Zeit zeigte sich im BMZ die Tendenz, Entwicklungshilfe mit Entwicklungspolitik gleichzusetzen, d. h. Entwicklungspolitik auf die materiellen Leistungen zu reduzieren. Diese unverständliche Beschränkung der eigenen Möglichkeiten bedarf dringend und insbesondere im Hinblick auf Lateinamerika einer Neuorientierung«[48].

Köhler kommt so zu dem logischen Schluß: »Bestandteil der Entwicklungspolitik ist einerseits die materielle Hilfe für die Dritte Welt und außerdem (z. T. eng damit verbunden) die politische Initiative.«[49]

Aus diesen Äußerungen zu folgern, die SPD hätte keine an den deutschen Interessen orientierte – also eine Art selbstlose – Entwicklungspolitik betrieben, wäre falsch. Der CDU geht es vielmehr darum, in stärkerem Maße als bisher bundesrepublikanische Interessen nun auch in Lateinamerika wahrzunehmen, sie als Druckmittel, bzw. als Anreiz für politisches Wohlverhalten gegenüber dem Westen und seinem liberalen Wirtschaftskonzept einzusetzen.

Alle konservativen Äußerungen zu Lateinamerika gehen davon aus, daß die USA in dieser Region unmittelbare und natürliche sicherheitspolitische Interessen haben, die als legitim zu akzeptieren sind und jeder moralischen Belehrung entzogen werden müßten.[50] Der BRD fällt unter solchen Voraussetzungen die Rolle eines Juniorpartners zu. Sie bringt Verständnis für die lateinamerikanischen Staaten auf, die die Dominanz der USA zugunsten von mehr Unabhängigkeit abbauen möchten, und hat so die Möglichkeit, sich als den besseren Partner darzustellen, der die wirtschaftliche Zusammenarbeit sucht und nicht wie die USA im Ruf steht, sich in die innenpolitischen Verhältnisse einzumischen. In dem Dreiecksverhältnis zwischen Lateinamerika, USA und Europa sieht sich die BRD als Vermittler in einem erfolgreichen Trialog.

Schwerpunkt in ihrer entwicklungspolitischen Zusammenarbeit – und dies nicht nur in Lateinamerika – sind deshalb die sogenannten Regionalmächte bzw. Schwellenländer. Ihnen wird zunehmend eine größere Bedeutung beigemessen, da sich die Welt im »Übergang von einer bipolaren Hegemonie der beiden Supermächte USA und UdSSR hin zu einem System multipolarer Mächte«[51] befindet. Dem muß die Entwicklungspolitik der Bundesregierung Rechnung tragen. Europa – insbesondere die BRD – wird als einer der »potentiellen, künftigen Machtpole«[52] gesehen. So zwingt die Realpolitik die Konservativen, die besondere Berücksichtigung der ärmsten und am wenigsten entwickelten Länder aufzugeben[55] und sich auf die Länder zu konzentrieren, die bereits in die internationale Arbeitsteilung einbezogen sind und denen im Rahmen einer modifizierten Weltordnung eine besondere Rolle zukommt. »So ist auf die Problematik der armen Bevölkerungsgruppen in

Schwellenländern besonders einzugehen.«[54]
Ihre Entprechung findet diese Politik im Haushalt des BMZ. 1983 wurden die Verpflichtungsermächtigungen für die Finanzielle Zusammenarbeit, d. h. das für Dritte-Welt-Länder im Haushalt vorgesehene Kreditvolumen, um ein Drittel gekürzt. Betroffen von diesen Streichungen sind nicht die Regionalmächte, sondern die Ärmsten der Armen, die der Vierten Welt, die sogenannten LLDC-Länder (Least Developed Countries) und auch die politisch unliebsamen wie Nicaragua und Tansania. So will die CDU wieder Handlungsspielraum zurückgewinnen, um gezielter eine an den eigenen Interessen orientierte Entwicklungspolitik betreiben zu können.

Nicaragua und die CDU

Es verwundert ja nicht, daß sozialrevolutionäre und Befreiungsbewegungen von den Konservativen rasch als terroristisch eingestuft und entsprechend diffamiert werden. Besonders dann, wenn sie siegreich sind und eine nationale Politik verfolgen, die auf eine Verbesserung der Lebensbedingungen einer bisher stets entrechteten und ausgebeuteten Bevölkerungsmehrheit abzielt, werden mit Argusaugen Schwachstellen einer Revolution gesucht und konstruiert.
Im Falle Nicaraguas dauerte es einige Zeit, bis die CDU und ihr nahestehende Kreise mit der Diffamierung der sandinistischen Revolution beginnen konnten. Das Ziel stand von vornherein fest. Nicaragua sollte derart diskreditiert werden – im wahrsten Sinne des Wortes – daß es nicht mehr in der Lage sein würde, einen selbstbestimmten Entwicklungsweg zu gehen. Es galt zu verhindern, daß dieses Beispiel Schule macht, das dann unübersehbare Konsequenzen für die bestehende Weltordnung hätte. Die breite Beteiligung auch bürgerlicher und kirchlicher Kreise beim Sturz einer abgehalfterten Familiendiktatur, die generelle und sofortige Abschaffung der Todesstrafe und die Erklärung, Nicaragua werde nach den Prinzipien des politischen Pluralismus, mit einem gemischten Wirtschaftssystem und an den Grundsätzen der Blockfreiheit seine künftige Politik ausrichten, machte und macht die moralische Stärke dieser Revolution aus, der die CDU wenig entgegensetzen konnte.
Nach Bekanntwerden der Miskitoumsiedlungen vom Kriegsgebiet des Rio Coco in die neuen Siedlungen von Tasba Pri um die Jahreswende 1981/82, startete die CDU ihre erste große Verleumdungskampagne gegen das sandinistische Nicaragua. Sie sprach von der systematischen Ausrottung eines Indianerstammes an der nicaraguanischen Atlantikküste und ihr Sprecher Abelein verlangte deshalb von der sozialliberalen Bundesregierung die Einstellung der Nicaraguahilfe.[55] Schon damals kritisierte der CDU-Politiker Hoff-

kes, daß die Gelder gewährt würden, »ohne einen Hauch von Bedingungen«[56] zu stellen. Als im März '82 – auch mit Billigung bürgerlicher Kreise – in Nicaragua wegen zunehmender und vom CIA finanzierter Contraaktivitäten, Sabotageakten und Überfällen der Ausnahmezustand verhängt wurde, verlangte die CDU/CSU, für die Zeit seiner Dauer keine Entwicklungshilfe mehr zu gewähren.[57]
Nach dem Regierungswechsel entschied sie sich jedoch gegen einen solchen Schritt. Erst einmal an die Hebel der Macht gelangt, hielt sie es für viel wirksamer, Entwicklungshilfe als massives Druckmittel einzusetzen. Um den politischen Preis zu erhöhen, versprach der neue BMZ-Chef Warnke (CSU) zu den alten Zusagen in Höhe von 25 Mio. DM zusätzliche 15 Mio. DM Finanzhilfe.[58] Aus formaljuristischen und technischen Gründen kam es nicht zu einer Auszahlung. Nicaragua mußte zunächst ein Umschuldungsabkommen über eine Restschuld Somozas unterzeichnen – so geschehen 1982.
Darüber hinaus verlautete aus dem BMZ, es müßten zwischen den beiden Regierungen noch Übereinkünfte über geeignete Projekte gefunden werden. Trotz detailllierter Projektvorschläge seitens Nicaraguas – seit 1981 wurden dem BMZ mindestens 25 Projekte vorgelegt[59] – ersann die Bundesregierung immer neue Ausreden, um Übereinkünfte zu verhindern. Sie leugnete zunächst, daß ihr in ausreichendem Maße Projektanträge vorlägen. Bereits im Februar 1983 überreichte eine nicaraguanische Regierungsdelegation anläßlich eines Arbeitsbesuches eine 16 Punkte umfassende Liste[60], von denen einzelne Projekte in den folgenden Monaten durch andere Regierungen übernommen wurden, z.B. Frankreich, Holland, Spanien und Brasilien. Eine Delegation des Ausschusses für wirtschaftliche Zusammenarbeit (AWZ) erfuhr auf ihrer Nicaraguareise im November 1983 vom zuständigen Minister Jarquín, daß der Bundesregierung inzwischen eine aktualisierte Aufstellung überreicht worden sei. Dabei handelte es sich um vier Projektvorschläge, darunter ein Projektpaket – industrielles Reaktivierungsprogramm – mit 19 Einzelpositionen. Auf die Vielzahl der förderungswürdigen Projekte angesprochen, blieb Köhler bei seiner Darstellung, es lägen nur vier Anträge vor, von denen zwei mit Skepsis zu beurteilen seien.[61] Den im Katalog vorgeschlagenen Ausbau von Fernmeldeeinrichtungen hielt er für entwicklungspolitisch nicht sinnvoll, was jedoch vewundert. Gerade der Ausbau des Telefonnetzes war in den 70er Jahren ein Schwerpunkt deutscher Entwicklungshilfe an das somozistische Nicaragua. An dem industriellen Reaktivierungsprogramm, das sowohl für Kleinindustrie, Kooperativen als auch für mittlere und große Industrien, die zur Hälfte in Privatbesitz sind, gedacht war, bemängelte Köhler, daß die nicaraguanische Privatwirtschaft nicht allein und ausschließlich über die Gelder bestimmen könne.[62] Um die Auszahlung noch unwahrscheinlicher zu machen, als sie es schon war, vertrat man im BMZ

die Ansicht, diese sollten nur als Paket vergeben werden. Mit dieser Haltung wurde die bisherige Praxis gebrochen, über jedes Einzelprojekt gesondert zu verhandeln und ein Regierungsabkommen abzuschließen, wie aus einem Fernschreiben der bundesrepublikanischen Botschaft in Managua vom 29. November 1983 hervorgeht.[63] Derselbe Text warnte die Bundesregierung auch vor dem Verlust »unserer Glaubwürdigkeit«, weil sie einen Warenhilfekredit über 10 Mio. DM trotz fester Zusage noch nicht eingelöst hatte. Im Juli 1981 gewährte der damalige BMZ-Minister Offergeld Nicaragua diesen Kredit zum Kauf landwirtschaftlicher Maschinen in der BRD. Diese Zusage wurde von Offergeld bei seinem Nicaragua-Besuch im März 1982 nochmals bestätigt.[64] Wegen seiner hohen Dringlichkeit gestattete man Nicaragua den Einkauf noch vor dem Abschluß eines Regierungsabkommens.

Nach Vorlage der Rechnungen sollten die Kosten später erstattet wurden. Doch Nicaragua wurde sitzen gelassen, die Zusage von der neuen Bundesregierung einfach geleugnet.[65] Als ihr von der deutschen Botschaft in Managua eine hierzu verfaßte Verbalnote vorgelegt wurde, argumentierte die Bundesregierung, mündlichen Zusagen würde keine völkerrechtliche Verbindlichkeit zukommen.[66] Da Nicaragua in dieser Angelegenheit auch nicht mehr an das Zustandekommen eines entsprechenden Regierungsabkommens glaubte, schlugen die Sandinisten vor, die 10 Mio. DM mit ihren Schulden an die BRD zu verrechnen. Auch dieser Regelung widersetzte sich Köhler mit der Begründung, aus Mitteln des BMZ würden keine Zahlungsbilanzdefizite beglichen.[67]

Diese technokratische Begründungen spiegeln jedoch nur die eine Seite wider, wie die für Nicaragua bestimmten Gelder systematisch blockiert werden. Nicaragua würde seine selbstgesetzten Prinzipien verletzen und trage deshalb auch die volle Verantwortung für die stagnierenden Zahlungen, lautet der andere Argumentationsstrang.

Was die CDU/CSU damit meint, erläutert sie bei gegebenen Anlässen. So erklärte Köhler gegenüber dem neuen nicaraguanischen Botschafter im Dezember '82, daß sein Land bei der Einhaltung seiner eigenen Prinzipien und nach Abhaltung baldiger Wahlen weiterhin Entwicklungshilfe erhalten werde.[69] Nachdem sich Nicaragua mit diplomatischem Geschick dazu entschlossen hatte, seine Wahlen am 4. November '84 und damit zwei Tage vor den US-Präsidentschaftswahlen abzuhalten, zogen die deutschen Christdemokraten – ganz im Sinne ihres Mentors im Weißen Haus – die politische Daumenschraube gegenüber den Sandinisten an. Kurz nach Bekanntgabe des Wahltermins anläßlich der Feierlichkeiten zum 50. Todestag von Sandino am 21. 2. 84, tat der außenpolitische Sprecher der CDU, Werner Marx, die Wahlen als Farce ab.[70] Er begründete dies damit, daß der Ausnahmezustand nicht vollständig aufgehoben worden sei. Daß die Sandinisten Voraussetzzungen geschaffen haben, allen im Staatsrat vertretenen Parteien, auch denen der Opposition, die Beteiligung – Recht auf Veranstaltungen, gleiche Sendezeit in Radio und Fernsehen für alle eingeschriebenen Parteien – zu ermöglichen, war ihm keine Erwähnung wert. Frech verlangte die CDU/CSU von Nicaragua, das sich im Krieg mit den USA befindet, die bedingungslose Aufhebung des Ausnahmezustands, vollständige Pressefreiheit und die Beseitigung der Gerichte, die speziell zur Untersuchung und Aburteilung konterrevolutionärer Aktivitäten eingerichtet wurden.[71] Daß es der Christdemokratie überhaupt nicht um Wahlen in Nicaragua ging, deren Durchführung sie zunächst forderte und dann diffamierte, daran läßt CSU-Minister Warnke keinen Zweifel. In einer AWZ-Sitzung im Juni '84 darauf angesprochen, warum die Bundesregierung nicht auch für Haiti freie Wahlen fordere, erklärte er, weder für Haiti noch für Nicaragua seien freie Wahlen Voraussetzungen für eine Entwicklungszusammenarbeit.[72] Dies ist deutlich. Man fürchtet sich vor dem Modellcharakter, den diese Revolution abgibt und auch durch einen Urnengang nicht verloren hat. Die Angst davor, daß auch andere Völker dieser Region überkommene Sozial- und Wirtschaftsstrukturen auf den Misthaufen der Geschichte bringen wollen und für ihr Selbstbestimmungsrecht kämpfen, treibt sie an. Jedes Mittel ist ihnen recht. So wird Nicaragua als Aggressor und verantwortlich für soziale Unruhen und Befreiungsbewegungen in der Region dargestellt. Im CDU-Jargon liest sich dies wie folgt: »Eine Politik der Destabilisierung benachbarter Länder und des aggressiven Ideologieexports kann einer friedlichen Entwicklung nicht dienlich sein.«[73]

In Beweisnot geraten die Christdemokraten jedesmal, wenn sie um die Präzisierung ihrer Vorwürfe gebeten werden. Beispielhaft sei hier wieder auf Warnke-Äußerungen verwiesen, der Beweise für die Destabilisierung für müßig hält, »weil jeder dies wisse.«[74] Bezüglich des Vorwurfes, Nicaragua unterstütze die salvadorenische Guerilla, weiß er nichts anderes zu sagen, als daß es auch hier keiner weiteren Beweise bedürfe, da sie mit den Händen zu greifen seien.[75] Die Beweisnot der Rechten in der BRD ist die gleiche, in der auch ihre Glaubensbrüder von der Reagan-Administration stecken. Seit 1981 wird dieser Vorwurf permanent erhoben, aber nie bewiesen.[74]

Da diese Anschuldigungen nicht zu erhärten sind, greift man in der Beweisführung auf Zählbares. Entsetzt stellt man fest, daß es in Nicaragua quasi eine Volksbewaffnung gibt, um sich gegen die, von den USA gesteuerte Aggressions- und Destabilisierungspolitik zur Wehr zu setzen. Sandinistisches Volksheer (EPS) und Milizen (MPS) sind größer als Somozas Nationalgarde es jemals war. Zu allem Übel kommt ein Großteil der militärischen Ausrüstung auch noch aus der UdSSR, nachdem sowohl die USA als auch die BRD nicaraguanische Waffenwünsche abschlägig beschieden haben. Beides zusammen interpretieren und propagieren die bundesdeutsche wie auch die US-amerikanische Regierung dahingehend, daß sich Nicaragua zu einer sowjetischen Bastion im Vorgarten der USA entwickelt habe und mit einer aggressiven Militärpolitik zu einer Gefahr für seine Nachbarländer geworden sei. Vorwürfe, die hartnäckig wiederholt werden, auch wenn gewisse Pentagonstudien zu einer gegenteiligen Einschätzung gelangten.[77] Doch der Zweck heiligt die Mittel. Nicaragua wird zum totalitären, marxistisch-leninistischen Staat gestempelt. Die ökonomischen Probleme werden einzig auf eine sandinistische Mißwirtschaft zurückgeführt und damit begründet, daß die Privatwirtschaft keinen ausreichenden Handlungsspielraum habe, und 20 % der Bevölkerung in der Armee oder ähnlichen Organisationen seien und so der Güterproduktion nicht zur Verfügung stünden.[78, 79] Zur Erhärtung des Totalitarismus-Vorwurfes wird die Stärke der sandinistischen Bewegung, die ihren Ausdruck in den Massenorganisationen findet, diskreditiert und der FSLN vorgeworfen, sie baue in allen Lebensbereichen Beherrschungs- und Kontrollmechanismen auf, um ihre Position zu stärken.[80] Parallelen zu den realsozialistischen Staaten werden gezogen, sind bewußt und gewollt. Mit allen erdenklichen Mitteln wird die sandinistische Revolution auf die Ost-West-Konfrontation reduziert. Ziel dieser christdemokratischen Polemik und Verleumdung gegenüber Nicaragua ist es, zum einen als NATO-Partner einen Beweis seiner Vasallentreue zu erbringen, zum anderen ein Klima zu erzeugen, in dem man hofft, Widerstände gegen einen beabsichtigten und betriebenen Sturz der Sandinisten abzubauen.

»Die Länder der Dritten Welt haben zu lernen, daß sie ihre Souveränität nicht ungestraft mißbrauchen können«, lehrte Warnke schon nach dem US-Überfall auf die Karibikinsel Grenada im Herbst '83 die deutsche Öffentlichkeit. Im Falle Nicaraguas wird eine US-Aggression schlichtweg geleugnet. Bezeichnend hierfür ist ein dpa-Interview mit Außenminister Genscher, der auf die Frage, daß ja wohl ein leicht aggressiver Charakter der US-Politik gegenüber Nicaragua sich nicht leugnen lasse, und wie sich die BRD eventuell davon distanzieren könnte, ohne dabei gleich als linksfreundlich deklariert zu werden, folgendermaßen antwortete: »Die in ihrer Frage liegende Behauptung einer aggressiven Politik der USA ist unzutreffend, deshalb erledigt sie sich in ihrer Gänze von selbst.«[81]

Sprechen deutsche Christdemokraten und Regierungsmitglieder über US-Politik in Mittelamerika, dann nur in dem Sinne, daß hier die westliche Vormacht ihre berechtigten Interessen wahrnehmen würde. Für sie ist auch die Kritik bestimmter Gruppen in der BRD an der Dritten-Welt-Poltitik und vor allem der Lateinamerika-Politik der USA ein Faktor, der auf Dauer geeignet erscheint, »die Zustimmung zu unserem Bündnis mit den Vereinigten Staaten zu erodieren.«[82] Möge der entwicklungspolitische Sprecher der

CDU, Lamers, von dem dieses Zitat stammt, recht behalten! Nichts liegt den deutschen Christdemokraten mehr am Herzen, als sich den USA immer wieder als Musterverbündete zu beweisen und Politik nur im Rahmen der vom Weißen Haus vorgegebenen Richtlinien zu betreiben. Dies wird auch vom Planungschef des Auswärtigen Amtes, Konrad Seitz, offen zugegeben, wenn er sagt: »Wir können die amerikanische Politik in Mittelamerika nicht konterkarieren.«[83]

»Der Weg nach Bonn ist jedesmal sehr bitter«

Interview mit Sergio Lacayo, Vizeminister beim Nationalen Wiederaufbaufonds/FIR*, zuständig für bilaterale Beziehung, Carlos Benavente, Direktor der Abteilung Europa-Asien beim FIR und Livonia Zuñiga, Sachbearbeiterin für bilaterale Beziehungen zur BRD.
Das Gespräch zeigt die praktischen Probleme der Zusammenarbeit zwischen Nicaragua und der Bundesregierung seit 1979 aus nicaraguanischer Sicht.

Was ist der FIR? Welches sind seine Aufgaben, Ziele und Funktionen? Wann und in welchem Zusammenhang ist der FIR entstanden?

Carlos Benavente: Nach dem Sieg der Revolution schenkte die Regierung der Notwendigkeit, den wirtschaftlichen Wiederaufbau zu finanzieren besondere Aufmerksamkeit. Die Wirtschaft hatte sehr gelitten und sich seit dem Erdbeben von 1972 noch nicht erholt, da die Somoza-Diktatur die Katastrophenhilfe zur Selbstbereicherung und zur Bereicherung nahestehender Kreise verwendete. Hinzu kamen die durch den Befreiungskrieg entstandenen Probleme. Deshalb wurde die Lage Nicaraguas dem SELA[1] (Lateinamerikanisches Wirtschaftssystem) geschildert.
In einer Versammlung vom 30. Juli bis zum 2. August 1979 in Caracas wurde das »Aktionskomitee für den Wiederaufbau Nicaraguas« gegründet. Damit wurde ein Instrument geschaffen, um die Kooperation zwischen Nicaragua und den Ländern Lateinamerikas zu fördern. Im September 1979 übergab die Wirtschaftskommission für Lateinamerika/CEPAL[2] der Vollversammlung der Vereinten Nationen eine Empfehlung, den Wiederaufbau Nicaraguas zu unterstützen. Diese verabschiedete einstimmig die Resolution, in der alle in den Vereinten Nationen vertretenen Länder dringend zur Kooperation mit Nicaragua aufgerufen wurden. Von nicaraguanischer Seite aus sollte das Problem der Devisenknappheit bewältigt und versucht werden, durch Spenden, Darlehen etc. Devisen nach Nicaragua zu ziehen und bessere Bedingungen für die Rückzahlung der Schulden auszuhandeln. Es sollten also Umschuldungsverhandlungen geführt werden und der Versuch unternommen werden, Zugang zu Fonds für Entwicklungsprojekte vor allem im produktiven Bereich zu bekommen.

---

* Es mag widersprüchlich erscheinen, FIR/Fondo Internacional de Reconstrucción mit nationalem Wiederaufbaufonds zu übersetzen, ist aber folgendermaßen zu erklären: Er ist eine Institution der nicaraguanischen Regierung, die internationale Gelder entgegennimmt, um mit ihnen den nationalen Aufbau zu fördern.

Um diese Aspekte zu koordinieren, wurde der Fondo Internacional de Reconstrucción/FIR gegründet, der seit September 1979 als Ministerium anerkannt ist. In der Verfassung ist als die Aufgabe des FIR definiert, finanzielle Hilfe zu erschließen und zu koordinieren. Das sind im allgemeinen multilaterale und bilaterale Gelder, Schenkungen sowie Darlehen. Der FIR ist nicht nur die wichtigste Stelle in der Verwaltung dieser Mittel, er leitet diese auch an die verschiedenen Empfänger weiter.
Praktisch ist der FIR in zwei Bereiche untergliedert. Einmal der multilaterale Sektor, zu dem die Weltbank, die Interamerikanische Entwicklungsbank, die Zentralamerikanische Bank zur Wirtschaftlichen Integration, die FAO oder das Programm der Vereinten Nationen für Entwicklung gehören. Dann der bilaterale Sektor, also die Aufnahme und Pflege von Beziehungen zu befreundeten und an der Zusammenarbeit zum Wiederaufbau Nicaraguas interessierten Regierungen.

Nach welchen Kriterien oder Richtlinien bemüht sich der FIR um ökonomische Hilfe von befreundeten oder interessierten Ländern?

Sergio Lacayo: Die nicaraguanische Regierung erstellt zuerst eine Prioritätenliste für Entwicklungsprojekte. Höchste Priorität hat der Wiederaufbau des Landes. Die Vereinten Nationen verabschiedeten eine Resolution, wonach die wichtigste Aufgabe Nicaraguas in den nächsten fünf Jahren (1979–1984) der nationale Wiederaufbau sei. Kriterium war es, nicht Mittel von Banken zu beantragen, deren Regierungen die Bedingungen der Kreditvergabe diktieren. Solche Bedingungen akzeptieren wir nicht, weil wir den Produktivapparat aufrechterhalten wollen. Diese Bedingungen wurden durch die Blockade und die konstante Aggression, unter der wir leiden, verschärft. Wenn andererseits irgendeine Regierung ein Projekt unterstützen will, zum Beispiel ein Krankenhaus, gibt es keinerlei Probleme.

Ist es nicht ein Kriterium, daß Nicaragua Darlehen nur für staatliche Projekte und Institutionen verwenden will, nicht aber für die Privatwirtschaft?

Sergio Lacayo: Dies ist ein Argument der Regierung der Bundesrepublik seit drei Jahren, die seit Ende 1980 kein einziges Darlehen mehr gegeben hat. Der Vorwurf war, daß Nicaragua die Darlehen nur für den staatlichen Sektor verwenden wollte und der Privatsektor in das Konzept der gemischten Wirtschaft hineingepreßt worden sei. Die Bundesregierung erhebt diesen Vorwurf, obwohl das Gewicht des Privatsektors in Produktion und Unternehmenszahl größer ist als das des staatlichen Sektors. Die Botschaft des

Bundesrepublik behauptete, der Privatsektor sei von der Hilfe ausgeschlossen. Ende April 1984 waren wir in der Bundesrepublik und haben offiziell alle Darlehensanträge zurückgezogen. Dann präsentierten wir dem Bundesministerium für Wirtschaftliche Zusammenarbeit einen einzigartigen und exklusiven Antrag für den Privatsektor. Nicht nur das, Vertreter des Privatsektors waren ebenfalls im BMZ, weil sie uns nicht glaubten, daß die Probleme auf der Seite der Bundesregierung liegen. Sie dachten, daß wir sie anlügen. Wir sagten den Vertretern der Privatwirtschaft: »Gehen Sie nach Deutschland, tun Sie sich zusammen und fragen Sie, warum wir seit drei Jahren keine Darlehen für den Privatsektor bekommen haben, obwohl entsprechende Anträge vorliegen.« Bis heute haben wir keine offizielle Antwort auf unsere Anträge erhalten.
Es gibt kein diskriminierendes Kriterium seitens der nicaraguanischen Regierung, nach dem irgendein Darlehen ausschließlich für den staatlichen oder den privaten Sektor ist. Das Argument, das im Ausland gebraucht wird, lautet: »In Nicaragua gibt es Totalitarismus, alles soll verstaatlicht werden und der Privatsektor keine Devisen bekommen.«
Der private Sektor ist durch die Haltung der Bundesregierung insofern betroffen, weil bei unseren Wirtschaftsproblemen, die Devisen natürlich bis zum letzten Centavo kontrolliert werden. Die Einschränkungen betreffen den Sektor, der traditionell über viel Geld verfügte, der die Freiheit hatte, die Ernten irgendwohin zu verkaufen und frei über die Erlöse verfügen konnte. Wir glauben, daß man das nicht machen kann, solange im Land noch derartig schwerwiegende soziale Probleme bestehen. Deshalb können wir den uneingeschränkten Luxuskonsum im Moment nicht erlauben. Natürlich gibt es dann keine Mittel, um sich Vergnügungsreisen oder Luxusautos zu leisten. Trotzdem kann man eine Weltreise machen. Die Dollars muß man sich dann aber auf dem Schwarzmarkt besorgen, wo sie recht teuer sind.
Die Devisen müssen unserer Meinung nach in prioritäre Projekte fließen. In den Gesundheitsbereich, in die Erziehung, in die Produktion.
Livonia Zuñiga: Der FIR ist die einzige autorisierte Stelle auf Regierungsebene, um Auslandshilfe für Regierungsprojekte weiterzuleiten. Die Hilfe für die Nicht-Regierungsorganisationen fallen nicht in seinen Bereich. Es existieren noch andere Kanäle. Die Nicht-Regierungsorganisationen erhalten ebenfalls internationale Gelder, die nicht notwendigerweise über den FIR laufen. Es gibt Körperschaften, die mit verschiedenen Einrichtungen der evangelischen oder katholischen Kirchen zusammenarbeiten – einschließlich der Nicht-Regierungsorganisationen wie zum Beispiel die 'Fundación Augusto Cesar Sandino' oder das 'Centro Antonio Valdiviesa'.
Es gibt eine Reihe von privaten Einrichtungen wie den nationalen Unter-

Straße in Jalapa

nehmerverband (COSEP), die politischen Parteien und die Presse, die direkt Mittel von Organisationen und Einrichtungen aus dem Ausland erhalten.

Können Sie uns etwas über die Entwicklung der Zusammenarbeit mit der Bundesrepublik von 1979 bis heute sagen? Uns interessieren besonders die Bedeutung oder der Stellenwert der Hilfe aus der BRD für Nicaragua und die Probleme in den Verhandlungen mit den Bundesregierungen.

Carlos Benavente: 1979 wurde ein Vertrag über 14,6 Millionen US-Dollar abgeschlossen, im Dezember 1980 über weitere 11,2 Mio. US-Dollar, danach nichts mehr. Die Verhandlungen mit der Bundesregierung über das Ministerium für Wirtschaftliche Zusammenarbeit waren sehr schwierig. Auf dem letzten Treffen im Mai '84 mit Minister Warnke wurde uns gesagt, daß Nicaragua keine Hilfe bekommt, weil es eine so große Armee unterhält.

Gibt es im Moment irgendwelche weiteren Verhandlungen?

Carlos Benavente: Wir sind auf alle Forderungen eingegangen. Das erste Argument war ja das der Privatinitiative. Aufgrund dieses Arguments haben wir 15 Mio. US-Dollar ausschließlich für den Privatsektor beantragt. Zum Beispiel für die privaten Reispflanzer, für private Bauunternehmer, Ausrüstungsgegenstände für Handwerksbetriebe und solche Sachen. Aber das war schwierig und unangenehm. Der Weg nach Bonn ist jedesmal sehr bitter.

Wir war das denn vorher mit der sozialdemokratischen Regierung ? War das für Sie leichter als jetzt?

Carlos Benavente: Die Regierung Schmidt hatte mehr Verständnis als die jetzige. Im allgemeinen sind wir aber auf wenig Verständnis bei den Bundesregierungen gestoßen. Wir trafen immer auf Inflexibilität und sehr rigide Kriterien. Erst glaubten sie nicht, daß wir Wahlen abhalten wollten. Dann hieß es 'die Pressezensur', dann dies oder das. Sie legten sehr schematische und rigide Kriterien an und berücksichtigten überhaupt nicht, daß man nach so einem Krieg nicht alles von heute auf morgen ändern kann. Das heißt, mit dem Sturz der Somoza-Diktatur konnte nicht die Demokratie wiederhergestellt werden, weil es Demokratie nie gegeben hat. Die Demokratie ist ein Erziehungsprozeß. Die Menschen müssen erst lernen, sich auszudrücken und ihre bürgerlichen Rechte zu definieren und zu suchen. Das erreicht man nicht per Dekret. Heute gibt es jedenfalls keine Diktatur mehr. Das ist hier ja nicht so wie in Chile, das mehrere Jahre der Demokratie vor der Militär-

diktatur erlebte. Nicaragua hatte immer eine Diktatur, es hat auch nie freie Wahlen in der Geschichte Nicaraguas gegeben.
Während alle anderen Länder Europas dies nach und nach verstanden haben, blieb die Bundesregierung uneinsichtig. Wenn die anderen europäischen Länder die gleiche Einstellung wie die Bundesrepublik hätten, dann würde in Nicaragua das gleiche passieren wie in Cuba. Es war das Vertrauen, das Frankreich, Holland und die skandinavischen Länder uns entgegenbrachten, das uns erlaubte, die Politik der Blockfreiheit aufrechtzuerhalten. Denn wenn Du nichts zu essen hast, kannst Du nicht zwischen dem einen oder dem anderen wählen, bist Du nicht frei. Die Vereinigten Staaten haben die Weizenlieferungen gestrichen, sie haben alles Mögliche getan, um uns kleinzukriegen und nachgiebig zu machen.

Wie bewerten Sie den Wechsel in der Haltung der Bundesrepublik gegenüber Nicaragua, den es ja offensichtlich 1980 gegeben hat? Vielleicht können Sie Vergleiche zu anderen Ländern ziehen.

Carlos Benavente: Ich denke, daß die Haltung der Bundesregierung wenig europäisch ist, sondern daß dort eine außereuropäische Position vertreten wird, denn die Mehrheit der europäischen Länder hat gegenüber Nicaragua eine Position der Hilfe und Zusammenarbeit. Die Bundesrepublik bildet eine Ausnahme und deshalb ist es keine europäische Haltung. Es gibt noch eine zweite Ausnahme in Europa: ... Frau Thatcher. Obwohl wir erfahren haben, daß sie (Thatcher) versucht, ein anderes Image zu bekommen, indem sie sagt, daß Großbritannien Hilfe über die Europäische Gemeinschaft gibt, durch die Ko-Finanzierung von Programmen der EG (Europäischen Gemeinschaft) mit 1 Million Pfund Sterling – allerdings für die ganze Welt, außerdem durch die Finanzierung von britischen Nicht-Regierungsorganisationen.

Was sind die Konsequenzen, die sich aus der Streichung der finanziellen Hilfe der Bundesregierung für Nicaragua ergeben?

Sergio Lacayo: Weniger Schulen, weniger Krankenhäuser, weniger Traktoren, weniger Essen.
Livonia Zuñiga: Das Projekt zum Bau der Kartonfabrik wurde beispielsweise von Frankreich übernommen.[3] 1981 wurde an die Bundesrepublik ein Antrag zum Ausbau des Hafens von Corinto gestellt. Dieses Projekt mußte mit eigenen, nationalen Mitteln durchgeführt werden, weil es sehr wichtig für uns war. Somit wurde der Bau von Straßen, Brücken oder anderen infrastrukturellen Maßnahmen vernachlässigt. Das Kommunikationsnetz zu Land

ist nach wie vor wenig ausgebaut, bzw. garnicht existent. Das ist ein zentrales Problem, das wir lösen müssen.

Carlos Benavente: Die Haltung der Bundesrepublik hat aber auch Nachteile für die Bundesrepublik selbst. Zum Beispiel glauben wir, daß Siemens eine sehr gute Firma auf dem Gebiet des Fernmeldewesens ist. Trotzdem haben wir ernste Zweifel, unser Telefonnetz weiter mit Siemens und der Siemens-Technologie zu erneuern und auszuweiten. Das ist eine Sache, die uns direkt betroffen hat. Das ganze Fernmeldewesen hier ist direkt mit Siemens-Technologie aufgebaut. Jetzt ist der Kredit zum Ausbau des Telefonnetzes vollkommen blockiert. So hat das TELCOR[4] ernste Probleme, weil sie das Telefonnetz nicht ausbessern können. Das gleiche geschieht auch im Energiebereich, der auch sehr von Siemens-Technologie abhängig ist. Von dem 40 Millionen-DM-Kreditpaket, das man seit 1981 diskutiert, waren zwei Projekte von besonderer Bedeutung für TELCOR und das Energieministerium.

Die Gesellschaft für technische Zusammenarbeit (GTZ)

Der feine Unterschied zwischen Helfer und Experte

Unter der Vielzahl entwicklungspolitischer Instrumentarien gibt es zwei staatlich kontrollierte Organisationen, die deutsche Fachkräfte in Länder der Dritten Welt schicken: den DED und die GTZ. Der DED entsendet Entwicklungshelfer, die GTZ Entwicklungsexperten. Worin der kleine Unterschied liegt, definiert das Entwicklungshelfergesetz von 1969: »Entwicklungshelfer ist, wer in Entwicklungsländern ohne Erwerbsabsicht Dienst leistet.« Der Entwicklungshelfer verdient als eine Art Aufwandsentschädigung für seine Arbeit im Ausland monatlich ca. 2 000 DM. Dabei spielt es keine Rolle, ob er von Beruf KFZ – Mechaniker oder Chefarzt ist. Die Expertengehälter, die die GTZ zahlt, liegen um ein Vielfaches höher. Von der fachlichen Qualifikation unterscheiden sich 'Helfer' und 'Experten' heute so gut wie nicht mehr.

Die trennenden Merkmale beider Organisationen sind vielmehr in ihrem entwicklungspolitischen Selbstverständnis zu suchen, die ihren Niederschlag am deutlichsten in den sich unterscheidenden Auswahlkriterien finden. Der DED legt Wert darauf, daß die Bewerber neben einer entsprechenden Ausbildung ein fundiertes Wissen über die gesellschaftlichen, ökonomischen Bedingungen des Gastlandes besitzen. auch sollen sie sensibel genug sein, sich von ihrem Verhalten her mit der jeweiligen Kultur und Mentalität auseinanderzusetzen und sich integrieren können. Diese Vorgehensweise bringt dem DED zunehmend politische Schwierigkeiten ein und er wird bedrängt, sich mehr an den Maßstäben der GTZ zu orientieren. Der 2 - 4 jährige Auslandsaufenthalt wird von den DED lern hauptsächlich als Dritte Welt – Erfahrung gesehen. Die GTZ bietet dagegen äußerst lukrative Verdienstmöglichkeiten. Die fachliche Qualifikation und Durchführung des Lufthansa-Testes – ein psychologisches Testverfahren, nach dem die Lufthansa ihre Mitarbeiter auswählt – sind die Kriterien, nach denen die GTZ ihre Experten auswählt.

In der Praxis mag es Überschneidungen geben. Manche GTZ-Experten passen durchaus in das DED-Schema. Die außerordentlich hohen Gehälter, die bei der GTZ gezahlt werden, sind jedoch geeignet, die Auslandsarbeit primär unter dem finanziellen Gesichtspunkt zu betrachten. Insbesondere die Experten mit einer naturwissenschaftlichen oder technischen Ausbildung haben nach langjährigem Aufenthalt in Entwicklungsländern heute kaum noch Chancen, eine Stelle auf dem Arbeitsmarkt der BRD zu bekommen.[1] Sie sind dann fast ausschließlich auf die GTZ als Arbeitgeber angewiesen. Daraus entwickeln sich mitunter Abhängigkeiten, die zu angepaßtem und ängstlichem Verhalten führen. So entzog sich der langjährige Leiter des Pflanzenschutzprojektes einem Gespräch mit uns, in dem wir ihn zu seiner Arbeit und der Haltung der Bundesregierung, keine entwicklungspolitische Zusammenarbeit mit Nicaragua mehr zu fördern, befragen wollten. Da sich zwischen ihm und der offiziellen BRD-Politik mit Sicherheit sehr gegesätzliche Einschätzungen ergeben hätten, zog er es vor, keinerlei Stellungnahme abzugeben. Mit folgendem Brief entschuldigte er das geplatzte Treffen. Seine eigene Meinung mußte hinter der Loyalität zum Arbeitgeber zurücktreten. Ein Zwiespalt, in den alle staatlich bezahlten Entwicklungshelfer bzw. -experten mehr oder weniger verstrickt sind.[2]

26. 9. 84

»Sehr geehrter Herr Ernst!
Es tut mir sehr leid, das geplante Interview absagen zu müssen. Nach Absprache mit der Botschaft glaube ich, daß es im Interesse des Projektes besser ist, bereits publizierte Quellen zu benutzen. Zu diesem Zweck werde ich ihnen eine Fotokopie der Projektbeschreibung anfertigen und sie hier hinterlegen. Das Pflanzenschutzprojekt hat auch glücklicherweise von einer 'Wende in der Entwicklungspolitik' nichts gespürt, sondern läuft unter seinem vollen Budget auch ohne zeitliche Kürzungen weiter.

Mit den besten Grüßen

Der Leiter«

Darüber hinaus weisen rote Sonderpässe und Einladungen bei Botschaftsempfängen auf die höhere Bewertung/Anerkennung hin, die die GTZ-Experten gegenüber den mehr idealistisch gesehenen Entwickluntgshelfern des DED genießen.

Zielorientierte Projektplanung (ZOPP)

Im Unterschied zum DED, der jede neue Projektzusammenarbeit von aktiven Entwicklungshelfern im Gastland evaluieren läßt, prüft die GTZ an sie gestellte Anträge durch die Entsendung ihrer Experten. Zwar kennen auch sie den entwicklungspolitischen Kodex – einen dicken Reader, der idealtypisch Ansprüche und Ansätze für eine Arbeit in der Dritten Welt formuliert und zusammenfaßt – doch der Gutachter hat bei seiner Abreise klare Zielvorgaben im Gepäck. Er muß darauf achten, daß nach Abschluß des Projektes eine ökonomische Verwertbarkeit des Inputs möglichst gewährleistet ist. So sollen – nach in Industriestaaten erstellten Normen und fachlichen Qualifikationsmerkmalen ausgebildete – Fachkräfte in der Lage sein, westliche Industrieanlagen und Technik sachgerecht zu bedienen und zu warten. Darüberhinaus hat der Gutachter zu prüfen, inwieweit deutsche Wirtschaftsinteressen in den jeweiligen Projekten berücksichtigt werden können. Dies alles sind Bestandteile der zielorientiertes Projektplanung (ZOPP). In diesem Sinne wird von der GTZ immer wieder der Aufbau einer funktionierenden Omnibuswerkstatt in Djakarta/Indonesien als vorbildliches Projekt dargestellt. Als Anfang der 70 er Jahre der Auftrag an die GTZ ging, fand sie eine, vom fachlichen und technischen Standard aus gesehen, desolate Betriebsstruktur vor. Mit deutschen Werkzeugen, Prüfgeräten, sowie Übungstafeln und Unterrichtsmaterialien für die Ausbildung der Mechaniker wurde die Werkstatt systematisch neu organisiert. Eine direkte Folge des Projektes ist, daß es heute einen beachtlichen Anteil an Mercedes-Benz-Bussen in der indonesichen Hauptstadt gibt. Die Mechanikerausbildung in einer zu großen Teil von Mercedes Benz eingerichteten Werkstatt führt zu einer, an deutscher Qualität und Normen ausgerichteten Anspruchshaltung. Kehrseite dieser Entwicklungshilfe ist, daß die Absolventen einer solchen Ausbildung auch kaum bereit sein werden, in weniger komfortabel ausgerüsteten Betrieben zu arbeiten. Genau dies ist aber programmatisches Ziel jeder Entwicklungsplanung. Ein Initialprojekt soll einheimisches Personal ausbilden, das mit seinem Wissen zur Weiterentwicklung des jeweiligen Landes aus eigener Kraft beitragen soll.

In der fachlichen Struktur der GTZ – Arbeit ist die Förderung fachlicher Ausbildungsstätten mit 16. 5 % zweiter Schwerpunkt nach der Land- und Forstwirtschaft mit 43. 7 %. Mit großem Abstand folgen als weitere Schwerpunkte die Rubriken 'Verkehr/Städtebau' mit 6. 8 %, 'Banken/Volkswirtschaft' mit gleichem Prozentsatz, schließlich das Gesundheitswesen mit 4. 9 %.[3]

Die in der Öffentlichkeit weniger bekannte GTZ hat mit ca. 1 500 Experten (1983) knapp doppelt soviele langfristige Auslandsmitarbeiter wie der DED mit ca. 850.[4] Der um das 18-fache höhere Etat der GTZ (1982: 1.403 Mrd. DM, DED ca. 75 Mio. DM) verdeutlicht nochmals die Strukturen beider Personalorganisationen, die nicht allein mit den höheren Gehältern der GTZ-Experten zu erklären sind. Gemeinsam ist dem DED und der GTZ die Ausbildung einheimischer Counterparts. Sie unterscheiden sich darin, daß die GTZ zu diesem Zweck eigene Projekte schafft, der DED sich dagegen in die im Gastland bestehenden Strukturen einklinkt.

GTZ – Projekte in Nicaragua 1968 - 1984

Im somozistischen Nicaragua:

Bereits vor '79 arbeitete die GTZ in Nicaragua. 1968 entsandte sie zwei Experten zur Beratung und Ausbildung beim Ausbau und der Organisation des Fernmeldewesens. Ursprünglich auf drei Jahre angelegt, wurde daraus ein in sechs Phasen (1968-1979) gegliedertes Projekt der Technischen Zusammenarbeit, in dessen Verlauf 20 GTZ-Experten in Nicaragua arbeiteten. Mit der Bereitstellung eines 43 Mio. DM - Kredites zum Ausbau des Fernmeldewesens (1971-1980)[5] wurde der personelle Aufwand erheblich ausgedehnt. Aufgabe der deutschen Experten war es, die fachgerechte Installierung der Siemens-Anlagen zu betreuen. Ein gutes Beispiel, um die Verflechtung von Entwicklungshilfe mit deutschen Wirtschaftsinteressen aufzuzeigen. Diese Abhängigkeit von deutscher Technologie hat sich für das neue Nicaragua inwischen negativ ausgewirkt. Der Wunsch nach weiterer Zusammenarbeit in diesem Bereich ist von der CDU geführten Bundesregierung als »entwicklungspolitisch nicht sinnvoll« abgelehnt worden. Wer jemals in Nicaragua war und versucht hat, dort zu telefonieren, weiß den Hohn solcher Äußerungen einzuschätzen.[6]

Das zweite GTZ-Projekt wurde im Bereich des Pflanzenschutzes 1974 mit einer Laufzeit von fünf Jahren vereinbart. Wichtigstes Ergebnis war die Einrichtung von Labors für Mikrobiologie, Virologie und Bakteriologie, die Beratung des Landwirtschaftsministeriums in allen relevanten Pflanzenschutzfragen. Daneben spielte, nach GTZ-Angaben, die Einweisung und Fortbildung von Counterparts eine große Rolle. Durch die Abwanderung zahlreicher Fachkräfte während und nach dem Befreiungskampf sind Anfangserfolge wieder zunichte gemacht worden. 1978 wurde das Projekt wegen des Krieges ausgesetzt, 1980 wieder aufgenommen und 1981 dann abgeschlossen. Im gleichen Jahr wurde mit einem Anschlußprojekt die GTZ-Arbeit in diesem Bereich weitergeführt.

Im sandinistischen Nicaragua:

Das Spektrum der zur Zeit in Nicaragua noch laufenden fünf GTZ-Projekte ist eher untypisch für ihre Arbeit in Entwicklungsländern.[7]

Bei näherer Betrachtung zeigen sich auch innerinstitutionelle Konflikte zwischen der GTZ und ihrem Auftraggeber, dem BMZ, wenn es um Bewertungen bzw. um Erweiterungen der Projektarbeit vor Ort geht. Die Stärke der GTZ-Experten bei Differenzen mit der Bürokratie liegt in ihrer Fachkompetenz. Mit persönlichem Engagement konnte so im einen oder anderen Fall eine Projektverlängerung erreicht werden. Doch dürfen aus Einzelfällen keine falschen Schlüsse gezogen werden. In der Generallinie konnte das BMZ

seine Politik gegenüber Nicaragua, bei der Sachargumente auch nicht gefragt sind, erfolgreich durchsetzen. Nicht einmal zaghaft ergriffen die GTZ-Experten die Möglichkeit, durch Informationen und Stellungnahmen Öffentlichkeit zu schaffen.
Die noch nicht abgeschlossenen Projekte sind alle – mit einer Ausnahme – in den Jahren 79/80 geplant, d. h. Nicaragua zugesagt worden.
Zu den eher untypischen Projekten der GTZ gehört die Mitarbeit im Vermessungswesen, die zunächst keinen unmittelbaren ökonomischen Nutzen für die BRD mit sich bringt. Mit einem Volumen von knapp 10 Mio. DM ist die Kartographie das größte Einzelprojekt in Nicaragua und in den Augen der GTZ eher dazu angetan, für ein gutes Klima in der partnerschaftlichen Zusammenarbeit zu sorgen.[8] Darauf legt die GTZ Wert, trägt solches Verhalten doch nicht unerheblich zu dem guten Ruf bei, den sie weltweit genießt und der nicht alleine aus der fachlich geschätzten Arbeit der Experten abzuleiten ist. Ein gutes Klima kann schließlich entscheidend sein bei der Vergabe eines profitablen Projektauftrages. Ganz so selbstlos erscheint uns die Mitarbeit im Vermessungswesen allerdings nicht, ermöglicht sie der deutschen Seite doch umfassende Kenntnisse über Topographie, auch Ressourcen zu gewinnen, bei deren Ausbeutung der Wissensvorsprung genutzt und das 'know how' deutscher Firmen angeboten werden könnte.
Die Mitarbeit bei der Entwicklung angepaßter, d. h. in Nicaragua erstellter Unterrichtsmaterialien für den Primarschulbereich – für die Fächer Naturkunde und Landwirtschaft – macht in der Gesamtheit der von der GTZ weltweit durchgeführten Projekte einen verschwindend geringen Anteil aus,[9] obwohl es in der theoretischen entwicklungspolitischen Diskussion Konsens ist, daß einer breit angelegten, länderspezifischen Grundbildung der städtischen und ländlichen Bevölkerung ein hoher Stellenwert beigemessen wird. Sie wird als eine wesentliche Voraussetzung von Bewußtseinsbildung, Emanzipation und damit Entwicklung überhaupt gesehen.[10]
Sehr viel typischer hingegen ist die Mitarbeit in der gewerblich - technischen Berufsausbildung. In einem Zeitraum von vier Jahren (1982-1986) arbeiten die deutschen Fachleute beratend bei der organisatorischen und didaktischen Entwicklung des 'Nationalen Systems für die berufliche Bildung' (SINAFORP) mit. Darüberhinaus wurde in Managua ein Ausbildungszentrum für die Fachrichtungen Metall/Mechanik und Elektrotechnik erweitert und eingerichtet. Dort werden von je einem Werkstattmeister für Metall und Elektro sowohl Grundbildungs- als auch Fortbildungskurse durchgeführt. Die von Nicaragua zusätzlich gewünschte Unterstützung (Personal und Ausstattung) bei der Einrichtung eines Ausbilder- und Ausbildungszentrums wurde abgelehnt.
Die Mitarbeit im Ausbau des Pflanzenschutzes schließt an das in der somo-

zistischen Ära vereinbarte Projekt an und hat mit 6 Jahren (1981-1987) die längste Laufzeit. Neben der Errichtung und Ausstattung eines zentralen Labors wurde als wichtigster Punkt, die Entwicklung einer integrierten Schädlingsbekämpfung neu vereinbart, die mit den Programmen des Ministeriums für Landreform (INRA) abgestimmt sein soll. Ziel ist, bei der Schädlingsbekämpfung biologische Faktoren stärker zu berücksichtigen. Die chemischen Insektizide und Pestizide sollen nicht mehr – wie oft üblich – nach dem Kalender gespritzt werden. Der Einsatz breit wirkender Mittel soll möglichst vermieden, dafür mehr die Rolle natürlicher Gegenspieler der Pflanzenschädlinge untersucht werden. Denn durch den gezielten Einsatz von Insektiziden kann deren Gesamtverbrauch reduziert und die ökologische Belastung vermindert, darüberhinaus auch teure Devisen für den Einkauf der Schädlingsbekämpfungsmittel eingespart werden.[11]
Finanzielle Überlegungen des nicaraguanischen Staates spielten auch bei der konzeptionellen Teiländerung des Projektes Ende 1984 eine Rolle. Die GTZ-Managua stimmte dem nicaraguanischen Vorschlag zu, einen Teil der Projektgelder nunmehr für den Aufbau einer Produktionsanlage für biologische Pflanzenschutzmittel (bacillus thuringensis) zu verwenden. diese Umwidmung der Gelder war möglich, weil sie nur der Zustimmung der GTZ-Zentrale in Eschborn, nicht der des BMZ, bedarf. Doch sie bleibt ein Kompromiß, weil für diese neue Ausrichtung eigentlich ein Zusatzprojekt sinnvoll gewesen wäre, wegen der grundsätzlichen Verweigerungspolitik der Bundesregierung aber nicht durchsetzbar ist. Wenn das Projekt '87 ausläuft – und es deutet nichts auf eine Verlängerung hin – wird es in seiner Hauptphase stecken. Mit einem Abbruch zu diesem Zeitpunkt würde eine Projektruine hinterlassen werden.
Das jüngste und von seinem finanziellen Umfang kleinste ist das Biogas-Projekt – ein Sonderfall. Als Pilotprojekt von GATE[12] läuft es in vier Ländern gleichzeitig. Nicaragua wurde – entgegen dem sonst üblichen Antragsprinzip – von deutscher Seite angesprochen, nachdem ein ursprünglich für diese Testreihe vorgesehenes Land ausgefallen war. Dabei mußten in Nicaragua einige Widerstände überwunden werden. Denn Biogasanlagen hatten ein schlechtes Image, weil einige Jahre zuvor die Energiekommission der OAS (Organisation Amerikanischer Staaten), OLADE, Anlagen aufgestellt hatte, die nicht funktionierten.

Auch dieses zunächst uneigennützige Projekt dient der GTZ dazu, ein positives Klima zu erzeugen. Bis zu 20 % der im ländlichen Bereich benötigten Primärenergie könnte die Biogasnutzung erbringen, schätzen deutsche Fachleute. Mit rund 1000 DM sind die Baukosten in Nicaragua zudem recht gering. Doch die Einsicht in die Entwicklung der Biogas-Technologie ergibt sich für die GTZ mehr aus ökonomischen, denn aus ökologischen oder gar

Ersparnisgründen. Für sie ist diese Technologie neben der Entwicklung ausgereifter Anlagen vor allem auch unter dem Entsorgungsaspekt interessant. Hochgiftige Industrieabfälle, die normalerweise auf Sondermülldeponien gelagert werden müssen, können mit Biogasanlagen entsorgt werden. Der Chemie-Konzern Farbwerke Hoechst baute kürzlich zu diesem Zweck eine entsprechende Modellanlage.[13]
Als vor knapp 100 Jahren die ersten Biogasanlagen entwickelt wurden, dachte man ausschließlich an den Entsorgungsaspekt. Daß die Abgase nicht abgefackelt werden müssen, sondern auch zur Energiegewinnung genutzt werden konnten, wurde erst 50 Jahre später berücksichtigt. Neben Indien und China arbeiten heute von den Industrieländern Holland, Belgien, Schweden und die BRD an der Weiterentwicklung dieser Technologie.
Um einen erfolgreichen Abschluß des Pilotprojektes zu gewährleisten, stimmte das BMZ im Dezember '84 einer einjährigen Verlängerung der Arbeit in Nicaragua zu. Sie ist nicht Ausdruck einer veränderten Haltung gegenüber Nicaragua, sondern trägt bundesrepublikanischen Forschungs- und Wissenschaftsinteressen Rechnung.
Daß die Bundesregierung die GTZ zielbewußt als ein politisches Instrument benutzt, zeigen Nicht-Verlängerung, bzw. Ablehnung zweier von Nicaragua gewünschter Projekte.
Die Mitarbeit in einem neugegründeten Institut für Investitionsstudien (FINAPRI) wurde für zunächst zwei Jahre (1982–84) vereinbart. Dieses Institut erstellt Studien und Sektorenplanungen, die Entscheidungsgrundlagen für den ökonomischen Wiederaufbau des Landes und Projekte staatlicher Investitionsförderung abgeben sollen. Darüberhinaus soll FINAPRI für potentielle Investoren beratend tätig werden. »Mangels qualifizierter Mitarbeiter und Erfahrung war FINAPRI in seiner Anfangsphase nicht in der Lage, diese Aufgaben befriedigend zu erfüllen.«[14] Nach gewissen Anlaufschwierigkeiten wurden die vorhandenen Kapazitäten und bereitgestellten Mittel recht effizient genutzt. Es wurden mehrere Studien erstellt und das Personal bei FINAPRI in der Verbesserung des Arbeitsablaufes organisatorisch und fachlich beraten.
Nach Angaben des FIR stellte Nicaragua bei der GTZ einen Antrag auf zweijährige Verlängerung des Projektes, der jedoch rundweg abgelehnt wurde. Das somozistische Vorläuferinstitut INFONAC – ebenfalls für die Industrieförderung zuständig – erhielt von der Bundesregierung einen großzügigen Kredit in Höhe von 12,5 Mio. DM.[15] Man will ja schließlich nicht die eigene Politik konterkarieren, zur Belebung der nicaraguanischen Wirtschaft beitragen und eine sinnvolle Industrieförderung unterstützen, wo man doch stets sandinistische Mißwirtschaft und mangelnde Sachkompetenz in ökonomischen Fragen beschwört.

Nicht anders liegt der Fall bei der schon 1981 abgelehnten Zusammenarbeit im Bereich der Staatsverwaltung und -organisation (SORINADE – Sistema de organización e información administrativa del Estado). Das von Nicaragua veranschlagte Finanzvolumen für SORINADE belief sich auf nur 500 000 DM, ein für GTZ Maßstäbe äußerst geringer Betrag.[16] Die Ablehnung verwundert, weil von BMZ/GTZ in der Regel keine Gelegenheit ausgelassen wird, Regierungsberater auf höchster Ebene zu entsenden.[17]
FINAPRI und SORINADE sind eigentlich typische Arbeitsbereiche der GTZ. Doch im sandinistischen Nicaragua werden sehr bewußt Projekte unterlassen, die potentiell zu einer Systemstabilisierung der Revolutionsregierung beitragen könnten.
Im Folgenden bringen wir Interviews und Gesprächsausschnitte mit guten Kennern bzw. Mitarbeitern von drei noch laufenden GTZ-Projekten in Nicaragua. Ihre anschaulichen Darstellungen vermitteln ebenso einen Eindruck von den Erfolgen und Schwierigkeiten der Arbeit, wie auch die Eingebundenheit der Projekte in eine umfassende und systematische Entwicklungsplanung des Landes in den jeweiligen – ökonomischen und gesellschaftlichen – Bereichen.

»Nicaragua gibt 10 % seines Exporterlöses für Pestizidimporte aus«

Das erste Interview befaßt sich schwerpunktmäßig mit der Erforschung biologischer Pflanzenschutzmittel, ihrer ökonomischen und ökologischen Bedeutung für Nicaragua.
Ehe durch die konzeptionelle Änderung im Pflanzenschutzprojekt die notwendigen Mittel hierfür bereitgestellt werden konnten, unterstützte der »Verein zur Förderung von Landwirtschaft und Umweltschutz in der Dritten Welt«[18] schon seit einem Jahr finanziell und personell die Forschungsarbeiten über 'bacillus thuringensis'.

Worin liegt die konkrete Bedeutung des biologischen Pflanzenschutzes?

Wir führen in Nicaragua ein Projekt im Rahmen des biologischen Pflanzenschutzes durch. Wir arbeiten dabei eng mit der Pflanzenschutzabteilung des Landwirtschaftsministeriums zusammen, die eine eigene Unterabteilung 'Biologische Schädlingsbekämpfung' besitzt und verschiedene Untersuchungen über die Möglichkeiten von biologischem Pflanzenschutz in Nicaragua durchführt. Diese umfassen einerseits die Verwendung von Parasiten oder Schmarotzern, die Schädlinge angreifen, parasitieren, und sie so ausschalten. Andererseits wird der Einsatz von Räubern untersucht, die sich ebenfalls von Schadinsekten ernähren, sowie die Nutzung von Insektenkrankheiten, die für Menschen ungefährlich sind, die man aber in der Natur verbreiten und auf diese Art und Weise Seuchen unter den Insekten auslösen kann. Darüberhinaus werden pflanzliche Stoffe genutzt, die für Insekten, nicht aber für Menschen giftig sind. Gegenüber synthetisch hergestellten Insektiziden haben sie den großen Vorteil, daß sie in der Natur abbaubar sind und in der Regel eine selektivere Wirkung haben, d. h. nicht ein großes Spektrum von Insekten vernichten, sondern relativ gezielt pflanzenfressende Schädlinge treffen. Auch der Komplex der natürlichen Feinde wird von ihnen nicht in dem Ausmaß geschädigt, wie das bei den meisten synthetischen, chemischen Insektiziden der Fall ist.
Innerhalb dieser ganzen Palette von Untersuchungen unterstützen wir drei Einzelprojekte. Auf zwei will ich zunächst eingehen. Das eine ist eine Insektenkrankheit, die durch 'bacillus thuringensis' hervorgerufen wird und bei Schmetterlingsraupen eine bakterielle Erkrankung verursacht. Schmetterlingsraupen sind neben den Käfern die wichtigste Schadgruppe im Grundnahrungsmittel- aber auch im Exportbereich (z. B. Baumwolle). Deshalb kommt ihnen im Pflanzenschutz eine zentrale Bedeutung zu. Das andere

Projekt befaßt sich mit einem parasitierenden Wurm, der sich 'Neoaplectana carpocapsae' nennt.
Beide Einzelprojekte umfassen mehrere Schritte. In der ersten Phase soll zunächst die Massenproduktion oder Massenentwicklung der Krankheit bzw. des Parasiten untersucht werden. Dabei legen wir großen Wert darauf, daß Materialien und Rohstoffe benutzt werden, die in Nicaragua verfügbar sind. Außerdem sollen in dieser ersten Phase ergänzende Untersuchungen durchgeführt werden, um die Frage zu beantworten: In welchem Ausmaß können diese beiden Mittel bei verschiedenen Schädlingsproblemen eingesetzt werden? D. h., man will das Potential dieser beiden biologischen Methoden unter nicaraguanischen Bedingungen austesten. In der zweiten Phase soll von einer kleineren Produktionsstufe zu einer mittleren übergegangen werden, die den Bedarf an beiden Mitteln für den nicaraguanischen Markt abdeckt und die chemischen Insektizide, die bislang importiert werden, ersetzen kann. In einer dritten Projektphase ist vorgesehen, eine kleine Fabrik aufzubauen, die beide Produkte in größeren Mengen herstellt. Sollte dies erfolgreich sein, gäbe es auch Möglichkeiten, die Produkte auf dem zentralamerikanischen Markt abzusetzen.

Worin liegt der unmittelbare Nutzen einer solchen Entwicklung?

Die biologischen Präparate haben einen entscheidenden ökonomischen Vorteil gegenüber den herkömmlich eingesetzten Insektiziden. Nicaragua gibt pro Jahr zwischen 30 und 40 Millionen Dollar für Pestizidimporte aus. Das Land benötigt ungefähr die gleiche Menge, um Nahrungsmittel zu importieren. Das Exportvolumen Nicaraguas liegt bei 400 Millionen Dollar jährlich, das Importvolumen dagegen bei ca. 700 Millionen. Die Ausgaben für Pestizide machen also runde 10 % des gesamten Exporterlöses aus und stellen ca. 6–7 % der Importe dar. Jede Möglichkeit, diese Importe zu reduzieren und durch Produkte zu ersetzen, die im Land selbst herstellbar sind, ist eine Entlastung für den Devisenhaushalt.
Der andere Vorteil ist, daß in den von uns unterstützten Projekten Schädlingsbekämpfungsmittel entwickelt werden, die weniger giftig für den Menschen sind. In Nicaragua ist die Gesundheitsgefährdung durch Insektizide extrem hoch. Nicaragua ist eines derjenigen Länder, wo die Gesundheitsgefährdung insgesamt, die Todesfälle pro Kopf, die Zahl der Unfälle und der chronischen Vergiftungen, die durch Insektizide verursacht werden, im Weltmaßstab mit am höchsten liegt. Das läßt sich durch vielerlei Daten belegen. Sehr aufschlußreich sind Untersuchungen über Pestizidrückstände in menschlichem Fettgewebe, vor allem Milchfett von Müttern, auch im Blut und sonstigen Geweben. Im Milchfett nicaraguanischer Frauen hat man 42

mal mehr DDT gefunden als der von der Weltgesundheitsorganisation als Maximum festgesetzte Grenzwert. Laut einer Statistik wurden in den Jahren 1962 bis 1972 jährlich ca. 3 000 Vergiftungsfälle in Nicaragua registriert. Registrierte Fälle geben jedoch nur die Spitze eines Eisberges zu erkennen, da viele Bauern, die die ersten Anzeichen der Vergiftung wie Unwohlsein und Kopfschmerzen spüren, zunächst nach Hause, nicht aber zum Arzt gehen. Sie versuchen, sich durch ein, zwei Tage Schlaf wieder auszukurieren und werden so von der Statistik überhaupt nicht erfaßt. Hinzu kommt, daß unter der Diktatur Somozas der Arzt- oder Krankenhausbesuch recht teuer war und die Landarbeiter sich aus rein finanziellen Gründen nicht medizinisch behandeln lassen konnten. Die Vergiftungsrate nicaraguanischer Landarbeiter liegt in den Baumwollregionen León und Chinandega besonders hoch. Denn Baumwolle ist eine besonders empfindliche Pflanze, die extrem viel behandelt wird. Zur Zeit liegt die Spritzrate bei ca. 25 mal pro Saison, d. h. alle zwei bis drei Tage werden Pestizide in Baumwolle ausgebracht. Hierzu werden meistens Flugzeuge eingesetzt, die einen Pestizidnebel über die Felder versprühen. Und da die Landarbeiter zuvor nicht ausreichend informiert werden, sind die Leute häufig im Feld anzutreffen. Es gibt eine Reihe von Wohngebieten, sogar ganze Stadtviertel, die direkt am Rand von großen Baumwollpflanzungen liegen und ebenfalls diesem Spritznebel ausgesetzt sind. Große Probleme entstehen bei der Beseitigung von Insektiziden, wenn die Flugzeuge nach der Landung ihre Tanks auswaschen. Dieses dann hochgradig verseuchte Wasser fließt in der Regel einfach ab, gelangt in die nahegelegenen Flüsse, ins Grundwasser und verseucht auf diesem Weg das gesamte Wasserreservoir, das in dieser Gegend vorhanden ist. Ein drittes Problem ist, daß die Anwendung breit wirkender Insektizide die Schädlingsproblematik auf lange Sicht erhöht. Durch diese Spritznebel werden natürliche Feinde von Schädlingen vernichtet, so daß sie in der nächsten Saison weniger Gegenspieler haben und sich deshalb wesentlich schneller entwickeln können. Innerhalb kürzester Zeit wachsen sie im Feld wieder heran und der Kreislauf beginnt von vorne. Meistens muß man dann noch häufiger spritzen. Hinzu kommt, daß die Schädlinge Resistenzen entwickeln können, d. h. ihre Widerstandsfähigkeit gegenüber Insektiziden erhöht sich, was dazu führt, daß man stärkere Dosen oder Mischungen hochgiftiger Präparate einsetzen muß, um überhaupt noch Bekämpfungserfolge zu erzielen.

All diese Probleme sind bei den biologischen Methoden, die wir vorschlagen, nicht vorhanden. Beispielsweise ist 'bacillus thuringensis' völlig ungiftig für Menschen, Säugetiere und Fische. Deshalb ist es bei seiner Anwendung auch möglich, ohne Maske und ohne Handschuhe zu arbeiten, was in Nicaragua auch die Regel ist, weil viele Leute weder Maske noch Handschuhe kennen, oder diese nicht gekauft werden. 'Bacillus thuringensis' ist auch sehr

selektiv, denn er trifft nicht die natürlichen Feinde der Schädlinge, so daß das ökologische Gleichgewicht weitgehend erhalten bleibt.
Bei Neoaplectana gibt es ähnliche Vorteile. Auch die parasitierenden Würmer sind für Menschen, Fische und Säugetiere vollkommen ungefährlich. Sie schonen den Komplex natürlicher Schädlinge weit stärker als die meisten synthetischen Insektizide. Weil wir auch in diesem Falle neben einem ökonomischen auch einen sehr großen ökologischen und gesundheitlichen Vorteil haben, stecken wir sehr viel Hoffnung in dieses Projekt.

Handelt es sich hierbei um Neuentdeckungen bzw. Neuentwicklungen?

Beide Produkte wurden danach ausgesucht, inwieweit internationale Erfahrungen vorliegen, denn wir wollen nicht, daß Nicaragua mit einer Sache anfängt, die möglicherweise völlig aussichtslos ist. Über beide Präparate gibt es viele Untersuchungen. 'bacillus thuringensis' wird seit über 30 Jahren in verschiedenen Ländern, auch in der Dritten Welt, eingesetzt und in Ländern wie China, Cuba, Vietnam und Mexico hergestellt. Dies spricht dafür, daß es auch unter nicaraguanischen Bedingungen möglich sein müßte. Mit Neoaplectana gibt es nicht ganz so viele Erfahrungen, aber auch mit ihnen wird international schon seit mindestens 10 Jahren gearbeitet, und es gibt eine Reihe von Hinweisen darauf, daß auch sie ein großes Potential in der Schädlingsbekämpfung haben. Auf einen weiteren Vorteil möchte ich noch verweisen. Ich sagte bereits, daß 'bacillus thuringensis' vor allem Schmetterlingsraupen, also eine der beiden großen Schädlingsgruppen, trifft. Neoaplectana parasitiert Käfer, die andere große Schädlingsgruppe, sodaß man die beiden zentralen Gruppen, die in Nicaragua große Probleme verursachen, mit diesen beiden Methoden erfassen kann. Wir hoffen, daß das Projekt nach Abschluß der zweiten Phase soviel produziert, daß wir ungefähr 10–20 % der jetzt importierten Insektizide ersetzen und diese Quote in einer späteren Phase bis auf 50 % steigern können. Das Ganze hängt natürlich auch ein bißchen vom Erfolg ab. Die Nicaraguaner stehen der Sache relativ aufgeschlossen gegenüber. Aber, inwieweit größere Mengen von Geldern und Aktivitäten eingesetzt werden, hängt davon ab, ob praktische Erfolge vorweisbar sind.

In diesem Projekt wird also nur die Forschung finanziert. Die spätere Produktion der biologischen Schädlingsbekämpfungsmittel müßte von Nicaragua bezahlt werden?

Nein, nicht ganz. Einerseits wird das Potential, das beide Mittel haben, erforscht: Ob sie unter nicaraguanischen Bedingungen einsetzbar und welche

Produktionstechnologien unter nicaraguanischen Bedingungen am besten sind. So wird beispielsweise geprüft, welche Rohstoffe Nicaraguas geeignet sind, diese beiden Produkte herzustellen. Nach Abschluß der Testreihen wollen wir eine fertige Produktionstechnologie anbieten. Ihre Erprobung läuft schon in der ersten Phase, die bis zu einem mittleren Produktionsniveau, der zweiten Phase, gesteigert werden soll. Die Nicaraguaner würden letztlich die dritte Phase, die Großproduktion, zu tragen haben.

Wie lange läuft dieses Forschungsprojekt und welches sind die Schwierigkeiten und Fortschritte?

Das Projekt läuft – wenn man die ganze Planungsphase miteinbezieht – seit ungefähr einem Jahr. Diese ist mittlerweile abgeschlossen. Die ersten Versuche, Rohstoffe Nicaraguas zur Produktion von beiden Mitteln auszutesten, haben begonnen. Der Schwerpunkt der nächsten Monate wird sein, noch mehr Kombinationen existierender Rohstoffe auf ihre Anwendbarkeit hin zu überprüfen. Dann soll eine Qualitätskontrolle erfolgen. Begleitend dazu sollen Feldversuche angelegt werden, um zu sehen, ob diese Mittel in Nicaragua eine größere Zukunft haben oder ihr Markt begrenzt ist. Unser Hauptproblem ist die Materialknappheit. Produkte, die man kaufen will, gibt es nicht, so daß wir sie durch andere ersetzen müssen. Wir müssen deshalb sehr viel improvisieren und viel organisatorische Arbeit bewältigen. Ein weiteres Problem ist, daß sehr viele unvorhergesehene Schwierigkeiten auftauchen, wenn etwa im Labor für zwei oder drei Wochen das Wasser ausfällt, weil die Wasserpumpe versagt, auch keine Ersatzteile für ihre Reparatur zur Verfügung stehen. Oder, daß plötzlich für mehrere Wochen keine Transportmöglichkeiten existieren und man keine Materialien einkaufen kann, weil das Auto, das der Abteilung zugeordnet ist, ausfällt. Oft kann es nicht repariert werden, weil auch hier wieder die Ersatzteile fehlen.

Ein anderes Problem bei der Herstellung des 'bacillus thuringensis' ist die feine, saubere Arbeit, d. h., es wird qualifiziertes Personal gebraucht, das ihn auch in größerem, industriellen Maßstab produzieren könnte.

Ja, das entscheidende Problem bei der Herstellung des 'bacillus thuringensis' ist, daß auf dem verwendeten Nährmedium auch andere Bakterien wachsen können und deshalb theoretisch die Gefahr besteht, auch Krankheitserreger in größeren Mengen zu produzieren, die zu einer Seuche führen könnten, wenn man sie ausbringen würde. Um das zu verhindern, muß man sehr genaue Qualitätskontrollen durchführen und darauf achten, daß man wirklich nur 'bacillus thuringensis' produziert. Man muß also unter äußerst hygienischen Bedingungen arbeiten und jede Kontaminierung des Nährmediums durch andere Bakterien ausschalten. Es gibt bestimmte Sicherheitsvorschriften, wie zu arbeiten ist, wie man das Nährmedium zu behandeln hat und wie man die Geräte handhabt. Selbst wenn man dies alles beachtet, muß man im Nachhinein noch prüfen, ob sich nicht doch Fehler eingeschlichen haben, die zu einer Verunreinigung führen. Dazu braucht man Leute, die den Arbeitsprozeß sehr genau im Griff haben, die genau wissen, wo man Fehler machen kann, wo man unhygienisch arbeiten kann und die aufgrund ihres Wissens in der Lage sind, diese Bedingungen in Nicaragua – auch längerfristig – zu schaffen.

Wann wäre unter guten personellen und finanziellen Voraussetzungen mit einer Umsetzung der Forschung zu rechnen? Ist dies ein Zeitraum von 5 oder 10 Jahren?

Wenn es optimal laufen würde, wäre es möglich von heute (1984) an gerechnet ein mittleres Produktionsniveau in zwei Jahren zu erreichen. Wenn man das Ganze realistisch sieht, weil es beispielsweise auch auf nicaraguanischer Seite zu Stellenwechseln kommt, dauert es vielleicht noch einmal so lange. Zu Beginn war der Personalumsatz sehr hoch: Fachkräfte gingen weg, neue mußten eingearbeitet werden. Zieht man die finanziellen Schwierigkeiten, bestimmte Geräte für die höhere Produktionsstufe zu kaufen in die Überlegungen mit ein, dann würde ich sagen, ist das Projekt in 5 bis 6 Jahren auf einem mittleren Produktionsniveau ist. Wenn es schlecht läuft, wenn die Schwierigkeiten erheblich sein werden, wird man das mittlere Niveau möglicherweise erst in 10 Jahren realisieren können.

Wie hoch ist das Finanzvolumen des Teilprojektes für den 'bacillus thuringensis'?

Das Projekt wird in den ersten beiden Phasen ungefähr 50 000 Dollar kosten. Wenn eine etwas fortgeschrittenere Produktionstechnologie eingesetzt wird, kommen noch einmal rund 100 000 Dollar hinzu.

Du sagtest vorhin, daß die Auslaugung der Böden einen immer stärker werdenden Pestizideinsatz notwendig macht. Heißt das, daß in den Gegenden, wo heute vorwiegend Baumwolle angebaut wird, bald nichts mehr kultiviert werden kann? Ist dies ein wesentlicher Grund dafür, daß Ihr die Umstellung auf biologische Pflanzenschutzmittel empfehlt?

Das kann man eigentlich nicht sagen, weil das Problem der Abtragung des

Bodens nicht unmittelbar mit dem Einsatz von Pestiziden zusammenhängt. Das ist mehr ein Problem der Anbautechnik, der Monokultur und der Tatsache geschuldet, daß der Boden über längere Zeit dem Wind ausgesetzt ist. In der Trockenzeit können die Winde die oberen Bodenschichten leicht abtragen. Hier könnte jedoch ein weiteres Problem entstehen. Dazu muß ich etwas vorausschicken. Die nicaraguanische Landwirtschaft ist im Wandel begriffen. Nach dem 19. 7. 1979 wurden viele Maßnahmen ergriffen, um den Agrarsektor auszuweiten, weil man weiß, daß die Landwirtschaft die produktive Basis Nicaraguas ist. Für die Baumwollregion hat man sich vorgenommen, die Böden wieder für den Grundnahrungsmittelsektor zu nutzen. Dort wird jetzt verstärkt Mais angebaut, ohne die Baumwolle zu verdrängen. Es geht nicht um die Alternative Mais oder Baumwolle, sondern es soll beides hintereinander angepflanzt werden. Nach der Baumwollernte, in der Trockenzeit also, wird mittlerweile mit Hilfe von Bewässerungssystemen Mais angebaut. So werden weitere Erosionsschäden gemindert, denn der Boden ist immer bewachsen und das Wurzelwerk hält die einzelnen Bodenteilchen fest. Der Boden ist durch die Bewässerung feucht und kann auch durch Wind nicht abgetragen werden. Es entstehen aber auch neue Probleme, weil durch die ganzjährige Bepflanzung die Schädlinge neue Nahrung finden. Das führt dazu, daß die Bauern durchgehend sehr hohe Mengen an Pestiziden einsetzen und sich die Gesundheitsprobleme, die ökologischen und nicht zuletzt die ökonomischen Probleme verschärfen, weil immer mehr Insektizide importiert werden müssen.
Eine andere Sache ist, daß der Grundnahrungsmittelsektor bislang fast ohne Pflanzenschutzmittel gearbeitet hat, weil den kleinen Bauern die finanziellen Mittel hierzu fehlten. Mittlerweile fördert die nicaraguanische Regierung sehr stark die Grundnahrungsmittelproduktion. Die Bauern erhalten günstige Kredite, um Saatgut und Pestizide einkaufen zu können. Deshalb ist davon auszugehen, daß sich der Pestizideinsatz in den nächsten Jahren noch erhöhen wird und die ökonomischen, ökologischen und gesundheitlichen Probleme auch den Bereich der Grundnahrungsmittelproduktion erfassen werden. Um diese Tendenzen zu verhindern oder einzuschränken, wäre es für Nicaragua äußerst wichtig, biologische Mittel oder Verfahren zur Verfügung zu haben.

Die biologische Schädlingsbekämpfung soll auch bei Mais und Bohnen angewandt werden?

Ja, wir haben zunächst vor, schwerpunktmäßig im Grundnahrungsmittelsektor zu arbeiten, da es dort einfacher ist, Experimente durchzuführen. Es gibt eine relativ große Kooperationsbereitschaft bei Kooperativen und Einzel-

bauern, die Ideen zur Verbesserung der Produktivität sehr aufgeschlossen sind.
Im Baumwollsektor steht relativ viel Geld auf dem Spiel, weshalb bei Baumwollpflanzern die Bereitschaft, neue Methoden aufzunehmen nicht allzu groß ist, es sei denn wir können eine 100 % Sicherheit gewährleisten, wenn garantiert ist, daß sie keine Verluste erleiden. Deshalb können wir den Baumwollsektor erst später erfassen, erst dann, wenn wir im Grundnahrungsmittelbereich Erfolge nachweisen können. Da sind wir allerdings optimistisch.
Es könnte vielleicht der Eindruck entstehen, daß wir den Grundnahrungsmittelsektor als Experimentierfeld benutzen wollen. Wir sind uns darüber im Klaren, daß Bauern, die Grundnahrungsmittel anbauen, oft kein Geld haben. Deshalb sind wir bei allen Experimenten, die wir bei und mit den Leuten gemeinsam machen, sehr vorsichtig. Wir wollen auf jeden Fall vermeiden, daß in irgendeiner Form Ernteeinbußen riskiert werden. Wir wollen unsere Methoden so anwenden, daß sich wirkliche Verbesserungen erzielen lassen. Nach den ersten Versuchen und den vorliegenden internationalen Erfahrungen ist dies auch sehr wahrscheinlich.

Neben 'bacillus thuringensis' und Neoaplectana befaßt ihr Euch noch mit dem NEEM-Baum, der ebenfalls als biologisches Pflanzenschutzmittel Verwendung finden soll. Kannst Du hierzu noch etwas ausführen?

Im Rahmen des GTZ-Projektes wurde auch die Nutzung pflanzlicher Substanzen zur Schädlingsbekämpfung untersucht. Im Mittelpunkt dieser Arbeiten stand der NEEM-Baum (Azadirachta indica). Dieser NEEM-Baum ist asiatischen Ursprungs, wurde später aber auch in größeren Mengen in Afrika gepflanzt. In Nicaragua ist er vor ungefähr neun Jahren eingeführt worden, existiert hier jedoch nur in kleinen Mengen. Dieser Baum hat eine Reihe sehr interessanter Eigenschaften. Das Interessanteste ist, daß der Samen eine Substanz, besser gesagt, einen Substanzenkomplex enthält, der auf Verhalten und Stoffwechsel von Insekten Auswirkungen hat. Auf das Verhalten insofern, als er eine Art Schreckstoff darstellt. Raupen, oder allgemeiner gesagt, die Entwicklungsstadien von Insekten, werden davon abgehalten, weiterhin an der Pflanze zu fressen, wenn sie in Kontakt mit diesem Substanzenkomplex kommen. So kann man Pflanzen wie Mais dadurch schützen, daß man sie mit dieser Substanz behandelt. Die Raupen, die auf der Pflanze sitzen, fressen weniger oder wandern ab, um eine andere, geeignetere Pflanze zu finden und verschwinden so aus dem Feld. Die zweite Wirkung zielt auf den Stoffwechsel und beeinflußt den Häutungsprozeß der Insekten. Ab einer bestimmten Konzentration führt die Störung des Häutungsprozesses in aller

Regel zum Tode. Das heißt: sollte der Abschreckungseffekt nicht ausreichen, um die Schädlinge zum Abwandern zu bewegen, setzt die zweite Wirkung, die Störung des Häutungsprozesses ein, die zum Absterben der Entwicklungsstadien führt. In den letzten beiden Jahren versuchten wir herauszufinden, inwieweit man Maisschädlinge mit diesen Mitteln bekämpfen kann und welche Einwirkung die Sonne auf die Stabilität dieses Stoffes hat. Dies ist wichtig, weil viele biologischen Substanzen in der Sonne abgebaut werden. Wir testeten die Wirksamkeit verschiedener Konzentrationen, machten Versuche, um den Einfluß der Substanzen auf natürliche Gegenspieler der Schädlinge herauszufinden, denn wir wollen kein synthetisches Insektizid imitieren, sondern wir versuchen, eine Substanz zu finden, die möglichst wenig Schaden in der Umwelt erzeugt und gezielt nur den Schädling trifft. Wir testeten alle Möglichkeiten aus und kamen zu einem sehr positiven Ergebnis. So glauben wir mittlerweile, daß wir auf der Basis dieses Substanzenkomplexes aus dem NEEM-Baum in Nicaragua ein biologisches Insektizid in größeren Mengen herstellen können, das gegen eine breite Palette von Schädlingen einsetzbar wäre.

Diese NEEM-Bäume werden jetzt verstärkt in den Städten gepflanzt?

Nach der zweijährigen Untersuchungsphase wurde aufgrund der Ergebnisse und auf Verlangen des Landwirtschaftsministeriums/MIDINRA, das sich sehr für die Studie interessierte, ein neues Einzelprojekt verabschiedet. Dieses Projekt sieht vor, in Nicaragua in nächster Zeit 100 000 NEEM-Bäume zu pflanzen und eine Extraktionsanlage aufzubauen, mit der der Substanzenkomplex aus dem Samen gewonnen werden kann. Sehr interessiert an diesem Projekt waren auch die Mitarbeiter von IRENA, einer Unterabteilung des MIDINRA, die sich mit Umweltproblemen und dem Erhalt der natürlichen Ressourcen beschäftigt. Es gibt auch Anfragen seitens der verschiedenen Stadtverwaltungen, z. B. Managua. Die Abteilung, die in etwa unserem Gartenbauamt entspricht, will mit uns zusammenarbeiten. Sie versprach, noch in diesem Jahr (1984) 3 000 bis 4 000 Bäume als Allee- und Straßenbäume in Managua zu pflanzen. Ähnliches Interesse bekundeten Städte wie Diriamba oder Masaya. Es gibt auch Kontakte zu Kooperativen, die diesen Baum nutzen wollen, weil die Herstellung dieses biologischen Insektizides sehr einfach ist. In der Baumwollregion wollen Landwirte und Agrarverantwortliche den schnell wachsenden NEEM-Baum als Windschutz verwenden. Als Randstreifen von Baumwollfeldern gepflanzt, wird ein ungestörter Windstrom unterbrochen und die Erosion somit vermindert.
Von verschiedenen Seiten und aus den unterschiedlichsten Gründen ist das Interesse an diesem Baum sehr groß. Deshalb sind wir auch optimistisch,

daß sich dieses Projekt auch noch schneller als die beiden anderen realisieren läßt.

Wieviel Prozent der Schädlinge könnten bei Anwendung biologischer Methoden 'alternativ' bekämpft und die Pestizidimporte ersetzt werden?

Ich glaube, daß es längerfristig möglich wäre mit biologischen Methoden bis zu 80 % der bislang synthetischen Insektizide zu ersetzen. Nicaragua könnte darüberhinaus größere Mengen biologischer Mittel exportieren und benachbarten Ländern weiterhelfen, ihre ökologischen, ökonomischen und gesundheitlichen Probleme zu lösen. Kurzfristig, d. h. innerhalb der nächsten fünf Jahre, ist es wohl realistischer eine Größenordnung von 20 % für alle drei Mittel anzusetzen. Aber allein dies würde schon bedeuten, daß Nicaragua zwischen 4 und 10 Millionen US-Dollar pro Jahr einsparen würde. Das heißt, die Investitionskosten würden – meines Erachtens – wieder herausspringen.

Chemikalieneinsatz in der Landwirtschaft

»Die Bohnen schmecken hinterher genau so gut wie vom Holzfeuer«

Dieses Interview befaßt sich mit dem Biogas-Projekt, einer Technologie, die in Nicaragua nicht unumstritten ist. Ihrer Anwendung liegen eher ökonomische als ökologische Motive zugrunde. Zwar gibt es auch in Nicaragua gravierende Umweltschäden, doch sind diese dort eher auf Raubbau und Monokulturen zurückzuführen als auf rücksichtslose Anwendung industrieller Großtechnologie. Nicht selten wird in den Dritte-Welt-Ländern mangelnde Technifizierung und Industrialisierung als Ursache für Unterentwicklung angesehen. Bei Diskussionen um die Biogastechnologie führen die Nicaraguaner mitunter an, man wolle sie vom Wert minderwertiger Energiequellen überzeugen, ihnen eine Technologie verkaufen, die in den Industrieländern selbst keine Anwendung findet. Da die Verlängerung des Biogas-Projektes im Herbst 1984 noch offen war, befaßt sich das Interview auch mit der offiziellen BRD-Politik gegenüber Nicaragua.

Wie ist das Projekt entstanden und worin besteht Ihre Arbeit in Nicaragua?

Das Biogasprojekt wurde vom BMZ im Jahre 1980 bewilligt. Dann gab es eineinhalb Jahre Vorlauf, und zum 1. 4. 82 wurden vier Teams zusammengestellt. Das Projekt ist nicht auf Nicaragua beschränkt, sondern zwei Teams arbeiten in Afrika, eines in der Karibik und wir hier. Das Biogas-Verbreitungsprogramm war weltweit gedacht, da durfte der spanischsprachige Bereich natürlich nicht fehlen. Kontakte, die ursprünglich vorhanden waren, hatten sich zerschlagen. Die Leute waren aber eingestellt, waren in Vorbereitung und so mußte man in relativ kurzer Zeit ein Partnerland finden. Das war dann schließlich 1982 Nicaragua.
Die Mitarbeiter absolvierten die übliche GTZ-Vorbereitung und eine gesonderte Fachvorbereitung, teilweise in Indien und China; die Leute hier waren in Guatemala. Im November '82 begannen dann zunächst zwei Leute mit der Arbeit.
Die Idee dieses Programmes war es, die Biogastechnologie mit dem Schwerpunkt Forschung zu verbreiten. Die Frage war, wie sich die verschiedenen Anlagetypen unter den jeweiligen klimatischen und soziokulturellen Bedingungen eignen und aufbauen lassen. Das Projekt zielt darauf ab, weltweit kleinere Anlagen zu unterstützen, mehr für Kooperativen, Familien und Schulen zu bauen, also nicht für den industriellen Bereich.
Als wir nach Nicaragua kamen, gab es schon 13 Biogasanlagen. Relativ viel für dieses kleine Land, von denen jedoch die meisten nicht funktionierten.

Sie wurden alle 1980/81 im Rahmen eines Programmes der lateinamerikanischen Energiebehörde hier hingeklotzt. Der einheimische Träger war das Energieministerium (INE). Man hat wenig gefragt, ob die Anlagen in die Landschaft passen, ob eine Gasnutzung vorhanden ist, ob es überhaupt Biomasse gibt. Man machte dann auch bautechnisch schwerwiegende Fehler, sodaß die Anlagen garnicht funktionieren konnten. Zum Beispiel wurde keine Gasdichte erreicht, das Gas entwich sofort durch die Fugen und kam nicht beim Verbraucher an. Gegen dieses Vorurteil (unausgereifte Technologie, Probleme) mußten wir erst mal ankämpfen. Wir haben vier Monate gebraucht, bis der erste Standort ausgesucht war. Er liegt bei einer Landwirtschaftsschule, die nicht nur theoretische Ausbildung betreibt, sondern auch ein großer landwirtschaftlicher Betrieb ist, mit 200 Schweinen, auch Hühnern, Kaninchen und Bienen, außerdem Feldern für den Ackerbau. Die Landwirtschaftsschule bot sich an, weil der Schweinestall da ist, der so konstruiert ist, daß man leicht die Biomasse in die Anlage laufen lassen kann. Die vorhandenen Kanäle mußten nur noch etwas vertieft werden. Gleich anschließend sind Felder, auf die der Biodünger gepumpt werden kann. Außerdem war in der Küche der Schule eine Gasnutzung vorhanden. Das war die erste Anlage, die wir gebaut haben. Jetzt sind noch zwei weitere bei anderen Schulen in Arbeit, die eine in Rivas und die andere hier im Valle de los Abotos ca. 40 km von Managua weg.
Gleichzeitig begutachteten wir auch noch die alten Anlagen von 1980/81 und machten hier und da Verbesserungsvorschläge. Eine Anlage wurde daraufhin renoviert. In der letzten Zeit haben wir auch kleine Familienanlagen fertiggestellt. Der Trend in Nicaragua ging anfangs in Richtung auf Anlagen mittleren und größeren Typs, weil wir da eine bessere Einstiegsmöglichkeit sahen, als einfach so und irgendwo in einem Dorf anzufangen.

Wer ist die einheimische Partnerorganisation?

Die nennt sich CITA, ein Zentrum zur Erforschung alternativer Technologien, eine Unterabteilung des Ministeriums für Landreform (INRA). CITA selbst hat eine Versuchsfarm in der Nähe von Esteli, wo auch kleine Anlagen stehen, die zur Zeit jedoch nicht in Funktion sind, weil die Biomasse fehlt. Sie bauen vier 25 m^3-Anlagen, die mehr oder weniger gut kombiniert sind, also eine Gesamtkapazität von 100 m^3 haben.
Ganz wichtig im Biobereich, außerhalb unserer Aktivitäten, sind die staatlichen Schweinebetriebe. Es sind sowohl Zucht- als auch Mastbetriebe. Sie haben in sechs Betrieben über 30 000 Schweine und wollen die Berge von Scheiße über Biogasanlagen entsorgen. Das ist natürlich ein Riesenprojekt. Dafür bräuchten sie 300 oder 400 Anlagen à 120 m^3, also Riesendinger. Bei

diesem Vorhaben sind wir jetzt beratend tätig. Sollte unser Projekt verlängert werden, werden wir sowohl mit CITA als auch mit ENPRA – so heißt dieser Laden hier – zusammenarbeiten.

Wieviele Leute sind jetzt für die GTZ im Biogas-Projekt Nicaragua beschäftigt und welche Berufe haben sie?

In Nicaragua sind wir zu dritt. Die Teams sollten ursprünglich so zusammengestellt sind, daß ein Agraringenieur, ein Techniker und ein Sozioökonom dabei sind. Bei uns ist es so, daß wir zwei Agraringenieure haben, wobei der eine auch eine technische Lehre hat, so daß er den technischen Part übernehmen kann. Dazu kommt noch ein Sozialwirt.

Wissen Sie etwas über das Finanzvolumen?

An Barmitteln haben wir relativ wenig zur Verfügung. Wir brauchen eigentlich auch nicht viel. In diesem Jahr (1984) sind es 65 000 DM, die uns zur Verfügung stehen. Mit diesem Geld können wir hier unwahrscheinlich viel machen. Davon können wir die Ausgaben für unseren Bürobetrieb, für die Fahrzeuge (Jeep und Pritschenwagen) bestreiten und Anlagen finanzieren. Zu diesem Geldposten kommen pro Jahr die Löhne. Ich weiß jetzt nicht, wie die GTZ ihre Mann-Monate berechnet, ich schätze aber, die liegen zwischen 10 000 und 15 000 DM. Insgesamt handelt es sich also um 36 Mann-Monate.

Für Sie arbeiten ja auch einheimische Arbeiter, die für die Erd- und Mauerarbeiten zuständig sind. Werden sie auch von Ihnen bezahlt oder trägt diese Kosten die nicaraguanische Partnerorganisation?

Das kann man nicht generell beantworten. CITA hat einen Maurer angestellt, der nur für uns zuständig ist, den wir einsetzen können, wann und wo wir wollen. Er wird von CITA bezahlt. Dann haben wir noch einen Maurer und einen zusätzlichen Helfer, die jedoch wir bezahlen. CITA zahlt neben dem Maurer auch noch unsere Counter-Partnerin und noch einen zusätzlichen Angestellten. Wir achten bei unserer Arbeit immer darauf, daß die Betreiber einer Biogasanlage auch ihren Beitrag dazu leisten, sei es finanzieller Art oder daß sie Arbeitskräfte zur Verfügung stellen.

Der Erfolg von jedem Entwicklungshilfeprojekt ist davon abhängig, wie die politischen und ökonomischen Rahmenbedingungen in dem jeweiligen Gastland sind. Wie würden Sie dahingehend Ihre Arbeit in Nicaragua beurteilen

– ist sie eine sinnvolle Sache? Haben Sie vielleicht Vergleichsmöglichkeiten mit anderen Ländern?

Ich fange mal mit letzterem an. Es gibt Vergleichsmöglichkeiten. Alle Biogas-Teams hatten im April '84 ein Treffen im Taunus. Es gibt einen Bericht über die Erfahrungen in den einzelnen Ländern. Die ökonomischen Rahmenbedingungen hier sind für unser Projekt außerordentlich günstig, denn das, was wir brauchen, finden wir hier im Land, das Material zu 95 %. Es sind nur wenige Teile, die importiert werden müssen. Die Einstellung der politisch Verantwortlichen zu angepaßter Technologie ist nicht gerade euphorisch. Im Landwirtschaftsministerium hat man lange Zeit ausschließlich auf Großprojekte mit modernster Ausstattung gesetzt und dachte, alles andere sei nur so eine Art Spielwiese für verrückte Europäer.[19] Das beinhaltete den enormen Einsatz von Pestiziden und Insektiziden, Monokulturen, all die Dinge, von denen wir mehr und mehr feststellen, daß sie unsere Lebensgrundlagen ruinieren. Aber wie gesagt, man beginnt so langsam umzudenken. Es gibt ja nun auch handfeste ökonomische Argumente, die wir anführen können und dabei hört man uns heute schon eher zu. Wenn wir Biogasanlagen bauen, spart man Propangas und Strom. Beides wird zum Teil importiert, kostet also Devisen. Ein anderer Aspekt sind diese Berge von Exkrementen, die in den Großbetrieben anfallen. Die wurden früher einfach irgendwo hingekippt und/oder verbrannt, nicht aber als Dünger verwendet. Sie sehen auch langsam ein, daß sie das nicht ewig so machen können. Nach dem, was ich von den Kollegen in anderen Ländern gehört habe, haben wir hier wirklich die besten Bedingungen.

Wie wird Ihre Arbeit von der Bevölkerung angenommen? Können die Leute mit einer Biogasanlage etwas anfangen?

Zuerst glauben sie mal nicht, daß sowas funktioniert. Dann wird die Anlage gebaut. Wenn dann schließlich das Gas rauskommt, dann glauben sie es doch, dann akzeptieren sie die Anlage und nehmen sie auch an. Wichtig ist, daß das Gas vernünftig genutzt wird. Das ist am ehesten beim Kochen der Fall. Man sieht die Flamme, es ist heiß, die Bohnen schmecken hinterher genauso gut wie vom Holzfeuer. Damit sind die Leute zufrieden.

Sie sprechen da einen wichtigen Aspekt an. Es wird ja traditionell fast ausschließlich mit Holz gefeuert, was gerade hier in Nicaragua zu einem Brennholzmangel geführt hat.

Wir sind auch alle der Meinung, daß gerade auch aus diesem Grunde unser Projekt sinnvoll ist und fortbestehen sollte. Ferner sind wir uns einig darin,

daß eine Kürzung der Mittel für Nicaragua nicht gerechtfertigt ist.
Herr Pinger (CDU-Mitglied im Bundestagsausschuß für wirtschaftliche Zusammenarbeit, AWZ) hat sich das alles angehört und war sehr nett und unverbindlich freundlich. Dann lesen wir ein paar Tage später in der Zeitung, daß nach seinen Informationen – die er hier in zwei langen Tagen zusammengestellt hat – das alles eine Farce ist, was hier abläuft. Die Situation nach '79 sei kontinuierlich schlechter geworden, bezüglich Menschenrechte, Demokratisierung etc. Doch das nur am Rande.
Ich bin der Meinung, daß dieses Land es verdient, weitermachen zu können und zu dürfen ohne ausländische Intervention! Daß es zumindest genauso viel Unterstützung verdient wie andere Länder auch. Ich will jetzt nicht sagen, nur die Länder, die eine Revolution gehabt haben, verdienen eine Unterstützung. So darf man das sicherlich auch nicht sehen. Aber zumindest sollte man Ländern wie Nicaragua nicht die Mittel kürzen. Wenn man erlebt, wie die Menschen sich hier bewegen, sieht man, daß es hier sehr viel mehr Freiheit gibt, als in anderen Ländern.
Noch eine andere Sache. Man sieht hier sehr viel Militär oder Uniformierte. Die Leute, die hier in Uniform rumlaufen, verbreiten keine Angst. Das geht nicht nur mir so, sondern allen Leuten, mit denen ich darüber gesprochen habe. Aber in Guatemala z. B. kann einem Angst und Bange werden. Dort sind Kontrollen zu jeder Tages- und Nachtzeit an der Tagesordnung, mit An-die-Wand-stellen, Leibesvisitationen etc. Sowas gibt es hier nicht. Also, wie gesagt, meiner Meinung nach verdient es dieses Land, seinen eigenen Weg gehen zu können.

Wir haben einmal die Argumente der Bundesregierung zusammengestellt, wie sie unregelmäßig immer wieder in der Presse auftauchen oder von Vertretern der Regierungskoalition im AWZ geäußert werden. Drei immer wiederkehrende Argumente fallen auf: Die Sicherheit der Entwicklungshelfer sei nicht gewährleistet, Nicaragua destabilisiere die Region, eine sinnvolle Verwendung der Entwicklungshilfegelder sei nicht garantiert. Was sagen Sie zu diesen Argumenten?

Zum Ersten: ich habe mich hier zu keinem Zeitpunkt unsicher gefühlt – im Gegenteil. Das, was ich eben über die Militärs gesagt habe, gilt hier. Wenn unsere Sicherheit hier bedroht sein sollte, dann nicht von Nicaragua, sondern von Einflüssen, die von außen kommen. Damit wären wir auch gleich beim Zweiten. Wer destabilisiert hier? Greifen etwa nicaraguanische Truppen Honduras oder Costa Rica an? Bringen nicaraguanische Leute Menschen in Nachbarländern um? Wo kommen denn die Leute her, die hier in Nicaragua die Überfälle machen, und wer bezahlt diese Leute?

Zu der Verwendung der Gelder: Da kann man sich lang und breit drüber unterhalten, welche Entwicklungshilfegelder sinnvoll verwendet werden. Ich weiß nur, daß alle Projekte hier auch genehmigt werden müssen. Wenn diese Projekte, die jetzt hier laufen nicht sinnvoll sind, dann hat erstmal jemand in Bonn einen Fehler gemacht. Im übrigen ist in unserer Arbeit, auch im privaten Bereich, festzustellen, daß es hier kaum Korruption gibt. Es gibt sicherlich kein Land der Welt, wo es überhaupt keine Korruption gibt. Selbst in der Bundesrepublik sollen ja kürzlich Fälle von Korruption bekannt geworden sein. Wenn man von nicht sinnvoller Verwendung der Gelder spricht, dann sollte man doch an alle Länder gleiche Maßstäbe anlegen. Dazu können sicherlich die Leute, die in anderen Ländern arbeiten, viel mehr erzählen, was da in dunklen Kanälen verschwindet. Natürlich hat es hier schon mal eine nicht sinnvolle Verwendung von Geldern gegeben. Aber das ist einige Jahre her, das war unter Somoza.

Wenn wir zusammenfassen, heißt das, daß Sie mit der Politik des BMZ nicht einverstanden sind. Sehen Sie denn irgendwelche Möglichkeiten politischer oder anderer Einflußnahmen, um die Projekte weiterzuführen?

Ich glaube, wir haben da überhaupt keine Einflußmöglichkeiten. Wir sind eben Angestellte der GTZ. Wenn die GTZ einen Auftrag in Nicaragua erhält, dann führt sie ihn aus, wenn nicht, dann eben nicht. Die GTZ ist da weisungsgebunden.

»Wir sind selbst mit einer moderaten deutschen Pädagogik immer noch revolutionärer als jeder Nicaraguaner«

Interview mit zwei Experten, die im Primarschulprojekt tätig sind.

Wann wurde die Zusammenarbeit zwischen der GTZ und dem nicaraguanischen Erziehungsministerium (MED) als der einheimischen Partnerorganisation aufgenommen?

A.: 1979 kam eine Gutachterkommission für den Bildungsbereich hierher. Es galt, vorgelegte Anträge der Regierung rasch zu prüfen. Daraus entstanden zwei größere Projekte: Das eine ohne Personal, wo Ausrüstung für Labors in Sekundarschulen für den naturwissenschaftlichen Unterricht geliefert und einige Fortbildungsmaßnahmen durchgeführt wurden. Erfahrene Pädagogen aus dem naturwissenschaftlichen Bereich – in diesem Falle kamen sie alle aus der BRD und hatten Lateinamerika-Erfahrungen – hielten zweimonatige Fortbildungsseminare in den Fächern Biologie, Physik und Chemie ab. Schwerpunkt war die Ausbildung im Experimentalunterricht, weil sie in diesem Bereich sehr traditionell ist.
Auch das zweite Projekt – im Primarschulbereich angesiedelt – wurde 1979 voruntersucht und ging auf Anträge des MED zurück. Im August 1981 lief dieses Projekt an. Es hatte zunächst eine Laufzeit von zwei Jahren und wurde im Frühjahr '83 bis Mitte '86 verlängert. Da haben wir einfach einen günstigen Augenblick erwischt, wo die neue Linie gegenüber Nicaragua noch nicht so richtig Fuß gefaßt hatte; das war noch vor den Bundestagswahlen im März '83.
B.: Wir sehen unseren Beitrag in einer Mitarbeit im Primarschulbereich nicht in einer Instruktion von außen. Wir haben uns, soweit dies irgendwie möglich war, in eine Struktur integriert, die von den Nicaraguanern vorgegeben ist. Unser Beitrag bezieht sich auf materielle Ausstattung und pädagogische Beratung in Bereichen, die für die Entwicklung von Lehrmaterialien wichtig sind. Was wir hier tun ist ein Beitrag zur Verbesserung des Unterrichts in der Primarschule, unter anderem durch die Entwicklung von Lehrmitteln. Aber Lehrmittel sind weder hier noch bei uns zu Hause ein isolierter Bereich. Lehrmittel sind ein Element, das zum Curriculum gehört. Curriculum ist etwas sehr Umfassendes, beinhaltet Pläne und Mittel zur Durchführung des Unterrichts.
Wir sehen unsere Aufgabe in einem größeren Zusammenhang, nämlich zur Umgestaltung des Unterrichts im weitesten Sinne beizutragen, d. h., sowohl

an der Planung der Strukturen beteiligt zu sein, an der Planung der Lehrpläne, an der Erarbeitung von Mitteln zur Durchführung dieser Lehrpläne, als auch in der Einführung der damit verbundenen, intendierten Methoden. Wir beteiligen uns an der Lehrerfortbildung, an der Einführung von neuen Methoden im naturwissenschaftlichen Unterricht. Das ist ein viel umfassenderer Prozeß, als die rein technische Herstellung von Büchern oder Unterrichtsmaterialien.
Wir haben keine Bücher, sondern 'folletos' (Hefte) gemacht. Sie waren über drei Jahre lang das einzige Produkt des Projektes. Die 'folletos' gehen von der Idee der landesadäquaten Anpassung aus; sie sind sehr schnell herstellbar. Dazu gehören dann auch noch Anleitungen für den Lehrer, damit er die Lernmittel in seinem Unterricht sinnvoll anwenden kann. Also keine Lehrbücher, wie sie bei uns üblich sind, die zum Ärger unserer Lehrer zuhause auch recht unflexibel und statisch sind, eben weil es Bücher sind, weil sie stets für mehrere Jahre gemacht werden und, wenn sie angeschafft sind, aus ökonomischen Gründen länger benutzt werden müssen.
Das Schulwesen wird ständig weiterentwickelt. Zu Beginn – heute nicht mehr so ganz – war eine Regionalisierung, d. h. eine Anpassung an die regionalen Verhältnisse, in denen die Schüler leben, wesentlich. Wenn man von der Natur des Landes spricht, muß man am Atlantik anders unterrichten als am Pazifik. Wenn man von der Landwirtschaft spricht, was auch einer unserer Arbeitsbereiche ist, muß man auf die jeweiligen landwirtschaftlichen Verhältnisse der verschiedenen Regionen eingehen. Das haben wir durch die Konzeption der Unterrichtsmittel versucht.
A.: Unterdessen konzentriert sich die Arbeit sehr stark auf das Team in Managua und in Zukunft werden die regionalen Teams wahrscheinlich nicht mehr selbständig Material erarbeiten, sondern nur noch Begleitmaterialien für bestimmte Bereiche im naturkundlichen Unterricht erstellen. Ursprünglich war es so gedacht, daß regionale Besonderheiten, z. B. in Anbautypen oder -techniken in das Material miteinfließen sollten. Aber die Tendenz geht dahin, daß das naturkundliche Material zentral erstellt wird und die regionalen Spezifika nur noch in den Begleitmaterialien für die Region einfließen.
Neben diesen regionalen und zentralen Teams haben wir angepaßte Druckereien mit Abziehmaschinen eingerichtet, in denen das Material dann regional hergestellt wurde. Wir haben hier auch größere Druckmaschinen, auch eine kleinere Offsetmaschine und liefern jetzt noch eine 'Heidelberg GTO', die bereits im Land ist. Doch stellt sich ein großes Problem. Das Erziehungsministerium ist verpflichtet, geeignete Räume für die Druckerei zur Verfügung zu stellen, ist dazu aber nicht in der Lage. Das ist wegen der ökonomischen Situation verständlich. Das gleiche Problem stellt sich bei Papierlieferungen, für die auch das Ministerium zuständig ist. Auch hier ha-

ben wir einen Engpaß und es ist noch unklar, wie es weitergehen soll.
Aber nun zurück zu den Unterrichtsmaterialien. Das ist einfachstes Material. Bisher gab es in Nicaragua kein im Land entwickeltes oder hergestelltes Lehrmaterial. Ziel der Maßnahme war es, für diese Bereiche flächendeckend selbstentwickeltes Material in die Schulen zu liefern. Dabei stoßen wir immer wieder auf Kritik: Man sagt uns z. B., warum nehmt ihr nicht Materialien aus anderen Ländern, Mexico, etc., das wäre doch günstiger, d. h. ökonomischer. Wir sind jedoch der Überzeugung, daß dieser Prozeß der Selbstentwicklung sehr wichtig und hilfreich ist; alles andere wäre aufgestülpt und würde die Kluft, die durch einen ungeheuren Nachholbedarf besteht, nicht überbrücken können. Ich halte hier den Prozeß für wichtiger als das Produkt. Entscheidend ist, daß der Bedarf abgedeckt wird.

Woher kam diese Kritik an Ihrer Verfahrensweise?

Vor allem von Europäern, die simple Rentabilitätsrechnungen aufstellten.

Dann sind diese 'folletos' also keine Notlösung, sondern haben den Vorteil flexibler Anpassungsmöglichkeiten?

B.: Das entspricht so etwa unserer Absicht. Interessant ist, daß die nicaraguanischen Kollegen außerhalb des Projektes, die die Bildungsplanung zu verantworten haben, sehr stark auf das klassische Schulbuch hindrängen, so daß diese angepaßte Idee – wir sprechen auch von angepaßter Unterrichtstechnologie – nicht voll Fuß gefaßt hat. Es herrscht die Vorstellung, daß ein vollqualifiziertes Schulwesen auch Schulbücher wie in den Industrieländern haben muß. So waren wir in diesem Jahr zum ersten Mal an der Erstellung von Schulbüchern beteiligt, die, wenn sie erst mal fertig sind, weniger revisionsfähig sein werden, als das, was wir bisher gemacht haben. Aber das ist ein Teil des Widerspruchs, in dem die Revolution lebt, ein Widerspruch, der noch nicht ausgetragen und entschieden ist – zumindest nicht endgültig. Einen parallelen Widerspruch gibt es in der Diskussion über angepaßte Technologie, die hier auch nicht überall auf Begeisterung gestoßen ist. Im Landwirtschaftsbereich steuert man ja auch viel stärker in Richtung Großtechnologie.
Wenn ich von uns spreche, dann meine ich immer ein nicaraguanisches Team mit einigen deutschen Mitarbeitern. Wir sehen da keine großen Unterschiede. Wir haben unsere konzeptionellen Konflikte nicht innerhalb sondern außerhalb des Teams. Dieses stellt schon eine geschlossene Einheit dar und verfolgt eine gemeinsame Konzeption. Noch eine Anmerkung: Wir haben versucht ein ökologisches Moment einzubringen; soweit wie möglich

haben wir Naturkunde und Landwirtschaft ökologisch verstanden. In einigen Fällen haben wir auch eigene Themen aus dem Natur- oder Umweltschutz gebracht. Z. B. über die Schildkröten, die systematisch ausgerottet werden. Absicht dieses Heftes war es, den Kindern ein Verständnis über die Unwiederbringlichkeit der Schildkrötennatur zu geben.

Sollen die Schulbücher die 'folletos' jetzt ablösen oder sollen beide nebeneinander weiterexistieren?

B.: Die Entscheidung darüber ist noch offen, aber mit Sicherheit wird das Schulbuch in Zukunft eine größere Rolle spielen. Ich sehe darin ein ökonomisches Problem, denn Schulbücher sind wahnsinnig teuer. In diesem Land, in dem alles importiert werden muß, ist die Produktion auf absehbare Zeit nicht möglich ohne eine sehr kräftige Hilfe von außen. Ob man mit dieser Hilfe beständig rechnen kann, bezweifle ich. Die jetzigen Schulbücher werden auf Papier, das aus Skandinavien gespendet wurde, in der DDR gedruckt. Diese Bücher wurden von uns textlich konzipiert.
A.: Unsere Hefte werden kostengünstig und basisorientiert entwickelt. Wegen des großen Papier- und Heftemangels ist in den Heften auch Raum, damit die Schüler sich Notizen machen können. Jeder Schüler kann sein Heft auch verschleißen. Zu diesen Heften werden auch Leitfäden für die Lehrer erstellt. Von diesen Schülerheften bis zur 5. Klasse – die 6. Klasse wird erst jetzt eingeführt – sind bisher 3 Millionen produziert worden. In diesem Jahr haben wir naturkundliche Bücher für die 3. und 5. Klasse entwickelt, die gerade in der DDR gedruckt werden. Das war der ausdrückliche Wunsch des Erziehungsministeriums. Das übersteigt aber die Kapazitäten, denn wir könnten nicht für das nächste Schuljahr die Buchproduktion flächendeckend leisten. Das Angebot hat die DDR gemacht, wie überhaupt die Zusammenarbeit mit ihr sehr verstärkt worden ist, ebenso mit anderen sozialistischen Staaten. Angesichts der Distanz der Bundesregierung gegenüber Nicaragua kann man es niemandem verübeln, daß das Land sich jetzt anders orientiert.

Gibt es Konflikte zwischen den GTZ-Experten und den Nicaraguanern, die aus den politischen Rahmenbedingungen entstehen, die das Ministerium bei der Curriculumentwicklung vorgibt?

B.: Bisher hatten wir keine Konflikte. Die politischen Rahmenbedingungen, die die Nicaraguaner vorgeben, sind so weit gefaßt, daß wir uns mit unseren deutschen, auch reformpädagogischen Vorstellungen durchaus wiederfinden können. Allerdings treffen wir hier oft auf wesentlich konservativere Vorstellungen, selbst wenn wir mit pädagogischen Ideen ankommen, die in der

BRD gar nicht mehr kritisch sind, die z. B. zwischen Bayern und Hamburg keinen Streit mehr auslösen würden. Das, was wir als Primarschul- oder Grundschulpädagogik vertreten, ist nichts, was man in der BRD als revolutionär bezeichnen würde. Hier ist das aber oft so neu, so modern, daß es selbst bei den politisch bewußten oder revolutionär empfindenden Kollegen nicht selten auf Widerstand stößt, weil es ihnen zu schnell geht. Das ist eine Erfahrung, die erstaunlich ist, wenn man hierherkommt und meint, hier würde jetzt eine ganz moderne, ganz andere Pädagogik betrieben. Stattdessen finden wir in fast allen Fächern eine ausgesprochen traditionelle, hausbackene Lern-Memorisier-Methode, wie sie in fast ganz Südamerika verbreitet ist. Die Bereitschaft zu inneren Reformen, etwa zu einer Reform von Methodik, einer Reform auch der Lehrerrolle zu wecken, ist recht mühsam.

Wie groß ist der Einfluß der GTZ-Experten auf die inhaltliche Gestaltung der Bücher bzw. 'folletos'?

A.: Beim Entwurf und der Durchführung des Projektes soll die inhaltliche Gestaltung von den Nicaraguanern kommen, wir wirken nur unterstützend. Dabei versuchen wir, pädagogische, didaktische Veränderungen anzuregen, um zu einem nicht-traditionellen Unterricht zu kommen, in den Experimente miteinbezogen werden, der auf die Beobachtung der eigenen Umgebung Wert legt etc. All das ist hier nicht selbstverständlich. So hat es beispielsweise eine Entwicklung bei der Illustration gegeben. In den ersten Heften wird ein idealtypisches Menschenbild des Weißen gezeichnet. Dieser nordamerikanische, lächelnde Menschentyp wurde von den Lehrern gezeichnet, die recht unreflektiert die Bilder aus ihrer eigenen Schulzeit übernommen haben. Die Bücher kamen aus Nord- oder Südamerika, wo natürlich auch diese kulturelle Überlagerung sehr stark ist. Jetzt allmählich fängt man an zu beachten, wie der Nicaraguaner aussieht, wie er sitzt, wie er sich anzieht etc..
Daneben leisten wir sehr viel Fortbildung. Mit den Fortbildungsprogrammen bewegen wir uns jetzt jedoch sehr stark regional, d. h. wir holen fast keine Experten mehr aus Europa oder der BRD, sondern arbeiten mit einem mexikanischen Institut zusammen, das seit 15 Jahren in diesem Bereich arbeitet. Von dort holen wir uns die Fachkräfte oder schicken Mitglieder des Arbeitsteams zur Fortbildung nach Mexico. Denkbar ist auch, daß wir künftig mit anderen Institutionen in der Region zusammenarbeiten werden. Zur Fortbildung werden nicht die Primarschullehrer geschickt, sondern Leute, die im Planungsbereich des Ministeriums arbeiten, z. B. Leute aus der Curriculumentwicklung, der Materialentwicklung, auch Leute aus dem 'seguimento', was soviel heißt wie begleitende Evaluierung der Materialien für eine Revision. Ein Aspekt, der eigentlich ein bißchen vernachlässigt wird –

verständlich aus der Befriedigung darüber, zunächst einmal etwas fertiggestellt zu haben. Fachleute, die wir kommen lassen, machen Seminare, Workshops, die wir auch für andere Leute im Ministerium anbieten.
Wir haben die Erfahrung gemacht, daß hier gemeinsame Vorerfahrungen existieren. Auch wenn sich die Verhältnisse hier von denen in Mexico unterscheiden, kann sich ein Mexikaner doch sehr viel schneller eindenken, während der deutsche Experte oft mit sprachlichen und kulturellen Schwierigkeiten zu kämpfen hat. Deshalb halten wir unsere jetzige Regelung für angepaßter, ökonomischer und effektiver. Gut, diese Entscheidung trägt nicht gerade dem Argument Rechnung, doch der Förderung der Beschäftigungspolitik in der BRD Tribut zu zollen, aber ich glaube, wir können dies vom Konzept her verteidigen. Es ist aus Konzept und Notwendigkeit des Projektes heraus entstanden. Dies ist ein nicaraguanisches, kein deutsches Projekt. Gegenüber anderen Arbeitsgebieten im Erziehungsministerium sind wir natürlich in einer privilegierten Position, keine andere Abteilung kann sich das leisten, wenn nicht von außen Geld kommt. Wir müssen schon aufpassen, daß hier keine Konkurrenz- und Neidgefühle von anderen entstehen. Wir haben auch einen Kopierer, die anderen nicht. Damit fängt es aber an.

Inwieweit schwebt der Geist von Paulo Freire über der Curriculumsplanung in Nicaragua?

B.: Er schwebt über der Erwachsenenbildung, der Fortführung der Alfabetisierungskampagne, er schwebt aber nicht über dem formalen Schulwesen. Hier gibt es noch große Diskrepanzen.
Das Wesentliche von Freire's Pädagogik liegt in der Bewußtseinsbildung und darin, daß die Lernenden ihre eigenen Ziele bestimmen. Davon jedoch ist das Primarschulwesen, das formale Schulwesen weit entfernt. Das ist möglich im Bereich der Erwachsenenbildung, wo es keine Tradition gab. Das ist auch eine Erfahrung, die nicht Nicaragua-spezifisch, sondern entwicklungsländerspezifisch ist. Überall dort, wo man auf ein traditionelles Schulwesen trifft, ist es schwieriger zu reformieren als in einem Bereich, wo es keine Vorgaben gibt. Und die Gruppe, die sich am schwersten reformieren läßt, die am wenigsten bereit ist sich selbst infrage zu stellen, sind die Lehrer. Lehrer sind soziologisch gesehen Aufsteiger und daher am wenigsten bereit, eine einmal erreichte Position wieder in Frage zu stellen, was durch jede Reform notwendigerweise passiert. Das ist eine Erfahrung, die wir bei uns gemacht haben.

Warum ist die Mitgestaltung bei der Curriculumsplanung auf bestimmte Fächer beschränkt?

B.: Wir haben von vornherein die Mitarbeit auf die beiden Fachbereiche Naturkunde- und Landwirtschaftsunterricht beschränkt, die zu Beginn des Projektes noch von der ersten Schulklasse an gegeben wurden. Beide sind Fächer der Primarschule. Das hatte zwei Gründe: Erstens, weil die Mittel knapp waren und deshalb eine Beschränkung sinnvoll erschien und zweitens, weil die deutsche und nicaraguanische Seite der Meinung waren, daß dies ein Pilotprojekt sein sollte mit gewissen experimentellen Aufgaben und von daher eine fachliche Eingrenzung auch sinnvoll war. Wir kommen jetzt in eine Phase, wo die positiven Erfahrungen auch auf andere Bereiche übertragen werden können.
Wir haben uns in diesem Jahr (1984) an der Curriculum-Reform der Primarschulen beteiligt und zwar parallel zur Reform anderer Fächer. Verschiedene Arbeitsgruppen haben parallel gearbeitet und sich auch in den Methoden und Inhalten ausgetauscht, so daß es gar nicht ausblieb, daß auch andere Teams unsere Erfahrungen mitbenutzt, diskutiert und im besten Fall übernommen haben.

Gibt es nicht potentielle Konflikte zwischen dem MED und dem deutschen Expertendienst, der GTZ, gerade dann, wenn sie im Erziehungsbereich, der ja immer ein gesellschaftspolitisch sehr empfindlicher Bereich ist, arbeitet? Besonders problematisch stelle ich mir die Unterstützung eines Primarschulprojektes vor, wenn man die aktuelle Zeitgeschichte behandelt.

B.: Es klingt sonderbar, aber bei diesem Projekt passen die Klischees alle nicht. Was wir hier machen, ist in der Tat eine kräftige Beteiligung an der Erziehungsreform, oder, wenn Du so willst, an der Erziehungsrevolution. Wir tun dies in einer sehr dynamischen Weise. Ich bin der Meinung, daß das, was wir hier eingebracht haben, kräftig dazu beiträgt, daß ein sich langsam vollziehender Prozeß – ein sich für uns unverständlich langsam vollziehender Prozeß – durch unseren Beitrag dynamisiert wird. Was auch unverständlich ist nach allen Klischees, die man von drüben so mitbringt, ist, daß die GTZ uns keine politischen Auflagen macht und daß auch die Nicaraguaner uns keine politischen Auflagen gemacht haben. Alles, was wir hier inhaltlich tun, wurde in einem Dialog zwischen den deutschen, nicaraguanischen und mexikanischen Mitarbeitern entwickelt, ohne daß die GTZ oder das BMZ auch nur einmal im geringsten versucht haben, uns inhaltlich vorzubestimmen.
A.: Ich glaube, dieses Projekt wurde in einem besonders günstigen Moment gestartet und dann in Verträgen festgelegt. In diesen Verträgen ist uns dieser konzeptionelle Spielraum gegeben, und der wird auch eingehalten. Global gesagt, sind solche Projekte natürlich besonders sensibel, d.h. Bildungspro-

jekte sind besonders ideologieträchtig. Im Vorfeld gibt es häufig die Entscheidung, bei bestimmten politischen Strukturen nicht in den Bildungssektor einzusteigen, weil man befürchtet, Tendenzen zu unterstützen, die im Gegensatz zur innenpolitischen Realität in der BRD stehen. Dafür gibt es Präzedenzfälle. Bei der Frage der Verlängerung wird die Haltung der Regierung zu unserem Projekt deutlich werden.

Können Sie sagen, wie es auf dem Hintergrund der entwicklungspolitischen Diskussion in der BRD zu Nicaragua speziell um die Weiterführung Ihres Projektes gestellt ist?

B.: Zunächst einmal, Ihre Fragen sind ja alle sehr stark tendenziös, verständlich aus den Prämissen heraus, auf der Sie die Arbeit machen wollen. Dieses Projekt paßt nicht in die Erwartung, die Sie haben. Das Projekt ist zunächst – wie viele andere technische Projekte – für eine gewisse Laufzeit abgeschlossen worden, für zwei Jahre. Diese wurden voll eingehalten. Es stand zur Verlängerung an. Diese wurde noch unter der alten Bundesregierung diskutiert, aber von der neuen für eine Laufzeit von drei Jahren genehmigt. Das ist normal, auch keine restriktive Handhabung, auch zu Konditionen, die den Wünschen der Nicaraguaner entsprachen, auch zu einer Größenordnung, die der der ersten Runde in etwa gleicht. Ob wieder verlängert wird, könnte zunächst einmal eine rein fachliche Frage sein. Da kann ich aus meinen Erfahrungen mit staatlicher Entwicklungspolitik sagen, in 80 % aller Fälle hätte auch eine SPD-Regierung gesagt, nach sechs Jahren müßte eigentlich Schluß sein. Als Pädagoge sage ich, Entwicklungsprojekte von sechs Jahren Laufzeit sind immer noch ein Nonsens, sie müßten mindestens 12 Jahre laufen. Das ist unabhängig von politischen Tendenzen. Zunächst gibt es also keine Hinweise darauf, daß uns die Bundesregierung in der Erfüllung der abgeschlossenen Verträge behindert.

Es gibt aber ein ganz junges Beispiel, wo das in der Tat der Fall ist. Aber bisher, das müssen wir fairerweise sagen, sind die Verträge voll eingehalten und auch in ihrer weiteren Konzeption nicht verengt worden. Wir müssen natürlich aufgrund offizieller und inoffizieller Äußerungen annehmen, daß ein Verlängerungsantrag zur Zeit auf jeden Fall abschlägig beschieden würde. Die Nicaraguaner würden sicher gerne verlängern. Gewisse Dinge kann man schon nach sechs Jahren abschließen, bei der Einrichtung eines Druckereiwesens z. B. kann man bestimmte Techniken nach sechs Jahren eingeführt haben. Der Wert der Zusammenarbeit im Bereich Pädagogik liegt aber nicht in der Einführung einer gewissen Technik, sondern in einem ständigen Dialog zwischen zwei verschiedenen Kulturen, zwei verschiedenen Gesellschaftsformen, die sich in pädagogischen Konzeptionen ausdrücken.

Was sind 'Eigenmaßnahmen' der GTZ?

'Eigenmaßnahmen' heißt, aus Eigenmitteln der GTZ werden 'kleine' Projekte bis zu einer Höhe von 100 000 DM finanziert, wobei der Antrags- und Genehmigungsweg sehr stark vereinfacht ist. Allerdings haben das BMZ und das AA (Auswärtige Amt) ein Vetorecht. In einem Zustimmungsverfahren wird die Botschaft vom AA befragt. Auf diese Weise haben wir bisher drei Ergänzungsprojekte finanziert: In der Alfabetisierungskampagne haben wir fünf Jeeps (1980) gekauft; wir finanzierten danach ein Projekt der angepaßten Unterrichtstechnologie mit Einfachinstrumenten für den Laborunterricht und haben als Letztes Werkzeuge für den Landwirtschaftsunterricht angeschafft.
Wir haben jetzt ein Projekt vorgeschlagen, das es ermöglicht, einen Beitrag zur zweisprachigen Erziehung an der Atlantikküste zu leisten. Das Erziehungsministerium ist dabei, den Grundschulunterricht an der Atlantikküste in den Muttersprachen Miskito und Englisch einzuführen, um den Kindern zu ermöglichen, in der eigenen Muttersprache zu lernen. In dieser Methode der zweisprachigen Erziehung hat die GTZ umfangreiche Vorerfahrungen in Peru und in Ecuador gesammelt. Diese Methode der zweisprachigen Erziehung hat in gewisser Weise auch etwas mit unserem Projekt zu tun, da wir ja für den Grundschulbereich arbeiten. Wir haben also versucht, eine Zusatzfinanzierung in Höhe von 100 000 DM zu bekommen, um Experten der GTZ aus Peru zu holen zwecks Beratung bei der Einführung dieser neuen Methode, um Lehrbücher aus Mexiko anzuschaffen usw.. Dieses Projekt wurde von der GTZ positiv beschieden, scheiterte dann aber am BMZ. Begründung: die Bundesregierung habe einen Grundsatzbeschluß gefaßt, daß keine neuen Entwicklungsprojekte, auch keine Erweiterung schon bestehender, in Nicaragua gebilligt würden.
A.: Aus meiner mehrjährigen Erfahrung ist dies der erste Fall, wo eine von der GTZ finanzierte Maßnahme dieser Art geblockt wurde – wenigstens im Bildungsbereich, dem Bereich, den ich überschaue.

Nochmal zurück zu vorhin. Natürlich sind unsere Fragen tendenziös. Wir bezweifeln auch nicht, daß abgeschlossene Verträge eingehalten werden, wenn man praktisch nicht anders kann. Uns geht es um die regierungsoffiziellen Aussagen, daß Entwicklungshilfe in Nicaragua nicht sinnvoll sei. Wie schätzen Sie Ihre Arbeit ein, und welche Vergleichsmöglichkeiten mit anderen Projekten/Ländern haben Sie?

B.: Ich habe konkrete Erfahrungen mit einem Projekt der GTZ in Peru und zwei weiteren in Kolumbien, sowie DED-Projekten in Afghanistan und in Afrika. In all diesen Projekten hatten wir wesentlich engere politische Auflagen der Gastländer, auch ausgesprochene Schwierigkeiten und Konflikte bis hin zur vorzeitigen Beendigung von Verträgen. All dies ist hier nicht passiert. Wir haben einen denkbar weiten Spielraum. Es ist mir kein Fall erinnerlich, wo uns der Staat, das Erziehungsministerium, politische Auflagen gemacht hätte. Wo wir Schwierigkeiten haben, ist bei der Einführung von pädagogischen Grundsätzen, die für uns in der BRD selbstverständlich sind, die aber hier in der Bildungsreform zu früh, zu schnell kommen, als zu radikal empfunden werden. Wir sind selbst mit einer moderaten deutschen Pädagogik immer noch revolutionärer als jeder Nicaraguaner.
A.: Ich finde dies historisch sehr verständlich. Die Veränderung des Bildungswesens ist ein so mühsamer Prozeß, der läßt sich nicht in fünf Jahren nach einer Revolution bewältigen. Man arbeitet mit einem Stamm von alten Lehrern, die in einem ganz anderen System groß geworden sind. Deshalb ist die Forderung berechtigt, daß gerade im Bildungsbereich Projekte längere Zeit laufen müßten. Aber insgesamt würde ich schon sagen, daß sich Nicaragua von anderen Projekten, die die GTZ im Bildungsbereich macht, unterscheidet. Grundsätzlich ist Voraussetzung, daß eine Projektreformbewegung im Bildungsbereich unterstützt wird. Wenn nicht, dann gerät das Projekt in die internen Konflikte im Land, weil Reformbewegungen in bestimmten politischen und sozialen Strukturen sehr schwer durchzusetzen sind. Während man hier doch global sagen kann – von den internen Widersprüchen und Konflikten jetzt mal abgesehen –, daß das Projekt in einen Reformwillen eingebettet ist, der sich aber nicht immer durchsetzt. In dieser Hinsicht unterscheidet sich Nicaragua grundsätzlich von anderen Erfahrungen, die wir gemacht haben. Ich kann eigentlich kein zweites Beispiel dieser Art nennen. Ich muß allerdings auch sagen, daß wir sehr vorsichtig eingestiegen sind, daß es nicht geplant war, ein Reformkonzept aus der BRD aufzuoktroyieren, sondern sehr vorsichtig die Bewegungen, die es hier gibt, zu begleiten. Deshalb ist die Anlage des Projektes etwas anders als bei den anderen Projekten.

Curriculumentwicklung, Unterrichtsplanung und Lehrmittelgestaltung fliessen ja immer in das politisch-gesellschaftliche System des jeweiligen Landes ein. An diesem Punkt gab es in den anderen Ländern zu einem früheren oder späteren Zeitpunkt Konflikte. Und hierin liegt – wenn wir richtig verstanden haben – der relevante Unterschied zu Nicaragua.

A.: Ja, ein Beispiel ist Peru, wo das Konzept einer zweisprachigen Bildung eigentlich im Widerspruch zur gesamten Bildungspolitik des Landes steht,

während hier – wenn auch nach einem mühsamen Prozeß – die Entwicklung zweisprachiger Bildung an der Atlantikküste nicht im Widerspruch steht zur Bildungspolitik des Erziehungsministeriums.
B.: Ich möchte herausstellen, daß, von der einen Ausnahme abgesehen, dieses Projekt sich nicht dafür eignet, eine Wende der Entwicklungspolitik gegenüber Nicaragua nachzuweisen. Bei uns im Projekt hat sich das nicht niedergeschlagen – bisher. Das mag in Zukunft so sein, und das vermuten wir auch. Die letzten Anzeichen sprechen alle dafür, daß wir in Zukunft mit einer erheblichen Einschränkung insofern rechnen müssen, daß eine Verlängerung nicht möglich sein wird und daß jede denkbare Erweiterung oder Veränderung der Linie, auch nur in Details, nicht genehmigt werden wird. Doch bisher sind dies Spekulationen über die Zukunft.

Es sieht doch so aus, daß zunächst die großen Einschnitte gemacht werden, was heißt, keine Kredite, keine Neuzusagen, keine Verlängerungen mehr. Langsam und mit der Zeit geht man dann zur Feinarbeit über, wie die vielfältigen kleinen Streichungen, nicht zuletzt bei Ihrer Sondermaßnahme, doch auch zeigen.

A.: Für mich ist schon die Absage dieser kleinen Maßnahme, zur Beratung der zweisprachigen Erziehung an der Atlantikküste, insofern symptomatisch, weil dieses Vorhaben inhaltlich den jetzt noch geltenden Grundsätzen der Entwicklungspolitik im Bildungsbereich entspricht. Wenn man es vom Inhaltlichen her entschieden hätte, dann wäre das der ideale Ansatz gewesen. Aber im Rahmen der gesamten politischen Entscheidung durfte es nicht mehr stattfinden. In andere Länder dagegen, z. B. Chile, fließen seit Anfang des Jahres '84 über die KfW (Kreditanstalt für Wiederaufbau) wieder Kredite, auch nach El Salvador, wo man eigentlich aufgrund der Arbeitsmöglichkeiten sagen müßte, hier kann man nicht einsteigen. Aber es wird aus politischen Gründen gemacht.
B.: Ein großes Phänomen, das man in der Öffentlichkeit immer breit tritt, ist, daß ein großer Teil der Entwicklungshilfegelder in dunklen Kanälen versickert. Das gibt es hier nicht; hier gibt es keine Korruption großen Stils. Hier werden Mittel außerordentlich penibel verwaltet und kommen den dafür vorgesehenen Zielgruppen durchaus zugute. Diese Zielgruppen wiederum sind nach dem Selbstverständnis dieses Staates die breiten Schichten des Volkes. Das trifft auch auf unser Projekt zu, dort, wo wir Materialien in mehreren 100 000er Auflage machen, die alle Kinder im Land erreichen, d.h. die Kinder der Campesinos, der Arbeiter und auch die Kinder der Besserverdienenden in den Privatschulen. Das kann man von den anderen Ländern so einfach oder so klar nicht sagen. Deshalb sind wir unter den etwa

acht bis zehn Experten der GTZ in diesem Land eigentlich bei allen Gesprächen und zu allen Zeiten immer einig gewesen, daß wir in Nicaragua bleiben sollten, weil entwicklungspolitisch die Verhältnisse so außerordentlich günstig sind wie kaum in einem anderen Land. Wenn man Entwicklungspolitik langfristig und nicht in erster Linie abhängig sieht von einem gerade existierenden System – ein Grundsatz, der eigentlich unter allen Parteien über Jahrzehnte hin gegolten hat –, dann ist Nicaragua ein ideales Empfängerland, auch und gerade für BRD-Entwicklungshilfe.

Der Deutsche Entwicklungsdienst DED

»Am 30. April 1980 wurde unser Freund und Compañero, der deutsche Arzt Tonio Pflaum, zusammen mit 13 Nicaraguanern ermordet. Wir wollen seinen Todestag zum Anlaß nehmen, um wieder einmal auf die Situation im Land aufmerksam zu machen.«[1]
Mit diesen Worten beginnt eine Stellungnahme von Mitarbeitern und Mitarbeiterinnen des Deutschen Entwicklungsdienstes in Nicaragua zum 1. Todestag ihres ehemaligen Kollegen. Neben den USA steht vor allem auch die Bundesregierung im Zentrum der Kritik der Entwicklungshelfer. So heißt es am Schluß der Erklärung:
»... trotz der Anstrengungen, die Nicaragua unternimmt, den Frieden in der Region zu gewährleisten, trotz der Durchführung von erstmals freien Wahlen in diesem Land im November hielt die Bundesregierung an ihrer Unterstützung der US-amerikanischen Politik in Zentralamerika fest. Zugesagte Kredite wurden nicht ausgezahlt. Das BMZ mischt sich sogar direkt in die Arbeit des DED ein, mit dem Ziel, die Anzahl der DED-Entwicklungshelfer hier zu vermindern. Entwicklungshilfe wird somit zum Spielball der Wirtschafts- und außenpolitischen Interessen der jeweiligen Bundesregierung.«[2]
Dieser Protestbrief ist einer von vielen, die von DEDlern in den letzten Jahren veröffentlicht wurden.[3] Eigentlich nichts Besonderes, kritisches Engagement war das Markenzeichen des DED in den letzten Jahren.
Die Bonner Beamten im Bundesministerium für Wirtschaftliche Zusammenarbeit sahen dies allerdings schon immer mit Argwohn. Das 'Eigenleben' des DED ist vielen seit Jahren ein Dorn im Auge. Schon vor der 'Bonner Wende' noch unter SPD-Minister Offergeld war es aus diesem Grund zu ersten Pressionen gegen den DED gekommen; man stellte offen Überlegungen an, wie man diesen künftig an die Kette legen könne.
Der nach dem Regierungswechsel neue Parlamentarische Staatssekretär Volkmar Köhler/CDU hob sicher nicht ohne Grund bei seiner Amtseinführung 1982 hervor, daß er in der Tradition Offergelds stehe, der damals leider »zu schwach« gewesen sei, der Kritik am DED Taten folgen zu lassen. Solche Schwäche wollte sich Köhler nicht nachsagen lassen müssen. Um das Ausmaß und die Relevanz der Veränderungen beim DED verstehen zu können, stellen wir zunächst eine kurze Einführung zur Geschichte und Organisationsstruktur des DED voran.

Geschichte und Organisationsstruktur des Deutschen Entwicklungsdienstes

Auf einer internationalen Konferenz in Puerto Rico im Oktober 1962 wurde den Industrie- und Entwicklungsländern die Gründung von Freiwilligendiensten vorgeschlagen. Die 'Hilfe zur Selbsthilfe', 'Freiwilligkeit des Dienstes, – Verzicht auf besondere Leistungen, fachliche Qualifikation gekoppelt mit sozialem und politischem Engagement' bildeten das ideologische Grundgerüst, mit dem die zu schaffenden Organisationen ausgerüstet werden sollten.
1963, US-Präsident John F. Kennedy war gerade in der Bundesrepublik, wurde in dessen Anwesenheit – nach dem Vorbild des amerikanischen 'Peace Corps' – der DED gegründet. Durch die Rechtsform einer GmbH erhielt der DED den notwendigen politischen Spielraum gegenüber Ländern, zu denen die Bundesregierung keine guten Beziehungen unterhielt.[4]
Die Bundesregierung und der Arbeitskreis 'Lernen und Helfen in Übersee' – ein Zusammenschluß von ca. 30 nicht-staatlichen entwicklungspolitischen Organisationen wie Brot für die Welt, Dienste in Übersee, Misereor, Terre des Hommes, EIRENE – sind die beiden Gesellschafter des DED. Allerdings höchst ungleichgewichtige Gesellschafter, da durch die fast 100-prozentige Finanzierung des DED durch den Bund, die jeweilige Regierung einen Stimmenanteil von 19 : 1 hält. Oberstes Entscheidungsgremium ist, wie bei jeder GmbH, ein Verwaltungsrat, der mehrmals im Jahr zusammentritt, um die wesentlichen Dinge – wie auch zum Beispiel die DED-Mitarbeit in Nicaragua – zu besprechen. Der Verwaltungsrat besteht aus 15 Mitgliedern. Davon stellt die Regierung vier Vertreter, jeweils einen aus dem Bundesministerium für Wirtschaftliche Zusammenarbeit, dem Auswärtigen Amt, dem Finanzministerium und dem Bundesministerium für Jugend und Soziales. Die verschiedenen im Bundestag vertretenen Parteiengruppen stellen ebenfalls je ein Mitglied.[5] Zwei Vertreter werden von den zurückgekehrten Entwicklungshelfern gestellt. Die in der Zentrale in Berlin beschäftigten Mitarbeiter stellen einen Vertreter. Vervollständigt wird der Kreis von vier Vertretern des 'Arbeitskreises Lernen und Helfen in Übersee'. Dazu kommt ein Vorsitzender, der unabhängig sein soll. Das sieht nach paritätischer Mitbestimmung aus, bedeutet aber faktisch ein klares Übergewicht der Bonner Bürokraten und Politiker.
Die Abhängigkeit des DED von der jeweiligen Bonner Regierung beruht jedoch noch auf anderen Säulen als der personellen Zusammensetzung des Verwaltungsrates:[6]

— Der DED wird zu 100 % vom BMZ finanziert. Das sind gegenwärtig rund 75 Millionen DM, das entspricht 1 % des BMZ Haushaltes. Über den BMZ-Etat entscheidet wiederum der Haushaltsausschuß des Deutschen Bundestages.
— Der DED ist Auftragnehmer (Mandatar) des Bundes.
— Die für die Arbeit des DED erforderlichen Vereinbarungen mit den Entwicklungsländern werden von der Bundesregierung abgeschlossen.
— Der entwicklungspolitische Rahmen für die Arbeit des DED ist die Entwicklungspolitik der jeweiligen Bundesregierung. Deshalb soll der DED möglichst auch keine eigene Öffentlichkeitsarbeit betreiben, weil es hierfür die Hochglanzbroschüren des BMZ gibt.
— Die politische Verantwortung für den DED gegenüber Parlament und Öffentlichkeit trägt der Bundesminister für Wirtschaftliche Zusammenarbeit.
— Der Geschäftsführer hat, ungeachtet der Beschlüsse des Verwaltungsrates, in jedem Fall die Beschlüsse der beiden Gesellschafter - das heißt bei 19 : 1 Stimmenanteil im Klartext die des BMZ - auszuführen.
— Der Geschäftsführer und alle drei Abteilungsleiter sind Mitglieder der etablierten politischen Parteien, drei von der SPD einer von der CDU.

»Die Mitbestimmung müßte eigentlich Mitwirkung genannt werden, weil die endgültige Entscheidung immer in Berlin bzw. in Bonn gefällt wird.«

In den 60er Jahren wurden die DED-Entwicklungshelfer noch nach 'Albert-Schweitzer-Manier' in den 'Busch' geschickt und 'suchten' sich dort ihre Projekte. Bestandteil der Vorbereitung auf den Auslandsaufenthalt war morgendlicher Frühsport und eine Abschlußprüfung vor Vertretern aus Bonn.
Mit der Studentenbewegung und sozialliberalen Reformen Ende der 60er/ Anfang der 70er Jahre änderte sich auch beim DED einiges. Auf verschiedenen Ebenen wurde eine Art Mitbestimmung eingeführt. In den 'Gastländern' finden seitdem Vollversammlungen statt. Auf sogenannten Regionalkonferenzen treffen sich jährlich die Länderbeauftragten und Delegierten der Entwicklungsländer eines Kontinents, um Erfahrungen auszutauschen. Alle zwei Jahre findet die Mitarbeiterkonferenz mit Delegierten aller Arbeitsbereiche des DED statt, deren Beschlüsse dem Verwaltungsrat vorgelegt werden.
Die gesammelten Erfahrungen wurden Grundlage für die Vorbereitung der Entwicklungshelfer und in den »Grundsätzen und Kriterien« des DED zusammengefaßt. Nach diesen 'Grundsätzen' soll sich die Arbeit des DED an

die Benachteiligten wenden, bzw. benachteiligte Regionen fördern, zur Selbstversorgung und Unabhängigkeit des Landes beitragen und keine einheimischen Fachkräfte verdrängen. Die Entwicklungshelfer sollen die Fähigkeiten erwerben, sich den Vorstellungen und Bestrebungen der Einheimischen unterzuordnen, sich – wenn nötig – auch kritisch mit der Politik der Bundesrepublik gegenüber der Dritten Welt auseinandersetzen und nach ihrer Rückkehr ihre Erfahrungen sinnvoll in unserem Land einsetzen.[7]
In der Gegenwart weht ein neuer Wind beim DED. Die 'Entideologisierung' und Umorientierung des DED ist in vollem Gange. Nach ihrem Abschluß wird der DED nicht mehr das sein, was er über viele Jahre hinweg war.

Back to the Sixties

Nachdem eine entsprechende Aufforderung des Haushaltsausschusses des Deutschen Bundestages an BMZ-Minister Warnke ergangen war, begann dessen Parlamentarischer Staatssekretär Dr. Volkmar Köhler im November 1982 mit der »Neuordnung des DED«.
Ausgangspunkt dieser Neuordnung war eine Prüfung des Bundesrechnungshofes (BRH). Die drei Prüfer des BRH – einer im Prinzip sinnvollen Einrichtung, die die Korruption eindämmen soll – quartierten sich drei Monate lang beim DED ein. Sie interessierten sich allerdings nicht nur für die Verwendung der Gelder sondern auch stark für die Programminhalte, also das, wofür Geld ausgegeben wird.[8] Tagsüber wurden, wie bei jeder Prüfung üblich, Akten geblättert, abends jedoch wurde versucht, die Mitarbeiter des DED beim Bier auszufragen.
Wie zu erwarten war, kritisierte der Bericht des BRH weniger die unsachgemäße Verwendung von Geldern, als den organisatorischen Aufbau des DED. Dabei waren die wichtigsten Punkte:
— die psychologische Auswahl der Entwicklungshelfer/innen sei nicht nachvollziehbar, sie sei zu politisch;
— die Führung des DED habe eine zu geringe Machtposition, deshalb müsse ein zweiter Geschäftsführer eingestellt werden;
— die Vorbereitung der Entwicklungshelfer habe kein effektives Lernprogramm; es solle ein Schulbetrieb eingerichtet werden, der Grundinformationen vermittelt;
— die Mitbestimmung sei »zu teuer«; deshalb seien die Mitbestimmungsausschüsse und die Regionalkonferenzen abzuschaffen.

Mit diesem Gutachten des BRH im Rücken machte das BMZ Nicaragua zum Testfeld, um die neue Linie durchzusetzen. Per Telex-Anweisung wurde zunächst einmal die Werbung für Nicaragua verboten.

Auf einer Verwaltungsratssitzung am 30. 1. 84 diskutierte man einen Vorschlag, die personelle Mitarbeit des DED in Nicaragua von 36 auf 20 Entwicklungshelfer zu reduzieren. Doch damit war man ein Stück zu weit vorgeprescht, da man weder das Auswärtige Amt informiert noch die arbeitsrechtlichen Konsequenzen berücksichtigt hatte.

Auf einer weiteren Sitzung am 6. 4. 84 wurde darüber geredet, die Höchstgrenze der DED-Mitarbeit in Nicaragua auf 38 festzulegen, obwohl beim DED-Nicaragua schon einmal die Zahl von 50 bis 60 diskutiert worden war. Die Planzahl 38 soll bis zum 15. 7. 85 gelten, danach die Höchstgrenze 30 gültig sein.

Die Planzahlen für 1986 sollten im Dezember '84 festgelegt werden. Dieser »zweite Anlauf« scheint wesentlich effektiver zu sein als der erste. Projektverlängerungen sind nun nicht mehr in dem Maße möglich, wie die DED-Mitarbeiter in Nicaragua das ursprünglich vorhatten. Das Problem, wer bekommt eine Verlängerung, wer nicht?, wurde nach dem Prinzip 'divide et impera' den Mitarbeitern in Nicaragua selbst zugeschoben. Mit Sicherheit werden Entwicklungsruinen entstehen und zurückbleiben, das heißt gut laufende und langfristig angelegte Projekte werden eingestellt werden.[9]

1984 liefen vier Verträge für Nicaragua aus. 1985 werden 16 Verträge auslaufen. Dadurch, daß 1985/86 keine neuen Projekte ausgearbeitet, weil nicht genehmigt werden, ist es kein Problem, die Zahl der Mitarbeiter bis Ende 1986 auf 20 abzusenken.

»Da fragt kein Schwein im BMZ danach, was hier in den Projekten läuft«

(aus einem Interview mit einem DED-Mitarbeiter)

In einem internen Papier, das DED-Mitarbeiter anläßlich einer Informationsrundreise von Hans-Jürgen Wischnewski durch Mittelamerika erstellten, heißt es unter anderem unter der Überschrift: »Auswirkungen der BMZ-Politik auf die DED-Mitarbeit in Nicaragua, wenn die angekündigten Restriktionen verwirklicht werden«:

»Der normale DED-Vertrag beträgt 2 Jahre. Eine entwicklungspolitisch fundierte Arbeit braucht jedoch drei bis vier Jahre. Auch hier wird politisch eingegriffen. Alle Entwicklungshelfer, die derzeit in Nicaragua arbeiten ... haben auf ausdrücklich begründeten Wunsch ihrer Projektträger sowie unter entwicklungspolitischer Abwägung der Projektarbeit Antrag auf Vertragsverlängerung gestellt.«[10]

In dem acht Seiten umfassenden Dokument werden eingehend die einzelnen Projekte vorgestellt und die Auswirkungen der Verwaltungsratbeschlüsse analysiert.

Die Projekte des DED in Nicaragua (Stand September 1984)

Projekt	Mitarbeiter/innen
1. Rehabilitation von Körperbehinderten und Kriegsversehrten	2 Krankengymnastinnen in Managua u. Granada
2. Ländliche Gesundheitszentren. Wegen Sicherheitslage (Tonio Pflaum) wurde die Mitarbeit in 7 Zentren eingestellt.	Zur Zeit 2 Entwicklungshelfer in Corinto
3. Gesundheitswesen	2 Krankenschwestern in Matagalpa
4. Hospital Regional de Matagalpa	1 Chirurg
5. Community Development Bereich	1 Sozialpädagogin in León
6. Technisch – handwerkliche Berufsausbildung	1 Maschinenbaumeister 1 Elektromeister bei SINAFORP/Chinandega 3 Maschinenbaumeister Instituto Technico Lassalle/Orden 2 Fernmeldetechniker bei TELCOR
7. Mitarbeit in staatlichen Industriebetrieben	
COIP-Zentrale	1 Wirtschaftsingenieur
Indústria Metalúrgica del Pueblo	1 Technischer Zeichner
IMEP	1 Maschinenbautechniker
León	1 Maschinenbaumeister
ENIPLAS	1 Formbauer 1 Maschinen-bautechniker
8. Genossenschaftsberatung CECOOP	1 Wirtschaftsingenieur
9. Wiederaufforstung IRENA	2 Forstwirte in Esteli 1 Forstwirt in Granada
10. Umweltschutz/IRENA Managua	1 Landschaftsplaner 1 Umweltingenieur 1 Ökologe 1 Regionalplaner 1 Betriebswirt
11. Universität von Managua	2 Diplom-Physiker
12. Landwirtschaftliche Ausbildung und Beratung	1 Agraringenieur/Rivas 2 Agraringenieure/UCA
Gesamt	36 Mitarbeiter/innen

Sätze wie »... hätte eine Nichtentsendung der anderen Fachleute des DED nicht zu verantwortende Konsequenzen für den einheimischen Projektträger, da dieser schon weitreichende finanzielle Verpflichtungen eingegangen ist«, stießen in Berlin und Bonn aber offensichtlich auf taube Ohren. Das war noch längst nicht alles: Es folgte die Anweisung, keine Regionalkonferenz Lateinamerika in Managua/Nicaragua stattfinden zu lassen. Doch die DED-Mitarbeiter wehrten sich. Ausdruck dieser Gegenwehr ist das folgende Dokument, das sehr deutlich macht, was für den DED – auch über Nicaragua hinaus – auf dem Spiel steht:

»Die Delegierten zur Regionalkonferenz Lateinamerika
An alle Mitbestimmungsausschüsse, alle Beauftragten, an die Vorbereitungsteilnehmer, an Geschäftsleitung und Verwaltungsrat des DED, an die Redaktion des DED-Briefes

Managua, 28. 10. 1984

'Die Arbeitsleistung des DED ist vor allem Resultat des Einsatzes seiner Mitarbeiter'. (Grundsätze und Kriterien für die Arbeit des DED)
Vom 26. bis 28. 10. 1984 fand in Managua/Nicaragua die Regionalkonferenz der Delegierten der über 150 Entwicklungshelfer aus den sechs Gastländern des DED in Lateinamerika Brasilien-Mitte, Brasilien-Nord, Bolivien, Dominikanische Republik, Ecuador, Nicaragua, Peru, statt.
Die Wahl des Tagungsortes steht im Widerspruch zu den Wünschen der Geschäftsleitung, die davon eine Aufwertung Nicaraguas befürchtet. Die Konferenz mußte deshalb im Erholungsurlaub der Delegierten abgehalten und durch Beiträge sämtlicher Entwicklungshelfer (EH) in Lateinamerika finanziert werden. Beauftragte, Geschäftsleitung und Verwaltungsrat waren eingeladen worden, nahmen jedoch nicht teil. Geschäftsleiter und Verwaltungsrat wohl aus Angst vor dem BMZ, die Beauftragten mit Sicherheit aus Angst vor der Geschäftsleitung, weil sie ihnen die Teilnahme per Dienstanweisung verboten hatte.
In Managua faßten die Delegierten der Entwicklungshelfer des DED in Lateinamerika den Beschluß, die von der Geschäftsleitung veranstaltete Regionalkonferenz in Quito **nicht** zu besuchen. Die Entwicklung, die dazu führte, und die Gründe, die uns leiten, sollen hier dargestellt werden.
1983: Die Geschäftsleitung verlegt, im Widerspruch zur Empfehlung der Regionalkonferenz '82, die RK '83 von Managua nach Lima. Als die zunächst vorgeschobenen finanziellen Gründe durch die Bereitschaft der Beauftragten und EHs, die Mehrkosten für Managua selbst zu tragen, entkräftet worden waren, kam zu tage, daß das BMZ die Verlegung aus politischen Gründen angeordnet hatte. Im Verlauf der Diskussion fanden sich Beauftragte und EHs bereit, in Lima teilzunehmen, um ihre Argumentation den

dort anwesenden Vertretern der Parteien und der Geschäftsleitung nahe zu bringen.
Direkt nach der Konferenz scheint sich dieses Vorhaben auch zu bestätigen, denn der Verwaltungsrat zeigte sich verständnisbereit, es wurde vom Geschäftsführer sogar eine Absichtserklärung für die weitere Mitarbeit in Nicaragua unterzeichnet. Die Illusion hielt sich nur kurz!
Januar 84: Aus 'hinreichend bekannten Gründen' – so das Schreiben der Geschäftsleitung – wird für die Regionalkonferenz '84 wiederum die Verlegung des Tagungsortes Managua von der Geschäftsleitung angeordnet; dieses Mal nach Quito. Managua war in Lima 1983, in Übereinstimmung mit allen Regionalkonferenz-Teilnehmern, als Tagungsort empfohlen worden.
Februar '84: Brief der Geschäftsleitung, in dem eine Einschränkung des Programms in Nicaragua angeordnet wird, trotz der im Vorjahr abgegebenen Absichtserklärungen für den Ausbau.
Juni '84: Der Verwaltungsrat beschließt neue Entwicklungshelfer-Planzahlen für Nicaragua, die auf einen Abbruch bereits begonnener Projekte hinauslaufen.
März bis September '84: Diskussion in allen lateinamerikanischen Mitarbeiterversammlungen und vielen Vollversammlungen mit den Beschlüssen, aus eigenen Mitteln eine Teilnahme der Beauftragten und der Delegierten der Entwicklungshelfer an der Regionalkonferenz in Managua zu finanzieren.
September '84: Dienstanweisung und Reiseverbot für die Beauftragten für die Zeit der Regionalkonferenz in Managua.

Soweit die Entwicklung, nun die Gründe für unseren Entschluß:
Nach der von Staatssekretär Köhler im Anschluß an die Mitarbeiterkonferenz '84 gegebene Pressekonferenz ist es allen Mitarbeitern des DED augenscheinlich geworden, daß der DED an die kurze Leine des BMZ gezwungen wird. Die Gründe dafür sind allgemein bekannt, die Auswirkungen spürbar. Sie laufen in der Quintessenz zusammen, den DED eng an die kurzfristigen Überlegungen der politischen Opportunitäten der jeweiligen Bundesregierung und ihrer Verbündeten im Ausland zu binden.
Die »Grundsätze und Kriterien«, Leitfaden der DED-Arbeit, werden dem untergeordnet.
Längerfristige Projektüberlegungen, mit den Partnern in den Gastländern im Vertrauen auf die Kontinuität im DED angestellt, werden hinfällig.
Die Mitbestimmung, geschaffen in der Einsicht, daß die Arbeit, das Einfühlungsvermögen und das Engagement der Entwicklungshelfer die Existenzberechtigung des DED sind, wird abgeschafft.
Wir konnten diese Entwicklung nicht länger untätig mitansehen. Wir sind nach Managua gekommen und werden nicht nach Quito fahren, weil:

1. in Nicaragua, wie in keinem anderen Land in Lateinamerika, die Grundsätze und Kriterien des DED sein Programm bestimmen. Welches andere Land in Lateinamerika, außer Nicaragua, »will ungerechte wirtschaftlich-soziale Unterschiede nachdrücklich verringern«?
Welches außer Nicaragua, »unternimmt eigene Anstrengungen zu einer ausgeglichenen wirtschaftlich-sozialen Entwicklung«? (Grundsätze und Kriterien)
Von der Richtigkeit dieser Aussage konnten sich die Delegierten durch Vorträge von Projektpartnern aus den verschiedenen Programmbereichen des DED in Nicaragua, von anderen Sachverständigen und durch die daran anschließenden Diskussionen, welche die Erfahrungen der EHs in den Projekten einbezogen, überzeugen.
2. wir, die wir Mitbestimmung ernst nehmen, sie als Mittel der Umsetzung der Erfahrungen der Projektpartner und der EHs in der Programmpolitik des DED betrachten, und nicht als Vollzugsorgan von BMZ-Beschlüssen oder als Feigenblatt auf dem Weg zur Demontage der Grundsätze und Kriterien.
Unsere Weigerung, nicht nach Quito zu fahren, soll nicht heißen, daß wir generell gegen Regionalkonferenzen sind! Im Gegenteil, wir wollen nicht weniger, sondern mehr Mitbestimmung!
3. wir ein Zeichen dafür setzen wollen, daß die Geschäftsleitung mit ihrer Politik des Taktierens und Kompromisse-Schließens keine Unterstützung der EHs in Lateinamerika mehr findet. Der DED wird in seiner bisherigen Funktion und Arbeit nicht erhalten.
Wir fordern Geschäftsleitung und Verwaltungsrat auf, den Disziplinierungsabsichten des BMZ künftig mit größerer Entschiedenheit und mehr Nachdruck entgegenzutreten und die Zusammenarbeit mit Gastländern, die eigenständige Entwicklungen antreten, auszubauen. Wir können nicht für den DED insgesamt sprechen, bitten aber im Namen der über 150 Entwicklungshelfer in Lateinamerika, mit deren Votum wir uns in Managua getroffen haben, unsere Kollegen in aller Welt zu bedenken, daß was heute in Nicaragua passiert, morgen in Benin, Zimbabwe und jedem anderen DED-Gastland erfolgen kann, das auf dem Weg zu einer eigenen, von den Weisungen der USA unabhängigen Entwicklung ist.
'Er (der DED) geht bei seiner Arbeit in den Entwicklungsländern von dem Recht der Bevölkerung auf eine selbstbestimmte Entwicklung aus.' (Grundsätze und Kriterien des DED)
Die Delegierten der Entwicklungshelfer auf der Regionalkonferenz in Managua, 1984«

Quo Vadis DED?

1985 stehen Änderungen am Vorbereitungs- und Mitbestimmungsprogramm des DED auf der Tagesordnung. In den Köpfen der Planer der Umstrukturierung scheint sich folgende Theorie festgesetzt zu haben: Linke Psychologen wählen linke Bewerber aus, die dann von linken Ausbildern vorbereitet in die Projekte gehen. Die Weichen für eine 'Abschaffung' der Psychologen, ein Fallenlassen der entwicklungspolitischen Diskussionen während der Vorbereitung und die Versetzung der hierfür zuständigen Ausbilder werden gegenwärtig gestellt.
Einige kritische Mitarbeiter haben in Erwartung der Änderungen schon von sich aus das Handtuch geworden. Rund 10 Mitarbeiter/innen aus den Bereichen Pädagogische Leitung und Rückkehrerarbeit haben von sich aus den DED verlassen, da sie keine Möglichkeiten mehr sehen, weiterhin sinnvoll arbeiten zu können.
Engagierte Leute, so die aktuelle Linie, werden durch anpassungsfähige 'graue Mäuse' ersetzt. Die Wahl der zwei neuen Geschäftsführer, vorgesehen war der Arbeitsbeginn zum Januar '85, mußte auf der Verwaltungsratssitzung im Dezember zunächst verschoben werden, da die verschiedenen Fraktionen sich nicht einigen konnten. »Um die Handlungsfähigkeit des DED bis zur Entscheidung über die Geschäftsführung zu gewährleisten hat der Verwaltungsrat die zeitlich begrenzte Einsetzung eines Interim-Geschäftsführers beschlossen.«[11]
Nach zähen Verhandlungen hinter den Kulissen herrschen seit März '85 endlich wieder 'klare Verhältnisse'. Mit dem Sozialdemokraten Pallmann und dem ehemaligen Abteilungsleiter der Konrad-Adenauer-Stiftung, Erl, als neue Geschäftsführer ist der DED nicht weiter führungs- und, wie man hofft, orientierungslos.
Nach der Wahl der Geschäftsführer wurde auf der letzten Verwaltungsratssitzung weiterhin beschlossen, die Regionalkonferenzen Asien, Lateinamerika, Afrika Ost und Afrika West um die Hälfte zu reduzieren. Die Konferenzen werden also künftig nur noch alle zwei Jahre stattfinden. Über Nicaragua wurden keine neuen Beschlüsse gefaßt.
Der Verwaltungsrat wurde von 15 auf 17 Mitglieder aufgestockt. Nicht aber etwa Die Grünen stellen ein neues Mitglied, obwohl ihnen dieses als Bonner Partei mit Fraktionsstatus zustehen würde. Es wurden mit Prof. D. Oberndörfer vom Arnold-Bergstraesser-Institut und einem Herrn Hinterdobler, Syndikus der Handwerkskammer Niederbayern/Oberpfalz, zwei Vertreter des 'öffentlichen Lebens' berufen. Den Grünen enthält man weiterhin mit fadenscheinigen Begründungen und verwaltungstechnischen Tricks den Sitz im Verwaltungsrat vor, womit man sich sicherlich einiges an zu erwartenden

lästigen Diskussionen erspart.
Vollkommen realitätsfremd werden die Planungen da, wo die DED-Mitarbeit zukünftig ohne Einbeziehung der Einheimischen, der Bevölkerung und Trägerorganisationen in den Gastländern erarbeitet werden soll, an den Schreibtischen von Technokraten in Bonn und Berlin. Da es bislang keine erkennbare Alternative zur Struktur des DED gibt, da es offensichtlich auch nicht darum geht, den DED zur Förderung von Privatinvestitionen und Kleinindustrie umzufunktionalisieren, das es noch nicht einmal darum geht, freiwerdende Posten mit CDU/CSUlern zu besetzen, gibt das Spektakel um den DED scheinbar keinen Sinn. Was könnte der Grund sein?
Der Motor und Kopf der Umorganisation ist gleichzeitig einer der wenigen analytisch befähigten und kompetenten Vordenker der Bonner Koalition in Sachen Entwicklungspolitik. Sein Name, Volkmar Köhler, Parlamentarischer Staatssekretär im BMZ und wegen des Parteien-Proporzes bei den Koalitionsverhandlungen der CDU mit CSU und FDP verhinderter Minister. Er ist der eigentliche 'Lenker' des BMZ, dem auch politisch Andersdenkende die fachliche Kompetenz nicht absprechen. Beharrlich und zäh vorgehend geht es Köhler offensichtlich darum, die aus der Studentenbewegung erwachsenen Strukturen, vor allem das Mitbestimmungsmodell und die formale Unabhängigkeit des DED, im Sinne konservativer Modernisierung, auf den Müllhaufen der Geschichte zu befördern. Ein Beispiel hierfür ist die Idee, einen Europäischen Jugenddienst gemeinsam mit Frankreich zu gründen, der – mit einem Etat von mehreren Millionen DM ausgestattet – Projekte wie die Wiederaufforstung der Sahel-Zone in Angriff nehmen soll. Das Spektakel um den 'Tag für Afrika' war ein Vorbote dessen, was da an publizitätswirksamen aber entwicklungspolitisch zumindest umstrittenen Aktionen demnächst anrollen könnte.
In einem Kommuniqué zu den 45. Deutsch-Französischen Konsultationen vom 28. Februar 1985 heißt es dazu: »Der Bundeskanzler der Bundesrepublik Deutschland und der Präsident der französischen Republik haben die für die Entwicklungszusammenarbeit zuständigen Minister Dr. Warnke und Nucci beauftragt, bis zu den deutsch-französischen Konsultationen im Herbst dieses Jahres ein Konzept für die Einrichtung eines deutsch-französischen Freiwilligendienstes zu erarbeiten. Die Staats- und Regierungschefs sind der Meinung, daß dieser Vorschlag zur Entwicklung derjenigen Staaten der Dritten Welt beitragen kann, die dies wünschen. Er kann auch Ausgangspunkt für die Verwirklichung des vom Europäischen Rat im Juni 1984 in Fontainebleau angeregten europäischen Freiwilligendienstes sein.
Dieses Programm soll jungen Deutschen und Franzosen die Möglichkeit geben, sich gemeinsam an konkreten Projekten zu beteiligen. Zunächst sollte sich ihre Arbeit in Afrika auf den Kampf gegen das weitere Vordringen der

Wüste im Sahel richten; gedacht ist insbesondere an Wiederaufforstung, an die Anlage von Baumschulen und an alles, was der Bevölkerung ein umweltgerechtes Verhalten ermöglichen kann. Nach Abstimmung mit den Partnerländern arbeiten in den einzelnen Vorhaben deutsche und französische Entwicklungshelfer mit Fachkräften des afrikanischen Gastlandes und der dörflichen Bevölkerung zusammen, deren aktive Mitarbeit Voraussetzung für den Erfolg der Maßnahmen ist. Die ausgewählten Vorhaben können von den Regierungen technische Unterstützung erhalten und sollten die Nicht-Regierungs-Organisationen einbeziehen, die dies wünschen.«

In einer ersten Stellungnahme hat die DED-Geschäftsführung, mit einigen Vorschlägen zur praktischen Realisierung garniert, dem Vorhaben grundsätzlich zugestimmt. Über den entwicklungspolitischen Sinn eines solchen Projektes ist in der gegenwärtigen Phase ein Urteil kaum möglich, solange nicht nähere Einzelheiten bekannt sind. Ein komplettes Regelwerk für Freiwillige in Anlehnung an die bestehenden Richtlinien des DED für Entwicklungshelfer soll noch erarbeitet werden. Man darf skeptisch sein, ob das Wort 'Mitbestimmung' noch Eingang in dieses Regelwerk finden wird. Die Entscheidungen, die jetzt getroffen werden, sollen aus Sicht der konservativen Planer langfristig wirken und werden auf absehbare Zeit schwerlich revidierbar sein. Hier liegt die tiefere Bedeutung des ganzen Manövers.

Der DED, soviel steht fest, wird dann nicht mehr das sein, was er über viele Jahre hinweg war. Ein weiteres Mosaiksteinchen im Abbau der wenigen halbwegs demokratisierten Institutionen der Bundesrepublik wird schwarz gewendet.

Vergessen werden sollte nicht der Anteil der SPD, denn die Führungsriege des BMZ ist nach wir vor sozialdemokratisch, zumindest was das Parteibuch angeht. Vergessen werden darf nicht, daß Köhler lediglich 'Testamentsvollstrecker' des vorherigen BMZ Ministers Offergeld von der SPD ist, daß sich schon unter Geschäftsführer Sahlmann (SPD) das Klima beim DED in den letzten vier Jahren radikal gewandelt hatte.

Die Möglichkeiten zur Verhinderung der Umkrempelung des DED sind äusserst begrenzt, da selbst in dem Arbeitskreis 'Lernen und Helfen in Übersee' genug Opportunisten sitzen. Die dreißig Organisationen, die den Arbeitskreis bilden, repräsentieren zwar eine respektable Basis, die Möglichkeiten zur Herstellung von Öffentlichkeit wurden jedoch nicht genutzt. Fazit: Die Zukunft des DED ist die einer BMZ-genormten Behörde.

»Ich hab selbst '68 einmal geträumt«

Das Interview wurde im Oktober 1984 mit dem Nicaragua-Länderbeauftragten des Deutschen Entwicklungsdienstes, Dieter Eich, in Managua geführt. Dieter Eich, Jahrgang 1946, ist Maschinenbauer und Soziologe. Er arbeitete mehrere Jahre in Ecuador und Peru für den DED. Vor seiner Tätigkeit als Länderbeauftragter arbeitete Dieter Eich beim Bundesvorstand des DGB, von dem er für drei Jahre beurlaubt wurde. Der Länderbeauftragte ist quasi der Chef der in dem jeweiligen Land arbeitenden Entwicklungshelfer und für die Gesamtkoordination der DED Mitarbeit verantwortlich. Laut Dienstvertrag ist er – als einziger DEDler in dem jeweiligen Land – befugt, Stellungnahmen abzugeben.

Können Sie zunächst generell etwas zu den Restriktionen sagen, denen der DED durch die Bundesregierung ausgesetzt ist?

Dem DED wird Linkslastigkeit, eine einseitige politische Ausrichtung vorgeworfen. Ein weiterer wichtiger Punkt ist die Mitbestimmung, die generell teuer ist. Da stellen sie die Frage: Was bringt das denn? Die Grundidee der Mitbestimmung ist ja sozialdemokratisch: Indem man die Leute am Programm mitwirken läßt, ist eine sehr viel stärkere Diskussion da. Man kann die Mitbestimmung aber auch nach ihrer Effizienz beurteilen. Genau das macht der Bundesrechnungshof.

Das verbrämt dann die politischen Kriterien?

Man kann Institutionen zwar ökonomisch prüfen, damit aber auch politisch, z.B. die Auswahl der Entwicklungshelfer. Wie geschieht das? Welche Kriterien werden angelegt? Es hat sich meines Erachtens gezeigt, daß es da keine spezifische Auswahl gibt. Das Potential, das sich meldet, ist vom Ansatz her zum größten Teil kritisch. Wer geht denn zum DED, wenn er qualifiziert ist? Warum geht er dann nicht zur GTZ? Warum auf 6 000 DM verzichten und nur 1 000 DM (wohl eher 2 000 DM, d. Verf.) verdienen? Da muß ein bestimmtes Engagement vorhanden sein.
Dieses Engagement will ein Institution natürlich auch auffangen, indem sie versucht, auch Inhalte zu transportieren, nicht nur reine Arbeit zu machen. Deshalb ist der DED nicht so genehm. Die Arbeit vor Ort schafft auch eine Identifikation und dies führt dazu, daß die Leute in einer bestimmten Weise reagieren, wenn plötzlich ein Eingriff vorgenommen wird. Das will das BMZ nicht. Sie sollen Weisungsempfänger sein. Ich habe ja 1970 - 1973 auch mal im DED gearbeitet, also just in der Phase nach '68. Da war der

DED anders. Die Arbeit hatte eine sehr viel größere Brisanz. Man kann auch überhaupt nicht leugnen, daß die Studentenbewegung, die anti-autoritären Ansätze, auch großen Einfluß auf den DED hatten. Das hat natürlich zu Konflikten mit den Partnerländern geführt, weil das Potential, das man selbst darstellte, in den Entwicklungsländern nicht vorhanden war. Die Projektträger in der Dritten Welt waren ganz anders, denen war es oft egal, was mit den Projekten passierte. Konsequenz war, daß andere Träger gesucht wurden, auch Träger mit einer oppositionellen Ausrichtung, die eine ganz andere Intention hatten als beispielsweise Militärdiktaturen. Schon deshalb war der DED viel konfliktreicher angelegt als andere Institutionen. Die Zentrale hat eine gewisse Eigenständigkeit erlangt und machte in ganz bestimmten Maße auch Politik. Ich habe mich ungemein gewundert über diese Institution, daß man auf einer Mitarbeiterkonferenz über Geschäftsordnungsdebatte versuchen muß, etwas länger über Nicaragua zu berichten. Ich dachte, das wäre ein Anliegen eines großen Teils der Kollegen, was aber gar nicht so sehr der Fall war. Generelle Meinung war, wir müßten aufhören, Nicaragua als ein besonderes Land zu behandeln, denn es sei ein Entwicklungsland wie jedes andere auch.

Das war 1980, als der DED seine Mitarbeit in Nicaragua aufnahm, noch völlig anders. Zu der Zeit, als Tonio Pflaum ermordet wurde, stand es im Mittelpunkt aller DED-Länder. Und jetzt, angesichts der militärischen und ökonomischen Bedrohung soll dieses entwicklungspolitische Musterland behandelt werden wie jedes andere?

Es hat sich natürlich eine Menge getan. Wir starteten 1980 ein Programm, um zu versuchen, Kriegsfolgen zu lindern; wir entsandten zunächst Ärzte für medizinische Rehabilitation. Dann konzentrierten wir uns auf Ausbildung, angefangen im medizinischen Basissektor, der Umsetzung eines Gesundheitsprogramms auf dem Land (Gesundheitsposten), weil man eben feststellte, daß das theoretische neue Modell der Krankenversorgung auf dem Lande praktisch nicht umzusetzen war. Es gab zwar eine Revolution hier, aber von heute auf morgen wird ja nicht jeder Revolutionär. Man hatte ein unglaubliches Defizit an ausgebildeten Leuten. Die nicaraguanische Regierung wollte bestimmte Gegenden medizinisch versorgen, hatte aber keine Leute dafür. Wir versuchten, in diesem Rahmen mitzuarbeiten, das war unser stärkstes Programm. Wir haben in den Gegenden gearbeitet, die heute militärisches Gebiet sind, wie Nueva Guinea, Wiwili, El Cua.
Ich erzähle jetzt mal ein bißchen mehr über die Entwicklung ab 1983. Das medizinische Programm war noch sehr groß. Es gab eine Menge Überlegungen, wie das weiterzuführen sei. Es stellte sich die Frage: Ist überhaupt der

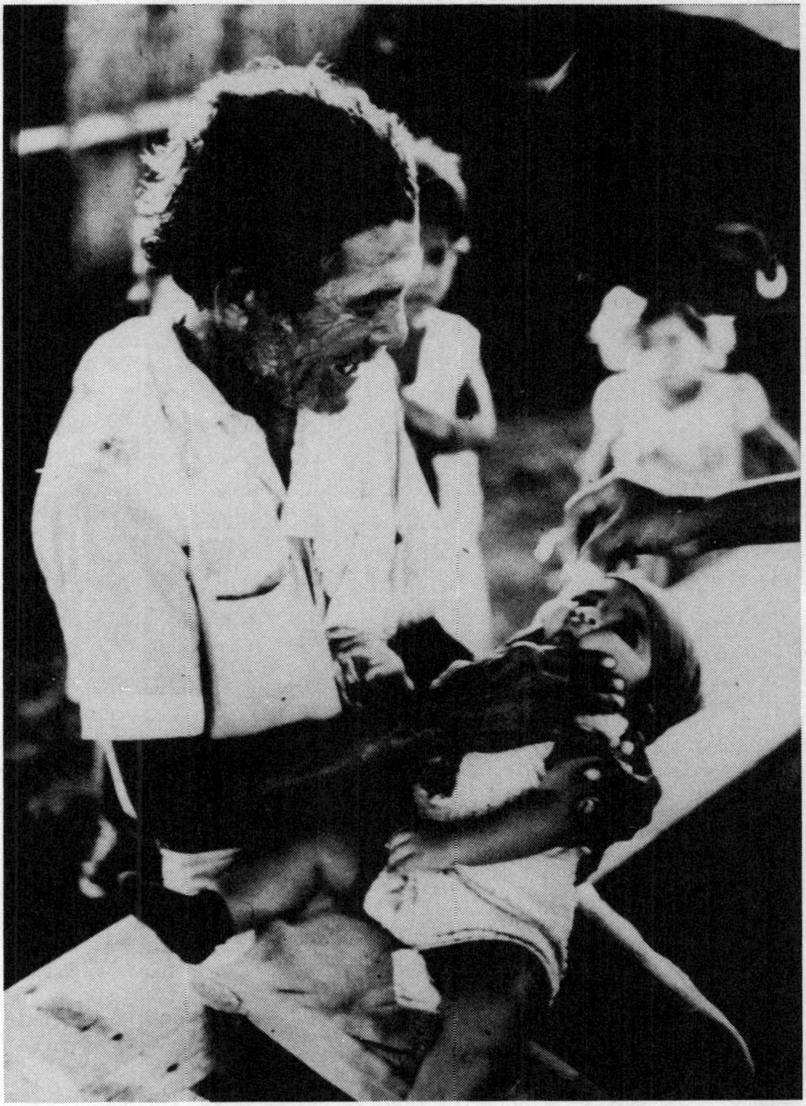

Opa mit Enkelkind bei der Polio-Schluckimpfung

Anspruch aufrechtzuerhalten, in einer ganz bestimmten Zeit Krankenschwestern und Hilfskrankenschwestern auszubilden? Würden die dann auch wirklich aufs Land gehen? Da gab es schon große Widersprüche. Die Mitarbeit im Sektor Basisgesundheit war für uns eine sehr wichtige Sache. Wir haben auch entschieden, nicht in den Hospitälern zu arbeiten, weil es rein quantitativ genug Ärzte gibt. Meines Erachtens sind auch die Rechtsverhältnisse hier nicht ausreichend, um die nicaraguanischen Ärzte dazu anzuhalten, in den Hospitälern eine gewissenhafte Arbeit zu machen. Viele arbeiten 24 Stunden, aber ein noch größerer Teil läßt die Hospitäler links liegen und arbeitet stattdessen in Privatpraxen. Wir arbeiten daher in den Hospitälern nur mit Fachärzten, weil es dort Defizite gibt, die ausgeglichen werden müssen. Außerdem engagierten wir uns im Ausbildungsbereich, vor allem in Landwirtschaftsmechanik, weil das ja hier ein Grundpfeiler der gesamten Ökonomie ist. Wir arbeiten mit in der Landmaschinenführer-Schule in Chinandega, in Polytechnischen Schulen wie La Salle in León, um dort die gesamte Ausbildung zur Reparatur von Landmaschinen mitaufzubauen und voranzubringen. Es ist auch wichtig, die durch Überausbeutung entstandenen ökologischen Schäden zu reduzieren, also Mitarbeit in der Umweltschutzbehörde IRENA. Bestandsaufnahme und Mitarbeit im Bereich der Ökologie: Erosionsschutz, Arbeit über Wassereinzugsgebiete. Diese Mitarbeit fing Mitte 1981 an. Hierzu gehören auch die Forstwirte. Wir stellten fest, daß seit Jahrhunderten hier Raubbau mit Edelhölzern betrieben wurde. Wir müssen nun versuchen, für einen bestimmten Bedarf von Kreisstädten Brennmaterial zur Verfügung zu stellen und darüberhinaus gegen die Erosion arbeiten. Dazu gehört auch die Bestandsaufnahme, welchen und wieviel Wald es überhaupt noch gibt. Wir arbeiten in Bodenlaboratorien mit, wo geprüft wird, welcher Boden es ist, was mit ihm gemacht wird und inwieweit er versaut ist, ob überhaupt die richtige Kultur angelegt wird. Das haben wir in Rivas gemacht.

Schwerpunkt der DED Arbeit ist also neben dem medizinischen, der landwirtschaftliche und Produktionsbereich. Ziel in allen Sektoren ist die Ausbildung, um eine eigenständige Weiterführung zu ermöglichen?

Ziel unserer Arbeit ist es, einen Multiplikatoreffekt zu erreichen. Durch die US-Blockade kommen auch keine Maschinen mit westlicher Technologie hier an. Es kommen russische Maschinen und Traktoren mit ihrer etwas veralteten Technologie. Da es nicht genug Mechaniker von ihrer Seite gibt und die Nicaraguaner nicht genug Erfahrung damit haben, machen wir auch in diesem Bereich Ausbildung an Traktoren, Mähdreschern, Erntemaschinen.

Nicaragua geht ja inzwischen dazu über, nicht mehr alles zu importieren, sondern nach Möglichkeiten zu suchen, landwirtschaftliche Geräte und Maschinen selbst zu bauen.

Das ist jetzt ein neuer Punkt. 1983 haben wir unsere Mitarbeit in staatlichen Betrieben aufgenommen. Von Regierungsseite wurde formuliert, daß insbesondere der Industriesektor vorangebracht werden soll im Bereich der mittleren Technologie und der Landwirtschaft. Also begannen wir, direkt in der Zentrale der staatlichen Industriebetriebe/COIP mitzuarbeiten. Die Überlegung dabei war, ob es nicht möglich sein könnte, für alle verstaatlichten Betriebe, ein übergreifendes Ingenieur-Büro einzurichten, das die technischen Probleme löst. Wir sagten dann, daß wir einen Teil unseres Entwicklungshelfer-Kontingents dort zur Verfügung stellen könnten. Wichtig ist aber auch die Mitarbeit in den staatlichen Betrieben selbst. Wir haben uns daraufhin bei IMPLACSA engagiert, einem Betrieb in León, der praktisch nur agrartechnische Geräte herstellt – angefangen vom Pflug über Anhänger bis hin zu Eggen. Es stellte sich dabei ein interessantes Phänomen heraus. Als sie die gekauften Scheibenpflüge einfach nachbauten, gingen sie kaputt, weil es keine Material- und Qualitätsprüfung gab. Das führte zu großem Unwillen, besonders bei den Käufern. Wir haben in diesem Betrieb folglich versucht, eine Qualitätskontrolle aufzubauen, technische Zeichnungen einzuführen. Früher hatte der Vorarbeiter lediglich eine kleine Skizze, und danach wurde gearbeitet. Wir begannen mit Toleranzen zu arbeiten, und Kollegen schauten sich die Betriebe unter betriebswirtschaftlichen Aspekten an. In drei Betrieben stellten wir fest, daß sie überhaupt keine Kostenrechnungen hatten. Sie sagten einfach: Produktpreis mal soundsoviel gibt Gewinn, das war ihre Gewinnrechnung. Wie hoch die laufenden Kosten waren, inwieweit es Schwankungen bei Materialpreisen gab, konnte niemand nachvollziehen. Wir sind rangegangen, um eine vernünftige betriebswirtschaftliche Rechnung aufzubauen, verbunden mit einer richtigen Ökonomie in den Betrieben, wobei es eine Unmenge von Problemen gab. Denn ein Dreher bekommt jetzt zum ersten mal auch eine Vorgabezeit: Er kann nicht mehr den ganzen Tag an seinem Stück herumdrehen und dann nach Hause gehen, denn das Stück muß Qualitätsmerkmale haben, und er muß eine Vorgabezeit einhalten. Auch werden jetzt Härtebehandlungen bei Metallen durchgeführt.

Das Problem, in Firmen keine betriebswirtschaftliche Kalkulation zu haben, ist das erst seit dem Sieg so, praktisch eine Konsequenz, daß qualifizierte Fachkräfte und Unternehmer das Land verlassen haben?

Das gab es auch schon vor 1979. Betriebsführung, Kostenvoranschläge, Qualitätskontrollen gab es weitgehend nicht. Wir sind jetzt dabei, mit einem Ingenieurstamm von Nicaraguanern zu überlegen: Wie sieht das Teil aus? Wie machen wir eine Projektierung? Wie lange wird das dauern? Das muß dann auch vorbereitet und in die Produktion eingeplant werden. Früher hatten sie keine Drehereien, keine Fräsereien, das ist alles neu. Es soll auch wirklich eine Produktion auf einem technologischen Stand sein, den das Land durchhalten kann.
Das andere Programm ist praktisch nebenbei weitergelaufen; wir haben unsere Mitarbeit jetzt noch verstärkt. Beispielsweise in Versuchsmodellen innerhalb der Landwirtschaft an der Universität. Dort gehen wir der Frage nach, wie man bestimmte Sachen besser machen kann, z.B. in der Viehhaltung. Wichtig ist es, zu pflegen, zu schauen, wie steht es mit der Verpflegung in der Trockenzeit. Das hat hier keine Tradition. Man muß versuchen, langwurzelige Gräser zu produzieren, die zumindest in den ersten beiden Trockenmonaten noch durchhalten können. Man muß eine besondere Silage machen, da man kein Heu kennt. Es ist auch eine Frage, wie man das Zeug unterbringt, um es in der Trockenzeit verfüttern zu können. Man kann den Tieren ja nicht immer nur die Melasse aus den Zuckermühlen zu fressen geben, wie das hier üblich ist. So arbeiten wir mit in der Fleischproduktion, der Milcherzeugung und der Gemüseproduktion. Hinzu kommt noch unsere Mitarbeit im universitären Lehrprogramm in Physik – ein ganz spezielles Feld, weil in Nicaragua eine ganze Menge Geophysik zur Nutzung der geothermischen Energie notwendig ist. Den ersten großen Einbruchhatten wir nach Pflaum. Pflaum war natürlich die Aufforderung für uns, nicht mehr in der Basismedizin weiterzuarbeiten. Es war zu gefährlich. Es gab zwar damals viele Diskussionen unter uns, aber ich glaube, daß wir eine richtige Entscheidung getroffen haben.

Warum hat man nicht im medizinisch-ländlichen Bereich weitergearbeitet, wenn es Entwicklungshelfer gab, die das wollten?

Es gab eine Aufforderung des Auswärtigen Amtes, daß wir die Leute wegen der Ermordung von Tonio Pflaum in eine sichere Zone zurückziehen sollten. Diese sichere Zone wurde dann definiert und den Kollegen freigestellt. Es hieß: Der DED finanziert euch nur weiter, sichert euch auch vertragsmäßig nur ganz bestimmte Sachen zu, wenn ihr euch an die Abmachungen haltet. Es gab daraufhin nur eine Kollegin, die gekündigt hat, weil sie weiterarbeiten wollte. Ihr Gesundheitszentrum wurde nach fünf Monaten überfallen. Alle Gesundheitszentren, in denen wir gearbeitet haben, wurden mehrmals überfallen – alleine Waslala dreimal. Wir haben das damals auch mit den

Franzosen besprochen. Die sehen das aber anders, sie arbeiten trotzdem in den Grenzgebieten weiter.

Diese unsicheren Gebiete sind doch in erster Linie ein politisches Problem, wie Ihr Vorgänger Bernd Schleich im Sender Freies Berlin in klaren Worten formulierte, als er sagte, Tonio Pflaum sei mit US-Waffen ermordet worden und eine Distanzierung der Bundesregierung von der US-Politik verlangte.

Das ist eine ganz andere Problematik. Ich habe mich dann ja auch hingesetzt – Pflaum war der Anstoß dazu – und mich gefragt: Was ist das eigentlich, diese Contra? (Ende 1984 erschien im Konkret Literatur Verlag Hamburg ein Buch von Dieter Eich und Carlos Rincón mit dem Titel: La Contra – Der Krieg gegen Nicaragua). Die Contra ist nicht, was in der Barricada, dem Nuevo Diario oder in La Prensa steht. In der Contra gibt es den einfachen Bauern, der keinen Satz vernünftig schreiben kann und mitgegangen ist, weil er sonst unter Druck gesetzt worden wäre – bis hin natürlich zu Nationalgardisten Somozas. Aber prozentual gesehen ist es lächerlich, was da von der Nationalgarde drin ist. Es gibt viele Campesinos in der Contra, was man hier nicht so wahrhaben will. Du mußt überlegen, wenn Du in der Grenzregion lebst und die Contra nachts vorbeikommt, was du tust. Dann geht man oft besser gleich mit, weil am anderen Tag das Sandinistische Heer/EPS kommt und fragt: Was ist mit Dir? Die Contra war da. Was hast Du gemacht? Es ist sicherlich von der BRD aus nicht so einfach das nachzuvollziehen. Das sind natürlich keine überzeugten Contras, sondern Campesinos, die in der Klemme sitzen. Sie verhalten sich opportunistisch, um ihr Leben zu retten. Daß es die Contra gibt, ist natürlich ein politisches Problem, das man nicht in fünf Minuten abhandeln kann.

Wurde die Mitarbeit im ländlichen Gesundheitsbereich nach der Ermordung Tonio Pflaum aufgegeben?

Es war natürlich äußerst schwierig, für die Kollegen, die weiterarbeiten wollten, innerhalb kürzester Zeit neue Projekte zu finden. Ein weiteres Problem war, daß, wer früher im ländlichen Gesundheitsbereich gearbeitet hat, sich dort engagierte, nicht ohne weiteres in ein städtisches Hospital gehen wollte. Sie hatten auf dem Land eine sehr viel unmittelbarere Arbeit, Kontakt zur Bevölkerung. Dort wurde wirklich Unterstützung geleistet. Im Hospital ist das anders, wenn man beispielsweise merkt, daß der nicaraguanische Kollege einfach nicht kommt. Oder wie ist das in den Hospitälern wie Corinto, wo eigentlich nur drei Kubaner und wir arbeiten? Wo sind denn die 25 Ärzte aus Corinto? Die kommen nicht, denn es ist ihnen scheißegal, was im Hospital oder im Gesundheitszentrum los ist.

Ist es nicht eine zu kurze Zeit, zu meinen in nur zwei Jahren könnte man so etwas wie eine fundierte Ausbildung, eine gewisse Institutionalisierung erreichen, sodaß die Ausbildung eigenständig weitergeführt werden kann? Das gleiche gilt doch auch für den COIP-Bereich, wo erst seit 1 1/2 Jahren gearbeitet wird. Die gegenwärtige Zahl der Entwicklungshelfer wird sukzessive reduziert. Wie geht der DED – Nicaragua mit diesem Problem um? Setzt man Prioritäten, indem man sagt: Anhänger und Metallfabrik sind wichtiger als Ökologie? Oder wie wird das gemacht?

Nein, das ist sehr viel geschickter. Es kommen verschiedene Faktoren zusammen. Es wird festgelegt, daß wir 38 sein dürfen, in Zukunft werden wir weniger sein. Man kann jedoch die Arbeit hier nicht auf 38 Leute vor Ort planen. Das Projekt einer Kollegin in Matagalpa ist eingestellt worden, ihre Nachfolgerin, die schon hier war, kann nicht arbeiten, weil – und das ist das wesentliche – keine neuen Projekte gemacht werden dürfen. Das heißt: Es gibt sehr oft die Notwendigkeit, sehr gute Fachkräfte, wie diese Lehrkrankenschwester, nach bestimmten Ereignissen beim selben Träger umzusetzen, in diesem Falle dem Gesundheitsministerium. Aufgrund der Formulierung des Verwaltungsrates ist dies aber ein neues Projekt, und das dürfen wir nicht machen. Also müssen wir sie nach Hause schicken. So sind es schon mal zwei Entwicklungshelfer weniger, d.h. es fängt eine Erbsenzählerei an. Einige Kollegen, die weitermachen wollten, sind Familienväter geworden, haben Kinder gekriegt und wollen nach Hause. Andere wollen ihre Kinder in der BRD in die Schule bringen. Da kommen viele Faktoren zusammen, die dazu führen, daß wir uns bei der anstehenden Verwaltungsratssitzung am 15.7.85 wahrscheinlich nur bei zwei Stellen Gedanken machen müssen, welche Priorität wir setzen.

Nun ist es ja kein Argument, daß, wenn Leute aus persönlichen Gründen aufhören, auch ihre Stelle gestrichen wird. Die Bedeutung ihrer Arbeit ergibt sich aus anderen Gesichtspunkten und die Wiederbesetzung ihres Platzes könnte durchaus sinnvoll sein.

Auf jeden Fall, aber da sind wir nicht mehr so flexibel.

Gut: Sie sind nicht mehr so flexibel. Dies ist aber eine rein politische, keine sachlich/fachliche Entscheidung mehr. In Nicaragua gibt es doch nur deshalb soviele Entwicklungshelfer, weil eine Arbeit hier außerordentlich sinn-

voll ist. Es stellt sich die grundsätzliche Frage von entwicklungspolitischen Kriterien überhaupt.

Das ist klar. Jetzt dürfen wir nur zwei Dinge nicht vergessen. In der BRD hat sich in der Zwischenzeit in der Fragestellung, »was ist entwicklungspolitisch wichtig«, etwas getan. Da gibt es inzwischen eine Differenzierung, und das geht natürlich auch nicht ganz spurlos am DED vorbei. Es werden ganz neue Prioritäten gesetzt. Und da sagt so ein DED natürlich auch, wir hätten ganz gerne, daß bestimmte Projekte weitergefahren werden können. Wir wollten auf Grund des Vollversammlungsbeschlusses hier ganz gezielt in die Produktion im landwirtschaftlichen Bereich einsteigen, d.h. in Kooperativen mitarbeiten, mit Landwirtschaftsmechanikern zusammenarbeiten, weil das ein Riesendesaster ist, was ist diesem Bereich zur Zeit los ist. Für diese Maschinen muß ein Gefühl entwickelt werden. Ich habe immer gesagt, es ist ein außerordentlich komplizierter Sprung vom Ochsenkarren – wo man ja nur eine kleine Stange braucht mit einem Nagel, um den Ochsen am Ohr zu kratzen – auf einen Schlepper umzusteigen. Denn man hatte keine Eltern, die Mechaniker waren, man hat keine industrielle Revolution mitgemacht, man hat nicht Generationen von Erfahrungen hinter sich, die ein Gefühl für Technik haben, sondern man bekommt so ein Produkt aus einer hochindustrialisierten Welt einfach hingeklatscht. Damit muß man dann umgehen. In dem Bereich können wir die Zusammenarbeit nicht aufnehmen. Mit dem Landwirtschaftsministerium wollten wir ganz gezielt in der Kooperativenberatung zusammenarbeiten, in Zukunft ganz gezielt einsteigen. Wir haben das mal hochgerechnet, das wären 25 neue Plätze geworden.

Wie beurteilen Sie die politischen Entscheidungen, die in der Bundesrepublik gegen Nicaragua gefällt werden? Was ist ihre Meinung zum Vorgehen des BMZ gegen den DED?

Das BMZ schätzt gegenwärtig die politische Entwicklung in Nicaragua anders ein als die vorhergehende Bundesregierung, obwohl da auch schon einige Abstriche gemacht wurden. Am Beispiel El Salvador ist klar geworden, daß die Bundesregierung in Mittelamerika andere Akzente setzt.

Sie haben ja schon einmal als Entwicklungshelfer in Peru gearbeitet. Können Sie die Arbeit dort einmal mit der in Nicaragua vergleichen?

Ich habe hier in meiner fast zweijährigen Tätigkeit noch fast keine Korruption im Staat bemerkt. Es gibt hier niemanden, der sich das Geld einsteckt und abhaut, was in Peru gang und gäbe war. Ich muß dazu sagen, daß ich in der Zeit unter Velasco dort war, wo sich schon eine Menge getan hat, Stichwort Militärpopulismus. Aber hier gibt es wirklich – meines Erachtens – entwicklungspolitische Leitlinien im Rahmen der Erfüllung von Grundbedürfnissen, die für Lateinamerika beispielhaft sind. Wegen der Agression von außen und dem trotzdem bestehenden Willen, eine pluralistische Gesellschaft im Rahmen einer gemischten Ökonomie aufzubauen, gestaltet sich der Entwicklungsprozeß sehr kompliziert. Dies hat seine Aus- und Rückwirkungen auf den DED. Projektträger können nicht leisten und halten, was sie gesagt und versprochen haben. Da gibt es Ressourcen, die abgezogen werden, um oben an der Grenze was zu machen, um Ansiedlungen für Flüchtlinge zu bauen, um tausend Dinge zu machen, die wegen des Krieges notwendig geworden sind. Das war nicht vorhersehbar. Das Land steht unter enormen Druck. Was läuft denn weiter mit der ganzen Finanzierungspolitik aus den USA oder seitens des Internationalen Währungsfonds? Nicaragua wird außerordentlich kurz gehalten. Auf Grund dessen gibt es keine Möglichkeit, das Notwendige anzuschaffen oder im vorgesehenen Rahmen zu verwirklichen. Wenn man die ersten größeren Projekte mit Investitionen anlaufen läßt, dauert es mindestens drei bis vier Jahre bis sie sich selbst tragen können. Das wird hier 1985/86 sein.

Die Politik der Bundesregierung ist der Projektarbeit des DED vollkommen entgegengesetzt. Welchen Spielraum hat der DED unter diesen Bedingungen überhaupt noch?

Da kann ich nur von Nicaragua aus etwas sagen. Wir sind in der BRD nicht so in den Diskussionen drin, da müßte man mit den Leuten in Berlin reden. Ich sehe hier, daß wir finanziell gesehen bisher ziemlich gute Möglichkeiten hatten. Was sich sehr stark eingeengt hat, ist die Möglichkeit, mit Drittmitteln zu arbeiten, d.h. über die Welthungerhilfe und andere. Nur die Evangelische Kirche, also Brot für die Welt und die Evangelische Zentralstelle für Entwicklungspolitik sind noch wirkliche Partner. Die Welthungerhilfe hat sich selbst unheimlich eingeschränkt. Da gibt es auch sehr starke Reibungspunkte, denn wir setzen uns hin und machen monatelang Projekte, die auf die Welthungerhilfe ausgerichtet sind, dann hört man nichts mehr von ihnen. Die haben natürlich zum Zuwendungsgeber Bund ein spezifisches Verhältnis, d.h. sie werden nicht mehr so viele Nicaragua-Projekte machen wie vorher.

Der DED ist für die nicaraguanischen Partner nicht mehr derselbe wie vor zwei, drei Jahren. Sehen Sie hier als DED, als Einzelperson, die Möglichkeit etwas gegen die BMZ-Politik zu machen?

Ich habe hier ja auch eine Funktion. Die Kollegen werden Ihnen 1000 andere Dinge erklären können, was sie machen wollen, was sie sinnvoll finden. Ich kann mir ja vorstellen, wenn man hier arbeiten will, sein Projekt gut findet, aber der DED keine Möglichkeiten mehr bietet, daß man dann hierbleibt und einen nationalen Vertrag annimmt. Das machen eine ganze Menge Leute. Es ist vollkommen klar, daß eine entwicklungspolitische Ausrichtung des DED über die entwicklungspolitische Ausrichtung der Bundesregierung läuft – und die ist anders geworden. Das ist halt so, wie zur Zeit die Mehrheitsverhältnisse in der BRD sind, und das muß man irgendwann mal erkennen. Ich bin hierher gegangen, weil ich eine Menge machen wollte, habe mich auch speziell für Nicaragua beworben, wollte auch nur in dieses Land. Das heißt, ich kam mit einer ganz bestimmten Intention. Wenn ein wesentlicher Teil der Arbeit, wie inhaltlich an Projekten zu arbeiten, neue Projekte aufzutun, zu Kooperativen zu gehen, Gespräche zu führen, all die Sachen, die sehr motivierend wirken, einfach nicht mehr möglich sind, dann wird man zu einem reinen Verwalter. Das kann langfristig nicht Entwicklungspolitik ausmachen. Wir müssen vielleicht sagen: Es ist ein Übergangsstadium, okay.

Die Entwicklungshelfer vor Ort sind ja direkt mit diesem Widerspruch konfrontiert, werden bestimmt zum Teil auch als Vertreter der BRD-Politik gesehen. Muß sich der DEDler ausschließlich an diesen vorgegebenen Rahmenrichtlinien orientieren oder besteht nicht die Möglichkeit eine Art interne Opposition gegen die BMZ-Politik aufzubauen, die dann auch nach außen sichtbar wäre, und nicht so ohne weiteres übergangen werden könnte?

Dazu kann ich nichts sagen. Wir haben selbst gemerkt, daß die Kollegen hier Arbeitsverträge haben, die ihnen auch wichtig sind, weil sie Familie haben und so. Ich glaube, daß man das nicht überspannen darf. Ich glaube schon, daß sie erkennen, daß eine andere Programmpolitik sehr viel sinnvoller gewesen ist. Man konzentriert sich jetzt aber eher auf das Projekt. Das ist etwas, was man hat und womit man umgehen kann. Daß darüberhinaus natürlich tausend Sachen möglich gewesen wären, ist eine schöne Idee, aber zur Zeit nicht machbar. Wenn man das anders will, dann ist der DED auch nicht mehr die Institution hierfür. Dann mußt du halt sagen: Ich mache das jetzt auf eigene Kappe.
Ich hab selbst '68 mal geträumt 'Marsch durch die Institutionen', das kannst Du Dir doch aus dem Kopf blasen diese ganzen Geschichten. Ich glaube, es wird auch außen völlig falsch gesehen. Den DED-Nicaragua in einem Maß zu politisieren, wie es garnicht existent ist, das ist Quatsch. Ich denke da kommt auch eine Menge Wunschdenken von den Kollegen von außen mit

rein, was hier laufen müßte, auf Grund eines bestimmten Prozesses, einer Identifikation mit ihm. Es gibt einen großen Teil von Leuten, die meisten würde ich sagen, die einen kritischen Bezug zum Prozeß haben. Sie sind nicht alle Feuer und Flamme. Weshalb denn auch?
Die ersten Kollegen, die hier waren, die waren Feuer und Flamme, egal was da war. Aber hier, alltäglicher Ärger in den Betrieben, in den Kooperativen, das führt zu einer Ernüchterung, wenn zum Beispiel einer bestimmte basisdemokratische Ansätze hat und die hier innerhalb der Betriebe nicht wiederfindet, weil sie hierarchisch gegliedert sind. Die Entwicklungshelfer, die heute in Nicaragua arbeiten, unterscheiden sich in der Regel nicht von den Entwicklungshelfern des DED in Brasilien oder Peru.

In San Juan del Sur

»Wir haben uns bei den nicaraguanischen Behörden unglaubwürdig gemacht«

Das Gespräch wurde am 15. September 1984 mit Hanns Martin Kroll, Fachkoordinator für den 'Grünen Bereich' der DED Arbeit in Nicaragua, aufgezeichnet.
H.M. Kroll ist langjähriger Mitarbeiter des DED mit Projekterfahrung in Peru. Als Landmaschinentechniker und Agraringenieur lehrt er an der Universidad Centroamericana in Managua. Durch seine genaue Kenntnis über die Projektabwicklung und die Organisationsstruktur des DED, aber auch durch sein politisches Engagement, gibt dieses Interview in Zusammenhang mit dem vorhergehenden einen umfassenden Ein- und Überblick über die Probleme des Deutschen Entwicklungsdienstes in und mit Nicaragua.

Können Sie uns schildern wie normalerweise ein DED-Projekt in Nicaragua entsteht?

Normal ist es so, daß der Projektträger sich an den nationalen Wiederaufbau-Fonds/FIR wendet. Der FIR sucht dann nach seinem Ermessen diejenige Organisation aus, die ihm am geeignetsten erscheint, und leitet dann den Projektantrag weiter - zum Beispiel an den DED. Es ist aber in der Regel so gewesen, daß durch persönliche Kontakte und Beziehungen zum Länderbeauftragten oder zu mir, der Projektträger sich auch inofiziell an uns wandte und fragte, ob wir entsprechend qualifizierte Leute hätten. Wir weisen den Projektträger dann darauf hin, daß er den formalen Weg über den FIR einhalten muß, treten aber inoffiziell in Verbindung mit Berlin. Der nächste Schritt ist, daß dieser Projektantrag dem Mitbestimmungsausschuß vorgelegt wird. Der entscheidet nach seinem Ermessen, ob dieses Projekt aufgenommen werden soll oder nicht. Wenn es angenommen werden soll, was in 2/3 oder 3/4 der Fälle so ist, beginnt man damit, Leute zu suchen, die das weiter bearbeiten. In der Regel sind das 3 bis 4 Leute, die vom Fachlichen her geeignet sind und auch über eine gewisse Erfahrung im Gastland verfügen, um den Projektrahmen, die sozialen und wirtschaftlichen Rahmenbedingungen des Projektes abzustecken. Wenn es beispielsweise ein medizinisches Projekt ist, kümmert sich ein Arzt oder eine Krankenschwester darum. Der Beauftragte ist immer dabei. Wenn es um Projekte im 'Grünen Bereich' (Ökologie, Forst- und Landwirtschaft, d. Verf.) geht, bin ich dabei. Auf der darauffolgenden Mitarbeiterversammlung wird dann von diesem Team der Prüfungsbericht vorgelegt und endgültig darüber beschlossen. Mit dem Prüfungsbericht, mit der Arbeitsplatzbeschreibung, der Stellungnahme

des Beauftragten und der Fachkoordinatoren, geht dann dieses ganze Paket nach Berlin und wird dort im Regionalreferat Lateinamerika diskutiert. Nötigenfalls werden die entsprechenden Fachreferenten, die der DED dort hat, noch hinzugezogen. Bisher, bis zum 30. Januar 1984 ist es zumindest sehr oft so gewesen, daß sich Berlin der Empfehlung des Mitarbeiter-Ausschusses angeschlossen hat.
Von der Antragsstellung bis zur Bewilligung dauert es in der Regel ein Jahr. Es hängt auch davon ab, wie schnell ein geeigneter Bewerber gefunden werden kann. Die Bewerberlage hat sich für den DED allgemein verschlechtert. Das erscheint angesichts der hohen Arbeitslosenzahl in der BRD zunächst widersprüchlich. Die Leute haben aber einfach Angst, wenn sie nach zwei Jahren zurückkehren, daß sie dann keine Arbeit mehr finden, denn in der Bundesrepublik wird ein Auslandsaufenthalt nicht als Weiterbildung oder Vorteil gewertet. Die beruflichen Anforderungen an die Bewerber sind wesentlich höher geworden. Zum einen von seiten der Gastländer selber, die mittlerweile Leute mittlerer Ausbildung häufig selbst stellen können, also z.B. Kraftfahrzeugmechaniker, Landwirte mit niedrigem Ausbildungsniveau. Sie wollen Leute, die im Land ausbilden können. Zum anderen sind auch seitens des DED die Anforderungen erhöht worden. Der DED nimmt kaum noch Leute, die nicht mindestens 2-3 Jahre Berufserfahrung haben. Das schränkt natürlich zusammengenommen die Bewerbungsmöglichkeiten stark ein. So hat sich der Altersschnitt im DED erhöht. 1977 lag er bei 26 Jahren, heute bei 31 bis 32 Jahren. Es gehen jetzt auch wesentlich mehr Familien mit Kindern raus, was früher fast überhaupt nicht üblich war.

Könnten Sie uns etwas zu den Schwierigkeiten des DED-Nicaragua mit dem Bundesministerium für Wirtschaftliche Zusammenarbeit sagen?

Ein ganz schwieriger Punkt für uns ist, daß wir im Grunde keine autonome Projektplanung mehr machen können. Autonome Programmplanung war immer ein Grundprinzip der DED-Arbeit. Der DED bekommt zwar en bloc vom BMZ seinen Wirtschaftsplan gebilligt, wobei der finanzielle Rahmen vorgegeben wird, aber der DED setzt nach eigenem Ermessen die Schwerpunkte seiner Arbeit. Dies galt für Länder, aber auch für einzelne Programmbereiche in Partnerländern. Das können wir de facto in Nicaragua nicht mehr machen. Es ist uns mehrmals untersagt worden, neue Projekte zu schaffen. Darüberhinaus ist für uns absolut unklar, in welcher Weise zum Beispiel Projekte verlängert werden können.
Wir haben im Bereich der staatlichen Industriebetriebe/COIP Zusagen in Form von Absichtserklärungen gemacht, die unsere Mitarbeit für 4 bis 5 Jahre vorsahen. Die ersten Entwicklungshelfer haben im Februar '83 die

Arbeit aufgenommen. Sieben auf einen Schlag. Sie haben also im Febuar '85 Vertragsende, und es ist absolut unklar, ob da verlängert werden kann. Das heißt, wir haben uns durch den Eingriff des BMZ bei den nicaraguanischen Behörden unglaubwürdig gemacht. Für das BMZ zählen nur, das haben die uns auch so gesagt, justitiable Verpflichtungen. Das heißt, Verpflichtungen, die schriftlich nachgewiesen werden können. Das BMZ gab uns zu verstehen, daß Verpflichtungen gegenüber dem FIR, der ja Dreh- und Angelpunkt unserer Mitarbeit hier ist, nicht anerkannt würden, sondern nur direkte Zusagen an Projektträger.
An den Vertragsverpflichtungen gegenüber den Entwicklungshelfern kann das BMZ nichts machen. Das würde eine ganze Kette von arbeitsrechtlichen Verfahren mit sich bringen. Aber der Entwicklungshelfer hat keinen automatischen Anspruch auf Verlängerung, auch nicht wenn es vom Projektträger oder vom DED gewünscht wird. Seit der FIR die Koordination der ganzen technischen und finanziellen Hilfe 1981 übernommen hat, gibt es auch keine direkten Abmachungen mehr mit Projektträgern. Das, was dem FIR zugesagt wurde, wird vom BMZ einfach nicht anerkannt.

Wie wird das denn begründet?

Diese Verpflichtungen bestehen, wenn man so will, nur auf moralisch-politischer Ebene. Es existieren keine Unterlagen, mit denen man vor Gericht ziehen könnte. Das sind Sachen, die in allen anderen DED-Ländern so gehandhabt werden. Der DED wird sich nicht schriftlich verpflichten, dazu ist man zu vorsichtig. Es ist im internationalen Rahmen auch nicht üblich, daß solche Verträge gemacht werden. Üblich ist – und das ist so etwas wie Gewohnheitsrecht –, daß der DED sagt: »OK, wir arbeiten so und so lange mit.« Üblich ist es, daß die Projektpartner auf der Grundlage solcher Absichtserklärungen planen. Das ist in Nicaragua fortan nicht mehr möglich.
Diese Planung der eigenen Mitarbeit, die zum großen Teil von den Entwicklungshelferinnen und Entwicklungshelfern vor Ort geleistet wird, ist das, was inhaltlich auch den Wert der DED-Mitarbeit ausmacht. Du kannst nicht in Berlin Mitarbeit planen. Du kannst so etwas nur vor Ort planen, indem du genau beobachtest wie sich die Projektpartner entwickeln, welche Interessen dahinterstehen usw. Uns sind aber sämtliche Mittel der Programmgestaltung genommen worden.

Heißt das, daß, wenn die letzten Verträge auslaufen, der DED seine Mitarbeit in Nicaragua einstellt?

Nein, ich glaube nicht, daß dies im Interesse der Bundesregierung liegt. Es

gibt ja bekannterweise ein Machtgerangel zwischen der CSU und der FDP. Strauß ist mit seinen Vorstellungen der Politik gegenüber Südafrika nicht durchgekommen. Im Gegenzug hat dann sein Ersatz-Außenminister Warnke gesagt: Dann verlangen wir, daß in Nicaragua ein bißchen kürzer getreten wird. Dies ist natürlich nicht zu beweisen, aber es spricht Vieles dafür. Aus den Gesprächen, die wir mit Vertretern der verschiedenen Parteien führten, lassen sich solche Interpretationen ableiten. Für die politischen Entscheidungen waren auch die Wahlen nicht der entscheidende Faktor.
Ein Beispiel: schon einen Tag nachdem die Coordinadora ihre Wahlabsage bekanntgegeben hatte, stand in der Prensa ein Kommentar des Mitglieds des Bundestages Lamers, Leiter des entwicklungspolitischen Arbeitskreises der CDU und Mitglied des Ausschusses für Wirtschaftliche Zusammenarbeit, das könnten keine demokratischen Wahlen sein. Die Politik der Bundesregierung richtet sich nach dem aus, was in den USA läuft. Kissinger war im Januar '84 fünf Tage in der Bundesrepublik. Es ist meiner Meinung nach kein Zufall, daß zwei Wochen nach diesem Besuch, wo Kissinger explizit die Verringerung der Entwicklungshilfe der Bundesrepublik in Nicaragua gefordert hat, die Kürzungen auf den DED zukommen.

Es läuft also nicht auf eine Einstellung der Entwicklungshilfe, sondern auf eine starke Reduzierung hinaus?

Genau das wird es sein. Nach dem Motto 'Fuß in der Tür'. Es kann nicht im Interesse der aufgeklärten Teile der CDU sein, in Nicaragua die Tür zuzuschlagen. Der DED hat für 1985 ein Finanzvolumen von rund 75 Millionen DM. Vorher waren es 2 Mio. weniger. Der DED soll also nicht abgewürgt werden. Nach meiner Meinung ist der DED allgemein gern gesehen, weil der psychologische Boden auch für deutsche Investitionen bereitet wird. Dazu bin ich aufgrund meiner Arbeit und vieler Diskussionen gekommen. Wenn zum Beispiel eine Maschine oder Werkzeug gekauft wird, wird dieses natürlich in der BRD gekauft, denn die Sachen gibt es hier nicht und in den USA sind sie teilweise doppelt so teuer. Das ist in gewisser Weise schon Wirtschaftshilfe. Wenn die deutschen Maschinen dann erstmal hier sind, werden auch später deutsche Maschinen gekauft werden, weil die Leute gelernt haben mit diesen umzugehen. Unter anderem deshalb wird der DED insgesamt auch kontinuierlich ausgebaut.

Also gut Ausbau, – aber dann nicht in Ländern wie Nicaragua?

Es gibt eine Art interner Arbeitsteilung zwischen den USA und der Bundesrepublik. Eine Arbeitsteilung, nach der sich die BRD auf Afrika konzentriert und Lateinamerika Hinterhof der USA ist. Da mischt man sich nicht in die Angelegenheiten des anderen ein. Auf Wunsch des BMZ ist ja auch die DED-Mitarbeit in Mali, das eine Rechtsdiktatur hat, aufgenommen worden. Der DED war zwar dagegen, trotzdem wurde das durchgeboxt. In Zimbabwe hat der DED noch gute Mitarbeitmöglichkeiten, man muß aber abwarten, wie sich das entwickelt. Es paßt nicht ins Bild, wenn in Nicaragua 40 DEDler arbeiten, während in Peru – das viel größer ist und mehr Einwohner hat – nur noch 12 Entwicklungshelfer tätig sind, in Bolivien 13 oder 14, in ganz Brasilien 45. Da geht es in der Diskussion nur um Zahlen, nicht um Inhalte. Ich habe zum Beispiel in Peru gearbeitet. Dort gibt es einfach keine Projektträger. Alle staatlichen Träger, mit denen der DED nach der sogenannten Revolution von 1968 zusammengearbeitet hat, sind kaputt. Das Kooperativensystem, Berufsausbildung, alles nicht mehr existent. Ich weiß durch informelle Mitteilungen, daß der neue Beauftragte in Peru den Auftrag bekommen hat, koste es was es wolle, die Zahl der Entwicklungshelfer zu erhöhen, also Projekte aus dem Boden zu stampfen.

Wie sinnvoll sind Projekte in Nicaragua im Vergleich zu anderen Ländern?

Der DED arbeitet in Nicaragua, im Gegensatz zu den meisten anderen Ländern, direkt mit staatlichen Trägern zusammen. In Brasilien wäre das undenkbar. Da sagen die Entwicklungshelfer, es sei nicht zu vertreten, mit staatlichen Organisationen zusammenzuarbeiten. Hier sagen wir: Die staatlichen Organisationen sind Träger einer fortschrittlichen, auf die Interessen der Bevölkerungsmehrheit ausgerichteten Politik. Also arbeiten wir auch mit ihnen zusammen. Vor genau einem Jahr waren der Geschäftsführer und der Chef des Verwaltungsrates des DED hier. Sie zeigten sich sehr interessiert und beeindruckt von der Qualität der Mitarbeit. Dies schlug sich in einer gemeinsamen Erklärung mit dem FIR nieder, in der die einmalig gute Zusammenarbeit mit den staatlichen Trägern festgehalten wude.

Welchen Parteien gehören die beiden an?

Sahlmann, der Geschäftsführer, ist von der SPD und Conring von der CDU (mittlerweile sind beide Posten neu besetzt worden, siehe DED Vorspann, d. Verf.). Beide erklärten: Hier wollen wir auch auf einem zahlenmäßig relativ hohen Niveau weiterarbeiten. Bei der Erörterung des Wirtschaftsplans im September '83 hatte man noch gesagt: Wir nehmen unsere Mitarbeit für 1983/84 in einer Größenordnung von 43 bis 45 Entwicklungshelfern auf. Das ist im Schnitt doppelt so viel wie in anderen lateinamerikanischen Ländern, wir machen das aber wegen der qualitativ guten Möglichkeiten hier.

Dann wurde zusammengestrichen, was auch für mich persönlich bedauerlich ist, weil ich im letzten Jahr mit dem Auftrag hierhergekommen bin, die Möglichkeiten einer Mitarbeit des DED im landwirtschaftlichen, produktiven Bereich zu erkunden und vorzubereiten. Das ist natürlich vorbei.
Während man in anderen Ländern von staatlicher Seite in der Zusammenarbeit mit den marginalisierten und benachteiligten Bevölkerungsgruppen nahezu behindert wird, weil es nicht im Interesse der Regierung liegt, ist es hier genau umgekehrt. Ich selber war und bin auch noch beeindruckt, mit welchem Engagement – trotz aller Schwierigkeiten – die Leute hier mitarbeiten.
Es wird zwar immer gesagt – zum Teil auch berechtigt –, das INRA (die Agrarreformbehörde) sei ein unheimlich bürokratischer Apparat, ebenso das Erziehungsministerium. Teilweise ist das ein Sumpf. Das liegt aber auch daran, daß nicht alle Leute aus der Somoza-Zeit ausgewechselt wurden. Nur die oberen Leute, die sich wirklich persönlich bereichert hatten oder direkt Zuträger des Somoza-Regimes waren, wurden entlassen. Die Leute auf der mittleren und unteren Ebene blieben, weil sonst ein großer Mangel an Fachkräften entstanden wäre. Das wissen die Sandinisten auch, daß hier viel gebremst wird – Stichwort 'Frente Interna' (Innere Front). Da wird ein wenig sabotiert nach dem Motto: Das lassen wir noch mal ne Woche liegen, usw. Davon abgesehen gibt es innerhalb dieses Apparates eine ganze Reihe von Leuten, die eine soziale Verpflichtung empfinden. Die Zusammenarbeit mit diesen Leuten macht auch wirklich Spaß. Ich verstehe meine Funktion hier auch nicht so, daß ich Sachen bejubele, die eigentlich zu kritisieren sind. Es gibt natürlich Haken und Ösen in der täglichen Zusammenarbeit. Die Tendenz der politisch Verantwortlichen in diesem Land geht aber wirklich dahin, zu versuchen, die Lebensbedingungen der bisher Vernachlässigten zu verbessern. Das ist eindeutig und deshalb fällt es mir auch relativ leicht über Konflikte hinwegzusehen. Muster- und Idealprojekte, die gibt es nirgendwo. Was Du weißt, wenn Du hier mitarbeitest, ist, daß der Nutzen Deiner Arbeit den sogenannten Zielgruppen – wie es immer so schön heißt – zugute kommt. Eindeutig ist auch, daß dieses Beispiel Nicaragua, aus der Sicht der USA keine Schule machen darf.

Sie haben, gerade von hier aus ja versucht, öffentlich zu machen, was die 'Wendepolitik' inhaltlich bedeutet und wie der Druck auf den DED ausgeübt wurde. Was wurde da im Einzelnen gemacht, und was sehen Sie noch an Möglichkeiten?

In den Arbeitsverträgen der Entwicklungshelfer steht, daß sie sich nur unter Einhaltung des Dienstweges an die Öffentlichkeit wenden dürfen, wenn sie

für den DED oder als Entwicklungshelfer des DED sprechen. Wenn man irgendetwas an die Presse gibt oder sonst was veröffentlicht, muß man das über den Beauftragten und über die Geschäftsleitung bewilligen lassen. Die entscheiden dann, ob und in welcher Form etwas veröffentlicht wird.
Wir haben uns nicht daran gehalten. Wir sind, nachdem dieser Beschluß über die drastische Verringerung der Arbeit im Januar '84 herauskam, direkt an die Öffentlichkeit gegangen. Zunächst an die DED-interne Öffentlichkeit. Wir haben sämtlichen Entwicklungshelfern des DED ein kurzes Schreiben geschickt, in dem die ganze Entwicklung und unsere Haltung dazu dargestellt wurde.
Darüberhinaus haben wir uns auch direkt an die Presse gewandt. Wir haben an die einzelnen Redaktionen geschrieben: Frankfurter Rundschau, Stuttgarter Zeitung usw. Das hatte dann auch die größte Öffentlichkeitswirksamkeit, das ging bis zum Schwarzwälder Boten.
Vielleicht auch als Folge dieser Aktivitäten hat das BMZ erstmal einen Rückzieher gemacht und 38 Entwicklungshelfer/innen als Obergrenze bis Januar '85 festgesetzt. Für Juli '85 wird die Planzahl von 30 vorgegeben. Wichtig ist, das sollte man sich immer vor Augen halten, daß dabei nie inhaltlich diskutiert wurde. Es ging immer nur um Zahlen. Es ist zu erwarten, daß das BMZ eine Reduzierung auf 25 oder 20 Mitarbeiter durchzusetzen versuchen wird.
Jedes Jahr muß eine Landesprogrammplanung gemacht werden. Das sieht so aus, daß zunächst ein Abriß über die allgemeine politische, wirtschaftliche Entwicklung des letzten Jahres gegeben wird, dazu eine Bestandsaufnahme. Wieviele Entwicklungshelfer sind im Land? Ferner eine Planung, wie es in den einzelnen Projekten weiterlaufen kann. Als der Beauftragte und ich aufgefordert wurden, eine solche Landesprogrammplanung zu machen, haben wir uns seinerzeit geweigert. Wir stellten uns auf den Standpunkt, so etwas überhaupt nicht machen zu können, da an ganz anderer Stelle geplant wird. Daraufhin sind wir per Dienstanweisung dazu verdonnert worden, die Planung zu machen. Es ist wirklich zum Kotzen. Die Nicaraguaner reißen sich ein Bein aus, um die Kooperativen zum Laufen zu bringen. Die Politik hier wird eindeutig vom Volk getragen. Welche andere Regierung Lateinamerikas könnte es sich leisten, das Volk zu bewaffnen? Die müßten doch alle Angst haben, am nächsten Tag gestürzt zu werden. Welches andere Land könnte es sich aufgrund der schwierigen wirtschaftlichen und politischen Lage leisten, die Bevölkerung in Mangel leben zu lassen? Es gibt Mangel hier. Das ist offenkundig. Lebensmittel müssen importiert werden usw.

Bei Ihnen merkt man die Empörung über die Regierung in Bonn, die versucht, die exemplarische Arbeit hier kaputtzumachen. Wie sehen Sie die wei-

teren Möglichkeiten zur Herstellung von Öffentlichkeit über diesen entwicklungspolitischen Skandal? Welche Aktionsformen können Sie sich da vorstellen?

Ich will nochmal erklären, woher meine Wut kommt. Dieser offensichtliche Zynismus, dieser Sarkasmus, wenn gesagt wird: Wir wollen den armen Ländern helfen. Das ist Quatsch! Was da abläuft, ist Machtpolitik. Mich ärgert es unheimlich, wenn dann so ein Bundesminister für Wirtschaftliche Zusammenarbeit die ganzen Medien hat, um seinen Schmus zu verbreiten, und er im selben Moment einen Beschluß unterschreibt, wo die wirklich gute und effektive Zusammenarbeit mit einem Land wie Nicaragua einfach mit einem Federstrich kaputt gemacht wird. Das ist ein eklatanter Widerspruch. Das Problem ist, daß das vielen Leuten nicht klar ist. Eine andere Sache ist die Abhaltung der alternativen Regionalkonferenz in Managua. Die Geschäftsleitung des DED nahm seit Beginn der Auseinandersetzungen mit dem BMZ die Position ein, daß eine bestimmte Politik einfach nicht mehr durchsetzbar sei. Die Geschäftsleitung griff von sich aus immer BMZ-Entscheidungen vor und sagte: Lieber nicht, Vorsicht und leisetreten. Das geht bis zur Selbstverleugnung. Wir müssen davon ausgehen, daß die Teilnahme der Beauftragten an der Regionalkonferenz in Managua sehr fragwürdig geworden ist, weil das per Dienstanweisung untersagt wurde. Eine Dienstanweisung zu unterlaufen, muß man sich schon überlegen, weil dies die sofortige Kündigung nach sich ziehen kann. Die Vollversammlung des DED Nicaragua, die vom 7. – 9. September '84 stattgefunden hat, hat sich ganz eindeutig, bei vier Enthaltungen, für die Durchführung der Regionalkonferenz in Managua ausgesprochen. Jetzt ist die Auseinandersetzung soweit gediehen: Die Beauftragten und Delegierten müssen für diese Konferenz in Managua, die eine Woche vor den Wahlen stattfindet, Urlaub nehmen, da sie nicht genehmigt ist. Das ist uns aber egal, weil wir damit demonstrieren wollen, was uns die Arbeit hiert wert ist. Der Sahlmann hat den Beauftragten schon jetzt mitgeteilt, daß er die Urlaubsanträge der Beauftragten nicht bewilligen wird. An die Urlaubsanträge der Entwicklungshelfer, die von den Beauftragten genehmigt werden müssen, sollen besonders strenge Maßstäbe angelegt werden. Das heißt also: Es wird voll geblockt, es eskaliert zum Kräftemessen.

»Der größte Feind ist die Unerfahrenheit«

Nach dem 19. Juli 1979 wurden von der neuen sandinistischen Führung etwa 120 Industriebetriebe des Somoza-Clans konfisziert und dem Bereich des Volkseigentums (APP, Area de Propiedad del Pueblo) unterstellt. 1980 gingen die APP-Betriebe in eine neue Holding-Gesellschaft, die 'Cooperación Industrial del Pueblo/COIP', über. Die COIP versteht sich als für den industriellen Sektor verantwortliche Exekutivbehörde des Industrieministeriums. Wichtigste Funktion der COIP ist die Durchsetzung der vom Planungsministerium erarbeiteten Ein-Jahres-Programme im Industriesektor.
Für den Deutschen Entwicklungsdienst bedeutet die Zusammenarbeit mit der COIP Neuland. Wir führten ein Gespräch mit zwei DED-Mitarbeitern bei der Plastikfirma ENIPLAS/Empresa Nicaragüense de Plástico.

Was ist ENIPLAS für ein Betrieb und welches sind Ihre Aufgaben?

ENIPLAS besteht aus verschiedenen kleineren Filialen, die Plastikverarbeitung betreiben, die Produkte herstellen wie Röhren für Wasser, Abwasser, Gefäße zum Abfülllen von Öl, Chemikalien, Lebensmitteln, auch Sachen des täglichen Gebrauchs wie Teller und Krüge. In den vier ENIPLAS-Werken arbeiten ca. 150 bis 200 Leute. Dazu kommen nochmals die Angestellten. Wir sind hier der größte Betrieb von ENIPLAS. In drei Schichten werden hier rund 100 Leute beschäftigt.
Entstanden sind diese Betriebe in den 60er Jahren, als der Zentralamerikanische Gemeinsame Markt /MCCA sich entwickelte und ein entsprechend großer Markt geschaffen wurde, um die Plastikprodukte absetzen zu können. Aufgebaut wurde dieser Industriezweig mit US-amerikanischen, auch deutschen Maschinen, die zum Teil neu, zum Teil gebraucht waren. Die Rohstoffe kamen aus den USA, das heißt es ist eine Industrie entstanden, die von ihrer Konstruktion her abhängig von den Industrieländern, insbesondere jedoch von den USA, war. Nach den Enteignungen ist im Rahmen der Konzentration geplant – bis heute jedoch erst schrittweise realisiert –, diese verschiedenen Firmen zu einer, nämlich ENIPLAS, zusammenzufassen. Noch sind es vier, wobei sie auf zwei Betriebe konzentriert werden sollen und zwar mit den Schwerpunkten Rohrproduktion und einer anderen Produktionslinie mit Artikeln wie Flaschen und Behältern sowie Haushaltsartikeln. Neben ENIPLAS gibt es noch ein privates, plastikverarbeitendes Unternehmen. Vergleicht man den staatlichen mit dem privaten Bereich, so muß man feststellen, daß der erste zwar größer, der zweite aber effizienter

ist. Das liegt daran, daß die privaten Unternehmen ihre alte Kontinuität und Struktur haben. Keiner ist dort weggegangen, sie haben noch ihre alten Leute. Hier ist es halt so, daß es sich um vier Firmen handelt, wo die Besitzer weg sind. Es sind neue Direktoren gekommen, vieles wurde umstrukturiert. Das Problem ist, daß viele Leute das Land verlassen haben und daß man ein großes know how braucht, um diese Maschinen zu warten und zu bedienen, besonders was die Reparatur und Einstellung der Gußformen angeht. Früher gab es Spezialisten, Fachkräfte aus Spanien zum Beispiel, die für teures Geld für den Unternehmer gearbeitet und sich nach der Revolution zurückgezogen haben. Von den technischen Kadern sind, bis auf einen Ingenieur, alle weg. Die Leute, die noch hier sind, sind vor allem Empiriker, also ohne fundierte Berufsausbildung. Wenn es an die komplizierten Geschichten geht, haben sie Schwierigkeiten.

Unsere Arbeit war daher so konzipiert, die Maschinen, die in einem schlechten Zustand waren oder die stillstanden, weil man sie nicht wieder in Gang gebracht hatte, wieder zum Laufen zu bringen und eine Reparaturmannschaft auszubilden. Zum anderen ist es unsere Aufgabe, über eine gewisse Ausbildung die Leute im Betrieb in die Lage zu versetzen, die Formen und Werkzeuge besser zu warten und, wenn möglich, auch neue Formen zu entwickeln. Ziel dabei ist es, Produkte herzustellen, die man noch importieren muß.

Für die Wirtschaft Nicaraguas hat die Plastikindustrie eine große Bedeutung, denn es gibt keine Stahl-, Glas-, Porzellan- oder Aluminiumindustrie. All diese Artikel werden aus Plastik hergestellt, was man daran sieht, daß man Getränke nicht in Flaschen sondern in Plastikbeuteln bekommt.

Aufgrund der entwickelten Technologie ist die Abhängigkeit nach wie vor unwahrscheinlich stark. Der Rohstoff wird eingeführt: Polytylen, Polyprotylen, Polystyrol. Das PVC wird nur als Rohmaterial eingeführt und dann hier hergestellt. All das bedeutet, daß wir von der Rohstoffseite her in einer totalen Abhängigkeit stecken.

Zum anderen die Maschinen: Man versucht, so gut wie möglich Maschinen und Werkzeuge zu reparieren, ohne auf Importe aus dem Ausland angewiesen zu sein. Doch auch das hat seine Grenzen, weil wir alle Ersatzteile, die etwas komplizierter sind, importieren müssen. Was die Reparaturen angeht, sind uns klare Grenzen gesetzt; sie können natürlich nicht die Qualität eines Originalersatzteils haben. Bedingt ist diese mißliche Lage durch die Devisenknappheit des Landes, die jeden Tag stärker wird. Für 50 000 Dollar war die Anschaffung von Ersatzteilen geplant. Doch aufgrund fehlender Kredite und gestrichener Zusagen kann man das vergessen. Ganz einfaches Beispiel: Die Schläuche für die Zentralschmierung einer Maschine gibt es nicht.

Welches ist jetzt genau Eure Funktion bei ENIPLAS?

Unsere Funktion ist es, die Leute so gut wie möglich auszubilden, damit sie mit den beschränkten Mitteln, die wir haben, in der Werkstatt die Formen gut reparieren können. Sie so auszubilden, daß sie die Funktionen der Maschine, Elektrik, Mechanik, Hydraulik besser verstehen und auch entsprechend reparieren können. Sie sollen in diesem Sinne auch selbstständiger werden.

Der DEDler als eine Art Hans Dampf in allen Gassen?

Es gibt keine Spezialisierung, man muß sich um sehr viele Sachen kümmern. Man kann sich nicht auf eine Sache konzentrieren, weil man sich um viele Kleinigkeiten selbst kümmern muß. Ich mußte mich da reinknien, weil in der Administration diesbezüglich eine gewisse Trägheit, aber auch Unerfahrenheit, da war. Der größte Gegner ist hier die Unerfahrenheit, das 'Nicht-Wissen'. Nicht nur in der Werkstatt, sondern auch in der Verwaltung. Es geht z. B. viel schneller, wenn ich irgendwas selbst besorge, als wenn ich es über den Verwaltungsweg laufen lasse.

Du bist Werkzeugmacher, Dein Kollege ist Verfahrensingenieur. Wie teilt Ihr Euch die Arbeit auf?

Für die Werkstatt wurde jemand gesucht, der konkretere Erfahrungen im Werkzeugbau hat als ich – auch praktische, handwerkliche Fähigkeiten. Aber es war schwierig, jemand zu finden. Jetzt habe ich aber festgestellt, daß die handwerklichen Fähigkeiten durchaus vorhanden sind. Die Nicaraguaner können mit den Maschinen umgehen. Woran es letztlich fehlt, ist die Genauigkeit, die Exaktheit, aber auch die Fähigkeit Sachen umzusetzen. Das bedingt, daß man erstmal Konstruktionen macht, Vorlagen erarbeitet, dann versucht mit den Leuten zu reden, wie sie diese Teile herstellen könnten. Wir wollen versuchen, daß sie in diesen Denkprozeß hineinkommen, über ein Einzelteil hinausdenken und so dann Sachen in der Gesamtheit herstellen können.

Ein Beispiel dafür ist auch die Produktion von Shampoo-Flaschen, die weiterproduziert werden, obwohl der Deckel nicht paßt oder am Boden der Flasche ein kleines Loch ist. Eure Arbeit besteht also auch in einer Art Qualitätskontrolle?

Das sind so Sachen. Flaschen und Behälter sind so wenige auf dem Markt, daß praktisch alles verkauft werden kann, daß keine Qualität mehr gebracht werden muß. Leider Gottes ist der Druck der Verbraucher viel zu gering, als daß er sich auf die Qualität auswirken würde. Die Nachfrage ist viel größer als das Angebot und eine allgemeine Überzeugung, daß bessere Qualität doch angemessen wäre, ist zu abstrakt. Man muß aber auch bedenken, daß sie hier mit sehr alten Maschinen arbeiten, die bei uns in der BRD schon lange nicht mehr eingesetzt werden. Es gibt ganz wenig Kunststoffverarbeiter, die heute noch mit diesen Kolbenmaschinen arbeiten. Eine Schneckenplastifizierung ließe natürlich ganz andere Qualitäten und Genauigkeiten zu. Man kann zwar mit diesen Maschinen arbeiten, aber man muß dann versuchen, sie wieder entsprechend in Gang zu setzen: Die Zentralschmierung oder die Lager neu putzen, neue Buchsen reinmachen, die Temperaturführung wieder exakt hinkriegen. Prinzipiell lassen die Maschinen von vornherein nur eine bestimmte Qualität zu. Die alten Maschinen beherrschen die Leute hier, aber die neueren, die auch ein wesentlich fundierteres Wissen über die Kunststoffverarbeitung voraussetzen, sind problematischer. An Maschinen mit kleineren Wegen und höheren Kräften kann man sehr viel sehr schnell kaputt machen. Das setzt ein Feingefühl und ein Verstehen der Maschinenfunktion voraus.

Aber das Wartungs- und Bedienungsproblem besteht doch auch an den alten Maschinen. Du nanntest mir doch das Beispiel, wo sie in einer ENIPLAS-Filiale eine Maschine geölt statt geschmiert hatten.

Unter den Empirikern haben sich über die Jahre bestimmte Gebräuche festgesetzt. Aber sie wenden auch Sachen an, die sie irgendwann mal irgendwo gehört haben. Da kommt es vor, daß sie mit einem Zeug schmieren, das absolut nicht geeignet ist, oder sie schmieren immer nur da, wo sie etwas sehen, wodurch die ganzen unsichtbaren Buchsen und Führungen verschlissen werden. Die Arbeiter haben auch nicht die Fähigkeit, sich in eine Maschine hineinzudenken. Wenn man eine gewisse technische Ausbildung hat, eine Anleitung in den Händen hält, kann man sich in die Funktionsweise hineinversetzen. Wenn man was von Elektrik versteht, kann man sich in einen Schaltplan hineinlesen, aber wenn das fehlt, wird es schwierig, dann macht man zwangsläufig viel Bockmist.

Du hast erzählt, Du würdest jetzt dazu übergehen, firmenübergreifende Hydraulikkurse zu machen. Gehört dies zu Deinem Aufgabenbereich oder ist das ein darüber hinausgehendes Engagement.

Das ist so eine Idee von mir. Da die Hydraulik immer mehr an Bedeutung

gewinnt, besonders an den modernen Spritzgußmaschinen, habe ich mir überlegt, die Leute ein bißchen mehr auszubilden. Dieses Jahr habe ich den Hydraulikkurs angeboten, und damit das Ganze effizienter ist, einen Kurs für alle Firmen angeboten, die ähnliche Maschinen haben wie wir. Der Antrag hängt jetzt gerade im Ministerium, und die entsprechenden Firmen suchen die entsprechenden Leute aus. Ich habe noch kein konkretes Ergebnis, aber wenn die Leute den Kurs – er wird zwei Monate dauern – absolviert haben, dann wissen sie bestimmt eine Menge von Hydraulik.
Das Ganze ist so eine Art innerbetriebliche Aus- und Fortbildung. Der Bedarf daran ist verdammt groß. Kaum habe ich angekündigt, daß ich so was machen werde, rennen sie einem dauernd die Bude ein und fragen, wann es endlich losgeht. Das kann verschiedene Gründe haben. Einmal, daß sie generell mehr wissen wollen, hier aber keiner ist, der das leisten könnte. Zum anderen auch, weil sie vielleicht die Hoffnung haben, in der Hierarchie ein bißchen höher zu kommen. Die Begeisterung ist jedenfalls da, der Bedarf auch recht groß.

Ist daran gedacht, daß diese Kurse, wie Ihr sie anbietet, in einer Art Multiplikatoreffekt von den Teilnehmern weitergetragen werden? Daß Ihr Ausbilder heranbildet?

Man kann Unterlagen erarbeiten, die für weitere Kurse zur Verfügung stehen. Zum anderen werden die Kenntnisse auch im Betrieb weitervermittelt. Das war in meiner eigenen Ausbildung nicht anders. Ich habe viel beim Abschauen von den anderen Gesellen gelernt, weniger vom Meister oder den Unterlagen. Bleibt zu hoffen, daß die Leute auch längere Zeit bleiben.

Das ist ja genau das Problem der gemischten Wirtschaft. Die unterschiedliche Bezahlung läßt viele in besser bezahlte Jobs in der Privatwirtschaft abwandern. Es bleiben nur die politisch Bewußten.

Ja, das kann man grob so stehen lassen. Generell ist aber das Interessse der Leute, etwas zu lernen, ziemlich groß. Unter Somoza gab es keine entsprechenden Angebote, es hat sich auch niemand dafür interessiert. Der Staat hatte kein Interesse an einer Berufsausbildung. Was sollten die Arbeiter auch zuviel wissen? Heute ist es dagegen so, daß einer von seinen Kollegen schräg angeschaut wird, wenn er sich nicht weiterbildet. Klar, das Niveau ist niedriger als bei uns, aber das ist ein Anfang. Neben ihrer Arbeit bilden sich viele weiter, was ich faszinierend finde. Durch die Revolution sind die Leute aufgewacht.

Könnt Ihr Eure DED-Verträge für Nicaragua verlängern?

Die DED-Mitarbeit ist hier Teil des Engagements innerhalb des gesamten COIP-Bereiches mit insgesamt 7 Entwicklungshelfern. Etliche Stellen sind schon aufgrund fehlender Nachfolger gestorben. Wenn ich verlängern wollte, hätte ich Schwierigkeiten, da unabhängig vom Projekt die Zusammenarbeit aus rein politischen Gründen eingeschränkt wird. In der BRD interessiert sich doch niemand dafür, ob die Projekte sinnvoll sind oder nicht.

Was wäre denn die Konsequenz, wenn es keine Verlängerungen gäbe?

Die Leute müßten sich dann auf das Niveau zurückziehen, das sie mit ihrem empirischen Wissen halten können. Die Chancen, etwas besser zu machen oder etwas neu anzufangen, sind dann aber verloren. Das, was wir hier machen sollen, ist nicht in ein oder zwei Jahren zu bewerkstelligen. Dazu braucht man länger, begleitende Maßnahmen über Jahre müßten ins Auge gefaßt werden. Es gibt hier Leute, die zumindest theoretisch Ahnung, auch in der Herstellung von Werkzeugen haben, die aber auch selbst zugeben, daß es ihnen erheblich an Praxis fehlt. Die Theorie können sie zwar vermitteln, nicht jedoch die Praxis, weil sie mangels Werkstätten in den Schulen keine praktischen Erfahrungen sammeln können. Hinzu kommt, daß Material fehlt, daß man auch kein Material für Übungsstücke vergeuden kann. Die praktische Erfahrung wird erst am Arbeitsplatz gewonnen. Das ist ein Prozeß, der über drei, vier Jahre geht und erst, wenn man eine gewisse Anzahl von Werkzeugen gebaut hat, kriegt man ein Gefühl dafür, worauf es ankommt. Das gleiche gilt für die Maschinen. Erst das bewußte Arbeiten an ihnen ermöglicht ihre Handhabung.

In der Bundesrepublik gibt es ja von regierungsoffizieller Seite eine Verleumdungskampagne gegenüber Nicaragua. Wie beurteilt Ihr diese Kampagne?

Wir bekommen hier nicht so viel aus der BRD mit. Ich weiß nur eins: Wenn die BRD von einer entsprechend großen Armee angegriffen würde, wie jetzt Nicaragua von den Contras, dann wäre die BRD der absolute Militärstaat, wo nicht ein Minimum an Rechten bestehen würde. Das kenne ich aus der Tradition der BRD. Ein Land, das angesichts einer derartigen Bedrohung aus dem Ausland demokratische Wahlen durchführt, das wäre in der BRD undenkbar, die wegen 50 Baader-Meinhof-Leuten Gesetze ändert und die Polizei aufrüstet. In dieser Situation auf ein kleines Land zu zeigen, das von 10 – 15 000 Söldnern angegriffen, blockiert und vermint wird und einer Wirtschaftsblockade ausgesetzt ist, und ihm vorwerfen, es sei nicht demokratisch, das ist eine absolute Arroganz. Eine wirkliche absolute Arroganz. Ich kann mir augenblicklich kein Land vorstellen, das sich den Luxus leisten könnte oder würde, in dieser Situation Wahlen durchzuführen, eine Oppositionspresse zuzulassen, die absolut gegen diese Wahlen ist. La Prensa zum Beispiel hat die Invasion der USA auf Grenada befürwortet und durfte dies auch veröffentlichen.

Es besteht ja kaum die Hoffnung, daß sich in nächster Zeit an der Politik der BRD und damit auch beim DED etwas ändern könnte. Ist da nicht das Einzige, was bleibt, sich selbst eine Finanzierung zu suchen – vorausgesetzt man will weiterarbeiten?

Na ja, wir wollen den DED nicht kampflos aufgeben. Von hier aus kann man zwar wenig machen, aber das Mindeste ist doch, ihnen die Politik so schwer wie möglich zu machen. Man muß die Leute zwingen, die Karten auf den Tisch zu legen. Es gibt viele Leute, die daran interessiert sind, daß das Projekt Nicaragua fortgesetzt wird. Wir versuchen, hier inhaltlich zu arbeiten. Die Argumentation gegenüber der DED-Zentrale bewegt sich in einem rein fachlichen Rahmen, seien es Verträge, die abgeschlossen sind und die erfüllt werden müssen, seien es Prioritäten für einzelne Projekte. An den Planzahlen selbst können wir aber kaum etwas ändern.

»Die Nicas sind für angepaßte Technologie nicht sehr zu begeistern«

Die Mitarbeit im COIP-Bereich war für den DED Neuland, da der DED im öffentlichen produktiven Sektor keine Erfahrungen hatte. Wie auch das folgende Interview zeigen wird, orientierte sich die Arbeitsaufnahme des DED schwerpunktmäßig an technischer Assistenz zu begrenzten Möglichkeiten der Importsubstitution. Die Firma IMEP/Indústrias Metálicas del Pueblo, die der COIP untersteht, wurde 1960 gegründet und gehörte bis Ende 1979 einem Somozisten. Sie wurde verstaatlicht. Das Gespräch mit dem DED-Mitarbeiter bei IMEP zeigt die Schwierigkeiten und Probleme, aber auch die Erfolge der Arbeit aus betriebsinterner Sicht auf.

Seit wann bist Du hier, und woraus besteht Deine Arbeit?

Ich bin seit Januar 1983 in der metallverarbeitenden Fabrik IMEP. Die Produktionslinie vor der Revolution bestand ausschließlich in der Herstellung von Hochbaumaterial, Stahlbauhallen, Flüssigkeitssilos, zum Teil auch kleineren Brücken, also alles was irgendwie mit Stahlbau zusammenhängt. Nach der Revolution kam eine neue Produktionslinie hinzu: die Herstellung von Landmaschinen im Bereich der mittleren Technologie, um gewisse Auslandsabhängigkeiten zu reduzieren, das heißt zu einer teilweisen Importsubstituierung zu gelangen, um Devisen zu sparen. Die ursprüngliche Idee war, agroindustrielle Ausrüstungsgegenstände im Bereich der mittleren Technologie herzustellen, die man mit im Land vorhandenen Maschinen produzieren kann.
Ein Beispiel hierfür ist der Bau einer Maisdreschmaschine, die in Ecuador im Rahmen eines DED-Programms schon entwickelt worden war, dort sogar ein Importmodell vom Markt verdrängen konnte, das hier in Nicaragua allerdings nicht diese Durchschlagskraft erreichte. Meine anfängliche Arbeit bestand darin, zu analysieren, was im Bereich von agroindustriellen Ausrüstungsgegenständen gebraucht und auch importiert wird und was man ersetzen kann, wenn man es im Land selbst herstellt. Mit dieser Aufgabe bin ich ziemlich auf den Bauch gefallen, weil MIDINRA (Landwirtschaftsministerium), das eigentlich für diesen agroindustriellen Bereich zuständig ist, trotz anfänglicher Zusagen bald kein Interesse mehr zeigte. Die Gründe dafür kenne ich nicht.
Danach habe ich mich mit dem Projektträger zusammengesetzt und über meine Aufgabe beratschlagt. Wir kamen zu dem Ergebnis, daß ich mich zusammen mit 2 nicaraguanischen Ingenieuren und einem technischen Zeich-

ner um Aufträge kümmern und die Planungsunterlagen und Berechnungen erstellen sollte. Beispielsweise wurde eine komplette Reisverarbeitungsanlage (plantel de seco Rigoberto Lopez) gebaut: In dieser Anlage wird der Reis nach der Ernte geschält, getrocknet und gereinigt. Die Anlage hat eine Kapazität von insgesamt 120 t die Stunde. Für sie konstruierten wir einen Ofen, der mit Reishülsen gefeuert wird. Früher wurden diese Öfen fast ausschließlich mit Dieselöl betrieben, die Reishülsen ohne Nutzen verbrannt.

Wovon hängen die unterschiedlichen Erfolge ab? Liegt es an den Verantwortlichen, den Sachbearbeitern, der Überzeugungskraft?

Es hängt zu einem großen Teil von der Größe einer Anlage ab. Die Maisdreschmaschine ist ziemlich klein, ganz anders die Reisverarbeitungsanlage. Der wesentliche Punkt ist meiner Meinung nach der, daß die Nicaraguaner für angepaßte Technologie nicht so sehr zu begeistern sind, wenn überhaupt, dann bei Großanlagen. Das MIDINRA, auch der Landwirtschaftsminister Jaime Wheelock selbst, halten nichts von angepaßter Technologie. Es ist auch nicht so, daß man auf höherer Ebene dem aufgeschlossener gegenübersteht als auf mittlerer Ebene.

Ist angepaßte Technologie mehr eine Spielwiese für versponnene Europäer?

Nein, das glaube ich nicht. Denn für mich heißt angepaßt, den Bedürfnissen eines jeweiligen Landes entsprechend und auch, daß man es im Land selbst herstellen kann.

Für uns ist angepaßte Technologie etwas Sinnvolles, nachvollziehbar und mit Zahlen belegbar. Hat das im Verständnis der nicaraguanischen Verantwortlichen etwas mit Neokolonialismus zu tun? Denken sie vielleicht, sie sollen Abfallprodukte angedreht bekommen?

Ich glaube, der Grund ist, daß die Entwicklung der europäischen Industrieländer in den Dritte-Welt-Ländern einfach fehlt. Man hat hier doch ohne Zwischenstufe einen Schritt vom Ochsenkarren zum Formel-I-Wagen gemacht. Deshalb gibt es auch nicht so ein Ökologie- und Technikverständnis wie in den Industriestaaten. Zwar gilt in den Industrieländern angepaßte Technologie als etwas Gutes, wird zum Teil auch anerkannt, bewegt sich aber doch am Rande der Gesellschaft. Das heißt, die Leute machen zwar etwas Sinnvolles, spinnen aber ein wenig. Das führt dann in Nicaragua zu der Einschätzung: Ihr wollt uns Sachen aufdrängen, die Ihr selbst nicht anwendet.

Wie bewertest Du Deine Arbeit von den politisch-ökonomischen Rahmenbedingungen her?

Vom ökonomischen Rahmen her gesehen kann ich meine Arbeit als 100%ig sinnvoll bezeichnen. Ich arbeite hier mit Auftragsarbeiten in der Produktion. Meine Arbeit ist nicht für den Papierkorb oder für einen unbekannten Zeitpunkt in ferner Zukunft. Meine Arbeit wird direkt umgesetzt. Hinten in der Halle kann ich sehen, wie sie die Sachen zusammenschweißen. Von der politischen Seite: Die Bedingungen, an die der DED seine Mitarbeit in Dritte-Welt-Ländern knüpft, sind hier erfüllt. Das sieht man auch daran, daß alle Projekte mit staatlichen Partnern durchgeführt werden, was uns eine gewisse Einflußmöglichkeit gibt. So trat das Minenministerium an IMEP mit der Frage heran, ob wir in der Lage seien, Ventilatoren herzustellen. Ich habe diesen Antrag mit dem Direktor durchgesprochen und wir kamen zu dem Ergebnis, daß wir auch Großventilatoren herstellen können. Wir bekamen dann den Auftrag. Wir arbeiten aber auch für private Auftraggeber. Zum Beispiel für einen Finca-Besitzer, der eine Hammermühle zum Verkleinern härterer Gegenstände wie Holz, Steine, etc. brauchte. Diese Mühle kann auch Maisschrot herstellen.

Welche technischen Möglichkeiten bietet IMEP?

Von der maschinellen Ausstattung her sind wir ziemlich gut bestückt, mit drei Drehbänken, wovon eine eine Spitzenweite bis zu drei Metern hat. Dazu 2 Fräsmaschinen und ein großes Bohrwerk: Wir können sämtliche Drehteile wie Wellen, Achsen, Buchsen herstellen: wir können Gewinde schneiden und sind auch in der Lage, Zahnräder auf den Fräsmaschinen herzustellen. Ansonsten haben wir noch das, was so dazugehört: Kantbank, Blechschere, Schweißtrafos, Kleinwerkzeuge.

Das heißt, Ihr könnt alle möglichen Arten von Maschinen und Behältern herstellen, es sei denn man benötigt einen speziellen Stahl?

Dazu sind wir in der Lage. Das Problem ist, daß die Versorgung mit Stahl sehr schlecht ist. Was wir verwenden, ist nach europäischem Standard minderwertig - ein Stahl mit einer Festigkeit von 30 kg/mm^2. Wir haben ihn hier in Blechen von 1,7 mm bis zu 50 mm dick. Ansonsten haben wir noch Vierkantstangenmaterial, das eine etwas höhere Festigkeit hat, woraus wir die Drehteile, auch Bolzen, herstellen.

Die meisten Leute, die hier arbeiten sind Empiriker, haben keine abgeschlossene Ausbildung?

Ja, die meisten sind Leute, die schon über einen längeren Zeitraum die Arbeit machen und sich zum Teil auch schon ein wenig spezialisiert haben. So haben wir jemand, der seit Jahren nur Förderschnecken macht. Dieser Mann ist inzwischen so gut und arbeitet so genau, daß es nichts an ihm auszusetzen gibt. Davon gibt es einige mehr.

Wie sieht es mit der Verbesserung der sozialen Lage im Betrieb aus?

Hier arbeiten 250 Leute. Es gibt eine vorbildliche soziale Absicherung wie Krankenversicherung, Lebensversicherung, die vom Betrieb gezahlt wird. Billiges, dreimaliges Kantinenessen, Einkaufen in betriebseigenen Läden zu vergünstigten Preisen (Grundnahrungsmittel, Kleider und Schuhe).

Dein Vertrag läuft jetzt aus, und Du gehst in die BRD zurück. Was bedeutet das für dieses Projekt? Wie geht es weiter?

Die nicaraguanischen Ingenieure, mit denen ich hier zusammenarbeite, sind keine ausgebildeten Maschinenbauingenieure, sondern Elektroingenieure. Sie haben zwar ein gutes theoretisches Wissen, aber die Umsetzung dieses Wissens in die Praxis fehlt doch ein wenig. In der knapp zweijährigen Zusammenarbeit konnte ich ihnen einiges beibringen, so daß sie in der Lage sein werden, die Arbeit selbständig weiterzuführen. Das Problem ist, daß sie noch nicht so weit sind, Neuentwicklungen zu machen. Schwierigkeiten wird es geben, wenn neue Kundenanfragen und neue Probleme auf sie zukommen. Die Zusammenarbeit zwischen DED und IMEP war auf 5 Jahre geplant (1983 – 1987), sie wird nun nach zwei Jahren eingestellt. Für mich kommt kein Nachfolger, eine Vertragsverlängerung ist nicht möglich. Im gesamten produktiven Bereich (COIP) werden die Plätze ab Februar 1985 gekappt.

Welche Auswirkungen hat das für den Betrieb?

Da es schon seit längerer Zeit feststeht, daß der DED hier seine Mitarbeit einstellt, hat sich der Projektträger nach neuen Fachkräften umgesehen und solche auch gefunden. Eine schwedische Organisation wird den DED ablösen. Seitdem klar ist, daß der DED seine Mitarbeit einstellt, ist das Verhältnis für mich hier sehr schwierig geworden. Den DED kann man hier vergessen, und es kräht kein Hahn mehr nach ihm, was natürlich auch auf mich zurückschlägt. Ich muß die BRD-Entwicklungspolitik, so schlecht ich sie auch finde, hier irgendwie vertreten. Ich bin der Hund, nach dem man noch treten kann. Das schlägt sich natürlich im Arbeitsklima nieder, was auch heißt, daß ich nicht mehr die Einflußmöglichkeiten wie früher habe. Ich bin für die Leute auf dem absteigenden Ast, und manchmal kommt es mir so vor, als ob sie nicht merken würden, wenn ich morgen nicht mehr an meinem Schreibtisch säße.

»Die natürlichen Ressourcen und der Umweltschutz sind die entscheidenden Faktoren für die Zukunft des Agrarlandes Nicaragua«

Raubbaulandwirtschaft und Monokulturen seit Jahrhunderten haben ihre Spuren hinterlassen. In dem Pazifik-Bereich León - Chinandega - La Paz Centro, aber auch von Managua bis in die pazifische Tiefebene hinein, gab es vor 30 Jahren noch überwiegend Wald mit einigen Inseln von Maisanbau auf den Vulkanhöhen, auch Citrusfrüchteanbau in der Gegend von Corinto. Das alles ist heute verschwunden oder abgeholzt worden. Die jährlichen Wassermassen, die von der Vulkankette herabfließen, haben riesige Trockenflußbetten gerissen; durch Bodenerosion gehen jedes Jahr Hunderte von Hektar an fruchtbarem Ackerland verloren.
Es ist schwierig, in Nicaragua - einem Land im Kriegszustand, unter hohem Druck zur Nahrungsmittelerzeugung und Devisenerwirtschaftung - Politikern, Bauern und der Bevölkerung klarzumachen, daß die natürlichen Ressourcen geschützt werden müssen. Eine ökologisch-umweltschützende Tradition gibt es nicht. Aus diesem Grund hat man gleich nach der Revolution, am 20. August 1979 IRENA (Institut für natürliche Ressourcen und Umwelt) als Aufsichts- und Planungsbehörde für den Umweltschutz gegründet. Hauptziele sind: die erneuerbaren natürlichen Ressourcen, wozu auch der Boden gezählt wird, und deren Belastung zu erfassen, Normen für deren Restaurierung bzw. Rekultivierung und eine sinnvolle, schonende Nutzung zu erarbeiten und deren Einhaltung zu überwachen. Der DED arbeitet umfassend, vor allem seit 1982, mit IRENA zusammen. 9 Entwicklungshelfer/innen arbeiten in Projekten, die mit Ökologie und Umweltschutz zu tun haben.
Wir haben zwei repräsentative Projekte ausgesucht und stellen diese in der Folge näher vor. Im ersten Gespräch ist unser Partner ein Ökologe aus Berlin, der seit 1982 für den DED in Nicaragua arbeitet.

Worin besteht Ihre Aufgabe in Nicaragua?

Ich bin seit Januar '82 in Nicaragua und habe im März im IRENA angefangen. Im IRENA gibt es verschiedene Abteilungen: eine für Umweltverbesserungen, eine weitere für die Planung der natürlichen Ressourcen mit der Unterabteilung für Wassereinzugsgebiete – die Cuencas. Darüber hinaus gibt es noch die Abteilung für Forsten und Nationalparks und eine für in Nicaragua heimische Tier- und Pflanzenarten.

Ich habe zunächst in der Abteilung Umweltschutz gearbeitet, wo es darum ging, die Hauptbelastungen im Lande aufzuspüren, um dann Richtlinien auszuarbeiten und technische Möglichkeiten aufzuzeigen, um größere Schäden zu vermeiden bzw. bestehende einzudämmen. Als dann im Mai/Juni '82 diese schwere Unwetterkatastrophe war, von der der gesamte Pazifikraum, besonders aber Managua betroffen war, sagten sie im IRENA, daß die Abteilung 'Cuencas Hydrográficas' bevorzugt den Raum südlich von Managua untersuchen sollte. Von dort fließt das Wasser auf bestimmten Wegen auch durch die Stadt, wo es damals große Schäden angerichtet hat. Ich als Ökologe habe Gartenbau und Landwirtschaft studiert, mich dann auf Boden- und Grundwasserfragen, auch Erosionen, spezialisiert. Ich bin dann in die Cuenca-Abteilung versetzt worden.
Cuencas sind oberirdische Wasserscheiden. Paß mal auf: wenn Du jetzt Wasser aus einer Gießkanne über eine Schüssel gießt, dann ist die Schüssel das Wassereinzugsgebiet, eine Cuenca. Von allen Teilen dieser Einheit fließt das Wasser zu einem Punkt hin, der mehr oder weniger groß ist und alles, was drum herum fällt, fließt woanders hin. In Nicaragua kann man zwei Cuencas unterscheiden: eine des karibischen und eine des pazifischen Raums.
Bis zum Herbst '83 haben wir einen Teilbereich, eine 'Sub-Cuenca' untersucht, und zwar in dem Bereich, wo das dem Managuasee zufließende Wasser direkt durch die Stadt läuft. Das war vordringlich, weil die ganze Bauplanung in Managua, Brücken, Fundamente, Straßen, Abwasserkanäle etc. davon abhing. Im Laufe der Untersuchung haben wir dann festgestellt, daß es in der Vergangenheit kein systematisches Regenmeßsystem gab und auch die Abwässerkanäle nach Schätzungen gebaut worden waren. Das meteorologische Meßnetz ist sehr dünn. Die meisten Stationen sind nicht älter als 10 Jahre. Man hat also nach einer Art Vegetationskartierung, auch -zonierung, gearbeitet; das heißt, nach den sogenannten Zeigerpflanzen wie Bäumen und Sträuchern muß man mit dieser oder jener Spanne an Niederschlägen rechnen. Nach diesen Schätzungen werden die Gebietsabflüsse berechnet. Man weiß also nicht genau, wieviel da an Regen runterkommt. Diese Cuenca ist dadurch gekennzeichnet, daß bis zu 500 m Höhenlage intensiv und kleinparzelliert Gartenbau und Landwirtschaft betrieben wird. Die Bäume, die sonst den Boden und Abfluß kontrollieren, sind abgehackt. Oberhalb von 500 m hat man Kaffee, der den Boden recht gut schützt, wenn das Ganze gut reguliert und in Stand gehalten wird. Die Untersuchung kam zu dem Ergebnis, daß in bestimmten Zonen keine Landwirtschaft betrieben werden darf, es sei denn Dauerkulturen wie Kaffee, Obstbäume oder Ananas, die den Boden langfristig bedecken. Reis und Bohnen werden beispielsweise an diesen steilen Hängen nur in der Regenzeit angebaut. Wenn die ersten Tropennieder-

schläge runterrauschen, ist der Boden noch nackt und ungeschützt. Wir haben ferner gesagt, daß ab einer bestimmten Steigung überhaupt keine Landwirtschaft mehr betrieben werden dürfte. Daraus wurde auch ein Vorschlag für ein neues Projekt entwickelt: Grundlagenuntersuchungen bei Erosionen und Gebietsabflüssen.

Das Problem dabei ist folgendes: Die Niederschläge reißen Hohlwege in die Landschaft und in die Berghänge, die sich schon bis zu 5 m tief eingeschnitten haben. Jedes Jahr wird eine weitere und tiefere Furche reingespült. An den steilen, fast senkrechten und ausgespülten Wänden brechen die Bäume ab, Erdreich kracht runter. Jedes Jahr kommt dann Ende Oktober, Anfang November, wenn die Regenzeit langsam zuende geht, ein Bulldozer, der – rechtzeitig zur Kaffeernte – die Wege wieder glatt schiebt, wo man zuvor nicht einmal mit dem Motorrad, geschweige denn einem Auto passieren konnte. Das heißt dann, die Erosion ist aus den Augen und damit auch aus dem Sinn. Weiter verschärft worden ist die Erosion auch durch die Autos, die die Ernte rausholen: sie machen viel mehr kaputt als ein Ochsenkarren. Durch die Geländereifen wird der Boden aufgelockert und dann durch Wind und Wasser weggespült.

Deshalb war es notwendig, Boden- und Erosionskartierungen zu erstellen. Die Arbeit war im Oktober '83 abgeschlossen. IRENA ist an den DED herangetreten, um Fachleute zu bekommen, die an einem landesweiten Programm mitarbeiten sollten, um die Wasserressourcen und das natürliche Potential an Boden zu erfassen: Aufzulisten was er hergibt, inwieweit er geschädigt ist, wie er bearbeitet wird und wodurch die Flüsse verunreinigt werden. Eine integrale Studie also mit Schwerpunkt auf natürlichen Ressourcen und Umwelt, weil dies entscheidende Faktoren für die Zukunft eines Agrarlandes wie Nicaragua sind.

Vorrang haben wir der Pazifikküste gegeben, die am stärksten entwickelt und besiedelt und damit auch am stärksten geschädigt ist. Wenn man dort so weitermachen würde wie bisher, würde man die Hauptbasis der gesamten Volkswirtschaft in dieser Region gefährden. Die ersten 100 km von der costaricanischen Grenze aus sind total abgeholzt, auch die Berge. Das Gebiet wird für extensive Weidewirtschaft genutzt. Ich untersuche gerade, wie sich das Klima in dieser Region verändert hat. Es heißt immer wieder, es sei trockener geworden, die Trockenzeit dauere länger, Niederschläge fielen unregelmäßiger. Aber das ist schwer festzustellen, weil wir nur Aufzeichnungen über maximal 30 Jahre haben. Die einzige ältere Meßstation ist Granada (80 Jahre). Es ist aber eine Tendenz feststellbar, die ich versucht habe aufzuzeigen, indem ich für Fünfjahreszeiträume Mittelwerte gebildet habe. Danach hat es sich tatsächlich verändert, und in Granada ist es trockener geworden. Vor allem, und das ist das ökologisch Ausschlaggebende, sind die

Extreme größer geworden. Die Niederschlagsmessungen begannen 1897. In den ersten 30 Jahren danach war der Mittelwert bei 1 500/1 700 mm. Kein Niederschlag unter 1000 mm, vielleicht alle 5 Jahre über 2 000 mm. Nach diesem Zeitraum gibt es kaum noch Niederschläge über 2 000 mm, die Hauptzahl der Niederschläge liegt zwischen 1250 und 1500 mm und im Abstand von 10 Jahren vielleicht auch etwas enger, Niederschläge die unter 1000 mm liegen, ja sogar Jahre um die 500 mm, ganz wenig drunter oder drüber. Das ist jetzt nicht statistisch absolut abgesichert, aber als Tendenz erkennbar.
Für Anfang der 50er Jahre berichtet ein Amerikaner, daß die Grenze des tropischen Regenwaldes bei San Ubaldo an der Ostküste des Großen Sees lag. Tropischer Regenwald heißt: mehr als 2 000 mm Niederschlag pro Jahr. Heute liegt das Mittel der letzten 15 Jahre unter 1500 mm. Die Grenze des tropischen Regenwaldes hat sich in 30 Jahren um 50 km verschoben und liegt heute bei San Miguelito. Das hängt entscheidend mit der Bodennutzung zusammen, mit der Abholzung, extensiver Weidenutzung, bei der jedes Frühjahr das Gras abgebrannt wird und es auch nicht mehr genügend regnet. Die Vegetation hat sich darauf eingestellt, wird artenärmer. Dort wächst jetzt überwiegend 'Jicaro', eine Art verkrüppeltes Baumgestrüpp, das dornig aussieht. Man hat folglich eine Savannenlandschaft und das Klima verändert sich: Vegetation und Klima entsprechen sich. Auch wenn man die Nutzung ändert, kann sich die Vegetation nicht regenerieren, weil sich die klimatischen Verhältnisse geändert haben.

Das heißt dann natürlich auch, daß, wenn überhaupt Regen fällt, dieser verheerende Schäden anrichtet. Was zuvor vom Ökokreislauf aufgenommen wurde, wird jetzt weggeschwemmt?

Das Wasser schwemmt die Humusschichten weg, schneidet sich sehr tief im Gelände ein: man hat keine zusammenhängenden Flächen mehr, der Grundwasserhaushalt gerät durcheinander, weil das Wasser nicht mehr versickert, nicht mehr unterirdisch ins Tal fließt, sondern oberirdisch in die Flüsse geht, in den See, ins Meer. Dadurch wird die Trinkwasserversorgung in Frage gestellt, ebenso die Wasserversorgung für die landwirtschaftliche Nutzung. Die Ökosysteme verändern sich, wenn sie nicht sowieso schon zerstört sind. Auch Energiegewinnungsprojekte, Hydroenergie, sind nicht mehr realisierbar, weil die Niederschläge weniger und unregelmäßiger werden. Bewässerungsprojekte sind in Frage gestellt, weil sich, wie in der Nähe von Boaco, die Talsperren nicht mehr füllen. Die Umweltbelastung durch die Abwässer, die in die Flüsse gekippt werden, wird stärker, weil die Flüsse nicht mehr so viel Wasser führen. Das zieht natürlich nach sich, daß auch das Leben in den aquatischen Ökosystemen gefährdet ist – also eine Kette verheerender Folgen.

Wie versucht man, den Zerstörungsprozeß einerseits aufzuhalten, andererseits aber hohe Erträge bei den Agrarexportprodukten (Baumwolle, Kaffee) zu erzielen?

Der Baumwollanbau wird nicht eingeschränkt. Es wird ein bißchen umgeschichtet. Man sagt: Gut, der Boden muß sich erholen, da machen wir jetzt ein paar Jahre irgendwas Anderes. Das kann man aber nur in einem größeren zusammenhängenden Gebiet machen, weil die Baumwolle ja viel Schädlingsbekämpfung braucht. Gemüseanbau zwischenreinzusetzen geht wegen der Gefährdung durch Pestizide nicht. Jetzt haben sie damit angefangen, zwischen zwei Baumwollkulturen, die jeweils neun Monate dauern, drei Monate Mais oder Sorgum, Hirse oder Sesam anzubauen. Bei ausreichender Bewässerung kann nach drei Monaten geerntet werden. Wenn in der Zeit auch keine Baumwolle angebaut wird, ist auch keine direkte Gefährdung durch Pflanzenschutzmittel gegeben. Dadurch soll die Versorgung mit Reis, Mais, Bohnen als Grundnahrungsmittel sichergestellt und die für den Maisanbau ungeeigneten Böden entlastet werden. Darüber hinaus ist auch eine Umerziehung oder Bewußtwerdung der Bevölkerung wichtig, künftig mehr Gemüse, auch Soja anzubauen und zu essen. Mit diesen integralen Studien liefern wir die Voraussetzung für wirtschaftliche Planungen.
Wegen des Mangels an Fachleuten, beauftragte man auch ausändische 'Consultings' (Kurzzeitexperten) mit der Erstellung derartiger Studien. Das Consulting-Prinzip funktioniert hier nicht, weil es an den Grundlagen fehlt. Wenn man keine Daten hat, muß man wenigstens eine Zeitlang hier leben, um ein Gefühl dafür zu bekommen. Man muß auch ständig mit den Nicaraguanern zusammenarbeiten, sie korrigieren oder die Richtung weisen, ja man muß auch aufpassen, selbst nicht die Richtung zu verlieren. Es ist schwer. Die kämpfen mit ihrer Unzulänglichkeit, und genau die muß man bei den Studien auch miteinbeziehen. Darum ist ein Zweijahres-Konzept mit kontinuierlicher Mitarbeit und mit etwas weniger Ansprüchen an Komfort und Ausstattung schon ganz gut.

Ist es eigentlich auch Aufgabe von IRENA, sich um die Wiederherstellung des Managua-Sees zu kümmern, der ja stark gefährdet ist?

Ja. Die Abteilung Umweltschutz arbeitet an chemischen Untersuchungen, an der Identifizierung aller Zuflüsse, aller Industrieansiedlungen, wieviel Wasser, wieviel Salze, wieviel organische Substanzen da reinfließen etc.

Ich habe den Eindruck, daß das Problembewußtsein in Umweltfragen in Nicaragua ziemlich stark ausgeprägt ist?

Ja, das stimmt. Das Bewußtsein ist zwar da, sie sind aber infolge ihrer wirtschaftlichen Situation, ihres Bildungsstandards und ihrer sozialen Entwicklung noch nicht in der Lage, das zu realisieren. Was ich damit sagen will ist: Wenn Du zu einem Bauern gehst und ihm sagst, »paß mal auf, wenn Du hier in Deinem Weg alle 15 m einen Graben ziehst, dann hast Du keine Erosion und schützt damit Dein fruchtbares Land«, dann ist der zwar sehr begeistert, aber er realisiert das nicht so richtig. Umweltschutz, der sowieso erst seit 1979 existiert, ist auch wegen anderer Notwendigkeiten schwer durchzusetzen.

Das zweite Interview aus dem Bereich Ökologie und Umweltschutz führten wir in Estelí mit einem DED-Entwicklungshelfer, der dort als Forstwirt tätig ist.

Wie ist die genaue Bezeichnung und welches ist die Konzeption des Projektes in dem Sie mitarbeiten?

Ich arbeite im Projekt 'Recuperación de los pinares de Nueva Segovia'. Das bezieht sich auf die gesamte Region I; Estelí, Ocotál, Somoto, Jalapa sind die einzelnen Distrikte. 'Recuperación de los pinares' heißt hier vor allem Wiederaufforstung von Kiefernbeständen. Hier im Norden sind 80 % des Baumanteils Kiefern. Durch die Holzeinschläge in der Somoza-Zeit, vor allem durch amerikanische Holzeinschlagsunternehmen, haben wir große Erosionsprobleme und auch Schwierigkeiten mit der Holzversorgung. Sägewerke können nicht mehr beliefert werden und stehen teilweise still. Auch durch Contra-Aktivitäten im Norden können keine Arbeiten durchgeführt werden, so daß sich jetzt gerade im Großraum Estelí die Arbeit mehr auf die Stadt bezieht.
Das Hauptziel ist in zwei Bereiche untergliedert: 1. Aufforstung mit Kiefern: 80 % forsten wir mit der natürlichen Baumart auf und 20 % sind Brennholzprojekte für die ländliche und städtische Bevölkerung. Bei letzterem handelt es sich vor allem um Eukalyptus und Akazien. Letztes Jahr wurden über eine halbe Million Eukalyptus und Akazien gepflanzt. In ungefähr 3-4 Jahren wird eine Ernte dieser Brennholzbestände möglich sein.
2. Die Brennholzversorgung soll auch bewirken, daß die unerlaubt durchgeführten Holzeinschläge – hauptsächlich von Bauern – sich vermindern.

Das Projekt gibt es seit 1981. Finanziert wird es von zwei Seiten. Der größte Teil der Auslandsgelder kommt von der schwedischen Regierung. Es ist eine Spende, mit der zum größten Teil IRENA (Instituto Nicaragüense Recursos Forestales y del Ambiente) finanziert wird. Hier handelt es sich vor allem um Ausrüstungsgegenstände. Zum anderen wird das Projekt von der einheimischen Regierung finanziert. Wir bekommen im Moment für die Region 30 Millionen Córdoba, die hauptsächlich dazu dienen, die Gehälter der Arbeiter, Techniker sowie administratives Material wie Schreibmaschinen und Papier zu bezahlen.

Der einheimische Projektpartner ist also die nicaraguanische Regierung.

Jawohl. Das sieht so aus: Wir haben erst vor kurzem den detaillierten Jahresplan für 1985 gemacht, der sich auf 34 Millionen Córdoba belief. Dann findet ein Gespräch mit Vertretern der Regierung statt, in dem wir die angesetzten Finanzmittel rechtfertigen müssen. Dieses Gremium von Regierung und Direktion der IRENA entscheidet über die Höhe der Bewilligung. In diesem Jahr wurden uns von den 34 Millionen 33 Millionen bewilligt.

Wieviele Mitarbeiter sind in dem gesamten Projekt tätig? Könnten Sie das ein wenig aufschlüsseln nach einheimischen und ausländischen Mitarbeitern?

Also hier in der Region I haben wir grob geschätzt 800 Mitarbeiter. Davon sind rund 600 Arbeiter für den Forst- und Pflanzenschutz zuständig. Von diesen 600 sind 500 nur eine gewisse Zeit hier, etwa nur ein halbes Jahr und zwar in der Hauptbrandzeit von Januar bis Ende Mai und in der Pflanzzeit zu Beginn der Regenzeit. Dann gibt es 200 Techniker, Sekretärinnen, Verwaltungsangestellte und die ausländischen Techniker. Wenn ich weggehe, werde ich einen Nachfolger beantragen, weil ich das für notwendig halte. Die Regierung bemüht sich intensiv um Hilfe. Es gibt in Nicaragua nur 6 einheimische Forstingenieure und keine entsprechenden Schulen. Noch müssen alle Techniker im Ausland ausgebildet werden. Meine Aufgabe sehe ich darin, mit einheimischen counterparts zusammenzuarbeiten, d. h. ihnen Teile meines Wissens zu vermitteln. Wir haben hier von den 200 Leuten technischen Personals nur 2 ausgebildete Forstwirte. Einer kam vor kurzem aus Honduras zurück, der andere hat in Cuba studiert. Deshalb ist es unbedingt nötig, durch gezielte Hilfe, vor allem im forsttechnischen Bereich, zu helfen. Wir arbeiten oft mit sogenannten 'agrónomos' zusammen, Leuten, die aus der Landwirtschaft kommen und von Forstwirtschaft keine Ahnung haben. Diese bilden wir aus, indem wir mit ihnen rausgehen, im Büro zusammen-

arbeiten sowie kleine Kurse über Waldbau, forstliche Vermessung, forstlichen Wegebau machen. Ich arbeite hier zu Forstinventaren, wie es meine Projektbeschreibung vorsieht.
Hier gibt es praktisch keine Studie über den Zuwachs von Baumbeständen, Volumen von Waldbeständen, was demzufolge eine Übernutzung der Wälder bedeutet. Übernutzung heißt: Man verliert jedes Jahr einen guten Teil an Wald. Mit dem Forstinventar sollen Basisdaten geliefert werden, um später eine Forstkarte zu erstellen, aus der hervorgeht, wo genau wieviel wächst und welche Reserven es gibt. Wo es günstig ist, den Wald zu schützen, und wo es Erosionsprobleme gibt. Ziel ist, dem jetzt bestehenden Raubbau an Wald, der hauptsächlich durch private Holzeinschläge erfolgt, begegnen zu können.

So wie Sie es geschildert haben, haben Sie hier auf einem sehr niedrigen Niveau angefangen, und dieses Projekt wird wohl noch längere Zeit von ausländischer personeller und finanzieller Hilfe abhängig sein. Ist in der Projektkonzeption vorgesehen, daß die notwendige Arbeit künftig vollkommen in nicaraguanischer Eigenregie durchgeführt werden kann?

Das ist natürlich das Traumziel und muß auch das Ziel bleiben. Das wird vielleicht schon in 5 bis 6 Jahren möglich sein, da im nächsten Jahr in Matagalpa eine Forstschule eingeweiht wird. Zudem werden derzeit ca. 100 Forstwirte im Ausland ausgebildet. Bei dem in Cuba geschulten Kollegen, mit dem ich zusammenarbeite, konnte ich feststellen, daß er eine fundierte Ausbildung hat. Ich denke, wir werden die Zahl der ca. 40 ausländischen Experten schon recht bald um die Hälfte reduzieren können.

In der Bundesrepublik macht das Wort von der Wende die Runde: Eine Wende gibt es im Falle Nicaraguas in der Entwicklungszusammenarbeit. Sie sind seit 1 1/2 Jahren im Land. Wie ist Ihre Meinung dazu?

Das langsame Zurückziehen der christlich-liberalen Regierung halte ich aus mehreren Gründen für absolut falsch:
1. Wo man sich zurückzieht, kann man nichts mehr beeinflussen, kann man nicht mehr gestaltend mitwirken. 2. Es ist bekannt, daß in den Ländern El Salvador, Honduras, also in Rechtsdiktaturen, ein Teil der Entwicklungshilfe durch die dort herrschende Korruption in der Bürokratie verschwindet. Die Bundesregierung weiß, daß 50 % der Gelder nicht dort ankommen, wo sie ankommen sollen, und »hilft« trotzdem.
In Nicaragua schätze ich das ganz anders ein. Ich weiß vom Beispiel der Schweden, daß 1 Million Dollar für den Forstbereich auch zu 1 Million

Dollar in den Forstbereich gehen. Die Bundesregierung ist in letzter Zeit ja auch arg am Schreien, daß in Nicaragua die Gelder für militärische Zwecke verwendet würden, macht sich aber nicht die Mühe nachzuforschen, ob das stimmt. Es sind reine Anschuldigungen, und wie mir aus Gesprächen mit Botschaftsangehörigen bekannt ist, schätzen selbst sie das auch anders ein. Eine unzweckmäßige Verwendung der Gelder gibt es hier nicht.

Ein weiteres, sporadisch angeführtes Argument ist, die Sicherheit der Entwicklungshelfer sei nicht ausreichend gewährleistet.

Ich fühle mich in keiner Weise, weder von den einheimischen Militärs noch sonst bedroht. Der Krieg findet vor allem in den fast unbewohnten Urwaldregionen im Nordosten und Südosten statt. Die Entwicklungsprojekte der meisten ausländischen Organisationen werden dagegen fast alle in der Achse Estelí – Managua – Rivas durchgeführt. Diese Gegenden gelten als sicher. Ich habe hier auch zum ersten Mal in meinem Leben die Erfahrung gemacht, daß Militär nicht gleich Militär ist. Hier wird das Militär von der Bevölkerung nicht als Macht gegen das Volk angesehen, sondern man kann eher von einer Zusammenarbeit sprechen.

Verkarstung durch Bodenerosion

Nicht nur Vergabe von Geld und Personal - Die bundesdeutschen Nicht-Regierungsorganisationen und Nicaragua

Seit der Gründung des Bundesministeriums für Wirtschaftliche Zusammenarbeit 1962 ist die Entwicklungszusammenarbeit mit nichtstaatlichen deutschen Trägern fester Bestandteil der Entwicklungspolitik der jeweiligen Regierungen. Von 1962 bis 1982 wurden dafür insgesamt 3,6 Milliarden DM zur Verfügung gestellt.[1]

Bezeichnungen für das Spektrum dieser Organisationen sind auch unter dem Kürzel »Freie Träger« oder NRO's (Nicht-Regierungsorganisationen) geläufig. Die offizielle BMZ-Definition ist auf »autonome nicht-staatliche Organisationen« hin präzisiert worden.[2] Zur Unterscheidung lassen sich die NRO's in vier Bereiche unterteilen. Sie bestehen im wesentlichen aus:

1. den Hilfswerken der Katholischen und Evangelischen Kirche, Misereor und Brot für die Welt (BfdW) sowie den beiden kirchlichen Zentralstellen für die Koordinierung der entwicklungspolitischen Zusammenarbeit von Staat und Kirchen;
2. den vier politischen Stiftungen der im Bundestag vertretenen politischen Parteien (mit Ausnahme der Grünen): der Friedrich-Ebert-Stiftung/FES, der Konrad-Adenauer-Stiftung/KAS, der Hanns-Seidel-Stiftung/HSS und der Friedrich-Naumann-Stiftung/FNS;
3. einigen weder amtskirchlichen noch parteipolitisch gebundenen gesellschaftlichen Organisationen und Vereinen wie beispielsweise der Deutschen Welthungerhilfe/DWHH oder Terre des Hommes/TdH. 24 dieser Organisationen haben sich im sogenannten »Bensheimer Kreis« als gemeinsamem Diskussionsforum und Arbeitskreis zusammengeschlossen;[3]
4. in Einzelfällen werden weitere gesellschaftliche Träger, die aus Komitees, gemeinnützigen Vereinen usw. bestehen können, zur Umsetzung entwicklungspolitischer Projekte herangezogen oder für ihre entwicklungspolitische Öffentlichkeitsarbeit bezuschußt.

Das BMZ unterstützt alle diese Organisationen durch finanzielle Zuschüsse aus zwei Grundüberlegungen:

a) Die meisten NRO's verfügen seit Jahren über gute eigene Kontakte in die Dritte Welt. Damit haben sie Zugang zu Bevölkerungsgruppen, an die die staatliche Entwicklungshilfe unmittelbar kaum herankommt

(z. B. die Kirchen zu den Basisgemeinden der Armen, die politischen Stiftungen zu Parteien und Gewerkschaften).

b) Die NRO's leisten einen wichtigen Beitrag zur entwicklungspolitischen Bildungsarbeit in der Bundesrepublik, indem sie zum Beispiel ihre Spender über die Probleme der Dritten Welt informieren oder öffentliche Veranstaltungen verschiedenster Art zu entwicklungspolitschen Themen durchführen.

Die NRO's sollen nach dem Willen auch des jetzigen BMZ-Ministers Warnke noch stärker als bisher in die Entwicklungspolitik einbezogen werden. Einen finanziellen Niederschlag finden immer wieder auftauchende Absichtserklärungen etwa darin, daß die entsprechenden Titel des BMZ-Haushaltes in den letzten Jahren überproportional gewachsen sind.[4]

Jahr	BMZ – Etat Mio DM	Bundeszuwendungen an NRO's aus dem BMZ Etat in Mio DM	Anteil der Zuwendungen an NRO's am BMZ Etat in %
1970	2 018	120,3	6,0
1975	2 547 3	217,1	6,1
1980	5 401 8	327,8	6,0
1981	5 757 2	368,2	6,4

Die NRO's finanzieren ihre Arbeit in der Regel und überwiegend aus eigenen Quellen, das heißt konkret aus Spenden und Eigenmitteln. Der prozentuale Anteil von BMZ-Zuschüssen an einzelne Projekte ist bei den Organisationen unterschiedlich hoch und kann sich zwischen 10 und 80 % bewegen. Es kommt auch vor, daß Projektvorhaben gänzlich ohne BMZ-Mittel durchgeführt werden.

Die bundesdeutschen NRO's und Nicaragua

In Nicaragua wurden seit 1979 von folgenden NRO's Projekte durchgeführt, finanziert oder bezuschußt: Siehe Tabelle folgende Seite

Diese Übersicht kann nicht mehr als einen Orientierungsrahmen über Art, Umfang und Maßnahmen der in Nicaragua arbeitenden NRO's darstellen. Die Angaben sind nicht hundertprozentig vollständig, da es teilweise ein schier unmögliches Unterfangen ist, von den einzelnen Organisationen exakte Angaben über ihre Projekte, Projektpartner und Finanzierung zu bekommen. Teilweise gibt es ein Kompetenzenwirrwarr, andererseits sind einige Organisationen nicht gewillt, öffentlich zu machen, wie sie mit ihren Spenden und Steuergeldern umgehen. Besonders die politischen Stiftungen taten

Die bundesdeutschen Nicht-Regierungsorganisationen[5]

Organisation	Aufgebrachte Mittel	Träger in Nicaragua	Finanzierungsart	Projektbereich	Personal
ASW (Aktionsgemeinschaft Solidarische Welt)	von 1982-1984 73.046 DM	FACS/AMNLAE/ CST/UNAN	Nur Spenden	Ländliche Entwicklung, Trinkwasserversorgung, Unterrichtsmaterialien	—
BfdW (Brot für die Welt) Evangelische Kirche	1979 2,8 Mio. DM 1980 2,7 Mio. DM 1981 2,5 Mio. DM 1982 2,3 Mio. DM 1983 2,07 Mio. DM 1984 1,75 Mio. DM 14,05 Mio. DM	Staatliche Träger wie Erziehungsministerium u. a. Kirchen, Selbsthilfegruppen	Reine Kirchenmittel, d. h. Kirchensteuer und Spenden	Mehr als 50 Einzelprojekte: Schwerpunkte Gesundheit/Erziehung/Ländliche Entwicklung	—
EZE (Evangelische Zentralstelle für Entwicklungshilfe)	1979 530.000 DM 1980 1.275.000 DM 1981 2.010.000 DM 1982 1.735.000 DM 1983 1.830.000 DM 1984 607.000 DM 7.987.000 DM	Braucht für ihre Projekte den Kirchenbezug	Fast ausschließlich BMZ-Mittel lediglich 180.000 DM Eigenmittel aus Kirchensteuer	Ähnlich wie bei Brot für die Welt	?
ÖMW (Ökumenisch Missionarischer Weltdienst) Ev. Kirche	von 1979-1984 1.136.000 DM	Kirchen/ Christliche Gruppen	Kirchensteuer	Theologische Ausbildung/Gesellschaftsbezogener Dienst in verschiedenen Bereichen	?
DÜ (Dienste in Übersee) Ev. Kirche	Entsendet Entwicklungshelfer/innen	staatliche Träger private Träger	Kirchensteuer Spenden BMZ-Mittel	Ländliche Entwicklung/Gesundheit/Erziehung/Ausbildung/Handwerksförderung	1984/85 Aufstockung von 16 auf 25 Mitarbeiter/innen

MISEREOR Kath. Kirche	1979 4.502.000 DM 1980 2.938.000 DM 1981 831.000 DM 1982 1.192.000 DM 1983 785.000 DM 1984 2.688.000 DM 12.936.000 DM	Kirchen Kirchliche Gruppen	Kirchensteuer Spenden BMZ-Mittel	Erziehung/Ausbildung/Ländliche Entwicklung rund 130 verschiedene Projekte unterschiedlicher Größenordnung	?
Eirene	1981 5.149 DM 1982 88.654 DM 1983 40.452 DM 160.612 DM 294.869 DM	staatliche und private Träger	Eigenmittel/ Spenden: 159.915 DM BMZ-Mittel: 135.350 DM	Landwirtschaftsschule in León/Ausbildung — Metallbauerwerkstatt	1 Koordinator 1 E. helfer
DWHH (Deutsche Welthungerhilfe)	von 1980-1985 8 138 248 DM	staatliche Träger z.B. MIDINRA/ FACS/INSSBI private Träger	BMZ-Mittel: 2.098.000 DM KEG-Mittel: 3.723.299 DM AA-Mittel: 100.000 DM Eigenmittel/ Spenden: 2.216.949 DM	Ländliche Entwicklung/Ausbildung/ Katastrophenhilfe bei Überschwemmung 1982	—
TdH (Terre des Hommes)	1981 379.000 DM 1982 372.000 DM 1983 369.000 DM 1984 730.000 DM 1.850.000 DM	staatliche Träger Massenorganisationen wie z. B. ATC/ JS	Eigenmittel/ Spenden BMZ-Mittel: rund 10 % 230.000 DM	Ländliche Entwicklung Erziehung und Ausbildung Gesundheitswesen	—
MEDICO INTERNATIONAL	von 1979-1984 rund 6.0 Mio. DM	staatliche Träger wie Gesundheitsministerium	Eigenmittel/ Spenden/ BMZ-Mittel/ EG-Mittel	Schwerpunkt: Gesundheitswesen/ Ausbildungsbereich	1 Koordinator
FES (Friedrich Ebert Stiftung)	ca. 3 Mio DM 1979-1984	Erziehungs-, Kultusministerium Universität Oberst. Gerichtshof	100 % BMZ	Alphabetisierungs- u. Gesundheitskampagne, Sozialversicherung, Seminare	1 Repräs.
FNS (Friedrich Naumann Stiftung)	1979-1984 ca. 3 Mio. DM	La Prensa, PLI, CECOOP, Journalistenausbildung, Medien	100 % BMZ	Medien Kooperativen Parteiunterstützung	1 Repräs. 1 Sekr. 1 Experte

sich hier in ihrer Informationspolitk unrühmlich hervor.
Die Konzeptionen und Herangehensweisen der einzelnen NRO's weisen zum Teil erhebliche Unterschiede auf. Beispielsweise sind die Bemühungen um finanzielle und damit verbundene politische Autonomie unterschiedlich stark ausgeprägt. Um die Förderungswürdigkeit ihres Gesamtprogramms nicht aufs Spiel zu setzen, machen einzelne Organisationen opportunistische Zugeständnisse an das BMZ. Zugeständnisse der Art, daß man sich der Vorgabe des BMZ, in Nicaragua nicht mit staatlichen Stellen zusammenzuarbeiten, anpaßt.

Die Kirchen und Nicaragua – Zwischen Anpassung und Engagement

»Die kirchlichen Entwicklungsorganisationen und nach ihnen die vielen anderen NRO's haben ihre entwicklungspolitische Zusammenarbeit mit dem BMZ an die Vorbedingung geknüpft, daß eigene Autonomie – insbesondere auch hinsichtlich der Konzeption des jeweiligen entwicklungspolitischen Ansatzes – gewahrt bleibt.«[6]
Befürchtungen einer Vereinnahmung durch den Staat haben sich, zumindest was die Kirchen angeht, nicht bewahrheitet. Allerdings ist das Verhältnis zwischen Kirchen und Staat in der entwicklungspolitischen Zusammenarbeit kein statisches, sondern unterliegt ständigen Änderungen, die auch mit der politischen Kultur in Zusammenhang stehen.
Grundsätzlich haben die Kirchen die Möglichkeit, die aus den Entwicklungsländern an sie gerichteten Projektanträge direkt anzunehmen und eine Vorauswahl zu treffen, die sie dem BMZ zur Bezuschussung vorlegen. Auf diese Entscheidungen hat das BMZ keinen Einfluß. Erst in einem zweiten Schritt kann das BMZ aus den von den Kirchen und auch anderen NRO's vorgelegten Projektanträgen diejenigen auswählen, die es finanziell fördern will. Es kann einzelne Projektanträge ablehnen, wenn ihm diese entwicklungs- oder außenpolitisch bedenklich erscheinen, aber keine Auflagen hinsichtlich der Projektarbeit machen. Die meisten NRO's haben dann theoretisch die Möglichkeit, vom BMZ als nicht förderungswürdig abgelehnte Projekte aus Eigenmitteln zu finanzieren, sofern sie nicht zu großen Teilen oder gar 100 % von staatlichen Geldern abhängig sind. Formal ist die Autonomie also weitgehend gewahrt.
Bei einer vergleichenden Betrachtung der Nicaraguapolitik der Evangelischen und Katholischen Kirche lassen sich beachtliche Unterschiede ausmachen, die nicht kirchenspezifisch, sondern eher typisch für das Verhältnis von NRO's und dem BMZ sind.

Stärker als die Katholische ist die Evangelische Kirche in den letzten Jahren zu der Erkenntnis gelangt, daß sich der kirchliche Beitrag zur Entwicklung nicht in der Vergabe von Geldern und Personal erschöpfen kann, sondern daß die politische Dimension stärker als bisher miteinbezogen werden muß. Sowohl der Dienst in Übersee als auch 'Brot für die Welt' (BfdW) arbeiten in Nicaragua mit staatlichen Stellen zusammen und begründen diesen Sonderfall damit, daß eine hohe Übereinstimmung von der Art und den Zielen der dortigen Regierungsprogramme mit den entwicklungspolitischen Kriterien der Evangelischen Kirche gegeben ist. Diese Kriterien mögen von denen der Katholischen Kirche kaum abweichen, doch lehnt diese eine Zusammenarbeit mit staatlichen Stellen prinzipiell ab. Das Prinzip wird zum Dogma. Es kommt hinzu, daß die vom Vatikan vorgegebene hierarchische Kirchenstruktur zur Durchführung von Misereor-Projekten die Einwilligung des zuständigen nicaraguanischen Bischofs verlangt. Zuwiderhandlungen kämen einer Mißachtung der Kirchenordnung gleich. Ein Pfad, auf den sich Misereor und die Deutsche Bischofskonferenz, etwa durch die Förderung eines von der Volkskirche gewünschten Projektes, doch nicht begeben möchten, zumal ihre Kollegen von der nicaraguanischen Bischofskonferenz alle der Amtskirche zuzurechnen sind. Der Vorsitzende der Bischofskonferenz, Monsignore Pablo Vega, kommentierte den Tod von sechs, bei einem Contraangriff ums Leben gekommenen Kindern mit den Worten: »Es ist schlimmer die Seele als den Körper zu töten.«[7] Diese Formel von der Nichteinmischung in die Kirchenpolitik des jeweils anderen Landes erscheint angesichts derartiger Rückfälle ins finstere Mittelalter doch äußerst fragwürdig, wenn, wie in Nicaragua, derart starke politische und theologische Differenzen zwischen Amts- und Volkskirche bestehen.
Auch in der innenpolitischen Auseinandersetzung um Nicaragua hält sich die Katholische Kirche der BRD – im Gegensatz zu ihren Glaubensbrüdern in den USA – vornehm zurück. Der Hauptgeschäftsführer von Misereor, Prälat Norbert Herkenrath, vermeidet bei diesem Thema eine Konfrontation mit der Bundesregierung. Sein evangelisches Pendant hingegen, der Direktor von BfdW, Pfarrer Otto Hahn, kritisierte die Bundesregierung öffentlich wegen des Einfrierens der Nicaragua-Hilfe und der Wiederaufnahme der entwicklungspolitischen Zusammenarbeit mit El Salvador.

Zwischen Autonomie und Abhängigkeit – Der Drahtseilakt der kleineren NRO's

Die kleineren NRO's stehen, anders als die Kirchen, in ihrer Zusammenarbeit mit dem Staat vor dem grundsätzlichen Problem, zum Trabanten staat-

licher Instanzen umfunktioniert und von ihnen vereinnahmt zu werden. Diesem Problem können sie nur entgehen, wenn sie über genügend eigene Ressourcen, sprich ein genügend hohes Spendenaufkommen, verfügen, so daß staatliche Zuschüsse nur eine zusätzliche Förderung darstellen und nicht zur Existenzgrundlage der Organisation werden. Anderenfalls können die Organisationen in die Lage geraten, sich aus elementaren Besitzerhaltungsinteressen heraus auf alles einzulassen, was vom BMZ verlangt wird, weil dieses mit der Keule des Entzugs der Zuschüsse drohen könnte. Durch die konservativ-liberale Wende in Bonn 1982 haben einige dieser kleineren NRO's offensichtlich Angst bekommen, durch Nicaragua-Vorlagen ihr Verhältnis zum Zuwendungsgeber BMZ zu belasten. Organisationen, wie beispielsweise die Deutsche Welthungerhilfe (DWHH), die ihre Projekte teilweise bis zu zwei Dritteln vom BMZ finanzieren lassen, kommen nicht umhin, Richtlinien des BMZ, wie sie spätestens seit der Mittelamerikadebatte im Bundestag (Mai '83) offenkundig sind, für ihre entwicklungspolitischen Vorhaben zu berücksichtigen, deren oberster Grundsatz lautet: Keine Zusammenarbeit mit staatlichen Trägern!
Der Zweck ist klar. Bundesdeutsche Steuergelder sollen nach Möglichkeit zu keinem Versuch, Nicaragua bei seiner administrativen und wirtschaftlichen Neustrukturierung zu unterstützen, ausgegeben werden. Projekte, die trotzdem mit staatlichen Trägern durchgeführt werden, müssen genau diesen Anschein vermeiden und in ihren Finanzierungsanträgen einen entwicklungspolitischen Begründungszusammenhang geben, der sehr stark den humanitären Aspekt betont. Organisationen wie die DWHH bewegen sich somit zwangsläufig in einem extremen Widerspruch zwischen Anspruch und Wirklichkeit, denn es tut sich eine Kluft auf, wenn als Arbeitsschwerpunkt ‚Integrierte Projekte' (Landwirtschaft, Ausbildung, Infrastruktur, Kreditwesen, Vermarktung)[7a] definiert und darüberhinaus betont wird, »wir helfen Menschen und nicht Regierungen oder Systemen«.[7b] Warum eigentlich nicht, stimmen doch die Ziele der nicaraguanischen Regierung mit denen der DWHH überein: »Verbesserung der Ernährungslage in Entwicklungsländern, Förderung der ländlichen Entwicklung durch Hilfe zur Selbsthilfe«.[7c]
Wer bereit ist, die Zeichen der Zeit, diese Winde der Wende, zu deuten / zu berücksichtigen, und sich an den BMZ-Richtlinien orientiert, kann mit staatlichem Wohlwollen bei der Bearbeitungsdauer von Anträgen zu Nicaragua rechnen. Die Deutsche Welthungerhilfe hat, wie sie sagt, keinerlei Probleme, die Anträge werden zügig und normal bearbeitet. Andere Organisationen, die noch mit staatlichen Trägern in Nicaragua zusammenarbeiten, klagen über eine systematische Verschleppung ihrer Anträge. Den politischen Hintergrund versucht die BMZ-Bürokratie mit Kategorien wie »entwicklungspolitisch nicht sinnvoll« zu verschleiern.

Unterschiedlich starke Abhängigkeiten und divergierende politische Meinungen verunmöglichen, daß der 'Bensheimer Kreis', in dem die meisten NRO's zusammengeschlossen sind und den sie als gemeinsames Diskussionsforum betrachten, eine geschlossene Position zum Thema 'BMZ – Nicaragua' formuliert. Kritik am BMZ leisten sich öffentlich auch nur Organisationen wie Terre des Hommes, die peinlich darauf bedacht ist, höchstens 10 % seiner Arbeit vom BMZ finanziert zu bekommen. Die 10 %-Marge ist ein Mitgliederbeschluß. medico international und EIRENE sind weitere Organisationen, die sich öffentlich kritisch mit der BMZ-Politik gegenüber Nicaragua auseinandersetzen.
Es sind aber nicht nur finanzielle Gründe und daraus resultierende Abhängigkeiten, die zur unterschiedlichen Beurteilung und Behandlung Nicaraguas seitens der NRO's führen. Auch die Organisationsform spielt eine nicht unbedeutende Rolle. Gruppen wie Terre des Hommes oder ASW (Aktion Solidarische Welt) haben eine breite Basis ehrenamtlicher Mitarbeiter und eine basisdemokratische Organisationsstruktur. Dem stehen Organisationen gegenüber wie die Deutsche Welthungerhilfe als bundesdeutscher Dachverband der weltweiten 'Aktion für Entwicklung und Partnerschaft', der u. a. das Deutsche Rote Kreuz, die Kirchen, die politischen Parteien, die Wohlfahrtspflege und landwirtschaftliche Organisationen angehören.[8]
In einer Art Aufsichts- oder Verwaltungsratsgremium sitzen »Persönlichkeiten des öffentlichen Lebens aus Wirtschaft, Politik, Kultur und Wissenschaft.« Hier laufen auch die Diskussionsprozesse naturgemäß vollkommen anders, hier werden auch Entscheidungen völlig anders gefällt als bei den vorher genannten Organisationen.

Die Parteistiftungen in Nicaragua

Obwohl die entwicklungspolitische Arbeit der politischen Stiftungen vollständig vom BMZ finanziert wird, sind diese – seltsamerweise – alles andere als Trabanten des BMZ oder irgendeiner anderen staatlichen Instanz.
»Im Gegenteil nimmt das BMZ auf die entwicklungspolitischen Projekte der Stiftungen nicht mehr, vielleicht sogar noch weniger, Einfluß als auf die von ihm nur mitfinanzierten Projekte.«[9]
Wie ist das zu erklären ?
Da die Stiftungen personell, organisatorisch und programmatisch sehr eng an die Bundestags-, ihre Mutterparteien, angebunden sind, erhalten sie von ihnen die entsprechende Unterstützung. Bezüglich der Stiftungen besteht im Deutschen Bundestag eine stillschweigende Allparteienkoalition, die die finanzielle Absicherung garantiert. Einen der seltenen Momente solch parteiübergreifender Einmütigkeit konnte der interessierte Zeitungsleser zuletzt bei

dem unrühmlichen Ausgang des Flick-Untersuchungsausschusses miterleben.
Diese in der Stiftungsfrage vorhandene Einigkeit der Parteien führt dazu, daß das BMZ die Finanzzuschüsse für Entwicklungsprojekte nicht nach gusto oder politischer Konjunktur dosiert, sondern oft ohne Rücksicht auf die entwicklungspolitische Relevanz oder Leistungsfähigkeit pluralistisch verteilt. Eine Kürzung der Mittel wäre aus Bonner Regierungssicht weder sinnvoll noch effektiv, da sie gleich alle Bundestagsparteien auf den Plan rufen würde. So liegt die tatsächliche Kontrolle sowohl über die Höhe als auch die Verwendung der Finanzzuschüsse nicht beim BMZ, sondern bei den Stiftungen selbst.
Die Regel sieht so aus, daß über Projekte nicht erst verhandelt werden muß, sondern die im Bundestag vertretenen Parteien das BMZ anweisen, ihrer jeweiligen Stiftung den für angemessenen erachteten Betrag zur Verfügung zu stellen. Wie schon in Teil 1 des Buches ausgeführt, gehen jährlich 66 Millionen an die FES und KAS, je 33 Mio. an die HSS und die FNS. Insgesamt mehr als die Katholische und die Evangelische Kirche bekommen.
So ist die Kürzung der Zusammenarbeit der Friedrich-Ebert-Stiftung mit Nicaragua auch nicht – wie uns gegenüber versucht wurde glaubhaft zu machen – mit restriktiven Eingriffen des BMZ zu rechtfertigen. Diesen Kürzungen lagen klare parteipolitische bzw. außenpolitisch-ideologische Motivationen zugrunde.
Auch nur vor dem Hintergrund dieser besonderen Organisationsstruktur der Stiftungen und der besonderen Vergabepraxis seitens des BMZ ist es zu verstehen, daß die Friedrich-Naumann-Stiftung, Ableger der FDP, Nicaragua zu einem ihrer Schwerpunktländer erklärt hat und dort seit 1979 mehr Geld gelassen hat als die SPD-nahe FES.
Paradox wird das ganze dadurch, daß die FDP als Koalitionspartei in Bonn mit dem Gewicht des Außen- und Wirtschaftsministers die Streichungspolitik der Bundesregierung gegenüber Nicaragua mitverantwortet und mitträgt. Hier geht es offensichtlich nicht um entwicklungspolitische Kriterien oder um irgendwelche Überzeugungen. Im günstigsten Falle für die FDP kann man von einem Machtgerangel mit den (christlichen) Parteien reden. Nicaragua wurde vor diesem Hintergrund Opfer eines »Kuhhandels« zwischen den Koalitionsparteien.
Vorstellbar nach dem Motto: Strauß darf im südlichen Afrika nicht machen was er will, dafür hält die FDP aber in der Nicaragua-Frage Ruhe und überläßt das Feld den CSU-Strategen Warnke und Lengl, letzterer Staatssekretär im BMZ und vorher Geschäftsführer der Hanns-Seidel-Stiftung.

Fazit

Anhand der in Nicaragua arbeitenden NRO's lassen sich zwei Entwicklungstendenzen beobachten.
Zum einen, vereinfacht dargestellt, die Spaltung der Organisationen in ein konservatives und ein linksliberal-progressives Lager analog zur Parteienlandschaft in der Bundesrepublik.
Während das konservative Lager sich weiterhin auf humanitär-karitativ begründete Ansätze und Konzeptionen stützt und Konflikten mit dem Zuwendungsgeber tunlichst aus dem Wege zu gehen versucht, läßt sich bei den von uns als linksliberal-progressiv klassifizierten Organisationen ein in den letzten Jahren verändertes Verständnis von Entwicklungspolitk nachzeichnen.
Dieses Verständnis beruht auf Ansätzen, die davon ausgehen, daß langfristig eine andere gesellschaftliche, politische und wirtschaftliche Weltordnung zur Überwindung von Hunger und Unterentwicklung unabdingbar ist und drückt sich aus in einem verstärkten Engagement in Ländern wie Nicaragua, wo ein Entwicklungsweg eingeschlagen wurde, der auf den eigenen Ressourcen aufbaut, auf die Befriedigung der Grundbedürfnisse der gesamten Bevölkerung abzielt und diese aktiv miteinzubeziehen versucht.
Die folgenden Interviews mit Vertretern des linksliberalen-progressiven Spektrums der Nichtregierungsorganisationen wurden von uns deshalb ausgewählt, weil sie dieses veränderte Verständnis mit Beispielen aus ihrer Projektpraxis und ihrer Herangehensweise recht eindrucksvoll belegen und mit Inhalt füllen.

»Stärker eigene Wege formulieren, mehr Kritik üben«

Interview mit dem 1. Vorsitzenden der unabhängigen Hilfsorganisation Terre des Hommes, Klaus Schmidt, in Hamburg, 4. Januar 1985

Zunächst einige grundlegende Fragen: Wann wurde Terre des Hommes gegründet? Welches sind die Zielsetzungen? Wie ist die Mitgliederstruktur, und wie sieht der finanzielle Rahmen aus?

TdH ist eine Bürgerinitiative, gegründet 1959 in der Schweiz von einem Journalisten der im Algerien-Krieg war und gesehen hat, wie der Krieg sich auf die Zivilbevölkerung, besonders auf die Kinder ausgewirkt hat. Dieser Journalist wollte aus humanitären Gründen etwas für die Kinder tun.
Aus ähnlichen Gründen wurde dann 1967/68 in der Bundesrepublik in Stuttgart eine deutsche Sektion gegründet, um während des Vietnam-Krieges etwas für die Kinder dort zu tun. Das waren zum Teil auch Leute, die damals mit gegen die Kriegspolitik der USA protestierten, es aber nicht beim Protestieren belassen wollten. Aus diesen Anfängen heraus entwickelte sich allmählich ein Programm, wo man versuchte, auch vorbeugende Entwicklungsprojekte miteinzubeziehen. Dies nun nicht mehr in Kriegsgebieten, sondern auch in anderen Ländern. Man war darauf gekommen, daß Not nicht allein aus Kriegseinwirkung entsteht, sondern vor allem durch Unterentwicklung, durch Armut, durch Abhängigkeiten. Dagegen wollte man auch etwas im vorbeugenden Sinne machen. Daraus entstanden allmählich entwicklungsbezogene Selbsthilfeprojekte.
Das ist auch der jetzige Stand. Wir unterstützen Projekte von Partnern in der Dritten Welt. Dadurch, daß die Projekte von einheimischen Gruppen selbst durchgeführt werden, trägt jedes Projekt zur Selbstorganisation der Menschen vor Ort bei. Die Stärkung des Selbstvertrauens und der Organisationsfähigkeit sind für uns das Wichtigste.
Nach wie vor sind Projekte für Kinder unser Schwerpunkt, allerdings in einem erweiterten Sinn. Wir versuchen zu helfen, wenn z. B. Landarbeiterfamilien in Kolumbien sich gegen Übergriffe von Großgrundbesitzern wehren, also Unterstützung für Familien, die noch intakt sind, wo aber die Gefahr besteht, daß sie irgendwann im Elendsviertel landen, weil sie sich auf dem Land nicht mehr halten können. Unser Ziel heißt heute: Unterstützung der Kinder in ihrem angestammten sozialen Umfeld. Das schließt aber nicht aus, daß wir nach wir vor in Extremfällen eine Hilfe für einzelne Kinder, zum Beispiel im medizinischen Bereich, organisieren. Wir unterstützen auch die Adoptionen in Dritte-Welt-Länder selbst, also daß indische Eltern indische Kinder adoptieren.

Wir unterstützen heute Projekte in 26 Ländern. Im letzten Jahr hatten wir ein Spendenaufkommen von knapp 14 Millionen DM, davon etwa 2-4 % öffentliche Zuschüsse und vielleicht 4 % aus Bußgeldern aus Gerichtsverfahren. Wir haben uns selbst die Marge gesetzt, daß wir nicht mehr als 8-10 % öffentliche Zuschüsse haben wollen. Es gibt einige Veteranen im Verein, die sogar der Meinung sind, wir sollten überhaupt keine öffentlichen Zuschüsse nehmen, um uns nicht in Abhängigkeit zu begeben.

Wie werden diese Spenden aufgebracht?

TdH ist ganz eigentümlich organisiert. Es gibt in etwa 170 Städten oder Ortschaften Arbeitsgruppen. Diese Arbeitsgruppen bestehen aus ehrenamtlichen Mitarbeitern, und diese Mitarbeiter arbeiten nur so lange mit, wie sie Lust haben, etwas mit TdH zu machen. Erst wenn die Arbeit einigermaßen konstant ist, wählen sie fünf Mitglieder, und diese Mitglieder stellen dann auf die Bundesrepublik bezogen den Verein Terre des Hommes dar. Diese Vereinsmitglieder diskutieren die wichtigsten Ziele des Vereins, tragen auch einen Teil des Spendenaufkommens durch eigene Spenden. Eine ganze Menge Geld kommt dann durch die Aktivitäten der einzelnen Arbeitsgruppen zusammen, also durch Basare, Feste, Infostände. Hier in Hamburg kommen zum Beispiel durch die Aktivitäten der Gruppe allein rund 200 000 DM jährlich zusammen. Darüberhinaus gibt es dann aber so an die 40 000 Einzelspender, die entweder einmal im Jahr etwas für TdH spenden oder Partnerschaften für ein bestimmtes Projekt übernommen haben oder für ein ganzes Programm, wie beispielsweise Bolivien. Diese Vielfalt macht auch unsere Stärke aus, da wir dadurch unabhängig von politischen oder wirtschaftlichen Einflüssen sind.
Zu Beginn der noch andauernden Wirtschaftskrise vor ungefähr drei Jahren hatten wir Angst, daß die Spenden zurückgehen würden, aber sie blieben ziemlich konstant. In den Arbeitsgruppen arbeiten, das ist sehr unterschiedlich, zwischen 5 und 80 Leute mit, je nach dem, ob es nun ein Dorf oder eine Großstadt ist. Wir vermuten, daß wir zur Zeit 2 000 bis 3 000 aktive Mitarbeiter/innen in der gesamten Bundesrepublik haben.

Um diese doch erhebliche Summe zu verwalten, ist es sicherlich notwendig, die Arbeit in einem gewissen Sinne zu professionalisieren. Können Sie etwas dazu sagen?

Die wichtigsten Ziele werden von der Mitgliederversammlung diskutiert und festgelegt, zum Beispiel die Fragen, nach welchen Kriterien Projekte ausgewählt werden sollen. Im Rahmen dieser Vorgaben arbeitet der Vorstand, der

gewählt wird, aber auch ehrenamtlich tätig ist. Der Vorstand entscheidet über Projekte, ist also das Bewilligungsgremium, und er diskutiert die laufenden Strategien, wie zum Beispiel das Verhältnis zum Bundesministerium für Wirtschaftliche Zusammenarbeit oder das Projektprogramm in einzelnen Ländern.
Die Projektvorbereitung, die Projektbegleitung und die ganze Ausführung wird von hauptamtlichen Mitarbeitern/innen in der Geschäftsstelle in Osnabrück durchgeführt. Das sind im Auslandsbereich 5 Referate, die regional gegliedert sind. Wir arbeiten im wesentlichen nach dem Antragsprinzip. Das heißt, wir warten auf Initiativen von Gruppen, dann wird mit diesen Gruppen verhandelt, das machen auf unserer Seite die Hauptamtlichen. Wenn etwas entscheidungsreif ist, bekommen wir im Vorstand die entsprechende Vorlage. Was nach der Bewilligung einsetzt, ist, wenn es gut läuft, das Wichtigste für uns: nämlich ein längerer Kontakt und Diskussionsprozeß mit den Projektpartnern. Diskussionen nicht nur über das jeweilige Projekt, sondern auch über Themen, wo wir zum Beispiel versuchen, Erfahrungen anderer Projektpartner, die in ähnlichen Bereichen arbeiten zu vermitteln, also zum Beispiel Erfahrungen aus Nicaragua nach Kolumbien zu vermitteln. Das bedeutet, daß wir nicht nur Projekt unterstützen, sondern auch ziemlich grossen Wert auf Vernetzung legen, Seminare veranstalten.

Wenn ich das richtig sehe, hat sich die Arbeit von TdH ausgehend von Algerien mittlerweile über die ganze Dritte Welt ausgedehnt. Seit 1979 ist dann auch Nicaragua dazugekommen. Nach welchen Kriterien wurde das damals eigentlich entschieden? Nicaragua ist ja heute so etwas wie ein Schwerpunktland von Terre des Hommes.

Da gibt es drei Kriterien. Das eine Kriterium ist das der sozialen Situation der Menschen dort. Also: Inwieweit ist es aus karitativen Gründen heraus nötig, etwas zu tun? Unter diesem Gesichtspunkt gibt es natürlich sehr viele Länder, in denen man etwas machen müßte. Dann gibt es das Kriterium: Inwieweit ist es überhaupt möglich, sinnvolle Projekte zu finden? Ist eine Arbeit mit unserem Ansatz, also ohne Entwicklungshelfer zu entsenden, möglich? Gibt es Eigeninitiativen die man unterstützen kann?
Dies ist zum Beispiel ein großes Problem in manchen afrikanischen Ländern, wo die Selbsthilfeansätze noch ziemlich bescheiden sind. Das dritte Kriterium richtet sich aus an der Frage: Was hat die Arbeit insgesamt, auch politisch gesehen, für Perspektiven? Wir unterstützen ja keine Regierungen und auch keine Länder, sondern bestimmte Schichten in der Bevölkerung, bestimmte Bewegungen oder bestimmte Gruppen. Wir fragen uns dann: Haben diese Zielgruppen irgendeine Perspektive? Machen sie etwas, was viel-

Marktfrau in Masaya

leicht für andere Länder beispielhaft sein könnte? Damals war es in Nicaragua so, daß alle drei Kriterien, wenn auch unterschiedlich stark, erfüllt waren. Gerade bei Punkt drei hatten wir die Hoffnung, daß der Entwicklungsweg Nicaraguas nach dem Sturz Somozas so etwas wie ein Modell sein könnte. Dies war sicherlich mit ein Grund, weshalb wir dort eingestiegen sind. Mit der Unterstützung von Selbsthilfegruppen war es anfangs schwierig. Wir haben zunächst mit Ministerien zusammengearbeitet, haben die Alphabetisierungskampagnen unterstützt, danach die Gesundheitskampagnen. Das waren Dinge, die zuerst zentral organisiert waren, die dann aber an der Basis umgesetzt wurden. Der nächste Schritt war dann, daß wir versucht haben, mit Massenorganisationen zusammenzuarbeiten, mit den CDS (Sandinistische Verteidigungskomitees), mit Organisationen im Gesundheitsbereich oder mit der ATC (Landarbeitergewerkschaft). Das sind im wesentlichen die Projekte, die seit drei Jahren laufen.
Ein Beispiel für unsere Arbeit ist ein Projekt in Zelaya Norte, mit dem wir allerdings nicht so glücklich wurden. Es handelte sich darum, Frauen auszubilden, um so ein Basisgesundheitssystem aufzubauen. Die Planung wurde aber durch die militärische Entwicklung hinfällig. Das ist momentan auch das Hauptproblem für eine Organisation wie TdH, die keine eigenen Leute im Land hat. Durch die sehr schnelle Veränderung der militärischen Lage in Nicaragua müssen plötzlich ganz andere Prioritäten gesetzt werden, wenn Dörfer angegriffen und zerstört werden.
Ein späteres Projekt entstand im Süden am Rio San Juan: die Einrichtung von Vorschulzentren im ländlichen Bereich für Kinder im Vorschulalter. Dies ist jetzt ausgedehnt worden auf die Gegend um Bluefields herum, wo versucht werden soll, die Kinder auch mehrsprachig in Miskito, Sumo und Englisch zu erziehen.
Im letzten Jahr haben wir an dem Programm 'Sicherung der Ernährung aus eigenen Quellen bis zum Jahre 2000' mitgearbeitet. Nicaragua will versuchen, bis dahin von dem Import von Grundnahrungsmitteln unabhängig zu werden.
TdH hat ein Programm der ATC unterstützt, wo die Landarbeiter im Exportsektor ein Stück Land bekommen haben, das sie selbst bebauen können. Dafür haben sie von uns Saatgut bekommen. Dies sind die größten Projekte. Daneben gibt es noch eine Menge kleinerer Dinge.

Können Sie jetzt einmal etwas zu Ihrer Erfahrung, also den Erfahrungen einer Nicht-Regierungs-Organisation mit dem Bundesministerium für Wirtschaftliche Zusammenarbeit sagen? Welche Kontakte gibt es da? Hat sich in letzter Zeit etwas verändert?

Was Nicaragua angeht, ist es zur Zeit so, daß sämtliche Projekte, die in Nicaragua noch von den freien Trägern gemacht werden, über den Schreibtisch von Minister Warnke laufen, der jedes Projekt persönlich begutachtet. Das BMZ hat bestimmte Kriterien aufgestellt, welche Projekte es in Nicaragua nicht fördern will. Ein Kriterium ist, daß das BMZ kein Projekt fördern will, das als regierungsnah gilt. Darunter fallen alle Projekte mit Organisationen, die als regierungsnah oder regierungstragend eingestuft werden. Dazu gehören zum Beispiel nach Meinung des BMZ die Sandinistische Jugend. Solche Kriterien gibt es für andere Länder nicht.

Wenn ich das richtig verstanden habe, befindet sich TdH in einer relativen Unabhängigkeit vom BMZ, da TdH den Anteil der Zuschüsse bewußt niedrig hält. Haben Sie trotzdem schon Schwierigkeiten mit dem BMZ bekommen?

Es hat im Falle Nicaraguas Probleme gegeben, die kann man allerdings nur schwer festmachen, weil es keine explizite Ablehnung eines Projekts durch das BMZ gegeben hat. Anträge brauchen einfach unendlich lange zur Bearbeitung. Letztendlich wurden die Anträge zwar nicht abgelehnt, aber die Projekte liefen mit unseren eigenen Mitteln schon an, ein neues Haushaltsjahr hatte begonnen und deshalb war eine Förderung rückwirkend nicht mehr möglich.
Ohne daß das BMZ einmal nein gesagt hat, konnten bei uns durch diese Verzögerungstaktik und die schon erwähnten Kriterien in den letzten zwei Jahren keine Projekte mit BMZ-Mitteln unterstützt werden.

Gerade Sie als Vorsitzender haben ja versucht, mit dem BMZ ins Gespräch zu kommen, indem Sie einige öffentliche Briefe geschrieben haben. Können sie schildern, welche Erfahrungen Sie dabei gemacht haben?

Der Ausgangspunkt ist gewesen, daß wir sowohl in Nicaragua als auch in El Salvador Projekte unterstützen. In Nicaragua habe ich die Bereiche ja schon genannt. In El Salvador unterstützen wir kirchliche Gruppen, Gewrkschaften und Organisationen im Rahmen der Befreiungsbewegung, zum Teil in den kontrollierten Zonen, zum Teil in San Salvador, aber vor allem auch anfangs im Ausland in Flüchtlingsgebieten.
Aus dieser eigenen Erfahrung heraus hatten wir einfach Angst, daß die neue Linie des BMZ, also Streichung der Mittel für Nicaragua und Wiederaufnahme der Entwicklungshilfe für El Salvador, für die Menschen in beiden Ländern katastrophale Folgen haben würde.
In Nicaragua haben sich unsere Befürchtungen bestätigt, daß die Politik des

BMZ mit zur Isolierung des Landes beiträgt, während parallel die militärische Agression läuft. Das greift ja ineinander über. Das führt ja dazu, daß Entwicklungsprozesse im Lande schwieriger werden, weil auch die Unterstützung aus einigen westlichen Ländern fehlt. Zu El Salvador haben wir sofort versucht, mit Herrn Warnke ins Gespräch zu kommen, weil es genügend Erfahrungen gibt, daß in El Salvador Entwicklungshilfe verschwindet oder, was noch problematischer ist, häufig für militärische Zwecke verwendet wird. Zivile medizinische Einrichtungen tauchen dann in Militärhospitälern auf, wo dann auf dem Operationstisch Leute umgebracht werden. Dies sind Dinge, die bekannt sind. Weil wir das alles wußten, haben wir versucht darüber mit Minister Warnke zu sprechen. Es hat verschiedene Briefe gegeben. Der Tenor der Antworten des BMZ war dann, daß man mit einer Verzögerungstaktik kaum auf diese Briefe reagierte. Also wieder unheimlich lange Bearbeitungszeiten oder nichtssagende Antworten oder als Antwort auf ganz detaillierte Fragen ein stenographierter Bericht einer Bundestagsdebatte, in der ganz andere Dinge, als wir sie gefragt haben, diskutiert wurden. Ich glaube, daß es trotzdem richtig war, diese Briefe zu schreiben, obwohl es erstmal nichts genützt hat. Denn die Antworten zeigen genau den Punkt auf, wo das BMZ seine eigenen Schwächen kennt. Minister Warnke weiß, daß er zwar in der Öffentlichkeit relativ gut die neue Politik darstellen und begründen kann, aber er kann sie nicht in Diskussionen mit Organisationen oder Leuten die informiert sind, halten.
Unter entwicklungspolitischen Gesichtspunkten kann er seine Position nicht begründen. Minister Warnke sagt ja, daß Nicaragua nicht demokratisch sei, er sagt, daß Nicaragua keine blockfreie Politik betreibe und er sagt, daß es Verpflichtungen gegenüber dem Verbündeten USA gäbe. Die beiden ersten Punkte kann er nicht begründen. Man braucht sich nur die Wahlen anzusehen, die im Vergleich mit anderen südamerikanischen Ländern von wirklich informierten Beobachtern in ihrem Ablauf positiv eingeschätzt wurden. Und selbst, wenn er alles, was er behauptet, beweisen könnte, wäre das noch kein Grund, die Hilfe einzustellen, weil das BMZ in einer Vielzahl nach unseren Maßstäben undemokratischen Ländern, besonders in Afrika, finanzielle Hilfe leistet. Wenn man es vergleicht mit der Praxis in Ländern wie Zaire, Togo, Ländern mit politischen Gefangenen, mit Repression, dann wird diese Politik völlig irrational.
Das, was dann letztendlich übrigbleibt ist die Begründung, daß man eine Verpflichtung dem Verbündeten USA gegenüber habe. Das ist dann auch der wahre Grund für die neue Mittelamerika-Politik.

Welche Perspektiven sehen Sie für die Zukunft der NRO's vor dem Hintergrund der 'Wende in der Entwicklungspolitik'?

Es gibt natürlich die Möglichkeit, daß sich die NRO's mehr vom BMZ lösen, stärker eigene Wege formulieren und mehr Kritik am BMZ üben, generell unabhängiger werden. Aber ich bin da ein wenig skeptisch, ehrlich gesagt. Ich glaube, das werden nur wenige machen. Die wenigen Organisationen, die bis jetzt einen unabhängigen Kurs vom BMZ gefahren haben, werden das auch weiterhin machen. Diejenigen, die in der Vergangenheit auch finanziell enger mit dem BMZ zusammengearbeitet haben, werden nicht in der Lage sein, einen unabhängigeren Weg zu gehen. Das hängt auch mit der unterschiedlichen Organisationsform der verschiedenen Träger zusammen. Viele haben ja nicht, wie wir beispielsweise einen Verein unter sich, und die Entscheidungen werden nicht von einer breiten Basis formuliert. Es gibt auf der einen Seite Gruppen wie TdH oder ASW, die eine Basis von ehrenamtlichen Mitarbeitern haben, oder die in der Diskussion mit der Solidaritätsbewegung stehen, medico beispielsweise. Auf der anderen Seite gibt es grosse Hilfsorganisationen, die eben keinen Verein haben, sondern so eine Art Trägergremium oder Aufsichtsrat, von denen ich nicht annehme, daß dort ähnliche Diskussionsprozesse wie bei uns laufen.
Eine wichtige Perspektive, die ich sehe, ist der Versuch, stärker mit den Gewerkschaften ins Gespräch zu kommen. Was unsere Mitarbeiter angeht, ist es so, daß der überwiegende Teil doch aus dem sogenannten Bürgertum kommt, jedenfalls nicht dem klassischen Arbeiterlager entstammt. Unsere Mitgliederstruktur ist vermutlich in einem gewissen Grade typisch für die Dritte-Welt-Bewegung. Hier liegt, glaube ich, ein gesellschaftspolitisches Problem: Es fehlt das breite Gegengewicht aus der Bevölkerung gegen den Einfluß der Wirtschaft in der Entwicklungspolitik. Wir müssen aber auch die Verbindungen mit Bürgerinitiativen z. B. aus dem Umweltschutzbereich stärker ausbauen. In diesem letztgenannten Bereich liegt die Chance einer echten Solidarisierung zwischen Menschen, die hier gegen die Vergiftung der Umwelt ankämpfen und Bewegungen in der Dritten Welt.

»Private und kirchliche Träger können nicht die Lücken füllen, wenn die staatliche Hilfe gestrichen wird«

Interview mit Albert Gelhardt von der nicht-staatlichen Organisation EIRENE. Albert Gelhardt ist erst seit Mitte des Jahres 1984 in Nicaragua als Projektkoordinator. Seine Aufgabe besteht darin, neue Kontakte zu neuen Trägern, auch privaten und christlichen, zu finden, andererseits auch Projekte der staatlichen Träger, die vom FIR vorgelegt werden, entgegenzunehmen. Zur Aufgabe des Projektkoordinators gehört auch die Betreuung der Entwicklungshelfer von EIRENE vor Ort.

Wie ist EIRENE entstanden und mit welchem Selbstverständnis arbeitet Ihre Organisation?

EIRENE, der Name ist das griechische Wort für Frieden, versteht sich als internationaler Friedensdienst. Die Gründung von EIRENE war eine Reaktion auf den 2. Weltkrieg. Kirchenkreise wie die Mennoniten, die Brothering-Church aus den USA, der Internationale Versöhnungsbund und der Weltkirchenrat wollten damit in Europa eine eigenständige Organisation schaffen, die im Bereich Friedensarbeit und Kriegsdienstverweigerung neue Impulse geben sollte, um einen Dritten Weltkrieg zu verhindern. Die Anfänge waren gekennzeichnet von einer humanitären und Katastrophenhilfe. Während des Algerien-Krieges wurden algerische Flüchtlinge in Marokko betreut. Für kurze Zeit wurden freiwillige Helfer zum Wiederaufbau in zerstörte Gebiete geschickt. Damals handelten wir noch in der Annahme, daß Unterentwicklung als eine rückständige industrielle Entwicklung zu verstehen ist. Es ging darum, den Rückstand aufzuholen, um das gleiche Niveau zu erreichen wie es in den USA und Europa bestand. Wir haben jedoch die Erfahrung machen müssen, daß wir damit nicht an den Grundbedürfnissen der breiten Bevölkerung angesetzt haben. Wir förderten damals das Dienstleistungsgewerbe für die Mittel- und Oberschicht, indem wir KFZ-, Rundfunk-und Fernsehmechaniker ausbildeten.
Die heutige Arbeit von EIRENE besteht im wesentlichen aus drei Programmen:

— Zunächst der Entwicklungsdienst, mit dem unsere Arbeit begann. Wir entsandten Entwicklungshelfer für mindestens drei Jahre und unterstützten sie auch finanziell.
— Als Resultat aus dem Entwicklungsdienst wurde 1976 das Nord-Programm für Europa und die USA geschaffen. Denn man geht bei EIRE-

NE davon aus, daß Unterentwicklung nicht nur durch bestimmte Hilfsmaßnahmen in der Dritten Welt beseitigt werden kann, sondern grundsätzliche Änderungen der Weltwirtschaftsordnung notwendig sind. Deshalb werden Initiativen unterstützt, die auf eine andere, alternative Entwicklung in Europa und den USA abzielen. Diese Projekte liegen mehr im sozialen und Friedensbereich. Dabei handelt es sich oft auch um die Betreuung von Randgruppen.

— Solidarischer Lerndienst, der verstanden wird als eine Kombination aus den beiden ersten. Es soll ein Austausch zwischen Basisinitiativen in Europa mit der Dritten Welt sein.

Wie sieht es bei Ihnen mit den Finanzen aus?

Das Jahresbudget 1983 belief sich auf 2 Millionen DM. Die Spenden und Mitgliedsbeiträge im gleichen Jahr auf 350 000 DM.
Letztere werden hauptsächlich von den 7 Mitgliedsorganisationen (Mennoniten, Brothering Church, Internationaler Versöhnungsbund, und den vier Landeszweigen in der Schweiz, Niederlande, BRD, Frankreich) aufgebracht. Weitere Unterstützung kommt von sogenannten Projektpartnerschaftsgruppen (Kirchengemeinden, Schülerklassen, Jugendgruppen), die uns anschreiben und sich dann entscheiden, ein Projekt finanziell und auch mit Öffentlichkeitsarbeit mitzutragen. Unsere Mittel sind also ziemlich begrenzt. Infolge der personellen Zusammenarbeit sind die Verwaltungskosten auch höher als bei reinen Finanzprojekten, weil es viel aufwendiger ist, Personal auszuwählen, vorzubereiten und zu betreuen. Ein Großteil des Budgets kommt vom BMZ, weitere Unterstützung von Organisationen wie Brot für die Welt, dem Deutschen Aussätzigen-Hilfswerk, Christian Aid, OXFAM.

Was macht EIRENE konkret in Nicaragua?

Wir arbeiten seit 1981 in Lateinamerika, d. h. konkret in Peru. Tradition und Schwerpunkt liegen nach wie vor in Afrika. Ende 1981 begann unsere Arbeit in Nicaragua. An eine Landwirtschaftsschule, die von Priestern des Äskulap-Orden aus Spanien geführt und vom Erziehungsministerium unterstützt wird, wurde eine deutsch-chilenische Agraringenieurin für 3 Jahre vermittelt. Darüber hinaus haben wir uns an bestimmten Investitionskosten wie dem Kauf von Schreibmaschinen, Taschenrechnern, Laboreinrichtungen usw. beteiligt.
Anfang 1984 kam als zweites Projekt die Metallbauwerkstatt 'Julius Leber' in San Carlos/Rio San Juan dazu. Die Werkstatt geht auf eine Initiative von Franz Alt, Johano Strasser und Günter Grass sowie Hermann Schulz

zurück, die 1982, nach ihrer Nicaragua-Reise einen Unterstützungskreis gründeten. Ein Bein dieser Werkstatt soll die Ausbildung sein. Seit Ende 1983 arbeitet dort ein deutscher Mechaniker, der die Werkstatt mit aufgebaut und die Lehrlingsausbildung übernommen hat. Er wird ebenfalls für 3 Jahre dort arbeiten.
In ein schon laufendes Projekt ist EIRENE quer eingestiegen, um eine breitere Finanzierung zu sichern und eine kontinuierliche Arbeit zu gewährleisten. Dafür wollen wir in der Bundesrepublik öffentliche Mittel beantragen. Die 500 000 DM Gesamtkosten sollen über die Europäische Gemeinschaft beantragt werden, da wir davon ausgehen, vom BMZ keine neuen Mittel zu bekommen, weil dieses Projekt sich außerhalb der Roten Linie (vom Auswärtigen Amt definierte Sicherheitszone) befindet.

Sie haben gesagt, daß das BMZ Ihre Projekte nicht finanzieren würde. Wie sind Sie zu diesem Schluß gekommen?

Wir wollten die Arbeit in Nicaragua ausdehnen, um es zu einem Schwerpunktland zu machen und die Arbeit mit BMZ-Mitteln finanzieren. Nach der Bonner Wende kamen dann die Informationen, daß die Entwicklungshilfegelder eingefroren, immer mehr zurückgestellt und an Bedingungen geknüpft würden, die kaum erfüllbar sind. Anfangs sagte man uns, daß alles in der Diskussion sei und es noch nichts Genaues gäbe. Klar sei nur, daß Nicaragua in die Gruppe der 7 oder 8 Sonderländer eingestuft worden sei, was bedeutet, daß Projekte, die normalerweise auf Referatsebene entschieden werden, nunmehr vom Minister beurteilt werden. Inoffizielle Informationen aus dem BMZ ließen uns vermuten, daß unsere Projekte chancenlos waren, weil sie sich außerhalb der Roten Linie befinden, wo von uns bewußt der Schwerpunkt gelegt wird, sowie wegen der Trägerfrage: Projekte, die mit staatlichen Trägern arbeiten haben kaum Aussicht auf Förderung. Da jedoch die Projekte von uns alle mit staatlichen Trägern durchgeführt werden, gehen wir fest davon aus, daß wir keine staatliche Finanzierung bekommen werden, obwohl vom Inhaltlichen her alle Projekte den BMZ-Kriterien entsprechen. Schwerpunkte unserer Arbeit sind ja Landwirtschaft, Handwerk, Produktion und Ausbildung. Die Gründe, die hinter den BMZ-Entscheidungen stehen, werden nicht offen genannt.

EIRENE steht ja vom Anspruch und von der Konzeption her im Gegensatz zur BMZ-Politik. Ist es vorgesehen, auch außerhalb der konkreten Arbeit die Politik des Ministeriums in Form von Öffentlichkeitsarbeit zu denunzieren?

Ja, den Anspruch haben wir, daß wir in der Öffentlichkeit über unsere Ar-

beit, aber auch unsere Schwierigkeiten berichten wollen. So haben wir 1983, zum 4. Jahrestag des Sturzes von Somoza, versucht, einen gemeinsamen Aufruf aller Organisationen, die in Nicaragua Projekte durchführen zustandezubringen. Damit sollte Druck auf die Bundesregierung und das BMZ ausgeübt werden. Wir sind mit diesem Aufruf nicht sehr weit gekommen. Nicht mitgemacht haben die politischen Stiftungen und die staatlichen Organisationen wie der DED oder die GTZ.
Wir haben festgestellt, daß es innerhalb der einzelnen Organisationen sehr viele Diskussionen gibt, auf höherer Ebene aber versucht wird, die Konfrontation mit dem BMZ zu vermeiden. Teilweise haben auch die kirchlichen Hilfswerke nicht mitgemacht. Brot für die Welt wollte das lieber im kirchlichen Rahmen, zusammen mit Misereor und Caritas, machen. Letztendlich haben die Plattform acht kleinere private Organisationen unterschrieben. In der Öffentlichkeit hat es kaum Resonanz gegeben. Wir haben auch Briefe an Genscher und das BMZ geschrieben, um aufzuzeigen, daß die Linie, die das BMZ fährt, dazu beiträgt, die Außenpolitik der USA zu stärken, und daß damit Ländern wie Nicaragua das Wasser abgegraben werden soll. Mit Antworten hatten wir dabei nicht gerechnet und waren deshalb auch nicht überrascht, als nichts kam.

Sehen Sie in der Ausdehnung der Aktivitäten von NRO's eine langfristige Alternative, um staatliche Entwicklungshilfegelder überflüssig zu machen?

Ob es eine wirkliche Alternative sein kann, weiß ich nicht, da es im Normalfall so ist, daß sich der staatliche, private und kirchliche Bereich in der Entwicklungspolitik oft ergänzen – wobei die Schwerpunkte natürlich unterschiedlich sind. Ich glaube nicht, daß private und kirchliche Träger soviel Kraft und Mittel aufbringen können, um das Loch, das in Nicaragua beispielsweise entstanden ist, wieder auffüllen zu können. Wenn der Staat seine Mithilfe in einem Bereich verweigert, der im Prinzip seinen Entwicklungskriterien entspricht, dann ist es gerade Aufgabe der Freien Träger, sich zu engagieren. Darin sehen auch wir unsere Aufgabe, obwohl wir nur einen begrenzten Beitrag leisten können.

medico international

Entstehung und Selbstverständnis

medico international ist eine sozialmedizinische Hilfsorganisation, die 1968 von einigen Frankfurter Medizinstudenten ins Leben gerufen wurde. Ihr unmittelbares Anliegen damals war es, der unter dem Krieg leidenden Zivilbevölkerung in Biafra mit Medikamenten und medizinischem Gerät zu helfen. Aus dieser spontanen Aktion entwickelte sich mit den Jahren ein gemeinnütziger Verein, der heute schwerpunktmäßig in Lateinamerika und Afrika den Aufbau von Basisgesundheitsdiensten fördert.

Verglichen mit den von nationalen und internationalen Kooperationsbürokratien in das Gesundheitswesen der Dritten Welt investierten Summen, erscheint der jährliche medico-Haushalt von zuletzt 5 Millionen DM (1984) als recht klein. Überlegungen, wie diese knappen Mittel sinnvoll eingesetzt werden könnten, führten zur Erstellung von Entscheidungskriterien: Vor allem jene Menschen und Initiativen in der Dritten Welt sollen unterstützt werden, die engagiert für ihre langfristige Befreiung aus Armut und Abhängigkeit eintreten. Denn die notwendige Voraussetzung für die Anhebung des Lebens- und damit auch des Gesundheitsstandards ist nicht die Höhe der gezahlten 'Entwicklungshilfe', sondern die Selbstbeteiligung und tatkräftige Organisation der Betroffenen selbst. Gesundheit wie Krankheit werden in diesem Zusammenhang zu politischen Kategorien, in denen sich die »Auswirkungen der Kolonialisierung, von Neokolonialismus und Imperialismus bzw. von der Einbeziehung (der Dritten Welt) in den von den Industrieländern beherrschten Weltmarkt«[1] spiegeln.

Die für die Länder der Dritten Welt immer gravierender werdenden Abhängigkeitsverhältnisse, die Verschlechterung der Handelsbeziehungen und die wachsenden Schuldenberge führten und führen dort zu einer Ausbeutung, Verelendung und Armut, die immer mehr Menschen erfassen. Ihre katastrophale gesundheitliche Situation ist Folge und sichtbarer Ausdruck dieser Verhältnisse. In seinem Selbstverständnis geht medico davon aus, daß dieser Zustand nur geändert werden kann, » wenn die Bevölkerung dieser Länder sich aus diesen Abhängigkeiten befreit und sich dadurch in die Lage versetzt, einen Prozeß der eigenständigen Entwicklung, der sozialen, politischen und wirtschaftlichen Emanzipation einzuleiten, der die Befriedigung der menschlichen Grundbedürfnisse langfristig ermöglicht und sichert.«[2]

Daraus ergeben sich folgende Arbeitsschwerpunkte:[3]

1. Unterstützung von Projekten der 'Primären Gesundheitsversorgung' mit

präventivmedizinischer und primärkurativer Ausrichtung in Ländern der Dritten Welt, die nach ihrer Befreiung oder Unabhängigkeit mit dem Aufbau eines demokratischen und an den Bedürfnissen der Bevölkerungsmehrheit orientierten Gesellschafts- und Wirtschaftssystem begonnen haben. (...)
Die Unterstützung kann umfassen: mobile medizinische Einheiten in ländlichen Gebieten, Ausrüstung von dezentralen Gesundheitseinrichtungen mit medizinisch-technischem Gerät, Basismedikamenten, von Barfußärzten mit Sanitätstaschen, Finanzierung oder Lieferung von geeignetem Lehrmaterial für Gesundheitserziehung oder Ausbildung für Barfußärzte.
2. Projekte der Soforthilfe und der basismedizinischen Versorgung im Zusammenhang mit Befreiungs- oder Widerstandsbewegungen und mit Gruppen, die an der Basis Widerstand gegen die strukturelle Gewalt aus Armut, Hunger, Krankheit, Analphabetismus, Arbeitslosigkeit etc. organisieren.
3. Unterstützung von Projekten zur Entwicklung angepaßter Technologien im medizinischen und pharmazeutischen Bereich in Zusammenarbeit mit den Gesundheitsarbeitern in den Projektländern: z. B. lokale Produktion von Basismedikamenten. (...)
4. Neben der materiellen Hilfe wird der Informationsarbeit in der BRD über die Probleme der Länder der Dritten Welt, über ihren Kampf und deren Lösung und über die Versuche von Staaten und Organisationen, die die wirtschaftlichen und politischen Abhängigkeiten aufrechterhalten wollen, als zentrale Aufgabe gesehen. Eine Projekthilfe, die nicht erst in Katastrophensituationen einsetzen will, sondern auf dauerhafte Veränderungen zielt, kann nur durch eine andere Presse- und Öffentlichkeitsarbeit begleitet werden. Sie verfolgt das Ziel, über das Informieren hinaus, Einzelpersonen und Gruppen zu solidarischem Handeln mit den Völkern der Dritten Welt zu motivieren. In diesem Sinne ist für medico auch eine kritische Auseinandersetzung mit der staatlichen Entwicklungspolitik im allgemeinen und mit der der Bundesregierung im besonderen ein wichtiger Bestandteil seiner Öffentlichkeitsarbeit.

Zur Arbeitsweise von medico international

Auch medico hat sich gewandelt. Das oben skizzierte Selbstverständnis schälte sich erst mit der Zeit heraus. In seinen Anfängen Ende der 60er/Anfang der 70er Jahre leistete medico vor allem Katastrophenhilfe. Dem Motto: 'Wir verteilen den Überfluß' folgend, wurden in der Bundesrepublik umfangreiche Sammlungen von Medikamenten und Ärztemustern durchgeführt und die Erträge in die Einsatzgebiete transportiert. Mitte der 70er Jahre be-

gann eine verstärkte Diskussion, ob eine kleine Organisation wie medico international überhaupt primär Katastrophenhilfe leisten soll oder ob nicht eher gezielt jene Projektansätze zu fördern sind, die auf eine langfristige Verbesserung der Lebensverhältnisse in der Dritten Welt abzielen.
Gleichzeitig faßte der Vorstand von medico den Entschluß, neben der Projektarbeit verstärkt Öffentlichkeitsarbeit in der Bundesrepublik zu leisten, was heute ein grundlegender Bestandteil der medico-Arbeit ist. Die Vereinssatzung wurde entsprechend geändert. Durch die Herausgabe von Öffentlichkeitsmaterialien (Rundbriefe, Bücher, Broschüren, Dia-Serien und kombinierte Foto-Text-Ausstellungen), die nicht nur die Armut beschreiben, sondern die prozeßhafte Problemsituationen, soll erreicht werden, daß in der Bundesrepublik ein Bewußtsein für die tieferen Probleme in der Dritten Welt entsteht.
Darüberhinaus übt medico Kritik an eigennützigen und skandalösen Entscheidungen, die auf politischer Ebene gegenüber der Dritten Welt getroffen werden. Etwa dadurch, daß die Organisation einen Aufruf zur Kündigung des deutsch-südafrikanischen Kulturabkommens mitverfaßt hat. Das Finanzamt Frankfurt wertete dies als eine Äußerung zum tagespolitischen Geschehen und überlegte, medico die Gemeinnützigkeit zu entziehen. Denn die Gemeinnützigkeit – dies ist interessant zu wissen – wird vom zuständigen Finanzamt stets neu vergeben und verbietet, unter Berufung auf das Steuerrecht, Äußerungen zum tagespolitischen Geschehen. Je nach Einschätzung kann dieser Gummiparagraph enger oder weiter ausgelegt werden. Organisationen und Vereine, die keine politische Lobby hinter sich stehen haben, sind benachteiligt gegenüber jenen, denen per Gesetz (Einkommenssteuerrichtlinien, Abschnitt 111, Absatz 2) die Gemeinnützigkeit verliehen wurde.
Die Haltung, nicht nur Ansprüche zu formulieren, sondern auch Position zu beziehen, wurde und wird von vielen Menschen in der Bundesrepublik honoriert. Das läßt sich eindrucksvoll an dem breit gefächerten und sehr heterogenen Spenderspektrum nachzeichnen. Dieses reicht von vielen Einzelpersönlichkeiten über Kirchengemeinden, Gewerkschaften, Betriebsgruppen bis hin zu Dritte-Welt-Läden und autonomen Gruppen. Großen Wert legt medico darauf, parteipolitisch unabhängig zu bleiben.
Die Arbeit von medico finanziert sich aus Spenden, Kooperationen (etwa mit Brot für die Welt, Terre des Hommes, Aktionsgemeinschaft Solidarische Welt) und Zuschüssen von staatlichen sowie internationalen Organisationen (BMZ, EG). Um nicht in eine übermäßige Abhängigkeit von Zuschüssen zu geraten, wurde deren Anteil am Gesamtbudget in den letzten Jahren systematisch gesenkt. Im Haushaltsjahr 1984 betrug beispielsweise der Anteil der Zuschüsse (BMZ, EG, Kooperationen mit in- und ausländischen Nicht-Regierungsorganisationen) etwa ein Drittel der zur Verfügung stehenden Mittel.

Mit steigender Tendenz werden die Projekte von medico zum überwiegenden Teil aus privat erbrachten Spenden finanziert, was auch nur durch eine verstärkte Öffentlichkeitsarbeit erreicht werden konnte.

medico-Projekte in Nicaragua

Nicaragua ist ein Schwerpunktland von medico international. Die Organisation arbeitet dort seit Juni 1979. Zunächst wurde die Entwicklung eines ländlichen Gesundheitsdienstes im Norden des Landes gefördert. Dabei konnten in einer ersten Phase mobile medizinische Einheiten bereitgestellt werden, um die noch unter den Kriegsfolgen leidende Bevölkerung schnell ärztlich versorgen zu können. Mit Hilfe dieser »rollenden Arztpraxen« war es aber auch schon möglich, die verstreut lebenden »campesinos« in dringend gebotene Impfkampagnen einzubeziehen. In einer zweiten Projektphase wurden bestehende Gesundheitsposten und -zentren renoviert und ausgerüstet. Andere Einrichtungen mußten neu gebaut werden. Schließlich förderte medico im Rahmen einer dritten Phase wichtige präventivmedizinische Programme, wie die Verbesserung der Trinkwasserversorgung, der Abfallbeseitigung, des Latrinenbaus sowie die Ausbildung und Ausrüstung von Gesundheitsbrigadisten. Als bevölkerungsnächstes Glied des neuen nicaraguanischen Gesundheitswesens obliegt den Gesundheitsbrigadisten neben der Erstversorgung von Verletzten vor allem die Vermittlung und Umsetzung von Hygieneprogrammen.
Nachdem die Projekte in der Nordzone Nicaraguas weitgehend abgeschlossen waren, begann medico 1983 mit ähnlich umfangreichen Hilfsmaßnahmen in der südlich gelegenen Provinz am Rio San Juan: eine wahre Herausforderung, da diese Zone zu den 'unterentwickelsten' Regionen Nicaraguas zählt. Vermutlich deshalb heißt sie im Volksmund 'Die nackten Füße Nicaraguas'. Hier erreicht die Analphabetenrate (1976: 96 %, 1981: 32 %) traurige Höchstwerte. Und auch die Säuglingssterblichkeit war mit 20 % (jedes fünfte Kind starb, bevor es ein Jahr alt wurde) extrem hoch.
Im Departamento Rio San Juan gibt es nur wenige Straßenkilometer, die teilweise nur in der kurzen Trockenzeit passierbar sind. Hauptverkehrsader ist der Rio San Juan mit seinen weit verzweigten Nebenflüssen. Die fehlende Infrastruktur verhinderte bisher eine wirtschaftliche Entwicklung und setzt ihr auch heute noch Grenzen. Mit der 1982 eingeleiteten Regionalisierung Nicaraguas wurde die Region am Rio San Juan zur Spezialzone erklärt, um ihr bei der Entwicklung des Landes besondere Aufmerksamkeit zukommen zu lassen. Diese prioritäre Förderung war vor allem deshalb notwendig, weil das Departamento Rio San Juan während der Somoza-

Diktatur fast gänzlich vernachlässigt worden war. Damals befanden sich 70 % des Bodens in Händen einiger Großgrundbesitzer, die freundschaftliche Beziehungen zum Somoza-Clan unterhielten. Auf diesen Ländereien wurde vor allem extensive Viehwirtschaft betrieben. Magere Verdienstmöglichkeiten boten sich den Bewohnern fast nur als Wander- und Forstarbeiter.
Nach dem Sieg der Sandinistischen Befreiungsbewegung wurden die Besitztümer Somozas verstaatlicht und ungenutztes Land den Landarbeitern übereignet. Mehrere Genossenschaften bildeten sich, die von der neuen Regierung Beratung und Kredite erhalten. Erstmals entstanden stabilere Arbeitsbedingungen und Verdienstmöglichkeiten. Die Viehwirtschaft wurde auf Milchgewinnung ausgedehnt, nachdem zuvor lediglich Fleisch für den Export produziert worden war. Im Rahmen der Diversifizierung der Wirtschaft werden am Rio San Juan heute Ölpalmen, Kakao, Avocado (an ihrem Öl ist die Kosmetikindustrie interessiert) und verstärkt auch Ipecacuana-Wurzeln (für die pharmazeutische Industrie) angebaut.
Die Geschichte der Region Rio San Juan ist geradezu ein idealtypisches Beispiel dafür, wie Kolonialismus und Imperialismus Ausbeutung und Armut in der Dritten Welt verursachen. Alle imperialen Großmächte der letzten 500 Jahre – Spanien, Großbritannien und die USA – verfolgten in diesem geopolitisch wichtigen Gebiet zwischen Atlantik und Pazifik strategische Interessen. Ob während der spanischen Ausbeutung der Gold- und Silbervorkommen Lateinamerikas, die u. a. hier nach Europa verschifft wurden, oder im Rahmen eines projektierten interozeanischen Kanals durch den Rio San Juan, erlebte diese Region immer wieder Phasen der wirtschaftlichen Blüte, denen der bis heute anhaltende Niedergang folgte.[4)]
Neben der Förderung integraler Gesundheitsprojekte am Rio San Juan leistet medico in Nicaragua Not- und Soforthilfe, so beispielsweise nach der Flutkatastrophe vom Mai 1982. Seit 1983 fördert medico auch den Aufbau einer sozialpsychiatrischen Versorgung, an der die Ärztin und Analytikerin Marie Langer, die seit ihrem Engagement im spanischen Bürgerkrieg im lateinamerikanischen Exil lebt, großen Anteil hat. Vor allem die vielfältigen psychischen Störungen infolge der permanenten Bedrohung gilt es zu behandeln, aber auch Medizinstudenten an der Universität von León in besonderen Ausbildungskursen für die psychische Bedingtheit vieler somatischer Erkrankungen zu sensibilisieren.
In den letzten Jahren stellte medico darüberhinaus immer wieder Nothilfematerial zur Versorgung der Opfer von Contra-Überfällen bereit, wie beispielsweise Notfallrucksäcke und Notfalldepots. Dieser Posten schlug 1984 mit über einer halben Million DM zu Buche.

Finanzvolumen der medico-Projekte in Nicaragua:
Seit 1979 hat medico rund 6 Millionen DM für die Projekte in Nicaragua aufgewendet. Davon wurden in einem Zeitraum von 3 1/2 Jahren ca. 4 Millionen DM für den Aufbau der Versorgunseinrichtungen in den Nordprovinzen benötigt, der Ende 1982 abgeschlossen werden konnte. Damals lag auch der Zuschußanteil mit knapp 2 Millionen DM (BMZ) relativ hoch. Hingegen werden die heutigen Projekte am Rio San Juan mehr und mehr aus Spenden finanziert. In den Jahren 1983 (0 %) und 1984 (15 %) lag der BMZ-Anteil deutlich niedriger. Zu Beginn des Jahres 1984 erhielt medico noch BMZ-Gelder. Allerdings lief dieser Antrag weit über ein Jahr. Er wurde aus sachlichen, zum Teil auch politischen Gründen hinausgezögert.
Die auffällig unterschiedliche Mittelvergabe für die Jahre '83/'84 ist nicht auf Willkür, sondern bürokratische Vorschriften zurückzuführen, die bei allen an das BMZ gestellten Finanzierungsanträgen für die Dritte Welt gelten. Jedes Projekt, das mit staatlichen Zuschüssen verwirklicht werden soll, muß sich nach der Bundeshaushaltsordnung (§ 42, BHO) richten. Im Klartext heißt dies, daß die vom BMZ für ein Kalenderjahr bewilligten Gelder auch binnen Jahresfrist mit Belegen abgerechnet werden sollen. Werden die zugestandenen Summen nicht binnen zweier Monate abgebucht, weil beispielsweise im Projektgebiet wegen einer überschwemmten Straße nichts investiert werden kann, muß die betroffene Nicht-Regierungsorganisation einen fiktiven Strafzins zahlen. Auch muß jede kleine Projektänderung, die sich aus Notwendigkeit oder Einsicht ergibt und den Betrag von 1 000 DM übersteigt, beim BMZ neu beantragt und bewilligt werden. Ein sinnloser, zeitraubender Verwaltungs- und Arbeitsaufwand für alle Beteiligten, der einmal mehr Zeugnis bürokratischer Starrheit gibt. Die Bundeshaushaltsordnung auch im entlegenen Busch anzuwenden, wird zu einem offenen, durch nichts zu rechtfertigenden Anachronismus.
Mittlerweile arbeiten Gruppen und Einzelpersonen mit spezieller Berufsausbildung aus der Bundesrepublik für einen befristeten Zeitraum in Nicaragua, um bei der Konstruktion von notwendigen Gebäuden behilflich zu sein. Nicht alle Projekte können aber auf diese Weise realisiert werden. Der Neubau des Krankenhauses in San Carlos, mit dem 1985 begonnen wird, ist beispielsweise derart kosten- und personalaufwendig, daß Spenden und persönlicher Einsatz alleine kaum ausreichen dürften. Umso wichtiger ist deshalb ein Zuschuß des Landes Hessen über 1 Million DM (verteilt auf drei Jahre), der im Rahmen der Haushaltsvereinbarungen 1984 zwischen der SPD und den Grünen vom hessischen Parlament beschlossen wurde. Auch nach dem Bruch dieses Duldungsbündnisses im Dezember 1984 haben diese Zusagen weiterhin Gültigkeit. Insgesamt werden die Kosten für das Krankenhaus in San Carlos ca. 3 Millionen DM betragen.

»Wir haben die Aufgabe, Überzeugungsarbeit zu leisten, um Fehlentwicklungen wie in Europa verhindern zu helfen«

Wegen des außerordentlich großen Projektvolumens hat medico einen Projektkoordinator nach Managua entsandt, der vor Ort die Abwicklung und zeitliche Koordination der Hilfssendungen überwacht.
Auszüge aus einem Interview mit Walter Schütz (Koordinator von medico international in Managua); aufgezeichnet im September 1984

Warum ist Nicaragua ein Schwerpunkt der medico-Arbeit?

Für die Arbeit von medico in Nicaragua gibt es einige gute Gründe. Unser Engagement für die Menschen in Mittelamerika kann man politisch erklären, weil hier überkommene und ungerechte soziale Verhältnisse in Frage gestellt werden. Man kann in Nicaragua aber auch ein Modell sehen, das in der Tat förderungswürdig ist. Wir sind ja andauernd mit Schlagzeilen konfrontiert, die vom alltäglichen Tod von über 45 000 Kindern berichten, die an Armut und Unterernährung sterben und einem weltweiten Holocaust zum Opfer fallen. Wenn man das weiß und auf der anderen Seite Nicaragua sieht, wo es in wenigen Jahren seit 1979 gelang, die Kindersterblichkeit um 30 % zu senken, wo Neuerkrankungen an Polio verschwunden sind und die Malaria drastisch reduziert werden konnte, dann ist das ein neues, praktisches Modell für tatsächliche Veränderungen in der 'Dritten Welt'.
Sicher, es gibt auch hier Rückschläge und erhebliche Schwierigkeiten – aber entscheidend ist der überall spürbare Wille der Bevölkerung und der Regierung, die ganze Sache in die eigenen Hände zu nehmen.

Seit wann arbeitet medico in Nicaragua? Wie sehen Eure Projekte aus und was ist die Aufgabe des Koordinators Walter Schütz?

medico hat zwei unterschiedliche Projekttypen. Das eine sind Not- oder Soforthilfemaßnahmen, beispielsweise im Zusammenhang mit Befreiungsbewegungen oder für Flüchtlingslager. Das andere sind mittel- und langfristige Projekte, die den Aufbau von Gesundheitsstrukturen fördern sollen. In Nicaragua haben wir uns bis heute auf beide Weisen engagiert. Noch während des Befreiungskampfes gegen Somoza haben wir Nothilfe geleistet, die erneut erforderlich wurde anläßlich der Unwetterkatastrophe von 1982. Auch heute geht es nicht ohne Soforthilfe angesichts der fortgesetzten Contraüberfälle und unter Berücksichtigung des Umstandes, daß es eben wenig ent-

wickelte Zonen gibt, die unmittelbar wirksame Hilfe benötigen. Darüberhinaus werden wir immer wieder um Unterstützung in einzelnen wichtigen Fällen gebeten: etwa dann, wenn für ein Hospital in Managua dringend ein Ultraschallgerät gebraucht wird.
Hauptsächlich sind wir aber mit längerfristiger Projektarbeit beschäftigt. Diese begann im August 1979, als uns das nicaraguanische Gesundheitsministerium aufforderte, zunächst im Norden des Landes bei der Entwicklung medizinischer Strukturen mitzuarbeiten. Zu diesem Zweck haben wir einen Stufenplan entworfen, der von anfänglichen mobilen Einheiten über kleinere Gesundheitsposten in den peripheren Gebieten bis hin zu Gesundheitszentren und ländlichen Hospitälern in den kleineren Provinzstädten reichte. Wir haben uns bewußt auf den unterversorgten ländlichen Raum konzentriert, um dort Bedingungen zu schaffen, die es dem traditionell in den Städten arbeitenden Gesundheitspersonal ermöglichen sollten, auch hier in den abgelegenen Gebieten eine Erst- und Basisversorgung zu garantieren.

Welches Konzept steht hinter Euren Aktivitäten ?

Wir sind der Ansicht, daß zwischen kurativer und präventiver Medizin ein sinnvolles Verhältnis hergestellt werden muß. Der Fehlansatz in den Gesundheitssystemen vieler Länder der 'Dritten Welt' besteht in der Dominanz einer kurativen Praxis, während gleichzeitig bekannt ist, daß nahezu 80 % der dort herrschenden Krankheiten nur durch präventive Maßnahmen wirkungsvoll bekämpft werden können. Ich will die kurative Versorgung nicht verteufeln; sie ist wichtig und notwendig. In der Praxis sieht es doch so aus, daß viele Patienten nicht von einem Arzt im Krankenhaus untersucht und behandelt werden müßten. Damit geht wertvolle Zeit für die medizinische Behandlung derer verloren, die wirklich auf ärztliche Hilfe angewiesen sind; auch die Qualität der Behandlung verschlechtert sich. Aber angesichts mangelhafter hygienischer Verhältnisse, angesichts fehlender Trinkwassereinrichtungen und unzureichender Ernährung muß dem vorbeugenden Ansatz, der eben genau diese Verhältnisse aufgreift, eine außerordentliche Bedeutung eingeräumt werden. Daher haben wir in Nicaragua eine sozialmedizinische Entwicklung gefördert, die sich zugunsten der Präventivmedizin und der Erstversorgung entschieden hat. Die Gesundheitsprojekte im Norden sind heute praktisch abgeschlossen. 10 Gesundheitsposten und 10 kleinere Gesundheitszentren (ohne Betten) wurden renoviert oder begrenzt neu gebaut und vor allem ausgerüstet. Die Fertigstellung des regionalen Hospitals von Jalapa hat sich aufgrund der militärischen Lage und den Schwierigkeiten in der Beschaffung von Baumaterialien verzögert. Es wird voraussichtlich im Frühjahr 1985 eingeweiht werden können.

All diese Gesundheitseinrichtungen sind aber wenig sinnvoll, wenn sie nicht von vorbeugenden Programmen begleitet werden. Deshalb unterstützte medico parallel zum Aufbau der Gesundheitszentren in einer dritten Projekt-

Gliederung der nicaraguanischen Gesundheitseinrichtungen

Während der Diktatur gab es über 20 Einrichtungen, die für das Gesundheitswesen zuständig waren. Es fehlte an einer einheitlichen Konzeption, war unzulänglich und für einen großen Teil der Landbevölkerung schlicht nicht vorhanden.

Nach dem 19. Juli 1979 wurde ein einheitliches, nationales Gesundheitssystem geschaffen, inhaltlich neue Konzeptionen erarbeitet (insbesondere Präventivmedizin) und realisiert (Impfkampagnen, Programm zur oralen Rehydration – gegen Durchfallerkrankungen insbesondere bei Kindern –, Mutter-Kind-Betreuung etc.). Gegen einen symbolischen Betrag kann heute jeder Nicaraguaner medizinische Hilfe und Beratung in Anspruch nehmen.

An der Spitze des organisatorischen Gesundheitssystems steht das **Gesundheitsministerium**, das die Ausbildung der Gesundheitsarbeiter plant. In Managua sind die Spezialkliniken.

Auf regionaler Ebene gibt es das **Regionalkrankenhaus** mit Fachabteilungen (Chirurgie, Innere, Gynäkologie, Kinder). Es ist für ca. 150 - 200 000 Einwohner zuständig.

In einem Gesundheitsgebiet (aréa de salud) existiert für 20 - 30 000 Bewohner ein ländliches Hospital, ein sogenanntes **Gesundheitszentrum**, das stets mit Ärzten und Pflegekräften besetzt ist, Betten zur stationären Aufnahme haben kann oder auch nicht.

Die **Gesundheitsposten** sind jeweils für ca. 3 000 Einwohner zuständig, stets einem Gesundheitszentrum zugeordnet, mit einer medizinischen Hilfskraft besetzt und für die Primärversorgung wie auch medizinisch-hygienische Grundberatung zuständig.

Der **Gesundheitsbrigadist** ist das bevölkerungsnächste Glied im gesamten Gesundheitssystem. Neben wenigen kurativen Tätigkeiten ist er vor allem im präventivmedizinischen Bereich tätig. Er ist einem Gesundheitsposten, bzw. -zentrum zugeordnet.

Diese detaillierten Untergliederungen kommen hauptsächlich in ländlichen Gebieten zum Tragen, wo schon der Weg zum Gesundheitsposten eine Stunde, zum Zentrum gleich mehrere Stunden dauern kann.

Erst wenn die zuständige Stelle medizinisch überfordert ist, erfolgt die Behandlung in der hierfür qualifizierten Gesundheitseinrichtung.

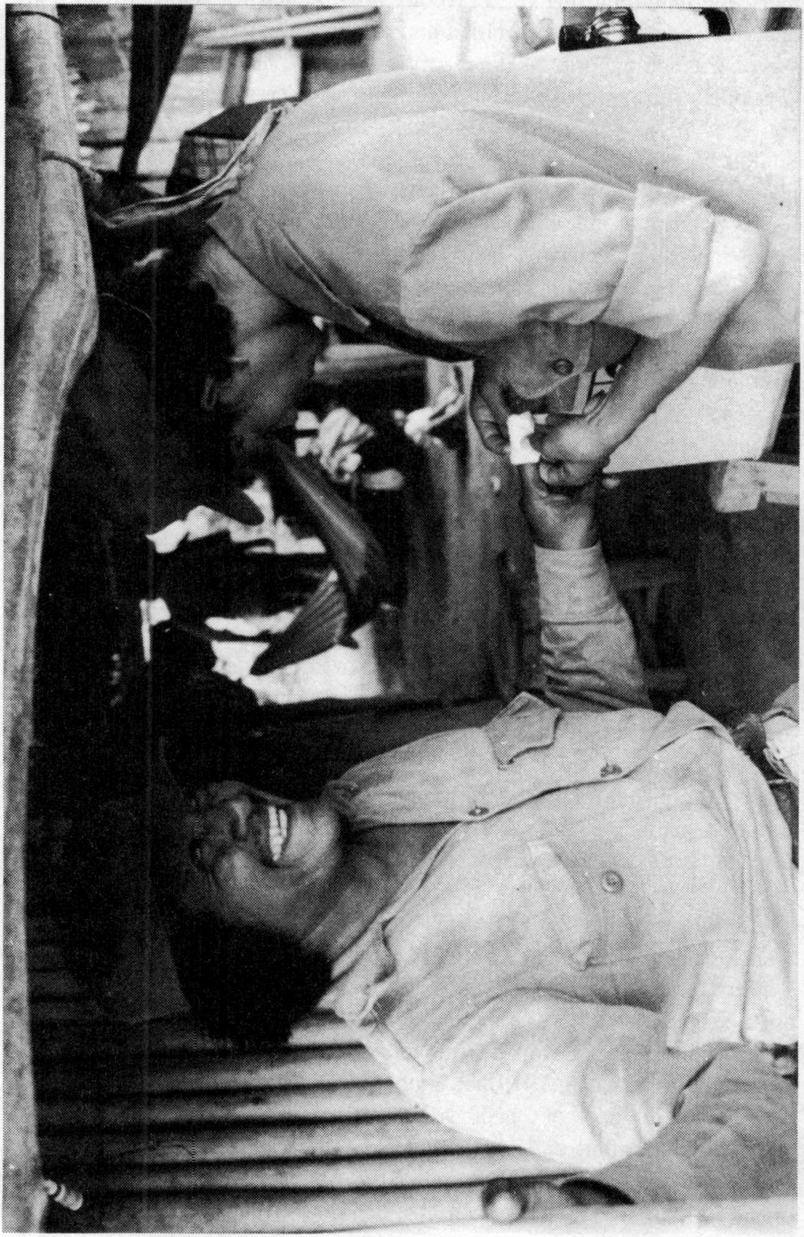

Gesundheitsversorgung auf der Kooperative 'Laurel Galán' bei San Carlos

phase die Durchführung von Präventivprogrammen wie den Bau von Latrinen, die Beseitigung von Abfällen und die Errichtung einer Trinkwasserversorgung. Auch gehörte zu dieser dritten Projektphase die Ausbildung von Gesundheitspromotoren und -brigadisten sowie deren Ausrüstung mit Erste-Hilfe-Sets. Die Gesundheitsbrigadisten – ihre Zahl schwankt zwischen 80 000 bis 160 000 – sind das bevölkerungsnächste Glied in der Kette des neuen Gesundheitswesens. Sie arbeiten nebenberuflich und sind zuständig für Hygieneaufklärung und lokale Gesundheitserziehung. Gerade die Aktivitäten der Gesundheitsbrigadisten haben sich als außerordentlich wertvoll herausgestellt. Das trifft ganz besonders auf den Erziehungs- und Ausbildungsbereich zu. Hier haben wir auch gute Erfahrungen gemacht. Wir können uns die Sachen zwar anlesen, mehr jedoch nicht. Wir können lediglich Bedingungen schaffen, Gefäße aufstellen, wo sie ihre Inhalte reinschütten können. Deshalb erscheint uns eine Unterstützung in diesem Bereich auch besonders wichtig.

Auf die konkreten Tätigkeiten der Gesundheitsbrigadisten haben wir selbstverständlich wenig Einfluß, wir können lediglich Geld für ihre Ausbildung sowie kleinere Ausrüstungen bereitstellen. In anderen Bereichen ist dagegen die tatkräftige Mitarbeit von medico und von mir als Koordinator vor Ort besonders gefordert. Ich meine den Bereich der Baulichkeiten. Die Errichtung eines Gesundheitspostens ist noch relativ einfach. Bei einem Zentrum sieht das schon ganz anders aus: Da müssen alle planerischen und Funktionalitätsgesichtspunkte genau überlegt und berücksichtigt werden.

Es ist kaum verwunderlich, daß es 1979 keine diesbezüglichen Projektraster gab. Und natürlich bedarf es viel Zeit, um das planerische Chaos, das Somozas Institutionen hinterließen, zu ordnen. Nach meinen Erfahrungen mit dem Gesundheitsministerium gibt es selbst heute noch keinen typisierten Plan für den Bau eines ländlichen Hospitals. Auch gibt es in Nicaragua keine Baunormen wie bei uns. Auf der anderen Seite sind in vielen anderen tropischen Ländern Erfahrungen im klimatisch angepaßten Bau gesammelt worden, die – auch vermittelt über uns – nun in Nicaragua eingebracht werden können. Die Förderung eines solchen 'Süd-Süd'-Austausches kann garnicht hoch genug bewertet werden.

Eine weitere Aufgabe von mir möchte ich am Beispiel der Energieversorgung deutlich machen. 1979 hat noch niemand hier an jene Energieprobleme gedacht, die das Land heute hat. Damals wurden vom Ausland großzügige Kredite gewährt und Mexico wie Venezuela verkauften Öl zu Sonderkonditionen an Nicaragua. Das hat sich bekanntlich grundlegend geändert: mit der Folge, daß hohe Prozentsätze der erwirtschafteten Devisen für den Einkauf von Treibstoffen ausgegeben werden müssen. Nun gibt es aber eine ganze Reihe von Energieträgern, die Treibstoff substituieren können: Beispielsweise kann Ernergie in Nicaragua auch mit Sonnenkollektoren und Solarzellen erzeugt werden und damit Funkgeräte betrieben und Warmwasser aufbereitet werden. Uns in der Bundesrepublik sind solche Ideen geläufig; in Nicaragua aber müssen sie behutsam vermittelt werden. Deshalb haben wir in den Gesundheitsprojekten am Rio San Juan diese alternativen Methoden der Energiegewinnung modellhaft angewandt, um sie später, z. B. beim Bau des Krankenhauses von San Carlos, von vornherein mitzuplanen. Das Problem dabei ist, daß viele Nicaraguaner in solchen alternativen Technologien eine Art 'Billigtechnologie' für Arme sehen und nicht deren wirtschaftliche Vorteile. So ist es die Aufgabe aller in Nicaragua tätigen Internacionalistas, ein Stück Überzeugungsarbeit zu leisten, um Fehlentwicklungen, wie wir sie in Europa inzwischen einsehen mußten, von Anbeginn an verhindern zu helfen.

Das zweite große Projekt von medico ist der Aufbau von Gesundheitsversorgungseinrichtungen am Rio San Juan. Wie kam es dazu ? Und was fördert medico dort im Einzelnen ?

In den Nordprovinzen, wo medico seit 1979 tätig war, gab es eigentlich von 1980 an immer wieder schwere Konflikte mit der 'Contra'. Als uns dann vor gut zwei Jahren die Gesundheitsministerin Lea Guido fragte, ob wir nicht nach Abschluß der Projekte im Norden mithelfen wollten, einen ähnlichen flächendeckenden Gesundheitsdienst in der Region am Rio San Juan aufzubauen, haben wir zunächst abgewunken. Denn nach all dem Ärger in der Nordzone wollten auch wir am liebsten ein kleines und überschaubares Projekt übernehmen, das schnell realisiert weren könnte, um in der Bundesrepublik unseren Spendern nicht immer die eingetretenen Verzögerungen erklären zu müssen. Wir haben uns dann doch für die Region am Rio San Juan entschieden, weil wir von der Notwendigkeit, gerade hier Hilfe zu leisten, überzeugt wurden und weil wir das Vertrauen, das man uns entgegen brachte, nicht enttäuschen wollten.
Gemeinsam mit den Mitarbeitern des Ministeriums, die bereits eine Vorstudie erstellt hatten, sind wir dann zunächst in die Region gefahren, um vor Ort eine Art Bestandsaufnahme zu machen. Wir haben uns zu Pferd, mit dem Boot, zu Fuß und mit dem Auto umgeschaut und die am grünen Tisch erstellte Studie an die Realitäten angepaßt. Schon existierende Entwicklungspläne mußten eingesehen werden, bevor ein erstes Konzept für alle jene Aktivitäten, die medico leisten könnte, erarbeitet wurde. Was dabei herauskam, war ein Gesamtprojekt, dessen Umfang eine Vorhersage über Kosten und den Realisierungszeitraum kaum zuließ. Daher schlugen wir einen Pha-

senplan vor, der aus kleineren, dafür aber kalkulierbaren Einheiten bestand. Mit dem Gesundheitsministerium wurde vereinbart, nach Abschluß jeder Projektphase eine kritische Bestandsaufnahme durchzuführen, um Planungsfehler erkennen zu können, Schwierigkeiten erklärbar zu machen. Dabei stellten wir dann fest, daß viele Einzelmaßnahmen, die wir für 100 % ig möglich gehalten hatten, aus unvorhersehbaren Gründen nicht funktionierten, während andere Projektabschnitte erstaunlich schnell zu realisieren waren. Aber insgesamt können wir mit dem , was in den letzten zwei Jahren am Rio San Juan entstanden ist, zufrieden sein.

Der Krieg als Haupthindernis der Entwicklung

Bis 1982 lebten noch 80-85 % der Bevölkerung (ca. 30 000) am Rio San Juan sehr vereinzelt und isoliert in den Urwaldgebieten.
Mit beginnenden Contraaktivitäten, nun auch an Nicaraguas Südgrenze, verließen viele Bewohner ihre angestammten Siedlungen. Innerhalb von zwei Jahren hat sich die Struktur der Besiedlung grundsätzlich geändert. In insgesamt 13 Flüchtlingslagern leben ca. 17 000 Menschen in zum Teil erbärmlichen Behausungen in der Nähe des Nicaragua-Sees. Der Bau von menschenwürdigen Wohnungen für sie hat in der Regionalplanung oberste Priorität. Entsprechend fehlen die Ressourcen beim Aufbau des Gesundheitswesens. Die Projektabwicklung verzögert sich, oder muß gar umgestellt werden. So ist der Unterlauf des Rio San Juan (El Castillo bis San Juan del Norte) heute praktisch menschenleer, aufgegebenes Gebiet und zunächst ist dort keine Entwicklung vorgesehen. Dafür müssen die Bewohner der Flüchtlingslager medizinisch betreut werden.

Welches sind die verschiedenen Projektstufen am Rio San Juan ?

Die Gesundheitsprojekte am Rio San Juan bestehen aus über 60 kleineren Teilprojekten, die selbstverständlich nicht alle zur gleichen Zeit begonnen wurden, sondern einem bestimmten Plan folgten. Wie zuvor in den Nordprovinzen konzentrierten sich auch dieses Mal die ersten Maßnahmen auf die ländlichen Zonen und nicht auf die Regionalhauptstadt San Carlos. Hätte der Aufbau der Gesundheitseinrichtungen dort begonnen, dann wäre es durchaus möglich gewesen, daß viele Menschen, die außerhalb leben, nach San Carlos gezogen wären. Um dies zu verhindern, mußten zunächst die peripheren Regionen am Rio San Juan mit kleineren Gesundheitsposten und -zentren versorgt werden. Aufgrund fehlender Straßenverbindungen zwischen den einzelnen Ortschaften erschien uns darüber hinaus eine Verbesserung der Mobilität und Kommunikation besonders wichtig. Motorisierte Boote wurden bereitgestellt, mit denen das ärztliche und das Pflegepersonal auch kleinste Weiler erreichen kann. Da es in der Region kein Telefonnetz gibt, war ein Funksystem zu errichten, um zwischen den einzelnen Posten einen Informationsaustausch zu ermöglichen. So können beispielsweise Ärzte in San Carlos den Hilfskrankenschwestern, die in den verstreut liegenden Posten tätig sind, Behandlungstips geben. Umgekehrt kann bei ernsthaften Erkrankungen oder Verletzungen Hilfe herbeigerufen werden. Aus diesen Gründen entstand dann auch eine Funkbrücke zwischen San Carlos und Managua.

Nachdem diese Projektteile abgeschlossen sind, gehen wir jetzt dazu über, bestehende Gesundheitszentren in den größeren Ortschaften, wie San Miguelito oder in La Azucena zu renovieren, teilweise baulich zu erweitern und vor allem mit dem notwendigen Gerät auszurüsten. Einige dieser Zentren mußten gänzlich neu errichtet werden. Auch hier mußten wir behutsam vorgehen und Erfahrungen sammeln, um beispielsweise angepaßte Baumaterialien ausprobieren zu können, die den notorischen Beton ersetzen. Die Endphase der Projekte am Rio San Juan bildet der Neubau des Krankenhauses in San Carlos. Es kommt hinzu, daß die Adaptionsfähigkeit der Zone beschränkt ist, die Infrastruktur nur begrenzt Transporte zuläßt und wir unsere Planung darauf einstellen müssen.

Ein Beispiel solcher Flexibilität ist das Sägewerkprojekt in San Miguelito, das medico in Zusammenarbeit mit Kollegen der Gewerkschaft Holz und Kunststoff unterstützt. Aus verschiedenen Überlegungen haben wir uns für dieses Projekt engagiert, obwohl es ja auf den ersten Blick hin kaum als Gesundheitsprojekt dargestellt werden kann. Einmal war uns daran gelegen, Baumaterialien für die Projekte günstig zu beschaffen, und es ist ja nicht einzusehen, daß alles von Managua per LKW oder Boot in die Region geschafft werden muß. Gerade für den Neubau des Krankenhauses, aber auch für Wohnungen ist ein großer Bedarf an Baumaterial zu erwarten. Diese rein wirtschaftliche Überlegung traf sich mit der Tatsache, daß die Region über genügend Holz verfügt, welches im Zusammenhang mit der Ausweitung der landwirtschaftlichen Nutzflächen eingeschlagen wurde und wird. Ohne das Sägewerk hätte dieses Holz kaum weiterverarbeitet werden können und wäre vermutlich vermodert. Das Sägewerk wird übrigens im April 1985 eingeweiht werden, obwohl es schon seit Monaten in Betrieb ist.

Natürlich tauchen auch immer wieder Probleme in der Projektrealisierung auf, die meist etwas mit der mangelnden Koordination der einzelnen beteiligten nicaraguanischen Stellen zu tun haben. Für den Krankenhausbau sind etwa sowohl das Gesundheitsministerium, als auch das Bau- und das Planungsministerium einzubeziehen. Was fehlt, ist eine übergeordnete koordinierende Instanz, die sich um Organisation, Importe und Transporte kümmert, also eine Art 'Projektmanagement' leistet. Es darf aber nicht übersehen werden, daß dies eine Folge der militärischen und wirtschaftlichen Bedrohung des Landes ist. Es gibt viel zu wenig voll ausgebildete Verwaltungsfachkräfte, die überall gleichzeitig aushelfen müssen, darüberhinaus nachts 'vigilancia' (Nachtwache) machen, in Bataillonen ihr Land an der Grenze verteidigen etc. Deshalb fiel mir nach und nach eine weitere Aufgabe zu, nämlich die einer vorsichtigen Koordination zwischen den beteiligten Behörden.

Wie groß ist das Finanzvolumen der Projekte am Rio San Juan ?

Der erste Kostenvoranschlag, den uns das Gesundheitsministerium überreichte, belief sich auf 7 Millionen US-Dollar verteilt auf die nächsten drei Jahre. Wir hielten dies für unannehmbar, hauptsächlich wegen fehlender Adaptionsmöglichkeiten in der Region. Man kann nur soviele Bauten errichten, wie eben das dafür notwendige Material transportiert werden kann. Die wenigen Gesundheitszentren und das eine Hospital in San Carlos mit hochtechnisierten Geräten auszustatten, die vielleicht eine solche Finanzsumme erfordert hätten, erschien uns ebenfalls nicht angepaßt. Deshalb wurde der Kostenvoranschlag runtergestuft.

Ein konkretes Beispiel dafür sind doch wohl die Häuser für das Gesundheitspersonal. Ursprünglich waren 45 000,- DM pro Einheit veranschlagt und jetzt werden sie für 12 000,- DM gebaut.

Genau, so ist es. Die erste Planung sah die Konstruktion von Steinhäusern vor, was aber nicht nur teuer ist, sondern darüber hinaus auch viel länger gedauert hätte. Da für die entstehenden Gesundheitseinrichtungen aber dringend Personal benötigt wurde, mußten schnelle Lösungen gefunden werden. Mit Holzbauten, die nicht nur billiger sind, sondern auch der Bauweise dieser Region entsprechen, war dies möglich. Zukünftig werden die Holzhäuser so konstruiert werden, daß sie variabel nutzbar sind. Erst wenn jene Bedingungen geschaffen sind, die ein halbwegs bequemes Arbeiten, Leben und Wohnen gestatten, wird es möglich sein, dauerhaft qualifiziertes Personal in entlegenen und wenig Abwechslung bietenden Regionen zu halten. Erst wenn sich daran etwas ändert, kann auch eine langfristige Entwicklung der Region angegangen werden. Diese Wechselbeziehung gilt es zu berücksich-

tigen. Früher, als 16 Leute in einem einzigen Raum untergebracht waren, blieben Ärzte und Verwaltungsangestellte nie länger als sechs Monate. Das war übrigens in Jalapa, im Norden Nicaraguas kaum anders.
In diesem Zusammenhang muß aber eine andere Komponente berücksichtigt werden, die etwas mit den gestiegenen Lebenshaltungskosten in Nicaragua zu tun hat. Seitdem wollen nämlich fast alle Ärzte auf die Möglichkeit von lukrativen Nebenverdiensten nicht verzichten. In den ländlichen Gebieten, wo es kaum eine zahlungsfähige Privatklientel gibt, ist das aber schwierig. Das Gesundheitsministerium muß sich deshalb ständig neue Anreize für eine ärztliche Tätigkeit auf dem Lande einfallen lassen. Derzeit erhalten all jene Ärzte, die für zwei Jahre an den Rio San Juan gehen, das Angebot, danach in Managua oder im Ausland sich fort- oder weiterbilden zu lassen. Aber ein Problem wird auch auf absehbare Zeit nicht lösbar sein: Die Gehälter, die im staatlichen Gesundheitswesen gezahlt werden, werden das Niveau des Privatsektors nicht erreichen.

Eine letzte Frage. Wie kann von Nicaragua aus der Anspruch von medico, Öffentlichkeitsarbeit zu leisten, umgesetzt werden ?

Als Projektkoordinator bin ich immer wieder Anlaufstelle für Journalisten, die nach Nicaragua kommen. Leider ist es oft so, daß sie von Nicaragua ein Schwarz-Weiß-Bild haben. Es gilt jedoch wegzukommen von der Vorstellung, Nicaragua sei das Idealbild der Entwicklung oder – das Gegenteil – alles sei hier tyrannisch und totalitär. So finde ich es sinnvoller, statt theoretische Diskussionen über den politischen Standort der Comandantes in Managua zu führen, einem Journalisten auf einer Autofahrt von der Hauptstadt nach San Miguelito Kategorien wie Fortschritt und Entwicklung an Hand von Beispielen klar zu machen. Daß mit Projekten nicht nur Probleme gelöst werden können, sondern mitunter auch neue Schwierigkeiten auftauchen, muß ebenfalls gesehen werden. So müssen bei Gesundheitsprojekten stets die nach Abschluß entstehenden Folgekosten miteinkalkuliert werden, sonst können Entwicklungsruinen entstehen. An Hand solcher Eindrücke und weiterer Detailinformationen kann eine direkte und praktische Beurteilung sandinistischer Politik vorgenommen werden. Sind Journalisten einmal dafür sensibel geworden, können sie aus einem ganz anderen Blickwinkel über Nicaragua berichten. Diese Möglichkeiten muß ich von hier aus wahrnehmen.

Die Evangelische Kirche und Nicaragua

Entwicklungspolitische Institutionen

Die Evangelische Kirche in Deutschland (EKD) hat fünf verschiedene Institutionen, die sich mit Entwicklungspolitik befassen. Sie sind zusammengeschlossen in der Arbeitsgemeinschaft Kirchlicher Entwicklungsdienst (AG KED). Im einzelnen sind diese Organisationen:
Die Evangelische Zentralstelle für Entwicklungshilfe (EZE) mit einem jährlichen Etat von über 100 Mio. DM (1983: 103 Mio.), den sie vollständig aus BMZ-Mitteln erhält. Sie braucht für ihre Arbeit den Kirchenbezug, d. h., sie darf nur mit Kirchen oder kirchlichen Organisationen zusammenarbeiten. In der Regel unterstützt die EZE Großprojekte ab 100 000 DM.
Der Kirchliche Entwicklungsdienst (KED) wird finanziert durch landeskirchliche Haushaltsmittel und hat einen Etat von rund 88 Mio DM (1983). Er wurde 1969 vom Rat der EKD eingerichtet und soll die von den Mitgliedskirchen für die Entwicklungspolitik zur Verfügung gestellten Mittel verwalten.
Das Evangelische Missionswerk (EMW) ist ein Zusammenschluß aller Missionswerke. Sein jährlicher Haushalt beläuft sich auf 12 Millionen DM (1983) und wird ebenfalls aus landeskirchlichen Mitteln und Kollekten finanziert. Seine Aufgabe ist die Unterstützung der Missionsarbeit.
Brot für die Welt (BfdW) finanziert sich ausschließlich aus Spenden (1983: 79 Mio. DM) und ist in der Wahl seiner ausländischen Partner nicht auf kirchliche Gruppen festgelegt. Das Finanzvolumen ihrer Projekte reicht von einigen 10 000 DM bis zu mehreren 100 000 DM.
Dienste in Übersee (DÜ) vermittelt Fachkräft in die Dritte Welt und wird finanziert von BfdW, der KED und von der EZE mit 40 %, d. h. mit BMZ-Mitteln. Im Dezember ’83 waren 187 Entwicklungshelfer in Übersee tätig. DÜ’ler arbeiten in allen gesellschaftlichen Bereichen (Bildung, Landwirtschaft, Gesundheitsversorgung, Technik/Handwerk, Verwaltung/Betriebswirtschaft, etc.). Schwerpunktländer von DÜ sind (1983): Tansania (19), Nicaragua (15), Papua-Neuguinea (13), Zimbabwe (13), Kamerun (10).

Anfänge kirchlicher Entwicklungspolitik

Zur Adventszeit 1959 startete die AG KED ihre erste Spendenaktion, um der armen und notleidenden Bevölkerung in der Dritten Welt zu helfen.

»Brot für die Welt« hieß die Losung, unter der landesweit gesammelt wurde. 15 Jahre nach der Stunde Null appellierte die Kirche an das christliche Verantwortungsgefühl der Deutschen. Sie wurden daran erinnert, daß auch sie in den ersten Nachkriegsjahren große Mengen humanitärer und karitativer Hilfe erhalten hatte, die zur Linderung ihrer Not beitrug. Nachdem die BRD in der Zwischenzeit eine gewissen Wohlstand erreicht hatte, sollte ihre Bevölkerung zu einem finanziellen Beitrag bewogen werden, um nun ihrerseits zu helfen, das Los der Armen und Entrechteten in den Ländern Afrikas, Asiens und Lateinamerikas zu verbessern. Dem entsprachen auch die entwicklungspolitischen Konzepte und Modelle. Danach sollte Unterentwicklung durch Industrialisierung und Modernisierungsprogramme, wie sie sich im Nachkriegsdeutschland bewährt hatten, behoben werden. Es war Konsens in der damals gerade beginnenden entwicklungspolitischen Diskussion, daß dies ein erfolgversprechender Weg sei, um den Anschluß an die Industrieländer zu finden. Mit der wirtschaftlichen Entwicklung sollte auch der Wohlstand breiter Bevölkerungskreise in der Dritten Welt einhergehen. Die natürlichen Ansprechpartner kirchlicher Entwicklungsdienste waren und sind Kirchen und kirchennahe Organisationen in Übersee, die traditionelle Beziehungen zu Deutschland haben. Auch die Organisationen, die von ihrer Satzung her nicht unbedingt mit kirchlichen Stellen zusammenarbeiten müssen, wie BfdW und der DÜ, wickeln heute noch einen großen Teil ihrer Projekte und Vermittlungen mit diesen Trägern ab. So arbeiten für den DÜ gegenwärtig zwei Drittel seiner im Ausland tätigen Fachkräfte in diesem Bereich. Die Zusammenarbeit mit freien Trägern entwickelte sich langsam und zögernd, die mit staatlichen Stellen ist eine große Ausnahme.[1] Der Grund hierfür – so erklärt man bei DÜ – liegt nicht so sehr in einer kirchlichen oder religiös motivierten Selbstbeschränkung, als vielmehr in der Überzeugung, daß das kirchliche Engagement mehr mit der Unterstützung von Gruppen und Schichten zu tun hat, deren Förderung im allgemeinen nicht im Interesse des jeweiligen Staates liegt. Das stärkste Argument für diese kirchenbezogene Arbeit ist, nach Aussage von DÜ-Mitarbeitern, »daß die Kirchen Gemeinden mit vielen Mitgliedern haben, die oft weit verstreut leben. D. h., daß das, was man mit den Kirchen macht, in der Regel auf ein intaktes Netz von Leuten und Gruppen trifft, die im Land verteilt sind und normalerweise bis zu den untersten Schichten der Bevölkerung hinunterreicht. Gibt man in die Kirchen etwas rein, dann kommt man eher hinunter bis zu den Graswurzeln, während bei anderen Institutionen die Gewißheit viel geringer ist.«[2]

Die Dritte-Welt-Arbeit der Kirche ergibt sich aus dem sozialen Auftrag der Kirche, der zunächst keine politische Aussage, sondern schlicht soziales Engagement für die Ärmsten der Welt ist. Für sie waren die Hilfssendungen

bestimmt, die bei Not- und Katastrophenfällen zusammengestellt wurden. Für sie waren auch Schulbauten, Ausbildungsstätten und Krankenhäuser bestimmt, die mit Kirchenmitteln errichtet wurden. Der von Einzelleuten und der organisierten Kirche hierfür aus christlicher Nächstenliebe und Barmherzigkeit für die armen Brüder und Schwestern geleistet Obolus sollte ein Beitrag sein, um die Spuren der Unterentwicklung zu beseitigen. Im Verlauf der ersten Dekade (1960 – 70) konnten staatliche und kirchliche Trägerorganisationen nicht mehr die Augen vor einem Scheitern ihrer Entwicklungsstrategien verschließen. Die Kirche mußte feststellen, daß sich an der sozialen und ökonomischen Lage ihrer Zielgruppen nichts geändert hatte, ja sogar, daß trotz geleisteter Hilfe Bedürftigkeit und Not armer Bevölkerungskreise in absoluten Zahlen gewachsen sind. Nicht selten wurden die Menschen Opfer staatlicher Entwicklungsprogramme von Drittweltländern, wenn etwa die Anbauflächen von Exportkulturen vergrößert, oder sie von landwirtschaftlichen Förderprogrammen ausgeschlossen wurden, weil ihre kleinen Subsistenzwirtschaften wenig gewinnversprechend waren. Landflucht und Slumbildung in Großstädten waren und sind die Folgen. Fehlende Investitionsmöglichkeiten, klimatische Veränderungen, Naturkatastrophen und zu kleine Parzellen kamen als weitere Faktoren hinzu, die Migration und Entwurzelung beschleunigten.
Im nachhinein wurden auch viele der ersten Enwicklungsprojekte im Bildungs-, Sozial- und Gesundheitsbereich selbstkritisch analysiert. Man erkannte, oftmals zu voluntaristisch und isoliert vorgegangen zu sein, kulturelle Bedingungen, Realisierungsmöglichkeiten und Folgewirkungen eines Projektes nicht genügend bedacht zu haben.

Entwicklungspolitische Neuorientierung

Auf dem Hintergrund dieser niederschmetternden Ergebnisse mehrjähriger entwicklungspolitischer Arbeit, begann in Kirchenkreisen eine Diskussion über neue Entwicklungskonzeptionen und finanzielle Aufstockung der Dritte-Welt-Arbeit.
Im Oktober forderte die Synode der EKD Kirchengemeinden, Landeskirchen und ihre Werke dazu auf, zu den schon bestehenden Ausgaben weitere 2 % ihrer kirchlichen Haushaltsmittel auszugeben für die Überwindung der Armut, des Hungers und der Not in der Dritten Welt sowie ihrer Ursachen.[3] Evangelische Christen wurden darüberhinaus aufgerufen, 1 % ihres Einkommens zu gleichen Zwecken an BfdW zu spenden. Außerdem beschloß die EKD, sich eine ständige entwicklungspolitische Beratergruppe[4] zuzulegen und über Information, Bewußtseinsbildung und Gewissensschärfung entwicklungsbezogene Bildungsarbeit in der BRD zu leisten.[5]

Als im Mai 1973 die von der EKD herausgegebene Denkschrift »Der Entwicklungsdienst der Kirche – ein Beitrag für Friede und Gerechtigkeit in der Welt« erschien, wurde der Öffentlichkeit ein Grundsatzdokument vorgelegt, das die neuen Überlegungen evangelischer Christen zur Orientierung kirchlicher Entwicklungspolitik ausdrückte, die für sie auch heute noch weitgehende Gültigkeit haben.
Die Denkschrift weist ausdrücklich die Beschränkung des kirchlichen Entwicklungsdienstes auf Flüchtlings- und Katastrophenhilfe zurück, wenn sie schreibt:
»Christliche Liebe ist nicht nur dem notleidenden Einzelnen zugewandt. Es genügt auch nicht, Schäden und Mängel, die sich aus ungerechten Verhältnissen ergeben, nachträglich aus Gründen christlicher Barmherzigkeit zu lindern. Vielmehr gehören Barmherzigkeit und Gerechtigkeit, Dienst am Einzelnen und an der Gesellschaft, die Beseitigung der Ursachen sozialer Ungerechtigkeit sowie die Fürsorge für deren Opfer gleichermaßen unter die Botschaft des kommenden Gottesreiches.«[6]
Auch die frühere Ansicht, daß nur ein bißchen geholfen und entwickelt werden müßte, um es der Dritten Welt besser gehen zu lassen, ist revidiert. Es wird konstatiert, daß die, für die betroffenen Länder erfolgversprechenden Entwicklungsmodelle in ihnen selbst entwickelt werden und an den Bedürfnissen der Massen ausgerichtet sein müssen. »Eine Entwicklungsplanung, die nicht von den Bedürfnissen der Masse der Menschen ausgeht, führt trotz der wirtschaftlichen Erfolge zu einer Beibehaltung oder gar Steigerung sozialer Ungerechtigkeit.«[7]
»Wegen der genannten politischen und sozialen Diskrepanzen in den Entwicklungsländern ist es wichtig, hier Personengruppen zu suchen und zu fördern, die eine strukturelle Neuordnung zugunsten der benachteiligten Massen wollen und sich als authentische Sprecher ihrer Länder und Menschen ausweisen können.«[8]
In einem 10 Jahre später verfaßten Aufsatz präzisierte der Kirchenmann Günther Linnebrink diese Abschnitte und stellte Bewußtseinsbildung als entscheidenden Entwicklungsfaktor heraus:
»Schließlich ist die Fähigkeit, sich selbst zu organisieren, die Ziele als Entwicklungsprozeß eigenständig zu artikulieren und sich für ihre Verwirklichung aktiv einzusetzen, das wichtigste Ferment von Entwicklung. Menschen müssen sich als Subjekte des Handelns erfahren können, wenn anders Entwicklung überhaupt stattfinden soll.«[9]
Im gleichen Zusammenhang warnt derselbe Autor jedoch davor, daß die Armen im Zuge ihres Befreiungs- und Emanzipationsprozesses ihren Peinigern das widerfahren lassen, was ihnen selbst angetan wurde und mahnt, ausschließlich für Gerechtigkeit einzutreten.

Hier klingt an, daß die Kirche sich schwer tut, Begriffe wie Gewalt und Revolution zu legitimieren, selbst wenn sie zu, auch von ihr befürworteten, strukturellen Veränderungen führen würden. Dennoch betont Linnebrink, daß der kirchliche Beitrag zur Entwicklung nur sachgemäß bleiben kann, »wenn die politische Dimension, die in den Zielbegriffen von Gerechtigkeit und Frieden beschrieben ist, einbezogen und nicht ausgeklammert wird.«[10]
Die evangelische Kirche will auch »nicht davon ablassen, ungerechte Herrschaftsverhältnisse öffentlich beim Namen zu nennen und Hilfe zu struktureller Neuordnung zu leisten.«[11]
Bewußt, so scheint es, ist die entwicklungspolitische Denkschrift der EKD nur beschreibend, nicht analytisch abgefaßt. Es wurde vermieden, nach den, aus christlicher Ethik heraus deutlich formulierten Postulaten nach Frieden, Gerechtigkeit und dem Anspruch auf menschenwürdiges Leben, auch Wege und Möglichkeiten ihrer Realisierbarkeit aufzuzeigen. Sie werden idealisiert-theologisch beschrieben, ihrer Umsetzung bleibt ein wenig klar umrissener Interpretationsspielraum. Es läßt sich bestimmt darüber streiten, ob dieses Dilemma der Denkschrift eine Schwäche oder Stärke ist. Immerhin wurde sie von der EKD herausgegeben, deren Mitglieder in den einzelnen Landeskirchen vorwiegend bürgerlichen Kreisen angehören. Von ihnen sollte dieses Grundsatzdokument ja auch mehrheitlich getragen werden. Die Denkschrift entspricht somit der eigenen Basis und trägt der gesellschaftlichen Bedeutung der Evangelischen Kirche – sie selbst würde wohl von Verantwortung sprechen – innerhalb des bundesrepublikanischen Machtgefüges Rechnung.

Kirchliche Entwicklungspolitik aus staatlicher Sicht

Staatlicherseits wurden die vo der Kirche geleisteten Beiträge zur entwicklungspolitischen Diskussion stets anerkennend gelobt. Der ehemalige BMZ-Minister Offergeld (SPD) verweist auf wichtige Impulse, die nicht-staatliche Organisationen für die Neuorientierung der Entwicklungszusammenarbeit gegeben haben. In einem Jubiläumsartikel zum 20-jährigen Bestehen des DÜ schreibt er:
»Dazu gehört die Erkenntnis, daß die Befriedigung elementarer Grundbedürfnisse breiter Bevölkerungsschichten eines der wichtigsten Ziele der Entwicklungspolitik ist. Dazu gehört auch das Bemühen um partnerschaftlichen Umgang mit den Menschen in der Dritten Welt und die Erkenntnis, daß die unmittelbar Betroffenen von Anfang an bei der Planung und Durchführung von Entwicklungsprojekten beteiligt werden müssen.«[12]
Die Würdigung solcher Impulse sollte jedoch nicht dahingehend verstanden werden, daß die staatliche Entwicklungspolitik sich diese in der Umsetzung ihrer Projekte und Programme zu eigen gemacht hätte. Pragmatische und

technokratische Politiker sehen im Verhältnis von staatlicher und nicht-staatlicher Entwicklungspolitik der freien Träger eher eine sinnvolle Arbeitsteilung. Mag es mitunter durchaus stimmen, daß der Verwirklichung solcher Grundsätze in der staatlichen Entwicklungszusammenarbeit Grenzen gesetzt sind, weil die staatlichen Partner stets die jeweiligen Regierungen sind, die in der Regel kein Interesse an Projekten mit emanzipatorischen Zielsetzungen haben. Doch allzuoft verkommt eine derartige Politikerargumentation zur bloßen Schutzbehauptung. Denn staatliche Entwicklungshilfe ist immer beides: Geschäft und Politik. Profite – erklärtes Ziel jeder staatlichen Entwicklungspolitik – lassen sich mit an Grundbedürfnissen der Bevölkerungsmehrheit orientierten Programmen und Projekten kaum erzielen. Auch solidarisches Handeln, partnerschaftlicher Umgang, Bewußtwerdungsprozesse und Selbstorganisation der Betroffenen können nicht im Interesse Bonner Machtpolitiker liegen, stellen sie jedoch langfristig ihre Interessen und Privilegien in Frage.

Diesen Interessengegensatz zeigt auch die Kritik von Staatssekretär Köhler an der EKD-Denkschrift 10 Jahre nach ihrem Erscheinen.

»Die ausschließliche Beschränkung auf die Armen kann ein legitimer kirchlicher Beitrag sein. Dieser Ansatz darf aber nicht verabsolutiert und als Entwicklungspolitik überhaupt gesehen werden.«[13]

An anderer Stelle führt er aus:

»Die Kirche hat in der Denkschrift die Solidarität mit den Armen als ihr wesentliches Anliegen herausgestellt. Dürfen aber die Kirchen aus Solidarität für die Armen diese so bestätigen, daß sie unfähig werden für Selbstkritik und damit auch für Selbsthilfe? Man kann das Vertrauen von Projektpartnern sich ja auf einfache Weise dadurch erkaufen, daß man gemeinsam mit ihnen die Industrieländer oder bestimmte Gruppen angreift und anklagt. Dies hilft in der konkreten Projektabwicklung, fügt aber langfristig den Partnern selbst erheblichen Schaden zu. Ein Beispiel: wie auch die Denkschrift schreibt, liegen viele strukturelle Ursachen für die aktuellen Probleme der Entwicklungsländer im Kolonialismus. Es hilft aber niemandem, wenn man Fehler, die heute gemacht werden, dadurch zu kaschieren versucht, daß man immer den Kolonialismus zur Erklärung heranzieht.«[14]

Evangelische Kirche im Verhältnis zu Nicaragua

Wie der Staat und die anderen Freien Träger, haben auch die entsprechenden Institutionen der Evangelischen Kirche in den ersten eineinhalb Revolutionsjahren ('79/'80) viel Geld nach Nicaragua geschickt. '81/'82 fielen diese Beträge geringer aus, war die anfangs gestiftete Geldsumme doch überdurchschnittlich hoch – wie die offizielle Begründung lautet. In der Be-

urteilung kam der Nicaragua unterstützende kirchlich-evangelische Sektor zu dem Schluß, daß es dort ideale Bedingungen gibt, um Entwicklungshilfe zu leisten, Projekte zu unterstützen und Entwicklungshelfer hinzuschicken, weil alles, was dort gemacht wird, eingebunden ist in die staatliche Planung einer strukturverändernden Landesentwicklung.
Über diese positiven Aussagen zur Entwicklungszusammenarbeit hinaus, ist in der evangelischen Kirche aber auch ein Bewußtseinsprozeß festzustellen, der nach und nach eine politische Dimension bekommt. So führt das Kirchenengagement für Nicaragua, für den revolutionären Prozeß, zu einer verbalen und tatkräftigen Unterstützung. Ein Prozeß, der sich jedoch nicht einheitlich und gleichmäßig vollzogen hat. Bei den entwicklungspolitischen Institutionen der Kirche gibt es diesbezüglich sehr große Unterschiede. Am weitesten fortgeschritten ist der Bewußtseinsprozeß bei BfdW und DÜ. Die Entwicklung führte schließlich dahin, daß in dem Moment, als die staatliche Hilfe für Nicaragua nachgelassen hatte, verstärkt die kirchliche Hilfe einsetzte. Auf unsere Frage, ob dies eine direkte Antwort auf die Regierungspolitik gewesen sei, erklärte uns ein über den DÜ seit mehreren Jahren in Nicaragua arbeitender Theologe:
»Nein, man kann das nicht als Antwort bezeichnen. Ich glaube, das ist eine unabhängige Entwicklung, die zusammenhängt mit einem Bewußtwerdungsprozeß in der Kirche, der auch gerade an der Basis stattgefunden hat, in Kirchengemeinden, die sehr viel Nicaragua-Komitees haben. Von ihnen kam ein Druck, der auf die verschiedenen Institutionen ausgeübt wurde, sich in Nicaragua zu engagieren. Dann natürlich auch durch die ständigen Besuche, beispielsweise von dem Lateinamerika-Verantwortlichen bei BfdW, Werner Rostan, oft begleitet von höheren Kirchenrepräsentanten, die dann auch immer zurückgekommen sind mit einem sehr positiven Eindruck von Nicaragua, z. B. Schober, dem damaligen Präsidenten des Diakonischen Werkes. Bei ihm habe ich sehr genau gemerkt, wo er seinen Bewußtseinsprozeß durchgmacht hat. Innerhalb der Kirche in der BRD ist Schober ja im Grunde genommen ein rechter Mann, kein engagierter Linker. In seiner Eigenschaft als Präsident des Diakonischen Werkes hat er sein ganzes Leben lang dafür gekämpft, um die theologische und christliche Perspektive innerhalb der sozialen Werke, die die Kirche hat, wie Krankenhäuser, zum Ausdruck zu bringen, gegen das mehr soziale Engagement, das sagt, der soziale Dienst der Kirche ist genau wie jeder andere soziale Dienst: Man arbeitet mit den Methoden, die in der Sozialarbeit üblich sind, ob kirchlich oder nicht, spielt dabei keine Rolle. Gegen diese Haltung hat Schober sehr stark gekämpft. Er wollte eigentlich immer, daß diese christliche Komponente auch in der Sozialarbeit präsent ist. Darüber gab es viele Auseinandersetzungen. Darin war er eher konservativ und gegen die Leute, die sozial und

auch mehr politisch engagiert waren, eben nicht so sehr christlich. In Nicaragua hat er gesehen, daß das, wofür er kämpft, möglich ist, daß das hier in Nicaragua verwirklicht wird, daß man soziales Engagement hat und trotzdem Christ bleibt. Die revolutionären Christen haben ein ausgeprägtes und gutes soziales Engagement, revolutionäres Engagement, und gleichzeitig sind sie auch Christen geblieben. Diese Leute, wie etwa die Sozialarbeiter, sagen das hier auch, was sie in der BRD gar nicht mehr sagen. Als ihn die revolutionären Christen zu einem Gebet einluden, fand er das, wofür er ein ganzes Leben lang gekämpft hat. Das war 1982 auf einem Seminar von Basisgemeindevertretern. Als Kontrast sah er auch, was in anderen Ländern los war, ehe er nach Nicaragua kam: in Südmexico, Guatemala, Honduras und in El Salvador. Dort hat er das ganze Elend der Flüchtlinge gesehen und hier in Nicaragua die Ansätze, das Ganze zu verändern. Das hat ihn beeindruckt.
Einen ähnlichen Prozeß machte jemand durch, der vom Lutherischen Weltbund hierherkam. Auch er war in Mittelamerika und ist heute ein engagierter Mann für Nicaragua. Er vertritt in sämtlichen Gremien, daß die Hilfe für Nicaragua nicht unterbrochen werden darf. Auch der Kirchenpräsident von Hessen-Nassau, Hild, der Vizepräsident der EDK, war hier und sagte im Gespräch mit Entwicklungshelfern, daß die Politik der Bundesregierung bezogen auf Mittelamerika und Nicaragua dumm ist. So hat auch er klar gegen die offizielle Politik der Bundesregierung Stellung bezogen. Es ließen sich noch mehrere Beispiele dieser Art anführen. In den letzten Jahren sind eine ganze Reihe einflußreicher Personen aus dem evangelischen Kirchenspektrum sehr bewußt nach Nicaragua gefahren, um sich aus eigener Anschauung über das Land zu informieren. Sie sind ausnahmslos überzeugt zurückgekommen, überzeugt davon, daß es sich lohnt, die Entwicklung in Nicaragua zu unterstützen.«

Inwieweit die hier gemachten Aussagen zur entwicklungspolitischen Theorie und Praxis der Kirche über Nicaragua hinaus, auch in anderen Ländern insbesondere Asiens und Afrikas, Gültigkeit haben, kann in diesem Rahmen nicht untersucht werden.

Brot für die Welt

Der Erfolg der ersten Sammelaktion »Brot für die Welt« 1959/60 war mit 14.5 Mio. DM recht beachtlich und ermunterte zum Weitermachen. Von nun an wurde die Aktion jährlich wiederholt. 'Brot für die Welt' wurde darüber zu einer entwicklungspolitischen Institution der evangelischen Kirche, deren Etat sich heute auf über 80 Mio. DM beläuft und ausschließlich aus Spendengeldern stammt. Die Kosten für Verwaltung und Projektabwicklung werden aus anderen Kirchenmitteln erbracht. Somit steht der volle Spendenbetrag für Projekte zur Verfügung. Prozentual gesehen entfällt der geringste Teil der BfdW-Gelder mit rund 15 % auf Lateinamerika.[16] BfdW arbeitet ausschließlich auf Antragsbasis. Eigene Mitarbeiter in Übersee wurden bisher nur in Katastrophenfällen eingesetzt. Die wichtigsten Partner von BfdW sind eigenständige Kirchen, die aus der Arbeit von Missionen hervorgegangen sind. BfdW arbeitet aber auch mit nichtkirchlichen Partnern zusammen, wenn kirchliche Strukturen für die Durchführung von Entwicklungs- oder Nothilfemaßnahmen nicht tragfähig sind.[17]

Selbstverständnis und Kriterien:

Seinem Selbstverständnis nach will BfdW vor allem solche Projekte und Programme unterstützen, die auf der Respektierung von Eigenständigkeit und Selbstverantwortlichkeit basieren und situationsbezogene Antworten auf Ursachen und Symptome der Unterentwicklung suchen. Danach ergeben sich als Arbeitsschwerpunkte ländliche Regionen und städtische Armenviertel. Dabei wird auf einen integralen Ansatz Wert gelegt, d.h. die Projekte und Programme sollten möglichst viele Bereiche des Alltagslebens umfassen und auf eine emanzipatorische Bewußtseinsbildung abzielen.

Daraus ergibt sich für den Bildungsbereich die Unterstützung von Schulsystemen, deren Ausbildung praxisbezogen und realitätsnah erfolgt. Außerhalb des staatlichen Erziehungssystems werden flexible Bildungsprogramme gefördert, wie bedarfsorientierte Berufsbildung ohne Abschlußzertifikate, Erwachsenenbildung, landwirtschaftliche, auch berufliche Bildung am Arbeitsplatz oder in Form von Kurzkursen. Der Schwerpunkt liegt auf nicht-akademischen Ausbildungsgängen.

Nach denselben Kriterien wie im Bildungsbereich wird auch bei den Programmen der Sozialarbeit und des Gesundheitswesens verfahren. Bevorzugt werden präventive, dezentralisierte medizinische Dienste, die den Armen eine medizinische Grundversorgung zukommen lassen sollen, aber auch ihre Mitarbeit und Eigenverantwortung für die eigene Gesundheit betonen. Die Programme und Projekte, die für Behinderte, Waisenkinder und alte Menschen gedacht sind, sollten gemeinschaftsbezogen sein und eine Problemlösung ohne ihre Absonderung anstreben.[18]

Wenn diese Richtlinien mit den Nicaragua-Projekten von BfdW auch weitgehend übereinstimmen mögen, sollte nicht der Schluß gezogen werden, daß diese Kriterien auch in anderen Projektländern inhaltsgetreu umgesetzt werden. Z. B. tut sich BfdW schwer, Gewerkschaften zu unterstützen. Es stellt sich auch die Frage, wie die oben postulierten Kriterien mit einheimischen Projektträgern in Asien und Afrika umgesetzt werden können, wenn die kirchlichen Partner von den Inhalten und Ideen einer 'Theologie der Befreiung' unberührt, dagegen mehr von der engen Theologie der Missionsgesellschaften und den Gedanken der Diakonie, von Mitleid und Barmherzigkeit geprägt sind. BfdW-Projekte, die in Nicaragua einen progressiven Charakter haben, lassen es nicht zu, diese Etikette der gesamten BfdW-Arbeit zu verleihen.

»Die beste Entwicklungshilfe wäre, wenn wir uns ändern würden«

Interview mit Werner Rostan vom Lateinamerika-Referat bei 'Brot für die Welt' (Stuttgart)

Können Sie etwas sagen zur Entwicklung des Selbstverständnisses von 'Brot für die Welt' (BfdW) wie auch zur heutigen Projektarbeit in Lateinamerika, insbesondere Nicaragua?

Nach dem offensichtlichen Scheitern der entwicklungspolitischen Ansätze in den 60er Jahren, die stark karitativ bestimmt waren, hat man nun begonnen, die Selbsthilfe, die Selbständigkeit der Partner stärker zu entwickeln, ihnen zu helfen, sich selber stärker zu entwickeln. Zu helfen, daß sie die ungerechten Negativstrukturen aufbrechen und von innen her verändern. Deshalb war der Schwerpunkt später mehr die Ausbildung, die technische, die nicht-formale Ausbildung usw. Das ist auch heute noch ein sehr starker Aspekt. Wir nennen das 'volksnahe Erziehung', also die Erziehung, die möglichst unmittelbar in der Nähe des Arbeits- und Lebensbereiches geschieht, also nicht so institutionalisiert wie zuvor, sondern dezentralisiert und weniger formal, so daß die Leute sich selber entwickeln können. Aber die Inhalte und Konzepte, die dahinter standen, waren immer noch von uns oder von den Führungskräften in den Entwicklungsländern geprägt, die hier studiert hatten, die dann auch wieder unsere Konzepte in die Dritte Welt trugen. Nicht mehr wir sind hingegangen wie Missionare und haben unsere Entwicklung dorthingetragen – das geschieht ja auch heute noch –, sondern wir haben uns mehr auf die einheimischen Führungskräfte konzentriert. Wir

merkten letztlich aber, daß auch sie europäische oder westliche Konzepte zu verwirklichen versuchen. Doch da hat, jetzt besonders in Lateinamerika, aber auch in Süd-Ost-Asien in den letzten 10 Jahren – vielleicht auch etwas länger – ein tiefgreifender Wandel stattgefunden.
In den Entwicklungsländern entstand eine Führungsschicht, die völlig neue Konzepte entwickelte. Diese Leute merkten, daß es nicht richtig ist, die Entwicklung von Europa oder Nordamerika aus den Industrieländern überhaupt, zu kopieren, sondern daß eine andersartige, eigenständige Entwicklung notwendig ist, auf der Grundlage der eigenen Kultur, der eigenen Tradition. D.h., die Suche nach eigenen Konzepten aufgrund einer Analyse der eigenen Realität, in der man lebt. Wir fördern nun besonders diesen Bereich dort, wo solche neue Konzepte entstehen; da sind wir sehr stark engagiert. Das hat natürlich nach wir vor mit dezentralen Initiativen zu tun, auch mit möglichst hautnaher Fortbildung der Bevölkerung, orientiert an ihren eigenen Problemen und Bedürfnissen. So entstehen neue Konzepte. Unter Umständen sind das aber Konzepte, die unseren Interessen in den Industrieländern widersprechen.
Damit kommen wir zu dem nächsten Punkt, wo wir sagen müssen, die Einflüsse der Industrieländer in den Entwicklungsländern sind in der Regel, in aller Regel, negativ. Daher ist es dringend notwendig, daß sich bei uns etwas ändert, damit in den Entwicklungsländern diese Initiativen, die ich genannt habe, überhaupt erfolgreich zum Zuge kommen können. Eine andersartige Entwicklung in den Entwicklungsländern ist nur möglich, wenn die Einflüsse der Industrieländer in diesen Ländern nachlassen, bzw. anders werden.

Wie ist das zu bewerkstelligen?

Das ist im Grunde nur durch die Bewußtseinsbildung in den Industrieländern zu bewerkstelligen. Ich bin ein bißchen hoffnungsvoll, weil unsere Entwicklung, die wir vor 10 bis 15 Jahren noch so unkritisch gelobt haben, inzwischen in eine Krise geraten ist, und es sich zeigt, daß diese doch nicht so gut ist, wie zunächst angenommen. Inzwischen sind wir mit erheblichen Problemen konfrontiert und müssen uns sogar fragen, ob die Zukunft unserer Kinder noch gesichert ist. Ich glaube, daß sich bei uns Kräfte mobilisieren lassen, die eine veränderte Beziehung zur Dritten Welt als notwendig und richtig ansehen.

Nun gut, ein Potential mit kritischer Sichtweise hat sich in der BRD entwickelt. Die offizielle, d.h. die Regierungsargumentation für Entwicklungshilfe – trotz manch schönfärberischer Äußerungen – ist jedoch: 1 DM stecken wir rein, 1.15 DM holen wir raus und diesen Prozentsatz würden wir gerne auf 1.40 DM anheben. In ihren realen Auswirkungen steht die Entwicklungshilfepolitik, wie sie staatlicherseits betrieben wird, den Konzeptionen und der Politik von BfdW entgegen.

Wir versuchen, von den Bedingungen der Leute in den Entwicklungsländern her zu denken und so eine Entwicklungshilfe zu leisten, die an den Interessen der notleidenden Menschen orientiert ist und nicht an den unseren.

Welches sind diese neuen Konzepte, die in den Entwicklungsländern selbst enstanden sind? Kann man sie auf einen Begriff bringen, beziehen sie sich beispielsweise auf Paulo Freire?

Das ist sicher richtig. Denn alles, was wir in Lateinamerika 'educación popular' bezeichnen, die volksnahe Erziehung also, beruht auf einem solchen Konzept, das sehr stark von Paulo Freire beeinflußt ist. Sehr wichtig sind aber auch die kirchlichen Basisgemeinden, die die Wirklichkeit, in der sie leben, genauer gesagt, die Armut und Unterdrückung, auf der Grundlage und Verheißung des Neuen Testaments reflektieren. So kommen sie zu dem Schluß: Gott ist auf unserer Seite; Gott will die Gerechtigkeit, nicht die Ungerechtigkeit; Gott will das Leben und nicht den allmählichen Tod, den wir erleiden.
Deshalb haben sie eine ungeheure Hoffnung und ein großes Entwicklungspotential. Gerade diese Kreise werden von uns gefördert. Ich bin zutiefst davon überzeugt, daß die revolutionären Bewegungen in Mittelamerika gerade von dieser Quelle gespeist werden. Diese Sicht, dieses kontextuale Lesen der Bibel im Zusammenhang mit der Armut und der Realität in Lateinamerika gibt es in beiden Kirchen. Das Interessante ist, daß diese Option auch gleichzeitig zu einer neuen Ökumene führt, zu einem neuen Zusammenwirken von evangelischen und katholischen Kirchen, oder Gruppierungen, wie es gerade in Nicaragua besonders schön ist. Da spielt die Konfession keine Rolle mehr. Diese neue Sichtweise des Evangeliums als eine frohe Botschaft für die Armen bringt die Leute aus den verschiedenen Konfessionen zusammen. Dies stellt sie aber auch in einen gewissen Gegensatz zu denen, die das traditionelle Bild der Kirche und die traditionelle Sicht des Christentums haben.

Konzeptionen und Realisierung scheinen bei den Projekten in Nicaragua einigermaßen problemlos ineinanderzugehen. Ich könnte mir aber vorstellen, daß man in anderen Ländern schnell an Grenzen stößt, wenn aus dem Anspruch heraus, Hilfe zur Selbsthilfe zu leisten, von den Betroffenen politische Forderungen gestellt werden, die mit dem Herrschaftsanspruch autoritärer

Regime in Konflikt geraten. Heißt das nicht, daß in bestimmten Ländern unter solchen Bedingungen eine Arbeit unmöglich ist, und zieht BfdW, wo es doch bewußter, vielleicht auch politischer geworden ist, da irgendwelche Konsequenzen?

Das ist richtig. Unsere Erfahrungen in Lateinamerika, aber auch in Südostasien – wo die Situation vergleichbar ist – ist, daß viele unserer Partner, die sich auch aus christlicher Überzeugung heraus engagieren, verfolgt, geradezu zerstört werden. Das ist in Paraguay nicht anders als in Guatemala. Und wir haben überall viele Verfolgte, Tote unter unseren Partnern zu beklagen. Dies führt uns unmittelbar in einen anderen Bereich hinein, in dem wir aktiv sind, das ist die Verteidigung der Menschenrechte. Die Verteidigung der Menschenrechte wird von uns in der Regel dadurch geleistet, daß wir juristische Beratungsprogramme unterstützen; aber wir haben auch oft Fälle, wo wir direkt durch Briefe und Telegramme an Regierungen appellieren und damit zum Ausdruck bringen, es gibt hier Menschen, es gibt hier Kirchen, die sehen, daß die Menschenrechte mit Füßen getreten werden. Wir haben auch oft Erfolg damit, aber nur punktuell. Ich will noch eine andere Lernerfahrung erwähnen, die wir in unserer Arbeit gemacht haben. Wir haben in der Vergangenheit z. B. medizinische oder landwirtschaftliche Programme gefördert, weil wir dachten, dies sei gut für die Bevölkerung. Wir lernen immer mehr, daß die Technologie ein wesentlicher Punkt ist, d.h. wir sehen, daß die konventionelle Technologie, so wie sie in den Industrieländern entwickelt wurde, zu einem Vehikel für die Abhängigkeit und die Ausbeutung in der Dritten Welt geworden ist. Diese Vermittlung von Technologie z. B. in der Landwirtschaft, bedeutet in aller Regel, daß die Leute dort Maschinen, Dünger, Saatgut etc. von den Industrieländern kaufen müssen. Damit wird aber ihre Möglichkeit, sich selbst zu ernähren oder gar erfolgreich zu wirtschaften, immer geringer. D.h. sie werden immer ärmer durch diese Technologie, unsere Staaten und ihre Bevölkerung hingegen reicher.

Ist es die Ausnahme, daß BfdW in Nicaragua mit staatlichen Stellen zusammenarbeitet?

Normalerweise arbeitet BfdW nicht mit staatlichen Stellen zusammen, es sei denn bei bestimmten Katastrophenfällen. Daß wir in Nicaragua da eine Ausnahme machen, hat im wesentlichen zwei Gründe. Der eine ist, daß viele staatliche Programme, besonders im Erziehungs- und Gesundheitsbereich, sehr stark mit unseren Kriterien und Erfahrungen übereinstimmen. Zum anderen bitten uns die kirchlichen Partner in Nicaragua – hier vor allem CEPAD[19], der Zusammenschluß von 42 evangelischen Kirchen – diese Programme zu unterstützen. Das heißt, wir finanzieren kein staatliches Programm in Nicaragua, ohne die Zustimmung der evangelischen Kirchen in Form einer Stellungnahme von der CEPAD eingeholt zu haben.

Nimmt bei einer Beurteilung der Effizienz von Projekten Nicaragua eine Sonderstellung ein?

Das kann man sagen. Es gibt kein Land, zumindest nicht in Lateinamerika, in dem die Rahmenbedinungen für Entwicklungsprogramme besser sind als in Nicaragua. Und auch was die Beteiligung der Bevölkerung anbelangt – ein urdemokratisches Prinzip – gibt es nirgend sonst so gute Voraussetzungen. Das ist ein wichtiges Kriterium für uns. Wir wollen die Beteiligung und Eigenverantwortung der Bevölkerung.
Nicaragua ist ein Schwerpunktland von BfdW in Lateinamerika, was auch damit zusammenhängt, daß es dort viele Initiativen gibt, die gefördert werden können. Wir planen ja nicht von hier aus, irgendein Projekt zu machen, sondern wir reagieren auf Initiativen, die in der Bevölkerung entstehen. Das sind Anträge, die von der CEPAD oder den Ministerien kommen. Wir werden mit Anträgen geradezu überschüttet.

Die Bundesregierung hat ihre Zusammenarbeit mit Nicaragua eingefroren, die Evangelische Kirche, insbesondere BfdW und der DÜ, haben sie ausgedehnt. Daran ist ja schon eine Ablehnung der Politik der Bundesregierung abzulesen. Gibt es nicht – wenn auch nicht bei BfdW – bei den anderen in der AG KED zusammmengeschlossenen Organisationen politische und auch finanzielle Probleme?

Sicher, es gibt Konflikte. Der Direktor von BfdW, Pfarrer Hahn, hat einmal öffentlich die Entwicklungshilfe gegenüber Nicaragua bzw. El Salvador kritisch beleuchtet und darum gebeten, daß doch die Entwicklungshilfe für Nicaragua wieder aufgenommen wird. In diesem Zusammenhang kam es auch zu konfliktiven Beziehungen mit bestimmten Regierungsmitgliedern. Auch die Synode der EKD hat jetzt schon zweimal die Regierung aufgefordert, doch die Entwicklungshilfe für Nicaragua wieder aufzunehmen. Daraus wird deutlich, daß eine Unzufriedenheit in unserer Kirche mit der Entwicklungspolitik der Bundesregierung gegenüber Nicaragua besteht.

Die beiden Kirchen haben ja über den BMZ-Etat 1984 13 Mio. DM mehr bekommen. Bestimmte Kirchenprojekte sind, was die Zuschüsse angeht, zu 100 % vom BMZ abhängig. Besteht da nicht die Gefahr, daß auch Projekte der Evangelischen Kirche nicht realisiert werden können?

Das betrifft die Evangelische Zentralstelle für Entwicklungshilfe (EZE). Ich weiß, daß es auch zu gewissen Konflikten gekommen ist, aber die formale Aussage des BMZ ist, daß die kirchlichen Projekte nicht davon betroffen sind. Andererseits ist mir bekannt, daß es zu Verzögerungen bei der Bearbeitung von Nicaragua-Projekten bei der EZE gekommen ist. Papierlieferungen für die Zeitung 'El tayacán' wurden vom BMZ abgelehnt.[20] Im allgemeinen können die Kirchen aufgrund von Vereinbarungen und Absprachen mit einer bestimmten Summe aus dem BMZ rechnen. Aber im Falle Nicaraguas gab es Verzögerungen, viele Rückfragen, alles Sachen, die bei Projekten in anderen Ländern nicht üblich sind.

Gunnar Myrdal plädiert für die totale Einstellung der Entwicklungshilfe mit der Begründung, sie sei in ihrer augenblicklichen Form zu einer Art Weltsozialhilfe verkommen. Teilen Sie diese Einstellung? Ist Entwicklungshilfe nur in Ländern wie Nicaragua sinnvoll?

Sicher hat die Entwicklungshilfe etwas von Weltsozialhilfe. Viele Programme, die wir fördern, sind im Grunde genommen Nothilfeprogramme. Andererseits ist der Anspruch von Entwicklungshilfe sicher zu hoch und dient eher zur Verblendung, zur Irreführung der Bevölkerung, als zu einer wirklichen Veränderung. Deshalb sollte man mit dem Terminus Entwicklungshilfe vorsichtig sein, weil er in der Regel etwas suggeriert, was es nicht gibt. Die beste Entwicklungshilfe wäre, wir in den Industrieländern würden uns ändern. Die beste Entwicklungshilfe wäre, wenn sich unsere Beziehungen zu den Entwicklungsländern vollständig wandeln würden. Wir müssen unseren Egoismus, unsere Machtposition aufgeben und eine gemeinsame Entwicklung suchen. Das hieße auch eine Veränderung der ökonomischen, sozialen und politischen Bedingungen bei uns in der BRD.

Heißt das, daß BfdW in anderen lateinamerikanischen Ländern ausschließlich in marginalen Bereichen arbeitet, dort wo Ansätze zu einer Bewußtseinsbildung, zu Zusammenschlüssen und Kooperativen gefördert werden sollen?

Das ist sicher richtig. Ich möchte allerdings hinzufügen, daß es eine immer größer werdende Gruppe der Intelligenz gibt, die ihre Option in diesem Bereich hat. Wir fördern unter Umständen auch Professionelle oder Kirchenleute, die auf der Seite der Armen stehen, die ein Universitätsstudium hinter sich haben und von der wirtschaftlichen Situation nicht zu diesen marginalen Gruppen zählen, die sich aber mit ihnen identifizieren.

Dienste in Übersee

Dienste in Übersee (DÜ) ist eine Institution der Evangelischen Kirche, die Entwicklungshelfer auf Anforderung aus der Dritten Welt entsendet. Ihre Gründung 1960 hängt eng mit dem Entstehen von Brot für die Welt (BfdW) zusammen. Der Einsicht, daß mit der Vergabe finanzieller Mittel auch die Vermittlung von Fachkräften für eine bestimmte Zeit einhergehen müßte, um einheimisches Personal auszubilden und anzuleiten, wurde Rechnung getragen.
Wie überall, so überwog auch beim DÜ in der anfänglichen Diskussion über Motive personeller Entwicklungshilfe der überschwengliche und christlich-humanitäre Hilfsgedanke. Mit der Zeit schälten sich zwei unterschiedliche Auffassungen heraus. Die einen meinten, nur dort werde sinnvoll geholfen, wo bereits offenbar gewordene oder latente revolutionäre Prozesse wirksam unterstützt werden. Andere Kreise hingegen betrachteten es als das vornehmste Ziel personeller Entwicklungshilfe, solche Prozesse geradezu zu verhindern oder sie unnötig zu machen.[22]
Ein weiterer Streitpunkt innerhalb von DÜ war, inwieweit sich die DÜ'ler auf die eigentlichen, eng ausgelegten Aufgaben der Mission beschränken sollten. Zweifelsohne hat in dieser Frage heute eine Säkularisierung, eine verweltlichte, gesellschaftsbezogene Sichtweise stattgefunden. Der Missionsgedanke, wenn auch in aufgeklärterer, kritischer Neudefinition, gehört auch heute noch zum christlich-theologischen Selbstverständnis bei Dienste in Übersee.

DÜ in Nicaragua

Mit 26 Planstellen[23] hat DÜ fast genausoviele Entwicklungshelfer wie der DED und knapp dreimal soviele wie die GTZ in Nicaragua. Sie arbeiten dort schwerpunktmäßig im Gesundheits- (4) und Bildungsbereich (4)[24] und in der Mehrzahl im staatlichen Bereich (11 : 5).
Im Vergleich zu den staatlich abhängigen Personaldiensten weist der DÜ einige interessante Unterschiede auf. Als kirchliche Institution hängt der DÜ direkt von der EKD ab.
DÜ hat in keinem Land, wo seine Fachkräfte arbeiten, einen Beauftragten. Denn es wird argumentiert, daß die DÜ-Leute in nationale Zusammenhänge eingebunden und nur den nationalen Verantwortlichen rechenschaftspflichtig sein sollen. Beim DED ist der Beauftragte der deutsche Arbeitgeber der einzelnen Entwicklungshelfer, die gleichzeitig auch noch einen nicaraguanischen Arbeitgeber haben. Dieses Dreiecksverhältnis führt teilweise dazu, daß

eine konkrete und vollständige Integration in die Projektarbeit verhindert wird. Ein gewisser Nachteil ist es, daß es beim DÜ keine Mitbestimmungsmodelle wie beim DED gibt. Andererseits garantiert diese lockere Struktur beim DÜ auch einen größeren politischen Freiraum, wie er sich bei der Diskussion um die Besetzung der BRD-Botschaft im Mai '83 anläßlich der Ermordung des DED-Arztes Tonio Pflaum durch die Contra zeigte. Während DÜler diese Aktion mitgetragen, z. T. auch aktiv unterstützt haben, hat der DED-Beauftragte eine Teilnahme seiner 'Angestellten' zu verhindern gewußt, u. a. damit, daß er ihnen glaubhaft machen konnte, die Bundesregierung würde eine Beteiligung an der Besetzung zum Vorwand nehmen, die Arbeit in Nicaragua einzustellen. So ist wohl der Schluß erlaubt, daß die Beauftragten des DED auch eine politische und Disziplinierungsfunktion haben, die auch mit einem – im Vergleich zum normalen DEDler – fünffach höherem Gehalt angemessen honoriert wird.
Ein weiteres Unterscheidungsmerkmal von DÜ ist es, daß seine Leute nicht an die Weisungen der deutschen Botschaft gebunden sind, wenn sie beispielsweise anordnet, im Kriegsfall das Land zu verlassen. DÜ überläßt solche Entscheidungen den einzelnen Entwicklungshelfern.

»Es ist wichtiger, ein deutliches Wort zu sagen, als still zu sein und Geld zu bekommen«

Wir bringen auszugsweise ein Interview, das wir in der Hauptgeschäftsstelle von DÜ in Stuttgart aufgezeichnet haben. Neben dem Selbstverständnis von DÜ, werden hier die Gründe des entschiedenen Nicaragua-Engagements benannt.

Welches Dritte-Welt-Verständnis liegt der DÜ-Arbeit zugrunde?

Die Grundsätze für die Vermittlung richten sich stark aus an der ökumenischen Diskussion, die in Genf stattfindet. Dort ist es am ehesten gegeben, daß auf einer Ebene von Gleichheit zwischen den Vertretern der Dritten Welt und hier diskutiert wird. In den Gremien des Weltkirchenrates sitzt man nicht als Geber und Nehmer, sondern als Partner, die gemeinsam zu gewissen Themen arbeiten. Es gab vor einigen Jahren eine Konferenz in Montreux, auf der definiert wurde, daß die Vision, oder das worauf wir zugehen wollen, eine »just, participative, self-sustainable and creative society« ist, also eine gerechte, kreative Gesellschaft, die aus eigener Kraft leben kann. Kreativ im Sinne der Beteiligung der Betroffenen an den eigenen Entwicklungsprozessen, so daß darüber Partizipation und Demokratisierung erfahrbar werden.
'Self-sustainable' im Sinne der Fähigkeit, sich ökonomisch selber zu unterhalten. Das heißt also, ökonomische Entwicklung im Hinblick auf Grundbedürfnisstrategie und Stärkung der an den Rand gedrängten oder der Schichten der Bevölkerung, die von der offiziellen Entwicklung beiseite gelassen werden, die für Staat und Wirtschaft uninteressant sind. Das sind oft Minderheiten, Flüchtlinge, Slumbevölkerung, Landbevölkerung, Indianergruppen. Wenn man sie stärkt, gerät man natürlich leicht in irgendeine Art von Widerspruch zum Staat und da wird es dann schwierig, wird auch offensichtlich, daß diese humanitär scheinenden Grundsätze starke politische Implikationen haben. Diese Kriterien bedeuten auch, daß man Gruppen unterstützt, die unter Menschenrechtsverletzungen leiden, denen die Existenzmöglichkeit genommen wird, als Individuen oder als Gruppen.

Arbeiten die DÜler in den Ländern vorwiegend in marginalen Bereichen? Ist der DÜ festgelegt, vorwiegend mit Kirchen zusammenzuarbeiten?

Grundsätzlich antworten wir auf Anfragen und Anforderungen aus diesen Ländern direkt. Aber wir bekommen die meisten Anfragen von Kirchen und kirchennahen Gruppen, weil wir bei denen bekannt sind, und wir haben

auch die Vorstellung, daß wir zwei Drittel oder mehr der Projekte mit Kirchen und kirchenbezogenen Gruppen machen sollen. Das bedeutet keinesfalls, nicht auch mit anderen Gruppen zusammenzuarbeiten. Die Zusammenarbeit mit staatlichen Stellen ist eine ganz große Ausnahme. In größerem Umfang war das bei den Kapverden der Fall, auch bei Guinea Bissau, weil es dort keine evangelische Kirche gibt. Wir zögern, mit Regierungen zusammenzuarbeiten, denn aus der Tradition der Friedenskirchen und von unserem Engagement her, haben wir mehr mit der Unterstützung von Gruppen und Schichten zu tun, deren Unterstützung nicht so sehr im Interesse des Staates liegt.
Deshalb ist unser Engagement in Nicaragua eine große Ausnahme. In den ersten Jahren war es für uns sehr überraschend, aber auch toll, wenn wir Anfragen aus Nicaragua bekamen und es sich zeigte, daß wir mit keinem anderen Land und keinem anderen Projektträger so übereinstimmten in den Zielvorstellungen, die das sind: Stärkung der Selbsthilfefähigkeit, Partizipation der Betroffenen an den Programmen, Befähigung der lokalen Bevölkerung, die Dinge selbst zu übernehmen und nicht permanent ausländische Fachkräfte zu brauchen. Darüberhinaus auch das Bestreben, so schnell wie möglich selbständig zu werden, unabhängig von auswärtiger Hilfe – personell und finanziell.
Während aus Nicaragua nur solche Anfragen kommen, sieht es in anderen Ländern ganz anders aus. In langen Diskussionen muß man ihnen diese Entwicklungskriterien erst einsichtig machen. Dann ist man aber auch nicht immer sicher, ob das deren Überzeugung ist, oder ob sie uns einen Gefallen tun wollen.

Ihr arbeitet hauptsächlich mit kirchlichen und christlichen Gruppen zusammen. So allgemein formuliert, bleibt die politische Richtung der Arbeit damit jedoch unklar, weiß man doch, daß die Kirchen auch eine herrschaftsstabilisierende Funktion haben. Eurem Selbstverständnis nach ist es doch eher der kritische, linke Kirchenflügel, den ihr unterstützt?

Ja, in Afrika leider nicht so ausschließlich. Nun ist es ja überall so, daß die katholischen Institutionen der BRD, wenn sie ein Projekt in der Dritten Welt machen wollen, an das Einverständnis der jeweilig zuständigen Bischöfe in den Ländern gebunden sind. Die Bischöfe gehören aber oft zu der nationalen Elite und sind deshalb auch bestimmten Entwicklungen gegenüber mißtrauisch. Darum unterstützen diese Bischöfe bestimmte linke Basisprojekte nicht. Dann wenden sich diese Kirchen an uns. Wir sind der Meinung – das ist jetzt sehr generell, aber wird auch oft praktisch –, daß eine kirchliche Entwicklungspolitik nicht heißt, eine Entwicklungspolitik in kirchlichen Strukturen, sondern vielmehr an christlichen und ethischen Grundsätzen ausgerichtet, zu verfolgen.

Das heißt, Ihr habt keinen schematischen starren Kirchenbezug, sondern seid mehr an den Inhalten orientiert, wie sie die 'Theologie der Befreiung' vertritt?

Ja. Ganz allgemein kann man sagen, Befreiung zum Menschsein. Also zu Bedingungen, unter denen man Mensch sein kann, was materielle Grundbedürfnisse betrifft, aber auch rechtliche und soziale Existenzmöglichkeiten.

Ist der Fall möglich, daß Anträge aus Ländern gestellt werden, wo eine Zusammenarbeit von vornherein ausgeschlossen wird?

Das ist eine ganz wichtige Frage. Ich bin jetzt mehrere Jahre bei DÜ, und man sammelt ja auch Erfahrungen. Dabei wird es mir immer deutlicher, besonders in Gesprächen mit Rückkehrern, daß die gesellschaftlichen Bedingungen letztlich doch entscheidend für so eine Arbeit sind. Dies zeigt sich sehr deutlich an den Reaktionen der einzelnen DÜler auf ihre Projektarbeit. Wenn sie dort sind, oder spätestens, wenn sie zurückkommen, kann man sehr deutlich unterscheiden, wer mit Begeisterung arbeitet und das richtig findet und auch gar nicht darüber spricht, daß er wahnsinnig viele Überstunden macht, sich vielleicht die Gesundheit ruiniert, wie bei den Leuten in Nicaragua, denen man öfter mal sagen muß, langsamer zu treten. Die Leute, die aus anderen Ländern zurückkommen beklagen sich oft, ihre Arbeit hätte keinen Zweck gehabt. Spätestens, wenn sie zurückkommen, fällt alles wieder in sich zusammen, was sie in den Ländern mitgestaltet haben, und die Verhältnisse sind wie zuvor. An diesem Echo der DÜler kann man noch einmal ablesen, wie wichtig die gesellschaftlichen Bedingungen sind. Das ist auch ein ganz starkes Argument für unser Engagement in Nicaragua.

10 Stellen mehr für Nicaragua zu bewilligen, steht ja in einem krassen Widerspruch zur staatlichen Entwicklungspolitik. DÜ bekommt 40 % seines Etats aus dem BMZ; liegt hierin nicht eine Möglichkeit, Druck auszuüben?

Beim DÜ hat sich, so glaube ich, in den letzten Jahren eine sehr deutliche Bewußtseinsveränderung vollzogen, in dem Sinne, daß wir sehen, daß wir mit der Vermittlung von Fachkräften gar nicht viel bewirken können. Gleichzeitig ist es jedoch sehr wichtig, daß wir die Erfahrungen, die wir in Übersee sammeln, hier auch vermitteln und versuchen, auf politischer und sonstiger Entscheidungsebene in der BRD, ein Bewußtsein für die tatsächli-

chen Verhältnisse in der sogenannten Dritten Welt zu wecken. Das heißt, daß unser erstes Bemühen gar nicht sein kann, uns so zu verhalten, daß wir nicht auffallen und weiterhin das Geld kriegen, das wir brauchen. Sondern wir sehen ganz deutlich, daß es in bestimmten Situationen vielleicht sogar wichtiger ist, hier ein deutliches Wort zu sagen, als still zu sein und Geld zu bekommen, z. B. im Falle Nicaraguas.
Das Verhalten des BMZ widerspricht allen Erkenntnissen der Entwicklungshilfe-Diskussion. Wir können uns ja unmöglich genauso verhalten, wenn wir selbst etwas lernen, aus dem, was wir tun.

Gibt es im Verhältnis BMZ – Evangelische Kirche einen Unterschied zwischen christ- und sozialdemokratischer Regierung?

Es gibt da eine ganz deutliche Veränderung in dem Sinne, daß die Regierung sich bis jetzt nicht eingemischt hat in die Entscheidungen, nach denen die Nicht-Regierungsorganisationen (NRO's) ihre Arbeit gemacht haben. Bisher haben alle Regierungen den ganz verschieden ausgerichteten, anerkannten Organisationen vertraut, eine vernünftige Entwicklungspolitik zu verfolgen. Man hat sich überhaupt nicht eingemischt. Es gab gewisse Vorschriften, wie bei der Evangelischen Zentralstelle für Entwicklungshilfe (EZE) den Kirchenbezug. Bei uns mußten die Dinge, die wir machen, einen entwicklungspolitisch sinnvollen Bezug haben. Die neue Qualität ist die Art, wie jetzt in Bonn Politik gemacht wird, wie man es am deutlichsten am DED sehen kann. Daß man versucht, alles, was Entwicklungspolitik betrifft, zu subsumieren unter die außen- und wirtschaftspolitischen Interessen der CDU-Regierung. Dies ist eben auch die ganz große Schwierigkeit, daß man längerfristige Beziehungen zu anderen Ländern jetzt versucht nach CDU-Interessen auszurichten. Wir können ja nicht mit jedem Regierungswechsel unsere Projekte, unsere Entwicklungshelfer und unsere Partner in Übersee auswechseln. Das ist auch ein Problem, dem man nicht nachgeben kann, weil wir nicht Instrument der Regierungspolitik werden können. Erstens finden wir im Moment die Richtung nicht sinnvoll, zum anderen müssen wir auch unsere eigene Konzeption und Linie haben. Ich denke nicht, daß es zu einem großen Konflikt kommen wird. Aber käme es zu der Grundsatzfrage, entweder ihre Politik zu befolgen oder das weiterzumachen, was wir für richtig halten, dann bin ich der Ansicht, lieber nur die Hälfte zu machen, dann aber das, was wir nach unserer Überzeugung verantworten können. Das ist jetzt meine persönliche Meinung, ich denke aber, daß das ganz selbstverständlicher Konsens ist. Anders kann man ja auch gar nicht arbeiten.
Und von einer Streichung der Kirchengelder war auch nie die Rede; damit

wurde auch nicht im entferntesten gedroht. Zu Nicaragua wurde auch kürzlich noch einmal deutlich gesagt, daß man überhaupt nichts gegen eine Zusammenarbeit mit privaten Trägern hätte. Zu diskutieren sei nur, inwieweit man sandinistische Politik mit Geldern der Bundesregierung unterstützt. Die Unterstützung der Sandinisten wird als das Problem gesehen, nicht die Zusammenarbeit mit freien Trägern.

Unterstützung der Sandinisten ist ja ein interpretierbarer Begriff, wie die Regierungsverhandlungen um Entwicklungshilfegelder zwischen Nicaragua und der BRD im Mai '84 zeigten.
Anträge, die 100 % für die Privatwirtschaft bestimmt waren, wurden abgelehnt.

Ich vermute, daß man es nicht auf einen großen Konflikt mit den Kirchen ankommen lassen wird, und daß man deshalb trennt zwischen staatlichen und nicht-staatlichen Projekten und Vermittlungen. Diese Bedingung, mehr mit nicht-staatlichen Stellen bzw. Organisationen zusammenzuarbeiten, das wäre in anderen Ländern ja auch überhaupt kein Problem, weil sich dort die Regierungen einen Dreck drum scheren, wie es den armen Leuten geht. Nur, in Nicaragua kümmert sich die Regierung darum, fördert Projekte, die in eine Richtung gehen, die wir auch unterstützen. Darum ist die Regierung in Nicaragua für uns interessant.

Werden die Forderungen des BMZ, mehr mit nicht-staatlichen Organisationen zu machen, denn berücksichtigt?

Bei dem Sonderprogramm, den 10 Stellen, haben wir gesagt, wir wollen fünf Vermittlungen in private Organisationen und fünf in staatliche machen. Dabei spielt vielleicht eine Rolle, daß das BMZ diese Forderung stellt, aber es ist auch eine innerkirchliche Forderung. Und es ist schwer verständlich zu machen, daß gerade dieser in der BRD so angegriffene sandinistische Staat der ideale Partner für uns ist.
Es ist ja auch einfach so, daß das, was man in Nicaragua sieht, so überzeugend ist, daß man sich dem gar nicht entziehen kann. Und daß der Einfluß der USA, die direkte und indirekte Intervention, so unverschämt, eine derart reine Machtpolitik ist und so gegen die Interessen der nationalen Unabhängigkeit und der eigenen Entwicklung Nicaraguas gerichtet ist, daß man, wenn man ehrlich ist, gar nicht anders als darüber empört sein kann.

»Über die Bibellektüre wird auch ein soziales Engagement gefördert«

Ein evangelischer Theologe, der über 'Dienste in Übersee' (DÜ) nach Nicaragua vermittelt wurde, beschreibt die Arbeit zweier nicaraguanischer, kirchlicher Organisationen, die Entwicklungsprojekte im Land durchführen: CAV (Centro Antonio Valdivieso) und CEPAD (Comité evangélico pro ayuda y desarollo / Evangelisches Komitee für Hilfe und Entwicklung). In Selbstverständnis und praktischer Arbeit weisen beide erhebliche Unterschiede auf, vermitteln auch gleichzeitig einen Einblick über das von der EKD unterstützte kirchliche Spektrum in Nicaragua.
Kurz wollen wir noch auf einen zentralen Begriff kirchlicher Entwicklungshilfe, der 'Hilfe zur Selbsthilfe', eingehen. Unsere Ansicht nach kann er nicht per se, ohne Berücksichtigung gesellschaftlich-politischer Rahmenbedingungen, gefordert und unterstützt werden. Stets gilt es zu überprüfen, ob er eingebunden ist in einen emanzipatorischen Prozeß, der zur gesellschaftlichen Partizipation der Betroffenen beiträgt und auch, wie in Nicaragua, dann gerechtfertigt erscheint, wenn 'Hilfe zur Selbsthilfe' freiwillige und unentgeldliche Anstrengungen von der Bevölkerung verlangt, weil die Ressourcen des Landes zur Verteidigung der Revolution gegen ausländische Aggression und Konterrevolution vollauf gebraucht werden.
'Hilfe zur Selbsthilfe' jedoch, die im Sinne konservativ-bürgerlicher Sozialprogrammatik lediglich aus finanziellen Ersparnisgründen propagiert wird, aber die mit Selbsthilfe verbundenen Organisierung der Betroffenen und damit einhergehende Bewußtwerdungsprozesse ablehnt oder blockiert, ist nicht unterstützenswert. Diesen Unterschied gilt es im Auge zu behalten.

Könntest Du die wichtigsten evangelischen Entwicklungsinstitutionen in Nicaragua beschreiben?

Die größte kirchliche Institution, die Entwicklungshilfe leistet, ist CEPAD, das 1972 nach dem Erdbeben gegründet wurde, um die Hilfsgelder der Kirchen aus Europa und den USA in Empfang zu nehmen, die für die Erdbebenopfer nach Managua kamen. Die CEPAD-Gründung wurde ja nicht von Nicaragua aus initiiert, sondern sie war eine Forderung der großen Hilfsorganisationen in den USA und in Europa, die einen zentralen Ansprechpartner in Nicaragua haben wollten. Sie wollten die Sachen nicht an die Baptisten, die Moravische, die Pfingstkirche und die vielen anderen einzeln verteilen. Erst nach dem Erhalt der Hilfsgelder wurde CEPAD zu einer Entwicklungsorganisation, die heute Projekte im ganzen Land durchführt. Sie arbeitet hauptsächlich unter evangelischen Christen, beteiligt sich inzwischen aber auch an anderen Projekten. Schon vor dem Sieg der Revolution hat CEPAD ein Basisgesundheitswesen aufgebaut, auch einzelne Kooperativen gegründet, in der Alphabetisierung gearbeitet, wenn auch mehr unter dem Aspekt einer christlichen Alphabetisierung, vor allem mit dem Ziel, die Bibel lesen zu können.

Sind alle evangelischen Kirchen in dem CEPAD-Verband zusammengeschlossen?

Sie haben mit ca. 15 oder 16 Kirchen angefangen. Heute vertreten sie 40 der 80 verschiedenen Kirchen, die es in Nicaragua gibt. Diese 40 Mitglieder haben je einen Vertreter in der Vollversammlung von CEPAD, die sich einmal pro Monat trifft. Dort soll eigentlich entschieden werden, welches die Aufgaben von CEPAD sind. Meiner Meinung nach ist das aber keine demokratische Ordnung, weil der Einfluß der Hauptamtlichen im CEPAD-Büro viel größer ist als der Einfluß, den die einzelnen Vertreter haben, so daß eigentlich von den Büromitgliedern entschieden wird, was wirklich bei CEPAD geschieht.
Nach dem Sieg der Revolution ist sehr viel Geld an CEPAD geflossen. Allein der Weltrat der Kirchen hat CEPAD mehr als 5 Millionen Dollar zur Verfügung gestellt, um beim Wiederaufbau Nicaraguas zu helfen. Auch von 'Brot für die Welt' (BfdW) und der Evangelischen Zentralstelle für Entwicklungshilfe (EZE), den nordamerikanischen lutheranischen und anderen Kirchen ist sehr viel Unterstützung gekommen. Von den fünf Millionen Dollar, die der Weltrat der Kirchen 1979/80 gegeben hat, kam ungefähr die Hälfte von BfdW und der EZE.
Neben CEPAD gibt es im kirchlichen Bereich auch noch andere Institutionen, die ihre Entwicklungshilfeprojekte haben, sich jedoch erst in den Anfangsjahren der Revolution entwickelten und erst nach und nach an Bedeutung gewannen. Hier ist vor allem das Centro Antonio Valdivieso (CAV) zu nennen, das eigentlich erst seit Ende '82 Projekte durchführt. Das CAV gab es schon vorher, es arbeitete aber mehr im religiösen Bereich, in der Aus- und Weiterbildung von Basisgemeindemitgliedern. Aber weil viele dieser Basisgemeindemitglieder in großer Armut leben, war es nötig, die pastorale Arbeit mit Projekten zu begleiten. Die Projektabwicklung des CAV verwaltet jährlich zwischen 800 000 bis zu einer Millionen Dollar. Es wird aus der BRD unterstützt von BfdW, dem Evangelischen Missionswerk (EMW) und vom Diakonischen Werk 'Kirchen helfen Kirchen'. Darüberhinaus erhält es

Unterstützung von den Franziskanern in der BRD und von anderen Ländern wie Schweden, Dänemark, Holland, Belgien etc.
Ungefähr 40 % der Gelder kommen aus der BRD. Die Gelder kommen zu gleichen Teilen aus der BRD und den USA und machen zusammen ungefähr 80 % des Gesamtetats aus.

Wenn das CEPAD mehr auf Druck von außen hin gegründet wurde, stellt sich doch die Frage, ob es überhaupt eine eigene Entwicklungskonzeption hat. Hat es da Veränderungen gegeben und wie unterscheiden sich CEPAD und CAV?

Ich erzähle zunächst einmal vom CAV, weil ich dort arbeite und auch besser die Diskussion mitbekommen habe. Im CAV gibt es eigentlich so etwas wie eine eigene Projektstrategie oder entsprechende Kriterien nicht. Es werden Initiativen von der Bevölkerung und von den Massenorganisationen oder den staatlichen Institutionen in den Basisgemeinden unterstützt. Aber es sind meist Projekte, die im Zusammenhang mit einem Ministerium oder einer Massenorganisation durchgeführt werden. Das CAV macht keine eigenständigen Projekte. Als Kriterium der CAV-Arbeit könnte man die pastorale Arbeit nennen, d. h., wenn dort, wo man pastorale Arbeit machen will, Basisnotwendigkeiten auftreten, die man lösen muß, bevor man mit einer pastoralen Arbeit anfängt, dann wird dort ein Projekt unterstützt. Jedoch nicht als christliches oder paralleles Projekt zu den staatlichen, die bereits laufen, sondern intergriert in die Pläne, die staatlicherseits vorhanden sind und die zum Teil als Nothilfemaßnahmen, z. B. bei Umsiedlungen, gesehen werden können.

Heißt das an der Atlantikküste und im Süden, am Rio San Juan?

Das, was Du nennst, ist ja nur ein kleiner Ausschnitt der ganzen Problematik. Die Umsiedlungen sind ja hauptsächlich im Norden, in der Region I, in Estelí und Nueva Segovia, in der Region VI, in Matagalpa, auch im Süden am Rio San Juan. In diesen drei Gebieten werden hauptsächlich Projekte vom CAV unterstützt.

Kannst Du ein Beispiel nennen, wie ein solches Projekt begonnen wird und wie dabei die pastorale Arbeit einfließt?

Vielleicht mal ein Projekt in Matiguás. Der Priester von Matiguás arbeitet mit dem CAV zusammen. Seine pastorale Arbeit unterstützen wir durch Kurse und Unterricht. Es gibt dort auch eine ganze Reihe von Kooperativen, die sich aus finanziellen Gründen nicht entwickeln können. Die Revolution hat es auch heute, nach fünf Jahren, noch nicht geschafft, dort Kredite zu geben, um wirklich ein Entwicklungsprogramm in die Wege zu leiten. Das, was eigentlich für die nächsten Jahre vom Landwirtschaftsministerium/MIDINRA für die Campesinos geplant war, wird jetzt von uns in der Basisgemeinde mit den Leuten durchgeführt, die auch in der Basisgemeinde organisiert sind.

Die Bibelarbeit wird dann auch einen sehr starken sozialen Bezug haben?

Klar, es geht auch in vielen Fällen darum, die Kreativität der Bevölkerung mit unseren Projekten zu unterstützen, wo vieles vielleicht durch nationale Programme, gerade im Agrarbereich, auch unterdrückt wird. Das Warten, daß der Staat, daß das Ministerium etwas tut, unterdrückt in bestimmten Zusammenhängen auch die Eigeninitiative der Bevölkerung. Es kann zu Frustrationen und Passivität führen.
Ich will das an einem Beispiel vom Rio San Juan verdeutlichen. Dort wurden viele Neuansiedlungen gebaut, und es waren viele Ideen da – direkt von der Bevölkerung –, was man alles machen könnte. Aber weil es in dieser Region so immense Transportschwierigkeiten gibt, auch zu wenig Baumaterialien, entstand bei den Campesinos eine Haltung, daß sie sagten, der Staat sei verpflichtet, ihnen die Häuser zu stellen und warteten und warteten. Sie haben nichts gemacht, weil es der Staat ja machen wollte. So verging die Zeit. Wir versuchten schließlich zusammen mit einer anderen christlichen Organisation, kleine Projekte anzufangen, wie etwa mit den Campesinos Ziegelsteine herzustellen. Also Initiativen anzufangen, um die Probleme selbst zu lösen, weil es der Staat aus organisatorischen und materiellen Gründen in dem versprochenen Zeitraum einfach nicht geschafft hat. Dies sind die Grundzüge unserer Arbeit.

Das ist also eine Linie, die sich im CAV allmählich herausgeschält hat, in städtischen Armenvierteln und ländlichen Regionen, die unterentwickelt und benachteiligt sind, zu arbeiten?

Ja, in Gegenden, wo der Staat bis heute noch nicht dazu gekommen ist, die geplanten Programme auch wirklich durchzuführen, bedingt durch die Prioritätensetzung und die Kriegssituation.
Ich will noch ein weiteres Beispiel erwähnen. Vom CAV aus haben wir auch ein Programm in San Judas, einem Stadtviertel von Managua, wo die Gemeindemitglieder Baptisten sind. Das Problem war, daß sie jeden Abend ihren Gottesdienst zur gleichen Zeit hatten wie die CEPs – die Alfabetisie-

rungs- und Erwachsenenbildungskurse – stattfinden. Für die Leute ist das eine Entscheidung zwischen Weiterbildung und Kirche. Das ist ein Widerspruch, und es gibt viele Pastoren, die auf ihre Gemeindemitglieder Druck ausüben, in die Kirche zu kommen und nicht in die Erwachsenenbildung zu gehen.

Wir haben dann ein Programm zu entwickeln versucht, um das miteinander zu kombinieren. Wir sagten: Wir reduzieren das Programm des Erziehungsministeriums/MED auf drei Tage, und das war auch mit ihm abgesprochen, die anderen Tage war dann Gottesdienst. Den Unterricht selbst machen wir in den Räumen der Kirche. So versuchten wir zu vermitteln. Das Ministerium war einverstanden. Den Leuten machte das inzwischen ziemlich viel Spaß, weil damit auch eine christliche Erwachsenenbildung verknüpft ist und weil an den anderen Tagen kein reiner Gottesdienst abgehalten wird. Über die Bibellektüre wird auch ein soziales Engagement gefördert. Das Ganze ist relativ neu, läuft erst seit eineinhalb Jahren. In vielen anderen Kirchen gibt es das nicht; dort ist alles beim Alten.

Die andere große evangelische Hilfsorganisation ist CEPAD. Hat sie ähnliche Kriterien entwickelt?

CEPAD hat eigene Kriterien. Diese sind ganz anderer Art. CEPAD ist eine Entwicklungshilfeorganisation, die bis zum Sieg der Revolution, ja eigentlich bis heute, eine Linie verfolgt, die man als 'desarollismo' bezeichnet: Programme vorzuweisen, die sehr assistenziell sind, nicht gedacht, um eine wirkliche Veränderung der Situation der Leute herbeizuführen. Diese Tendenz ist heute in vielen Projekten von CEPAD immer noch da, nämlich, daß sie nicht auf eine allgemeine Entwicklung der Campesinos aus sind, sondern nur Teilbereiche entwickeln. Beispielsweise werden ziemlich isoliert Nähkurse für Frauen angeboten. Es gibt immer wieder Neuansätze, dies besser zu organisieren, aber bis heute sehe ich da noch keine klare Linie drin, wo das wirklich hinführt.

CEPAD hat immer Dreijahrespläne, in denen sie ihre Projekte festlegen. Ich war auf der Versammlung, auf der der letzte verabschiedet wurde, wo sie ein dickes Buch vorstellten, das im einzelnen diskutiert werden sollte. Aber die meisten der Anwesenden hatten das gar nicht gelesen, wußten somit auch nicht, was alles geplant war und haben es trotzdem verabschiedet. Die Entwicklungsplanung bei CEPAD wird in den Büros in Zusammenarbeit mit seinen acht oder neun Regionalbüros gemacht, aber nicht basisbezogen. Sie arbeiten schon auch mit armen Leuten zusammen, weil die Mehrzahl der evangelischen Christen die ärmsten und am wenigsten gebildeten Leute der nicaraguanischen Gesellschaft sind.

Wie kommt das?

Einerseits haben sich die evangelischen Christen in den letzten fünf Jahren geschlossen gewehrt, an den Ausbildungsprogrammen des Erziehungsministeriums teilzunehmen. Andererseits nutzen die evangelischen Kleinstkirchen, die Pfingstkirchen, die fehlende Bildung aus. Bei ihnen bekommen zwar die Pastoren eine Ausbildung, nicht aber die Gemeindemitglieder. Sie sind so viel leichter manipulierbar, und es ist einfacher eine hierarchische Struktur aufzubauen, wenn die Leute wenig wissen, nicht selbständig denken. Dies ist eine Struktur, die da ist und in der Philosophie der Pfingstkirchen begründet liegt. Gemäß der Theologie der meisten Pfingstkirchen ist das Wichtigste das Leben nach dem Tod, nicht das Leben in dieser Welt. Alles, was in der Welt geschieht, ist nebensächlich und hat keine Bedeutung. So wird auch alles, was an Armut da ist, durch die religiöse Ideologie verdrängt. Die Pfingstkirchengemeinden machen die Hälfte der evangelischen Christen aus. Es gibt ungefähr 400 000 evangelische Christen in Nicaragua. Das sind ungefähr 13 % der Gesamtbevölkerung. Die anderen sind traditionelle Kirchen, wie die Moravische, Baptistische, Anglikanische. Auch ihre Mitglieder gehören im Spektrum der nicaraguanischen Gesellschaft zu den unterprivilegierten Schichten.

Und in einem revolutionären Prozeß bekommt eine solche Haltung, wie sie von den Pfingstkirchen vertreten wird, eine reaktionäre Komponente.

Klar, das sind auch genau die Widersprüche zum revolutionären Prozeß, die sich im evangelischen Bereich auftun. Denn es gibt ja in ganz Nicaragua einen Prozeß der Demokratisierung, der sich auch in Basisdemokratie ausdrückt. In den evangelischen Kirchen läuft dies jedoch nicht, denn dort ist der Pastor die zentrale Person.

Kommen wir zurück zur Entwicklungsstrategie von CEPAD.

Wie gesagt, CEPAD hat noch keine Konzeption für Entwicklungshilfeprojekte in einer revolutionären Gesellschaft. Aber man muß auch sagen, daß es in manchen Bereichen ganz gute Leute gibt. So gibt es in Jinotega und León gute Regionalbüros von CEPAD, wo hauptsächlich an der Unterstützung von Kooperativen gearbeitet wird, wo Ausbildungskurse über Ziel und Zweck der Kooperativen in Zusammenarbeit mit dem Erziehungsministerium und den Ausbildungsinstanzen durchgeführt werden. Es gibt ansatzweise die Tendenz, sich an den allgemeinen Entwicklungsplänen zu orientieren. Darüberhinaus erhält CEPAD noch Spenden, die nicht für Entwicklungs-

projekte vorgesehen sind und die 25 % des Gesamtetats ausmachen. Spenden, die für Notfälle zur freien Verfügung stehen. Mit diesen Geldern arbeitet CEPAD auch sehr freizügig, will sagen, dieses Geld wird hauptsächlich gegeben zur Unterstützung von Pastoren und auch für andere Leute aus dem evangelischen Bereich: Gemeindemitglieder erhalten Kleider- und Lebensmittelschenkungen (Bohnen, Reis und Mais). CEPAD gibt Grundnahrungsmittel und erzeugt damit eine Abhängigkeitshaltung vieler Kirchen, die fest mit CEPAD-Geldern rechnen. Sie sind abhängig geworden und haben ihre eigene Meinung und Position aufgegeben, um Ansichten zu vertreten, die CEPAD angenehm sind, die opportunistisch werden, bzw. schon sind. Und das ist eine negative Entwicklung.
Ein Campesino vom Rio San Juan erzählte mir: 'Ich organisiere mich nicht, kümmere mich auch nicht darum, was das Landwirtschaftsministerium will, denn ich bin sicher, wenn ich bei der Kooperativenbildung nicht mitmache, bekomme ich das, was ich brauche, von CEPAD'.

Gibt es im evangelischen Bereich neben CEPAD und CAV andere konfessionelle Gruppierungen, die als Organisationen Projekte machen?

CEPAD ist im evangelischen Bereich die größte Institutuion. 90 % aller Projekte in diesem Bereich laufen über sie. Darüberhinaus gibt es noch die Pastorenorganisation ANPEN (Associación nacional de pastores evangélicos de Nicaragua), die auch von BfdW unterstützt wird. BfdW hat dort in einem Stadtviertel von Managua, das nach der Überschwemmung im Juli '82 neu angelegt wurde, eine Schneiderwerkstatt eingerichtet und ein Kommunikationszentrum aufgebaut, in dem inzwischen die Erwachsenenbildung stattfindet. Anfangs gab es dort nur Wohnhäuser sonst nichts. Sonntags finden in diesen Räumen, wo auch die Werkstatt untergebracht ist, Gottesdienste statt. Dann gibt es noch eine kleinere Organisation, die im evangelischen Bereich arbeitet: die CEPES (Comisión evangélica de promoción humana y social). Diese Organisationen arbeiten auch ökumenisch in dem Sinne, daß sie mit den verschiedenen evangelischen Kirchen zusammenarbeiten. Aber die Zusammenarbeit von evangelischen und katholischen Christen wird nur vom CAV versucht.

Zum Schluß möchte ich noch einen anderen Aspekt ansprechen. In Nicaragua sind die Bedinungen für Entwicklungsprojekte bekanntlich gut, in anderen Ländern meist alles andere als ideal. Wie wird dieses Problem bei 'Dienste in Übersee' (DÜ) diskutiert?

In den Vorbereitungskursen für Entwicklungshelfer bei DÜ gibt es fast immer Diskussionen mit Leuten, die nach Nicaragua gehen. Sie vertreten oft die Meinung, es sei sinnlos, Projekte in anderen Ländern zu machen. Z. B. wird die Frage gestellt, was es denn bringt, in ein Land zu gehen, wo es eine Diktatur gibt. Wenn man konsequent wäre, müßte man eigentlich sagen, in diesen Ländern kann man nicht arbeiten. Längerfristig geht das tatsächlich nicht.

Also ein Prozeß, der noch nicht abgeschlossen ist?

Zum einen das. Auf der anderen Seite gibt es aber auch Traditionen, die bestehen und auch weitergeführt werden. Man weiß schon, daß das längerfristig nicht viel bringt. Aber es muß ja auch in den anderen Ländern etwas geschehen, damit der Prozeß weitergeht, gerade hier in Lateinamerika. Es gibt viele soziale Projekte, die mit der Perspektive durchgeführt werden, daß es irgendwann einmal zu einer Veränderung der Gesellschaft kommt. Ich halte solche Projekte im allgemeinen für sinnvoll, weil sie die befreienden Tendenzen unterstützen. Aber es ist sehr schwierig hier genau abzuschätzen, was sinnvoll ist, was nicht.

»Ohne Hilfe geht es nicht«

Zum Abschluß dieses Kapitels bringen wir ein Interview mit dem DÜler Demetrio Polo Cheva, der mittlerweile fünf Jahre in Nicaragua lebt. Er streift darin kurz die sandinistischen Pläne zur wirtschaftlichen Neustrukturierung des Landes, geht aber hauptsächlich auf die Ursachen verleumderischer Aussagen und Kampagnen über das revolutionäre Nicaragua ein.

Seit wann bist Du in Nicaragua und welche Arbeit machst Du hier?

Ich bin hier seit 1980 und werde seit '81 von DÜ finanziert. Ich arbeite im Landwirtschaftsministerium/MIDINRA und da im CIERA. CIERA ist ein Forschungs-, Ausbildungs- und Evaluierungszentrum. Da bin ich zuständig und verantwortlich für den Ausbildungsbereich. Wir führen einige, hauptsächlich von Holland finanzierte Ausbildungsprogramme durch, in erster Linie für Aktivisten und Mitglieder des Bauernverbandes, der Landarbeitergewerkschaft, für Techniker des MIDINRA, auch für technische Kader anderer Ministerien und Organisationen, die mit dem Agrarsektor zu tun haben.

Entspricht Deine Arbeit, die Ausbildung von Aktivisten und Fachkräften, der Gesamtentwicklungskonzeption Nicaraguas nach 1979?

Sicherlich. Nicaragua ist eindeutig ein Agrarland. Im Agrarsektor entscheidet sich vieles. Letztlich nicht nur die ökonomische, sondern auch die politische Zukunft des Landes. Selbst die Industrialisierungsvorstellungen hängen sehr eng mit dem Agrarsektor zusammen, weil man davon ausgeht, daß erstmal eine Agrarindustrie zur Weiterverarbeitung der hier vorhandenen Ressourcen aufgebaut werden soll, im Gegensatz zu der jetzt existierenden Industrie, die fast alles, was sie braucht, importieren muß. So denkt man eben an die agrarisch wachsende Industrie, die ja auch ganz leicht dezentralisiert werden kann, weil eine Agrarindustrie nicht an urbanen Zentren geballt sein muß. Eine Agrarindustrie, die es möglich macht, eine ökonomische Unabhängigkeit schrittweise zu erreichen.
Denken wir z. B. an Zuckerrohr. Aus Zuckerrohr kann man natürlich Zucker gewinnen. Auch Alkohol, aber nicht nur Alkohol für 'Flor de Caña' (nicaraguanische Rumsorte), sondern auch Alkohol für die industrielle Verarbeitung, Alkohol für Energieerzeugung. Energie ist also auch ein Produkt des Zuckerrohrs. Zuckerrohr ist auch Viehfutter. Aus dem Alkohol kann man auch Plastik machen. Das heißt, durch Zucker kann man zum Teil die Erdölimporte ersetzen. Das ist deshalb eine wichtige Sache, weil bisher ein

Drittel der erwirtschafteten Devisen für die Erdölimporte draufgehen.

Das sind ja sehr langfristige Entwicklungsperspektiven, für die jetzt die Grundlagen gelegt werden, die aber erst in 5–10 Jahren Früchte tragen werden?

So ist es. Im Augenblick ist die Lage sehr schwierig, weil die alten Betriebe und Industrien nicht mehr funktionieren und die neuen noch nicht da sind. Dennoch ist das unbedingt notwendig und auch logisch. Man kann nicht eine alte Zuckerrohrfabrik reparieren und viel hineininvestieren, wenn man sowieso vorhat, sie in Zukunft verschwinden zu lassen. Zum Beispiel deswegen, weil die Zuckerrohrplantagen auf Böden entstanden sind, die sehr gut sind für Mais und Bohnen. Mais braucht eine sehr gute Bodenqualität, während das bei Zuckerrohr nicht der Fall ist. Zuckerrohr wächst fast wie Gras, auf wesentlich schlechteren Böden als Mais. Man verlagert die Zuckerrohrproduktion auf die schlechteren Böden, weil das rationeller ist. Am Anfang wird das natürlich einige Investitionen erfordern, weswegen auch die Somozisten und die alte Bourgeoisie das nicht gemacht haben. Dort, wo früher die Bauern wegen des Zuckerrohranbaus vertrieben wurden, sollen diese dann erneut Bohnen und Mais anbauen, die dringend für die Deckung der Binnenmarktnachfrage benötigt werden.

Du hast jetzt eine ziemlich eigenständige Zukunftsvision entworfen, die nicht mit dem klassischen Sozialismusmodell in Einklang zu bringen ist. Wie kannst Du Dir eigentlich die Vorwürfe, Nicaragua sei ein marxistisch-leninistisches Modell, ein Satellit Moskaus und Havannas, erklären?

Erklären kann man das wahrscheinlich nur sehr schwer, weil das alles kompliziert ist. Aber man kann von hier aus einiges feststellen: die Hartnäckigkeit des Willens, alles, was in der Dritten Welt passiert, als Resultat des Kampfes zwischen den beiden Großmächten verstehen zu wollen; zu ignorieren, daß die Dritte Welt ganz eigene Probleme hat, daß bei der Einschätzung der Lage der Nord-Süd-Konflikte viel mehr von dem erklärt. als das. was hier passiert oder nicht passiert. Es ist klar, daß in der BRD, in Lateinamerika eine wahnsinnige Kampagne in den Massenmedien läuft, gerade mit dem Ziel, Nicaragua zu isolieren, es als ein totalitäres Regime abzustempeln, also ein Regime, das aus dem westlichen Block ausscheidet. Unter anderem geschieht dies auch, um durch diese Entlegitimierung Nicaraguas, eine bewaffnete, direkte Intervention der USA hier oder in El Salvador leichter legitimieren zu können. Während in Nicaragua für uns das Problem nicht heißt, Sozialismus oder nicht, wie bauen wir hier den Sozialismus auf, oder

was für ein Modell von Sozialismus wollen wir hier verwirklichen?
Die erste Frage ist hier die Frage des Überlebens. Vieles von dem, was getan wird, wird getan, nicht um irgendein Modell in die Praxis umzusetzen, sondern um die Intervention der USA zu verhindern und um dieses Projekt eines kleinen und unterentwickelten, aber dennoch selbständigen und sich entwickelnden Landes Wirklichkeit werden zu lassen.

Gerade das macht ja wohl für die kapitalistischen Länder die Gefährlichkeit dieses Modells aus, daß hier stabilisiert und zum Vorbild für andere lateinamerikanische oder Dritte-Welt-Länder werden könnte.

Das ist richtig. Wenn Nicaragua es schafft, ohne sich wie Cuba voll und ganz dem sozialistischen Block anzuschließen, diese Revolution am Leben zu halten, dann ist Nicaragua viel gefährlicher als Cuba. Das ist ganz klar. Deswegen ist dieses ganze Verlangen nach Wahlen, nach formal-demokratischen Institutionen, nach Pressefreiheit, all das, was von den USA und natürlich auch von der jetzigen Bundesregierung gefordert wird, insofern zynisch, als sie die ersten sind, die daran interessiert sind, daß das eben nicht läuft. Das heißt, je demokratischer Nicaragua wird, je besser die Sandinisten ihre Sache machen – im Sinne eines demokratischen Konzeptes – umso gefährlicher wird Nicaragua für die Interessen dieser Länder.
Die Nicaraguaner wissen das und haben auch nicht vor, aus diesem westlichen Block auszuscheren, sondern im Gegenteil, diesen Kampf um nationale Selbstbestimmung und ökonomische Entwicklung, den man hier führt, weiterhin hineinzutragen in die westliche Hemisphäre. Das heißt, der Kampf der Sandinisten muß auch in die USA, nach Europa getragen werden, als ein Kampf der Länder der Dritten Welt für das, was man nicht müde werden kann zu wiederholen: Nationale Selbstbestimmung und das Recht auf ökonomische Entwicklung.

Hat Nicaragua eigentlich mit der von der Sozialdemokratie verfolgten Konzeption einer friedlichen Integration in den kapitalistisch dominierten Weltmarkt Probleme?

Die Politik der Sozialdemokraten ist sehr widersprüchlich. Ich habe auch feststellen können, daß es innerhalb der Sozialdemokratischen Partei Deutschlands sehr unterschiedliche Positionen gibt, aber auch, daß Vertreter ein und derselben Partei in Nicaragua einen Standpunkt vertreten und in der BRD wieder einen anderen. Ich hatte den Eindruck, daß einige von ihnen, wenn sie hier sind, ein großes Interesse aufbringen für die Schwierigkeiten, für die Politik, die hier gemacht wird, gemacht werden muß. Sie sind auch

Realpolitiker nach dem Motto: 'Wenn man das und das will, muß man dies und jenes machen.' Dabei nimmt man in Kauf, daß sich eine solche Politik zwangsläufig manchmal gegen bestimmte Sektoren richtet. Aber das gehört dazu und ist nicht zu verhindern. Ich habe auch den Eindruck, daß sie sofort erkennen, daß von der sandinistischen Regierung historische Aufgaben wahrgenommen werden, die die SPD auch heute noch in ihrem Programm stehen hat.

Wenn diese Politiker aber in der BRD sind, dann denken sie nicht mehr an Nicaragua als Nicaragua, sondern denken an ihre Politik in der BRD. Dann fangen sie mit den Konzessionen gegenüber den sogenannten Wählern an, dann ist die BILD-Zeitung viel wichtiger, als meinungsbildend über das zu wirken, was jetzt konkret in Nicaragua läuft. So wird Nicaragua nur zu einem Fall unter vielen anderen im politischen Spiel, das in der BRD stattfindet. Soviel zu persönlichen Begegnungen.

Einige von ihnen sind natürlich sehr rechts. Sie sind überhaupt gegen eine Regierung, die die Interessen der Monopole, des Kapitals, des Zentrums in Frage stellt. Sie werden auch alles Mögliche dagegen unternehmen, aber das ist nicht immer der Fall. Es gibt auch Sozialdemokraten, die begriffen haben, daß gerade sozialrevolutionäre Bewegungen in der Dritten Welt es schaffen, aus diesen Ländern potentielle Kunden, zum Beispiel der Produktionsmittelindustrie in den Metropolen zu machen. Weil sie investieren, weil sie ein Interesse an ökonomischer Entwicklung haben, weil sie überhaupt bestrebt sind, durch die Sozialpolitik, durch die Umverteilung des Einkommens einen Binnenmarkt herzustellen, etwa dadurch, daß der agrarexportierende Sektor konkurrenzfähig gemacht wird. Die begreifen das und handeln auch in diesem Sinne. Allerdings nicht als Partei.

Was die Entwicklungshilfe angeht, würde ich sagen, daß sie nie besonders wichtig war, wenn man sie von der finanziellen Seite her betrachtet. Aus den USA kam wesentlich mehr, auch aus Schweden und Mexico. Die USA haben in den ersten Jahren sicherlich das Fünffache der BRD gegeben. Vieles kam ja auch nicht als Geld, sondern in Form von Naturalien.

Die Unterstützung der sozialdemokratischen Regierung war viel wichtiger unter dem politischen Aspekt. Denn: wenn hier intern der Sieg der antisomozistischen Kräfte unter anderem deshalb möglich war, weil er auf einer breiten Bündnispolitik basierte, dann basiert natürlich auch die Überlebensfähigkeit dieser Revolution im internationalen Maßstab ebenfalls darauf, seitens einer größtmöglichen Zahl von Ländern und politischen Tendenzen Unterstützung zu erhalten.

Das ist auch klar. Jedes Land wie Nicaragua, El Salvador, Moçambique, Angola, Ghana – all die kleinen Länder der sogenannten Peripherie, die auch unterentwickelte Länder sind – brauchen unbedingt in der Anfangsphase ihrer Modernisierung Hilfe von außen. Ohne Hilfe geht es nicht. Das ist ganz eindeutig. Hier ist einfach zuviel kaputt gemacht worden. Wenn das Kapital in Europa genug zerstört hat, soviel, daß heute das ökologische Bewußtsein zu einem wichtigen politischen Faktor geworden ist, dann hat dieses Kapital hier um so mehr kaputt gemacht, denn hier wurde nichts reinvestiert. Hier wurde einfach geplündert, die Natur wurde ausgeplündert.

Daraus würde ich den Schluß ableiten, daß Du Entwicklungshilfe – unter bestimmten Prämissen – für sinnvoll ansiehst?

Entwicklungshilfe ist unbedingt notwendig in diesen Ländern. Ich denke, das Brasilien viel eher darauf verzichten könnte als wir hier in Nicaragua.

Was sich an Nicaragua ja wieder deutlich zeigt, ist die Verknüpfung politischer Bedingungen mit der Vergabe von Entwicklungshilfe. Ansonsten sind die Voraussetzungen für die Durchführung von Projekten hier sehr günstig. Wie siehst Du das?

In der Tat. Schau mal. Ich bin hier Leiter eines von Holland finanzierten Projektes. Die Holländer bestätigen uns immer wieder, daß dieses das einzige Projekt ist von den vielen, die sie in der Dritten Welt finanzieren, das nicht nur die Ziele erreicht hat, sondern darüber hinausgewachsen ist.
Wir haben diese Hilfe, die sie uns gegeben haben, tatsächlich als Starthilfe genommen, um über die Ursprungskonzeption hinausgehend etwas entstehen zu lassen. Sie wollten drei Schulen finanzieren, inzwischen haben wir schon sechs Schulen. Sie wollten nur eine Ausbildung finanzieren, die einem etwa 2 bis 3-jährigen Universitätsstudium entspricht. Wir machen inzwischen eine weitere Schule, die schon Diplomniveau erreicht hat.
Die Holländer haben eine Kommission geschickt. Denn die Kritik aus Holland war, daß ihr Bericht viel zu positiv ausfalle, auch, daß hier nichts mehr kritisiert würde. Das ist auch klar, weil die eingesehene Notwendigkeit und das Bedürfnis nach Entwicklung, Bestandteil und Motivation der Revolution selbst war. Deswegen wurde unter anderem auch Revolution gemacht – damit das Land entwickelt wird. Deshalb werden hier auch die Bedingungen für Entwicklung geschaffen.

Wie steht es mit dem Problem, daß die Experten hinterher in die Stadt gehen und nicht mehr vor Ort, auf dem Land zur Verfügung stehen. Ist dieses Problem behoben?

Das ist immer ein schwieriges Problem. Viele Techniker wollen nicht auf's

Land gehen oder gehen nur für ein oder zwei Jahre dorthin. Danach kommen sie in die Stadt – meist Managua – zurück. Wir haben deshalb die Schulen verlegt. Alle Schulen stehen in Gegenden, wo auch die Contras agieren. Das Ziel ist, Leute auszubilden, die aus der Gegend kommen, die die Gegend kennen, die dort aufgewachsen sind und daher wahrscheinlich auch bleiben werden. Das ist der eine Punkt. Außerdem haben die Schulen auch eine wichtige Funktion für die Durchsetzung der Wirtschaftspolitik in der jeweiligen Region wahrzunehmen.

Die bundesdeutschen Gewerkschaften und Nicaragua

Individuelle Nicaraguareisen einzelner Gewerkschafter vor fünf Jahren markieren die zaghaften Anfänge einer mittlerweile tief verankerten Nicaragua-Solidarität in der bundesdeutschen Gewerkschaftsbasis, die sich ausdrückt in einer massiven und mannigfachen Unterstützung Nicaraguas, auch seiner sandinistischen Gewerkschaften. Doch die DGB-Zentrale in Düsseldorf und die Vorstände der Einzelgewerkschaften tun sich schwer, dieses Engagement mitzutragen, oder gar offizielle Kontakte mit den sandinistischen Gewerkschaften aufzunehmen. Wie ist diese Diskrepanz zu erklären?
Die Ursachen liegen in der Herausbildung zweier internationaler Gewerkschaftsorganisationen nach dem Zweiten Weltkrieg. 1945 wurde in Paris der Weltgewerkschaftsbund (WGB) gegründet, aus dem sich unter dem Einfluß eines sich immer deutlicher abzeichnenden Kalten Krieges die Gewerkschaften der westlichen Länder herauslösten und ihm 1949 in London einen eigenen – straff antikommunistisch organisierten – Internationalen Bund Freier Gewerkschaften (IBFG) entgegenstellten. Untermauert wurde diese Spaltung durch den in beiden Dachverbänden bis heute gültigen Grundsatz, daß, wer hier Mitglied ist, nicht dort Mitglied sein darf. Beziehungen werden nur zu den eigenen Mitgliedsorganisationen aufgenommen und gepflegt.
Kompliziert sind die Beziehungen zwischen bundesdeutschen und nicaraguanischen Gewerkschaften aus zwei Gründen: Die größte sandinistische Gewerkschaft, die CST (Central Sandinista de Trabajadores), ist Mitglied im WGB und für ihn heute offizieller Ansprechpartner in Nicaragua. Die kleine CUS (Confederación de Unidad Sindical) ist eng eingebunden in die ORIT (Organisación Regional Interamericana de Trabajadores), einer Regionalorganisation des IBFG und damit natürlicher Partner des Deutschen Gewerkschaftsbundes.
Die CUS-Gründung Ende der 60 er Jahre wurde, unterstützt vom CIA, von einigen dem Unternehmerverband Robelos (Robelo – früheres Mitglied der ersten Regierungsjunta nach dem Sturz Somozas – kämpft heute von Costa Rica aus mit der ARDE gegen die Sandinisten) nahestehenden Betriebsgewerkschaften initiiert und verfolgte die Ziele sogenannter unabhängiger Gewerkschaften. Philipp Agee führt dazu in seinem Buch 'CIA gegen El Salvador' aus, daß dieser Gewerkschaftstypus meist von CIA-Tarnorganisationen gegründet wurde, um regionale Arbeiterbewegungen in Lateinamerika zu spalten.
Im Mai 1981 legte die FSLN-Zeitung 'Barricada' Dokumente vor, die eine

teilweise Finanzierung der CUS durch den CIA offenlegten. Im somozistischen Nicaragua organisierte die CUS vorwiegend Beschäftigte im Dienstleistungssektor wie Post, den großen Hotels und der dem Diktator gehörenden Fluglinie. Sie war also in einem Bereich tätig, wo selbst für die unteren Einkommensgruppen durch Schmier- und Trinkgelder noch einige Extragroschen neben dem mageren Verdienst anfielen und so für Privilegien sorgten. Eine gewerkschaftliche Lohnpolitik hat die CUS nie betrieben. Heute hat sie 19 Betriebsgewerkschaften und kontrolliert knapp 2 % der gewerkschaflich organisierten Arbeiter und Angestellten in Nicaragua. Die 1979 von der FSLN gegründete CST hingegen vertritt ca. 82 % der organisierten Arbeiter und Angestellten. Ihr sind 394 Betriebsgewerkschaften angeschlossen.

Heute beschränkt sich der Organisationsbereich der CUS im wesentlichen auf Hotelpersonal sowie einen nicht unwesentlichen Teil der Bus- und LKW-Fahrer. Als die Regierung in Managua in den staatlichen Bussen – die privaten Busbesitzer haben sie schon länger – Drehkreuze installieren lassen wollte, um kontrollieren zu können, wieviele Fahrgäste transportiert werden und wieviel eingenommen wird, drohten die Busfahrer mit Streik, weil ihnen damit ihre Haupteinnahme, die im Schwarz-Abkassieren besteht, entgangen wäre. Im Ausland wäre diese Auseinandersetzung mit Sicherheit wieder unter der Rubrik 'Gewerkschaftsrepression in Nicaragua' verkauft worden. Schon im Mai 1982 reichte der IBFG wegen des mit der Ausrufung des wirtschaftlichen Notstandes ebenfalls ausgesprochenen Streikverbots Klage gegen die nicaraguanische Regierung bei der Internationalen Arbeitsorganisation (ILO) ein. Trotz aller Erklärungen und Rechtfertigungen war das Streikverbot sicherlich eine problematische, wenn auch notwendige Entscheidung der nicaraguanischen Regierung, die die gesamte Kraft des Landes für die Verteidigung und die Erhöhung der Produktion bündeln muß. Mittlerweile ist ein Drittel der Bevölkerung im Heer oder den Milizen organisiert; sie alle müssen ernährt und ausgerüstet werden. Die Verteidigungsausgaben Nicaraguas werden zur Zeit auf mindestens 40 % des Gesamthaushaltes geschätzt.

Es wäre verkürzt, wollte man das Gewerkschaftsspektrum lediglich an den beiden Polen CST/WGB und CUS/IBFG darstellen. Sind die beiden genannten Gewerkschaften doch recht fest den rivalisierenden Dachverbänden angeschlossen, verfolgen andere sandinistische Gewerkschaften, wie die Landarbeitergewerkschaft ATC und die Lehrergewerkschaft ANDEN, einen flexibleren politischen Kurs in den Außenbeziehungen. Ihr Bestreben ist eine Offenheit gegenüber allen internationalen Gewerkschaftsverbänden. Obwohl gerade die ATC enge Beziehungen zum WGB unterhält und von ihm großzügig unterstützt wird, unterhält sie auch sehr enge Kontakte zum Internationalen Berufssekretariat der Landarbeiter innerhalb des IBFG. Dieses Be-

rufssekretariat verfolgt traditionell eine fortschrittliche Politik und fördert im Rahmen einer gewissen Eigenständigkeit Projekte und Programme der ATC. Eine vergleichbare Politik betreibt ANDEN. Zwar unterhält sie gute Beziehungen zum Internationalen Lehrerverband des WGB, ist jedoch nicht Mitglied.
Durch die Politik der ATC und über die zahlreichen Kontakte, die Orts- und Landesverbände der GEW (Gewerkschaft Erziehung und Wissenschaft) mit der ANDEN aufnahmen, hat sich neben der direkten Einbindung der CST diese flexible Linie herausgebildet, die mittlerweile in Nicaragua selbst immer größeren Anklang findet. In der Frage der außenpolitischen Orientierung wird die ANDEN-Politik für andere sandinistische Gewerkschaften zunehmend zur Leitlinie.
Auch die Erfolge der gewerkschaftlichen Basisarbeit in der BRD können sich sehen lassen. Auf Initiative der GEW-Landesverbände Berlin und Hessen und der kräftigen Unterstützung des Landeverbandes Hamburg beschloß der GEW-Gewerkschaftstag im November 1983 die Aufnahme offizieller Beziehungen zur sandinistischen ANDEN. Der Antrag war nach langjährigen und zähen innergewerkschaftlichen Auseinandersetzungen mehrheitsfähig geworden, ist aber nach wie vor nicht frei von Widersprüchen. Die Diskussionen drehten sich um den Charakter von Gewerkschaften in revolutionären Gesellschaften. Insbesondere der GEW-Bundesvorstand diffamierte ANDEN als 'Staatsgewerkschaft', die nicht unabhängig, sondern eher als Transmissionsriemen zwischen Kaderpartei und breiten Massen anzusehen sei. Diese starre Sichtweise der Dinge änderte sich auch im Bundesvorstand der GEW. Aufgrund dieser modifizierten Haltung sprach der Vorsitzende der GEW, Wunder, für 1986 eine offizielle Einladung an die Lehrergewerkschaft ANDEN aus. Im Frühjahr '85 schickte die Bundes-GEW eine Druckerei im Gegenwert von 85 000 DM nach Nicaragua. Einen weiteren innergewerkschaftlichen Diplomatieerfolg erzielten aktive Gewerkschafter im Mai 1985, als es ihnen gelang, die auf Besuch in Berlin weilende ANDEN-Delegation in Kontakt mit der ÖTV (Gewerkschaft Öffentliche Dienste, Transport und Verkehr) zubringen. Gemeinsam mit der Arbeitsgruppe Entwicklungspolitik in der ÖTV – ein entsprechender Beschluß ihres Landesverbandes wäre zu diesem Zeitpunkt nicht mehrheitsfähig gewesen – organisierten die GEW und 'Arbeit und Leben' im ÖTV-Haus eine Veranstaltung, zu der die nicaraguanische Delegation eingeladen wurde. Dadurch sah sich der ÖTV-Vorstand Berlin – wenn auch erst nach längerer Debatte – schließlich veranlaßt, sich zu einem Gespräch mit der ANDEN-Delegation bereit zu erklären. Der sandinistischen Lehrergewerkschaft gelang es, mit diesem Treffen erste Kontakte zwischen der ÖTV und der Öffentlichen Dienstgewerkschaft Nicaraguas (UNE) herzustellen, worum diese ANDEN

vor der Abreise in die BRD gebeten hatte. Durch diesen und viele andere Kontakte ist das Tor zur ÖTV nunmehr aufgestoßen, bleibt abzuwarten, was sich daraus entwickelt.

Hauptamtliche im DGB und den Einzelgewerkschaften sehen sich in zunehmenden Maße mit einer von der eigenen Basis aufgebauten Nicaragua-Solidarität konfrontiert, die versucht, offizielle Stellen der Gewerkschaft miteinzubeziehen. Diese eingeleitete Sensibilisierung verursacht im DGB-Vorstand zunehmendes Unbehagen. Eine Chance, die die Gewerkschaftslinke erkennen und nutzen sollte, denn ihre Karten sind in dieser Auseinandersetzung nicht schlecht. Der DGB steckt in dem Dilemma, offizielle Beziehungen zur CUS zu haben, zu einer Gewerkschaft, von der man auch in der Düsseldorfer Zentrale mittlerweile verstohlen zugibt, daß sie eine Verbrecherorganisation mit Kontakten zur Contra ist. Diese Einsicht bleibt ohne Konsequenzen, weil der DGB die Auseinandersetzung mit den US-Amerikanern, dem AFL-CIO, scheut und lieber die Zusammenarbeit zwischen IBFG und CUS duldet. Der DGB sitzt zwischen allen Stühlen. Auf der einen Seite die Gewerkschaftssolidarität mit Nicaragua, die durch Diskussionen, gegenseitige Besuche und zahlreiche Unterstützerprojekte (GEW, IG Metall, IG Holz und Kunststoff) wächst, auf der anderen Seite gibt es Positionen, die seine offizielle Politik unterstützen und legitimieren (IG Chemie, IG Bergbau, IG Bau Steine Erden). In bewährter Kanzlermanier versucht die Internationale Abteilung des DGB ihr Nicaragua-Problem auszusitzen und will weder den IBFG verprellen noch die gewerkschaftliche Nicaragua-Solidarität allzusehr provozieren.

Diese offensichtliche Schwäche sollte die Gewerkschaftslinke ausnutzen, um den DGB zu zwingen, seine Unterstützung für die IBFG-Politik gegen Nicaragua aufzugeben. Die Chancen hierzu sind gut, weil sich der DGB zu allen entsprechenden Gewerkschaftsinitiativen nicht verhält, weiß er doch, daß jede Unterdrückung dieser Aktivitäten seine ambivalente Position in dieser Auseinandersetzung nur verschlechtert. Denn je mehr darüber diskutiert wird, um so mehr setzt sich in den Köpfen die Meinung der Linken in dieser Frage durch, denn es gibt keine rationalen Argumente, die CUS weiterhin zu unterstützen. Nur wenn die innergewerkschaftliche Diskussion bei diesem Thema gering oder ausbleibt, kann die Ambivalenz des DGB als Position erhalten bleiben.

Kann die Linke diesen schwelenden Konflikt zu ihren Gunsten entscheiden, leistet sie einen beachtlichen politischen Solidaritätsbeitrag für Nicaragua, der mehr wiegt als die bisherige materielle und finanzielle Solidarität – die zum größten Teil aus den Reihen der IG Metall kam und kommt –, selbst wenn darunter so beachtliche Projekte wie die Kampagne 'Werkzeug für Nicaragua' der DGB-Jugend zu finden sind, die in ihrer bisher dreijährigen

Laufzeit knapp eine Million DM erbrachte. Dieses Geld wird dafür verwandt, auf der Insel Solentiname eine Schule zu finanzieren, in der die Landarbeitergewerkschaft ATC die campesinos aus- und weiterbilden will. Träger des Projektes ist das Kulturministerium, denn für eine Zusammenarbeit mit der ATC hätte die Gewerkschaftsjugend niemals das Einverständnis des DGB-Vorstandes erhalten – deutlicher Ausdruck der oben beschriebenen Politik.

Abschließend sei noch auf einige latent vorhandene Konfliktpunkte in der gewerkschaftlichen aber bestimmt auch der autonomen Solidaritätsbewegung mit Nicaragua verwiesen, die angesichts der äußeren Aggression zur Zeit kaum aufbrechen werden, weil die gegenwärtige politische Orientierung auf Produktion und Verteidigung kaum umstritten ist. Sollte es aber bei einer Entspannung der äußeren Lage größeren Spielraum für innere Konflikte geben, wird sich eine heftige Diskussion um die Rolle sandinistischer Gewerkschaften entzünden. Es wird dabei um die Frage gehen, welche Rolle eine so große Gewerkschaft wie die CST in einem Übergangsprozeß spielen wird. Versteht sie sich als Mittler staatlicher, wenn auch revolutionärer Interessen oder nimmt sie die ökonomischen Interessen derjenigen wahr, die sie vertritt?

Einen Vorgeschmack auf diese anstehenden Auseinandersetzungen gab der Streik der Brauereiarbeiter bei Victoria (Managua), die im August 1984 die Arbeit niederlegten und eine 100 % (untere Lohngruppe) bis 50 % (obere Lohngruppe) Lohnerhöhung als Inflationsausgleich verlangten. Das Recht hierzu leiteten die Arbeiter aus den in die Millionen gehenden Gewinnen der staatlichen Brauerei ab, die in die chronisch leere Staatskasse fließen. Ohne Erfolg forderte das Arbeitsministerium die Einstellung des Streiks. Da die CST eine Ausweitung des Streiks befürchtete, rief sie eiligst eine Versammlung von 80 Vertretern der Betriebsgewerkschaften Managuas zusammen. Eine Solidarisierung mit den Forderungen der Streikenden war unausweichlich; jedoch forderten die Versammelten die Victoria-Arbeiter auf, angesichts der äußeren Aggression nicht von ihrem Streikrecht – dieses wurde im Vorfeld der Wahlen ab März 1984 wieder zugelassen – Gebrauch zu machen. Erst die Ankündigung des Arbeitsministeriums, den Streik für illegal zu erklären, brachte nach fünf Tagen ein Ende des Ausstandes.

Noch halten sich die Gewerkschaften in dieser Frage recht bedeckt, eine Diskussion um ihren künftigen Standpunkt wird aber zu gegebener Zeit geführt werden müssen. Die Konflikte in der Solidaritätsbewegung, aber auch in der innenpolitischen Auseinandersetzung in Nicaragua selbst sind schon vorprogrammiert. Völlig falsch wäre es, in diesem Zusammenhang zynische Machtpolitiker des DGB in ihrer jetzigen Position zu bestärken. Es geht zunächst um das politische Überleben Nicaraguas, wozu der DGB einen Beitrag leisten könnte. Erst in einem zweiten Schritt sind in kritisch-solidarischer Form die oben skizzierten Fragen zu diskutieren, die als ein beiderseitiger Lernprozeß verstanden werden sollten.

Die bundesdeutsche Solidaritätsbewegung mit Nicaragua

Die Solidaritätsbewegung mit Nicaragua weist in zweifacher Hinsicht Besonderheiten auf. Keine Befreiungsbewegung der letzten 30 Jahre – von Algerien über Cuba, Vietnam bis Zimbabwe – erreichte eine derart breite Unterstützung wie sie der FSLN zugute kam. Sie ist verankert in Kirchengemeinden, der Gewerkschaftsbasis, Jugendverbänden, drückt sich aus in für bestimmte Projekte gegründeten Unterstützervereinen und reicht bis zu Nicaragua- und Mittelamerikakomitees, deren Arbeit entscheidend von einer Imperialismus- und Kapitalismuskritik geprägt ist. Danach werden die USA, ihre Hauptverbündeten und die NATO als wesentlichste Hemmnisse jeder nationalen Befreiung und einer gerechteren und demokratischeren Weltordnung gebrandmarkt. Dem wird als Alternative der Internationalismus sozialrevolutionärer und demokratischer Befreiungs- wie auch Massenbewegungen entgegengestellt.

Einzigartig ist auch, daß die Solidaritätsbewegung nach dem Sieg der Sandinisten am 19.7.79 nicht kleiner geworden, oder, wie in der Mehrzahl vergleichbarer Fälle, auch nicht an inneren Widersprüchen zerfallen ist. Im Gegenteil. Heute, fünfeinhalb Jahre nach dem Sturz Somozas, hat sich die Zahl der Nicaragua-Solidaritätskomitees von 45 im Juli '79 auf 180 im Dezember '84 vervierfacht. Dies gilt es etwas genauer zu betrachten.[10]

Die Anfänge der Solidaritätsbewegung

Schon um die Jahreswende '77/'78 entstanden die ersten Nicaragua-Komitees. Ihre Zahl stieg im Sommer '78 erheblich an, als die sandinistische Befreiungsfront FSLN im August '78 mit dem spektakulären Sturm auf den Nationalpalast Somoza zur Freilassung zahlreicher Kämpfer und Zahlung eines Lösegeldes in Millionenhöhe nötigte. Mit dieser Aktion trat die schon seit 17 Jahren für den Sturz Somozas kämpfende FSLN aus dem Schatten internationaler Anonymität in die Schlagzeilen der Weltpresse. In Nicaragua selbst war der Sturm auf den Nationalpalast das Fanal für den Volksaufstand, um den verhaßen Diktator zu stürzen. Die militärischen Aktionen der FSLN wurden von einem breiten bürgerlichen Oppositionsbündnis politisch und diplomatisch unterstützt. Denn nach der Ermordung ihres rennomiertesten Vertreters, dem Herausgeber der Oppositionszeitung La Prensa, P.J. Chamorro, durch die Nationalgarde im Januar 1978 sahen die bürgerlichen Kräfte in Nicaragua die Möglichkeiten, sich mit dem Somoza-Clan über ei-

ne Machtbeteiligung zu einigen, dahinschwinden. Dieser Umstand trug nicht unwesentlich zu der weltweiten Anerkennung des Befreiungskampfes bei. Eine wichtige Rolle spielte dabei die Bekanntheit des Dichters und Priesters Ernesto Cardenal, der durch seine Buchveröffentlichungen und den Aufbau einer christlichen Kommune auf der Insel Solentiname schon vor '78 in der Bundesrepublik ein gewisses Ansehen in bürgerlichen und Kirchenkreisen besaß. Dieser christliche Revolutionär, der Trappistenmönch mit Baskenmütze und Bart, rief nun persönlich zur Solidarität mit dem Befreiungskampf seines Volkes auf. Derartiges Engagement verhallte nicht ungehört.
So wurden in der BRD die Grundlagen für eine ungewöhnlich breite Solidaritätsbewegung mit Nicaragua geschaffen, die durchaus dem Ziel der FSLN entsprach, mit einer geschickten und undogmatischen Bündnispolitik auf eine internationale und vielfältige Unterstützung durch gesellschaftlich und politisch relevante Gruppen abzuzielen. Diesen Kurs behielt die FSLN bis heute bei.

Drahtseilakt zwischen bedingungsloser und kritischer Solidarität

Zusammensetzung und Ausrichtung einzelner Komitees richtete sich danach, welche gesellschaftlichen Kreise oder politischen Gruppen oder Einzelpersonen die Gründungsinitiative übernahmen. Nebenbei sei bemerkt, daß sich zunächst keine innergewerkschaftlichen Solidaritätskomitees bildeten, weil dies nach DGB-Statuten als Aufnahme individueller und damit illegaler Auslandsbeziehungen angesehen und deshalb auch verboten wurde. Gewerkschafter mußten sich somit in externe Strukturen begeben.
Die Komitees begannen ihre Arbeit damit, Öffentlichkeit zu Nicaragua herzustellen. Mit Veranstaltungen, Informationsständen, Büchertischen, Flugblättern, Demonstrationen und Veröffentlichungen in politisch dem Komitee nahestehenden, aber auch auflagenstärkeren, bürgerlichen Zeitungen wurde versucht, Hintergründe und Legitimität des bewaffneten Kampfes gegen den Bilderbuchdiktator Somoza verständlich zu machen. Parallel dazu wurden Medikamente und Geld für die FSLN gesammelt. Auf das Konto des Wuppertaler 'Informationsbüro Nicaragua', das als Koordinationsstelle der Komitees eingerichtet wurde, gingen in nur zwei Monaten (1. Juni – 31. Juli '79) 400 000 DM ein.
Auf den in regelmäßigen Abständen stattfindenden Bundestreffen der Nicaragua-Komitees wurden und werden Erfahrungen ausgetauscht und politische Einschätzungen diskutiert, deren Ergebnisse sich in einer politischen Plattform und/oder einer bestimmten Kampagne widerspiegeln. Sie dienen

den Komitees als Richtschnur ihrer künftigen Arbeit. Aus der Heterogenität der einzelnen Komitees ergeben sich jedoch unterschiedliche Interpretationen und Schwerpunkte der Beschlüsse eines Bundestreffens. Ein Aspekt, dem besondere Bedeutung erst später nach dem militärischen Sieg der Revolution zukommt, wenn das Verhältnis von Solidaritätskomitees zu der Staat gewordenen Befreiungsbewegung heftig und kontrovers diskutiert wird.
Auf dem 5. Bundestreffen der Nicaragua Solidaritätskomitees vom 6. bis 8. Juli 1979 einigte man sich – noch vor dem Sieg – auf folgende Plattform:[1]

— »Wir unterstützen den Kampf des Volkes von Nicaragua für seine nationale Selbstbestimmung, Demokratie und Sozialismus. Wir betrachten die FSLN als legitimen Vertreter des nicaraguanischen Volkes und unterstützen ihren Kampf.
— Wir verurteilen Verhandlungen jeder Partei oder Gruppierung mit dem Somozaregime, welche nur darauf abzielen, einen 'Somozismus ohne Somoza' einzuführen...
— Wir verurteilen auf's schärfste die Regierung Carter, die unter dem Vorwand der Menschenrechtspolitik ihre wirtschaftspolitischen Interessen durchzusetzen versucht.[2]
— Entschieden wenden wir uns gegen die Regierungen von Spanien, Argentinien und Israel und alle anderen Regierungen, die durch massive Waffenhilfe das Terrorregime Somozas unterstützen.
— Wir fordern von der Bundesregierng den sofortigen Abbruch der diplomatischen und wirtschaftlichen Beziehungen zur Diktatur in Nicaragua und fordern die sofortige Anerkennung der Regierung des Nationalen Wiederaufbaus.
— Wir sehen die Gefahr einer militärischen Intervention durch ausländische Mächte, machen die Öffentlichkeit darauf aufmerksam und fordern sie auf, mit uns gemeinsam dem entgegenzuwirken.
— Wir lehnen als Nicaragua-Solidaritätskomitees ein Bündnis im Sinne einer organischen Zusammenarbeit mit anderen Gruppen, Organisationen oder politischen Parteien ab. Wir sind zu einer Zusammenarbeit mit jeder Gruppe, Organisation oder politischen Partei bereit, wenn sie unsere politischen Vorstellungen bezüglich der Nicaragua-Solidaritätsarbeit akzeptiert.
— Die Organisierung und Koordination unserer Arbeit auf bundesweiter Ebene wird durch das 'Informationsbüro Nicaragua e.V.' in Wuppertal durchgeführt.«

Daß sich nach dem Sieg Veränderungen im Verhältnis zwischen Solidaritätsbewegung und FSLN ergeben haben, zeigt die auf dem 7. Bundestreffen (Januar '80) verabschiedete Plattform, die sich in einem gesonderten Punkt mit den gegenseitigen Beziehungen befaßt.[3]

»Die Solidaritätsbewegung in der BRD ist keine Außenstelle der FSLN, sondern Teil der politischen Kultur der BRD. Wie sie selbst, so ist jedes einzelne Komitee autonom und arbeitet eigenverantwortlich. Das gilt auch für die Zusammenarbeit mit anderen politischen Gruppierungen, wobei davon auszugehen ist, daß sich aus dem Grundsatz der Unterstützung der FSLN ein gewisses Spektrum an Bündnismöglichkeiten ergibt.«
Jede Solidaritätsbewegung ist bisher nach dem Sieg der Kräfte, die sie unterstützt hat, in eine Krise geraten. Die Identifizierung mit der zur Regierung gewordenen Befreiungsbewegung weist Brüche auf, sie wird schwieriger. Zum einen verringert sich der Stellenwert der Solidaritätsbewegung, denn der FSLN eröffneten sich nach der Befreiung ganz andere Möglichkeiten, wichtigere, weil einflußreichere Gesprächspartner und potentere Geldgeber wie SPD- und Regierungsstellen zu finden. Zum anderen steht die FSLN vor völlig neuen Aufgaben. Als bedeutendste innenpolitische Kraft muß sie versuchen, ihren Einfluß und ihre programmatischen Inhalte in politische Macht umzusetzen. Der Aufbau neuer Staats- und Verwaltungsstrukturen in Nicaragua wurde und wird unter Einbeziehung antisomozistischer, demokratisch orientierter bürgerlicher Kreise angestrebt. Daraus ergaben sich weitere Konfliktpunkte zwischen der FSLN und der Solidaritätsbewegung, die in einer zum Teil idealistischen Überhöhung die unterschiedlichsten Erwartungen an einen sich rasch vollziehenden Revolutionsprozess stellte, die sich oft nicht erfüllten und bei Einzelnen wie auch Komitees zu bitteren Enttäuschungen – bis hin zum Ausstieg – führten. Ein Phänomen, das sich am Beispiel Nicaraguas wiederholt, jedoch die Internationalismusdebatten der westdeutschen Linken seit ihren Anfängen begleitet. Dieser sich stets wiederholenden Erscheinung sollte sich die Linke bewußt sein und sie in angemessener Form thematisieren. Nur wenn sich aus solchen Diskussionen eigene Kriterien und Werte der BRD-Linken ergeben, hat ihre weitere Internationalismusarbeit die Chance, beständiger, fundierter und somit auch politisch gewichtiger zu werden. Sie muß an eigenem Profil gewinnen, zu dem sie nicht über eine Identifizierung, sondern nur durch eine kritische – nicht sektiererische oder akademisch abgehobene – Solidarität gelangen kann.
Schon im ersten Revolutionsjahr kam es zu schweren Krisen zwischen der FSLN und der Solidaritätsbewegung, als von Managua die Ausweisung von Mitgliedern der an der Endoffensive beteiligten internationalen Brigade 'Simon Bolivar' gemeldet wurde. In dieselbe Richtung gingen die Nachrichten von der Schließung der linken Tageszeitung 'El Pueblo' und der Verhaftung und Verurteilung linker Gewerkschafter von 'Frente Obrero'. Was war passiert, fraß die Revolution bereits ihre eigenen Kinder? Von ihnen wurde die Regierungspolitik hinsichtlich der Verstaatlichungen, Enteignungen, Landverteilung und Lohnerhöhung als nicht ausreichend, zu wenig sozialistisch,

kritisiert. Doch aus Staatsraison, um die von der FSLN propagierte nationale Einheit, die ein Bündnis mit Teilen der Bourgeoisie einschließt, nicht zu gefährden, ging sie gegen diese linken, ihr eigentlich nahestehenden Kräfte mit schwerer Repression vor.

Dieser zentrale Grundkonflikt zieht sich wie ein roter Faden durch die nicaraguanische Revolution und ist in den folgenden Jahren ein sich bei den verschiedensten Anlässen ständig wiederholender Kritikpunkt von Teilen der Solidaritätsbewegung an der FSLN. Ein weiterer Kritikpunkt war die Minderheitenpolitik (Indianer) der FSLN. Auf der anderen Seite diskreditierte die überwiegende Mehrheit der bürgerlichen Medien in der BRD und die internationalen Presseagenturen das revolutionäre Nicaragua, weil es sich nicht nach ihren westeuropäischen oder nordamerikanischen Demokratievorstellungen entwickelte. Innen- und Außenpolitik Nicaraguas wurden immer deutlicher aus dem schablonenhaften Blickwinkel von Totalitarismus und Ost-West-Konflikt abgehandelt.

Je nach politischem Standpunkt Einzelner oder der Komitees verfing die rechte oder linke Kritik an Nicaragua in unterschiedlichem Maße. Auswirkungen hatte sie allemal. Die Solidaritätsbewegung war starken Schwankungen ausgesetzt. In jener Zeit fand eine teilweise Hinwendung der Solidaritätsbewegung zu El Salvador statt, wo sich – sichtlich unter dem Eindruck des sandinistischen Sieges – seit Oktober '79 der revolutionäre Prozeß beschleunigte, die Massenbewegung anwuchs und sich konsolidierte, auch immer deutlicher den Charakter eines Befreiungskampfes annahm. Neben der Nicaragua-Solidaritätsbewegung bildete sich eine El Salvador-Solidaritätsbewegung heraus. Beide bestehen nebeneinander, hatten abhängig von den Identifikationsmöglichkeiten mit dem jeweiligen revolutionären Prozeß unterschiedliche Konjunkturen, unterscheiden sich aber auch in Zusammensetzung und politischen Positionen voneinander. Die hier skizzierten Unterschiede verlaufen nicht geradlinig, lassen sich aber an den Diskussionen um die unterschiedlichen Brigadenaufrufe ansatzweise nachzeichnen.

Vom Tiefstand zum Brigadenboom

1982 hatte die Nicaragua-Solidarität einen solchen Tiefstand erreicht, daß sich sogar die nicaraguanische Regierung Sorgen um die katastrophale Verschlechterung ihres Ansehens in Westeuropa machte.[4] Die bürgerlichen Medien und etablierten Parteien in der BRD kritisierten die Verhängung des Ausnahmezustandes in Nicaragua und beschworen mit monotoner Penetranz ihre Totalitarismusvisionen. Die Ursachen dieser Maßnahme, die von den USA finanzierte und ausgerüstete Konterrevolution, die in Nicaragua schon zu diesem Zeitpunkt erheblichen Blutzoll unter der Zivilbevölkerung forderte und großen ökonomischen Schaden anrichtete, interessierte sie, wenn überhaupt, nur am Rande. In der Solidaritätsbewegung hinterließ Eden Pastoras offenes Zerwürfnis mit der FSLN seine Spuren. Der legendäre 'Commandante Zero' bezeichnete seine ehemaligen Kampfgefährten als 'korrupte Clique, die sich vom Volk isoliert hat', sprach von 'linkem Totalitarismus' und unterstellte den Sandinisten, eine 'sinnlose Aufrüstung' zu betreiben. Pastoras Anschuldigungen schlugen in dieselbe Kerbe bürgerlicher Kritik, waren aber für das Verhalten der Solidaritätsbewegung folgenreicher. Schließlich bezeichnete noch der Miskito-Führer Brooklyn Rivera die Neuansiedlungen für Indianer im Landesinneren (Tasba Pri) als 'Konzentrationslager'.

In Nicaragua lebende deutsche Internationalisten widersprachen diesem, von sandinistischen Dissidenten gezeichneten Bild und kritisierten vor allem das undifferenzierte, undialektische Schwarz-Weiß-Schema linker Berichterstattung, insbesondere, daß sie es unterließ, die Vorwürfe Pastoras und Riveras in einen Gesamtrahmen der aktuellen Situation Nicaraguas zu stellen und somit einen falschen Eindruck nicaraguanischer Wirklichkeit und sandinistischer Politik vermittelte.[5]

Das Ziel der Imageverbesserung verfolgte auch die gemeinsame Reise des SPD-Politikers Johano Strasser, des Schriftstellers Günther Grass und des Fernsehjournalisten und CDU-Mitgliedes Franz Alt, die sich im August '82 für eine Woche in Nicaragua aufhielten und beeindruckt von dem revolutionären Prozeß in die BRD zurückkehrten. Auf Pressekonferenzen und in Artikeln formulierten sie später ihre Eindrücke, die zwar ihren jeweiligen weltanschaulichen Hintergrund erkennen ließen, trotz allem aber fair geschrieben waren und ein Verständnis für Eigenheiten, Widersprüche und Schwierigkeiten des Revolutionsprozesses vermittelten. Zwar sind diese Prominenten nicht der Solidaritätsbewegung zuzurechnen, sie trugen aber zu einer notwendigen Gegenöffentlichkeit für Nicaragua bei.

Das Jahr 1983 zeigte immer offensichtlicher die Absicht der Reagan-Administration, das sandinistische Nicaragua mit allen – ökonomischen, politischen und militärischen – Mitteln zu zerstören. Der verdeckt geführte Krieg ließ sich nicht mehr verheimlichen. Die menschlichen und materiellen Ressourcen Nicaraguas wurden zunehmend zur Verteidigung der Revolution und der Landesgrenzen eingesetzt. Die ehemaligen Kritiker Pastora und Rivera hatten erheblich an Glaubwürdigkeit eingebüßt, nachdem sie zu militärischen Führern der Konterrevolution wurden.

Die Nachbarstaaten Nicaraguas wurden von den USA hochgerüstet, Honduras zu einem regelrechten Stützpunkt ausgebaut. Im Juli '83 wurden in der Hauptstadt Tegucigalpa sechsmonatige Manöverübungen angekündigt, an denen 4 000 US-Soldaten teilnahmen. Im gleichen Monat liefen in einer

damals beispielslosen Machtdemonstration US-Flottenverbände aus, deren Ziele die nicaraguanische Atlantik- und Pazifikküste waren. Offiziellen Angaben zufolge hatten sie Quarantäne, Blockade und Sperrung des Schiffsverkehrs einzuüben. Im Oktober '83 überfielen die USA die Karibikinsel Grenada, um die durch interne Machtkämpfe geschwächte Revolution der Muskatnußinsel vollständig zu liquidieren.
Die Sandinisten sahen in der Grenada-Invasion die Generalprobe für ein gleichartiges Vorgehen gegenüber Nicaragua. Mit Ausheben von Schützengräben, militärischer Ausbildung und Austeilen von Waffen an die Bevölkerung bereitete sich Nicaragua auf den Tag X vor.
Auf diesem Hintergrund einer drohenden Invasionsgefahr wurde in der BRD die Aufstellung von Medizin- und Erntebrigaden diskutiert. Noch im Dezember '83 flogen die ersten Brigadisten nach Nicaragua. Zwar wurde betont, daß es sich um zivile und nicht um militärische Brigaden handele, doch wollte man mit dem Wort 'Brigaden' ganz bewußt an die traditionsreichen und historischen Inhalt dieses Begriffs anknüpfen. Dem internationalen Rechtskartell von Politik und Wirtschaft, dessen Ziel der Sturz der Sandinisten ist, wurde die internationale Solidarität auch der bundesdeutschen Linken zur Verteidigung der Revolution entgegengestellt.

Entstehung der Gesundheitsbrigaden

Als Reaktion auf den zunehmenden militärischen Druck überlegten Mitglieder des Berliner Gesundheitsladens schon im Sommer '83 gemeinsam mit Vertretern der FSLN und des nicaraguanischen Gesundheitsministeriums (MINSA), wie für den Notfall eine von staatlichen Stellen der BRD unabhängige medizinische Hilfe organisiert werden könnte. Man stellte sich vor, internationale Gesundheitsbrigaden, bestehend aus 4 Ärzten – Chirurgie, Anästhesie, Allgemeinmedizin und einem Arzt mit Erfahrungen in Gynäkologie und Kinderheilkunde – und zwei Pflegekräften zu bilden. Im Ernstfall sollten sie für 3 bis 6 Monate nach Nicaragua gehen, um die medizinische Versorgung der Zivilbevölkerung in den Regionalkrankenhäusern gewährleisten zu helfen, wenn das nicaraguanische Medizinpersonal in die Kampfgebiete abgezogen würde.
Nach einer entsprechenden Bitte des MINSA bereitete der Gesundheitsladen gemeinsam mit medico international ab August '83 die Zusammenstellung und Ausrüstung der Medizinbrigaden vor. Am 9. November '83 tickerte das MINSA in einem Fernschreiben nach Berlin und bat um die schnellstmögliche Entsendung mehrerer Gesundheitsbrigaden. Knapp fünf Wochen später, am 13.12.83, flogen die beiden ersten Medizinbrigaden, 'Zompopera I und II' – benannt nach dem Dorf, in dessen Nähe Tonio Pflaum acht Monate

zuvor mit dreizehn Nicaraguanern ermordet worden war – nach Nicaragua. Ihre Einsatzorte waren Somoto im Norden, Nueva Guinea im Süden. Eine dritte Brigade – 'Tamara Bunke' – folgte im Januar '84 und arbeitete in dem in Zentralnicaragua gelegenen Städtchen Matiguás. Diese 3 Einsatzorte wurden trotz erheblicher Anfangsschwierigkeiten beibehalten. Bis heute leisten die deutschen Gesundheitsarbeiter dort ihren Beitrag zur medizinischen Versorgung der Bevölkerung.[6]

Erntebrigaden und der Kampagnestreit

Zeitlich etwas später – erst nach der Grenada-Invasion – aber auf demselben Hintergrund hatte die Mittelamerika-Solidaritätsbewegung die Idee, für zwei Monate Arbeitsbrigaden nach Nicaragua zu schicken, um bei der Einbringung der devisenbringenden Kaffee-Ernte mitzuhelfen. Viele Arbeitskräfte fehlten, weil sie in die Landesverteidigung einbezogen werden mußten. Mit der Anwesenheit Hunderter Internationalisten sollte der politische Preis einer eventuellen US-Invasion möglichst hoch geschraubt, gleichzeitig auch eine verstärkte Diskussion in der BRD über den Charakter der US-Mittelamerikapolitik und ihre Unterstützung durch die Bundesregierung erreicht werden.

Die FSLN begrüßte diese Brigadenidee, denn auch sie versprach sich einen politisch-diplomatischen Effekt durch die Anwesenheit zahlreicher, möglichst auch prominenter Staatsbürger aus westeuropäischen NATO-Ländern im Augenblick größter kriegerischer Eskalationsgefahr. Von nicaraguanischer Seite wurde versichert, alles in der Macht stehende zu tun, um die persönliche Sicherheit der Brigadisten zu gewährleisten, wenngleich es keine letzte Garantie geben konnte. Alle Brigadisten unterschrieben vor ihrem Abflug eine Absichtserklärung, im Falle einer kriegerischen Zuspitzung nicht die Hilfe ihrer Botschaft in Anspruch zu nehmen, weil genau dies die offizielle US-Begründung für die Grenada-Invasion war: Gefährdung nordamerikanischer Staatsbürger. Jede Brigadistin und jeder Brigadist war sich durchaus des persönlichen Risikos ihrer Nicaragua-Solidarität bewußt.

Da es nicht allein darum ging, in Nicaragua Präsenz zu zeigen, sondern die Arbeitsbrigadenkampagne auch in der BRD politisch zu diskutieren, wurden verschiedene Aufrufe verfaßt. In ihnen drückte sich die Breite, aber auch die unterschiedlichen Auffassungen darüber aus, wie solche Auseinandersetzungen zu führen sind.

Der von wenigen Einzelpersonen verfaßte Aufruf 'Frieden für Nicaragua – gegen eine Invasion der US-Regierung in Mittelamerika' zielte auf die Friedensbewegung, Sozialdemokraten und Kirchenkreise, indem er Frieden als zentrale Kategorie für die Entwicklung Nicaraguas benannte, den man u.a.

durch symbolische Aktionen, ähnlich wie in der BRD (Sternmärsche, Friedensketten, Sitzblockaden etc.), erhalten wollte.
Von den meisten Nicaragua- und El Salvador-Komitees wurde dieser Aufruf abgelehnt, weil er zum einen unkritisch Inhalte und Aktionsformen der Friedensbewegung auf die Situation in Mittelamerika übertrage, zum anderen auch nicht die Legitimität der Verteidigung der nicaraguanischen Revolution auch mit Waffen vermittle, erst recht nicht die Berechtigung der bewaffneten Befreiungsbewegung El Salvadors. Die soziale Revolution im Nachbarland El Salvador fand in diesem Aufruf keine Erwähnung. Zwischen Nicaragua- und El Salvador-Komitees kam es zum Streit darüber, in welcher Form El Salvador in der Aufruf-Überschrift berücksichtigt werden sollte. Es bestand Einigkeit, daß El Salvador in gleichem Maße wie Nicaragua von einer US-Invasion bedroht sei und explizit im Titel benannt werden sollte. Doch dem Aufruf des El Salvador-Bundestreffens vom 20.11.83 'Waffen für El Salvador – Brigaden für Nicaragua' mochte das Nicaragua-Bundestreffen eine Woche später nicht folgen und verabschiedete seinen eigenen Aufruf: 'Gegen die US-Intervention in Zentralamerika – Arbeitsbrigaden für Nicaragua'. Den Nicaragua-Komitees erschien das Wort 'Waffen' in ihrem Aufruf als völlig unakzeptabel und man einigte sich daraufhin stattdessen 'Poder Popular in El Salvador' in den Aufruftitel hineinzunehmen, der jedoch bei der Endabstimmung einen Tag später durch die sehr viel allgemeinere Formulierung ersetzt wurde. Als wesentlicher Grund für die Änderung wurde genannt, daß das Bündnis breiter wäre, wenn man El Salvador herausnehmen und das Wort 'Waffen' nur abschreckend wirken würde.
Wie kam es zu diesen Vorbehalten? Im Jahr der Raketenstationierung und der großen massenhaften Friedensdemonstrationen waren Diskussionen über die Ursachen oder die Gründe von Gewaltanwendung weitgehend tabuisiert worden. Gewaltlosigkeit wurde zu dem herausragenden Markenzeichen der viele Bevölkerungskreise einbeziehenden Friedensbewegung. Ihr eigenes Selbstverständnis untersagte es ihr, selbst für die Legitimität eines bewaffeneten Befreiungskampfes in der Dritten Welt einzutreten. Nicht immer war die öffentliche Meinung demokratischer und fortschrittlicher Kreise derart blockiert wie zu jener Zeit. Als 1980 die Tageszeitung TAZ zu der schon damals umstrittenen Waffensammlung für die salvadoreanische Guerilla aufrief, wurde die Kampagne immerhin verbal und finanziell unterstützt von Leuten wie Peter von Oertzen (SPD-Vorstand), Hellmuth Gollwitzer (Theologe) sowie der Aktion Sühnezeichen. Also von Repräsentanten gesellschaftlicher Kräfte, deren Basis man jetzt nicht mehr die Unterstützung bewaffneter Befreiungskämpfe zumuten wollte. Undifferenziert und dogmatisch trat man dafür ein, den Frieden ohne Waffen zu schaffen.

Die Solidaritätskomitees setzten sich zum Ziel, die vielschichtige Dritte-Welt-Problematik in die erstarkende Friedensbewegung hineinzutragen. Doch sie scheiterten mit diesem Ansinnen. Die Friedensbewegung dagegen konnte ihre Inhalte verstärkt in die Solidaritätsbewegung einbringen. Jedenfalls bis heute.

Der bundesweiten Arbeitsbrigadenkampagne jedoch taten die verschiedenen Aufrufe und der Clinch um die richtige Linie keinen Abbruch. In Nicaragua kam es auch weniger darauf an, welchem Spektrum der Linken sich die einzelnen Brigadisten zuordneten. Existierende Vorurteile, die insbesondere gegen Autonome gehegt wurden, hoben sich durch die praktische Arbeit weitgehend auf.

Für die ersten beiden, noch zentral vom Wuppertaler Informationsbüro koordinierten Großbrigaden meldeten sich mehr Leute als mitfahren konnten. Das Spektrum der Bewerber reichte von Kirchen- und Gewerkschaftskreisen über Sozialdemokraten, Grüne, DKPler bis hin zu autonomen Gruppen. Die Auswahl der Brigadisten und Brigadistinnen wurde von regionalen Vorbereitungsgruppen geleistet, die sich mehrheitlich aus Komiteemitgliedern zusammensetzten. Auswahlkriterien waren Spanischkenntnisse, politische Zusammenhänge sowie eine gewisse Anpassungsfähigkeit an die militärischen, politischen und organisatorischen Rahmenbedingungen Nicaraguas.

Nach dem Abklingen der akuten Invasionsgefahr entschloß sich die Solidaritätsbewegung zur Fortführung der Arbeitsbrigaden, wenn auch in anderer Form, die auch von nicaraguanischer Seite grundsätzlich begrüßt wurde.

Die Solidaritätsbewegung konzentrierte sich auf drei Bauprojekte: Talolinga/San Martín, Pantasma und El Pochote. Alle Projekte liegen in marginalisierten Randzonen Nicaraguas, wo von der Contra zerstörte Einrichtungen und Flüchtlingssiedlungen für Familien aus umkämpften Gebieten aufgebaut werden sollen. Zur Vorbereitung und Auswahl der Brigadisten gab es nunmehr drei Initiativgruppen, die sich um je eines der Projekte kümmerten und nicht mehr zentral von Wuppertal geleitet wurden. Diese Vorbereitungsgruppen haben einen genauen Einblick in den Stand der Bauarbeiten vor Ort, wissen um Notwendikeiten und Schwierigkeiten und sind duch die Erfahrungen rückkehrender Brigadisten zu einer guten Vorbereitung des Aufenthaltes künftiger Brigadisten in der Lage.

Obwohl die Brigadenkampagne bundesweit fortgeführt wurde, war sie nicht mehr der inhaltliche Schwerpunkt der Solidaritätsbewegung. In einem neuen Aufruf vom März '84 – dem letzten in dieser Angelegenheit – 'Brigaden für das befreite Nicaragua – Unterstützung des Befreiungskampfes in El Salvador' wurde der Akzent auf die neue BMZ-Politik gegenüber Mittelamerika gesetzt. El Salvador und Nicaragua wurden in diesem Aufruf gleichwertig berücksichtigt, auch aufgezeigt, daß es dieselben Ziele sind, für die die Guerilla in El Salvador und die Regierung in Nicaragua eintreten und sich beide dem gleichen Feind entgegenstellen. So wie mit diesem Aufruf von der Solidaritätsbewegung kaum gearbeitet wurde, blieb auch die inhaltliche Auseinandersetzung und eine Öffentlichkeitsarbeit, die sich mit der Mittelamerikapolitik der Bundesregierung innerhalb der BRD auseinandersetzen sollte, weitgehend auf der Strecke. Der Schwerpunkt der Solidaritätsbewegung lag und liegt auf der konkreten Projektarbeit in Nicaragua. Zwar trugen viele Brigadisten durch Veranstaltungen in ihrer Umgebung (Arbeitsbereich, Friedensgruppe, Kirchengemeinde, Komitee etc.) und Erfahrungsberichte in der Lokalpresse nach ihrer Rückkehr zu einem realistischeren Bild über Nicaragua bei und vermittelten ihre Eindrücke bis ins letzte kleinste Schwarzwalddorf, doch die andere Seite der Solidarität, die politische, stockte. Es ist bestimmt einfacher, Häuser und Latrinen zu bauen, nur bleibt alle ökonomische Hilfe zweifelhaft, wenn sie durch militärische Angriffe wieder zerstört wird. Nicaragua braucht in erster Linie eine politische Unterstützung, die die USA zur Einstellung des Krieges bewegt, um die Chance zu haben, sein Entwicklungsmodell weiterzuführen. Die Solidaritätsbewegung weiß auch, daß in dieser politischen Unterstützung ihre Bedeutung liegt. Klar, daß sich solche Ansprüche immer leicht formulieren lassen, ihre Umsetzung bleibt jedoch unabdingbar, wenn die Solidaritätsbewegung ihren Stellenwert als meinungsbildende, bewußtseins- vielleicht auch systemverändernde Kraft behaupten will. Die bundesdeutsche Projektlawine in Nicaragua darf nicht zum Ersatz dafür werden.

Bewertung der Brigaden

Wie die ständige Präsenz internationaler Delegationen aus Kirchen, Gewerkschaften, Parteien und anderen nicht-staatlichen Organisationen, diente die Anwesenheit deutscher und anderer Brigaden den Bemühungen Nicaraguas, auf allen Ebenen eine politische Isolierung zu verhindern. Der nicaraguanische Landwirtschaftsminister Jaime Wheelock begrüßte die erste Kaffeebrigade als den besseren Teil der Bevölkerung aus den imperialistischen Ländern. Darüber hinaus hatten und haben die Brigaden aber auch eine innernicaraguanische Demonstrationsfunktion, weil sie 'als Beispiel für die Teilnahmslosen, Zuschauer, die Schwankenden unseres Landes' nützen, wie es der FSLN-Politiker Daniel Nuñez bei der Begrüßung deutscher Kaffeepflücker in Matagalpa formulierte.[7] Für die Campesinos auf dem Land war 'Internationale Solidarität' jetzt nicht mehr nur eine Schlagzeile aus der Zeitung, sondern eine konkret erfahrene Unterstützung, die sich in Arbeitsleistungen ausdrückte. Ein Arbeiter der Kaffeefinca, auf der die Berliner Gruppe pflückte, faßte dies bei der Abschiedsfeier wie folgt zusammen:

Brigadisten beim Kaffeepflücken

»Es war das erste Mal, daß Ausländer hierher kamen, die nicht nur etwas mitnahmen und so die jahrzehntelange Ausbeutung in anderer Form fortsetzten. Ihr aber habt auch etwas von Euch hiergelassen. Ich meine nicht so sehr die Devisen durch's Kaffeepflücken, als vielmehr Euren Geist, Eure Solidarität; wir haben auch von Euch gelernt. So ist es zwar traurig, daß ihr fortgeht, aber eigentlich brauchen wir nicht traurig zu sein, denn in unserem Herzen bleibt Ihr immer bei uns.«[8]

Manch nüchternem Leser mag dies zu pathetisch klingen, doch vermittelt dieses Zitat einen Eindruck von der Herzlichkeit und der Würdigung internationaler Solidarität durch die nicaraguanische Bevölkerung.

Mitunter führten und führen unsensibles und auffälliges Verhalten einzelner Brigadisten, die sich gedankenlos und selbstherrrlich über kulturelle und traditionelle Gewohnheiten der nicaraguanischen Gesellschaft hinwegsetzen, zu Unverständnis und Beleidigung der dortigen Bevölkerung. Aus kulturell bedingter Höflichkeit äußern sie sich jedoch in den seltensten Fällen hierzu. Es ist deshalb wichtig, daß diese notwendige Auseinandersetzung mit ihnen von einfühlsameren Brigadisten geführt, und nicht aus falsch verstandener Liberalität unterlassen wird. Völlig unterbinden wird man diese Schattenseiten der Brigaden wohl nicht können, es sei denn um den Preis einer ganz anderen Organisationsstruktur. In der Vorbereitung können diese Probleme zwar diskutiert, in den wenigsten Fällen jedoch verhindert werden.

Die nächste Funktion der Brigaden ist ihre ökonomische. Ob sie überhaupt eine solche haben, wird oft skeptisch hinterfragt. Sie ist auch nur in Relationen meßbar. Die Kaffeepflücker schafften, wenn sie nicht krank waren, pro Tag 2 bis 3 Latas (1 Lata = 12.5 kg). Die nicaraguanischen Schüler und Studenten, die diese Arbeit oft auch zum ersten Mal verrichten, vielleicht 3 bis 4 und die routinierten Campesinos 8 Latas am Tag.[9] Diese Leistungen der Brigadisten waren also durchaus mit denen der städtischen Nicaraguaner zu vergleichen. Doch gemessen an der gesamten Kaffeernte war der Beitrag einiger Hundert europäischer und nordamerikanischer Brigadisten nicht viel mehr als eine symbolische Leistung, auch wenn sie für mehrere 10 000 Dollar pflückten.

Günstiger fällt die Beurteilung bei den Bauprojekten aus. Über das Wuppertaler Konto wurden für El Pochote und Pantasma je 100 000 DM, für Talolinga 35 000 DM zur Verfügung gestellt, nicht miteingerechnet Spenden, die dezentral und aus den verschiedensten Quellen direkt zur Unterstützung eines der drei Projekte aufgebracht wurden. Zusätzlich organisierten die Brigadisten, die Flug und Verpflegung aus eigener Tasche bezahlen, Bauausrüstung und Werkzeuge in einem Gegenwert von nochmals 100 000 DM.

Setzt man diese beeindruckenden, aber nichtssagenden Zahlen in ein Verhältnis zu den Baukosten, kommt die deutsche Beteiligung auf einen Anteil von 30-40 %. Hierfür zwei Beispiele:

— In El Pochote belief sich der Finanzplan für die ersten 36 Häuser auf 2.2 Mio. Cordobas (Kurs von 1 : 10 zugrundegelegt) Gesamtkosten, wovon rund 850 000 Cordobas, also knapp 40 % von der Solidaritätsbewegung gestellt wurden.
— In Talolinga kostete jedes der 41 Hozhäuser 40 000 (= 4 000 DM).[10] Allein das Zinkblechdach schlug dabei mit 20 000 Cordobas zu Buche, wurde jedoch von der evangelischen Entwicklungshilfeorganisation CEPAD[11] bezahlt und geliefert. 8 000 Cordobas mußten pro Haus für Holz, 12 000 für Zubehör und Beschläge, die Bezahlung der Motorsäge, Benzin und Transporte ausgegeben werden. Diese verbliebenen Kosten wurden zu 60 % von der Solidaritätsbewegung, zu 40 % von der Regionalregierung getragen.

Auch ohne die Solidaritätsbrigaden wäre in El Pochote, Pantasma und Talolinga vielleicht gebaut worden, weil Neuansiedlungen für Flüchtlinge für die nicaraguanische Regierung Priorität haben. Aber mit deutscher Beteiligung, mit der materiellen, finanziellen und persönlichen Hilfe, konnten diese Projekte auf jeden Fall schneller realisiert werden. Von der Dringlichkeit her gesehen gibt es sicherlich hundert Projekte, die gleichzeitig begonnen werden müßten, doch wegen der immer knapper werdenden Mittel wird nur mit der Hälfte von ihnen angefangen. Wenn in dieser Situation drei zusätzliche Projekte von der Planung in die Tat umgesetzt werden können, ist das mehr als nur ein symbolischer Beitrag.
Ein letzter Aspekt sollte bei der Beurteilung der Brigadenarbeit nicht übersehen werden: die subjektive Erfahrung die jeder einzelne Brigadist während seines Aufenthalts macht. Die theoretischen Einsichten über Imperialismus, die man/frau sich zu Hause angelesen hat, können in der Realität überprüft und im nicaraguanischen Alltag erfahren werden. Mann und Frau kann auch erleben, was die 'internationale Arbeitsteilung' für ein Dritte-Welt-Land bedeutet, wenn wegen Devisenmangel vertraute und uns alltäglich erscheinende Gebrauchsartikel fehlen und auf einmal zu Luxusgütern werden. Eine weitere Erfahrung, der sich kaum ein(e) Brigadist(in) verschließen kann, ist, die Herzlichkeit und Leidenschaft eines ganzen Volkes zu erleben, das nicht von 'No-Future'-Gedanken und Resignation geprägt ist, sondern im Bewußtsein lebt, erstmals seine Geschicke in die eigene Hand zu nehmen. Diese persönlichen Erfahrungen können nach der Rückkehr motivierend wirken, aktiv in der Solidaritätsarbeit mitzumachen. Auch können sie hilfreich sein für eine realistischere Sichtweise der nicaraguanischen Revolution, ihrer Errungenschaften, Widersprüche, Schwierigkeiten, aber auch Grenzen, und so einer idealistischen oder vereinfachten Betrachtung Einhalt gebieten.

Die Problematik individueller Projekte

Die drei Bauprojekte sind in Absprache mit den zuständigen Regionalregierungen Anfang '84 vereinbart worden. Sie sind Bestandteil der Entwicklungsplanung und die Solidaritätsbewegung tut gut daran, sich in erster Linie auf diese Orte zu beschränken. War die Abfahrt der ersten Brigaden noch von großem publizistischen Wirbel begleitet, gab es bei der zweiten immer noch mehr Bewerber, als mitfahren konnten, hatten die nachfolgenden Brigaden schon erhebliche Schwierigkeiten genügend Leute für den zweitmonatigen Arbeitseinsatz zu finden. Die anfängliche Begeisterung hatte nachgelassen. Hatte die Solidaritätsbewegung eine schlechte Konjunktur, oder sich gar übernommen? Manch einer sprach schon das böse Wort von den 'Soli-Ruinen' aus, die bei andauernder Brigadistenflaute entstehen könnten. Wäre es soweit gekommen, hätte die Solidaritätsbewegung schweren politischen Schaden erlitten, mal ganz abgesehen von Entäuschungen und Auswirkungen für die betroffenen Nicaraguaner selbst.
Den Vorbereitungskomitees und dem Engagement Einzelner, oftmals zurückgekehrter Brigadisten, ist es zu danken, daß die Projekte nicht einschliefen und immer wieder neue Leute gefunden werden konnten. Trotz mancher Engpässe ging es weiter und die Aussichten, die Siedlungen wie zugesagt zu einem Ende zu bringen, stehen nicht schlecht.
Um so unsinniger ist es, wenn Brigadisten oder Einzelreisende mit ihren eigenen kleinen Projekten nach Hause zurückkommen, die meist spontan entstanden, gut gemeint und den Nicaraguanern aus einem gemeinsam festgestellten Mangel heraus angeboten wurden. Sind die Erwartungen einmal geweckt, rechnen die Nicaraguaner fest damit, daß sie auch erfüllt werden. Daß sich die Brigadisten übernommen haben könnten, liegt außerhalb ihrer Vorstellungen. Zum anderen ist völlig unklar, ob mit diesem Projekt nicht die Entwicklungsplanung der Regionalregierung gestört wird, die unter Umständen ganz andere Schwerpunkte setzt. In solchen Fällen kann durch individuelle Projektvereinbarungen durchaus böses Blut geschaffen werden, wenn etwa durch Zufallsbekanntschaften mit Internationalisten Investitionen und Anschaffungen getätigt werden, die an anderer Stelle dringender benötigt werden.
Zu diesem heiklen Themenkomplex befragt, äußerte sich auch ein Vertreter des Sonntagskreises. In ihm treffen sich in Nicaragua lebende deutsche Internationalisten, die in ihrer Mehrzahl seit Jahren und in den verschiedensten Bereichen im Lande arbeiten. Sie rechnen sich der Solidaritätsbewegung zu, haben die Betreuung der Brigadisten in Nicaragua übernommen, mit Regierungsstellen die drei Bauprojekte vereinbart und haben innerhalb der Solidaritätsbewegung für eine zusammenhängende politische Lagebeurteilung

in Nicaragua eine nicht zu unterschätzende Funktion. Wegen ihrer chronischen Arbeitsüberlastung wird der Informationsfluß allerdings selten den gestellten Ansprüchen gerecht.

»Es geht nicht, daß jeder sein eigenes Projekt auskundschaftet«

Wie beurteilt Ihr die Projektlawine, die nach Nicaragua schwappt?

Das ist ein Effekt, der erst nach der Kaffeebrigade dadurch entstand, daß sehr viele Brigadisten herkamen. Wir vertraten anfangs die These, daß jedes Projekt, das gemacht werden soll, auch mit der zuständigen Regionalregierung abgesprochen sein müßte. Wenn also eine Kooperative eine Projektidee formuliert, dann sollten die Brigadisten zur Regionalregierung gehen und nachfragen, ob das auch Teil der allgemeinen Entwicklungsplanung ist. Wenn diese zustimmte, könnten sie das Geld dafür sammeln. Die Initiativen der Bevölkerung müssen aber integraler Bestandteil der Regionalplanung sein. Das ging anfangs mit einigen Brigaden ganz gut, hat dann aber später immer weniger funktioniert. Es entstanden dann auch so viele Projekte, daß wir mit der Zeit den Überblick verloren. Es entstand eine Vielzahl von Kleinstprojekten, bei denen wir überhaupt nicht mehr wußten, wie sie entstanden sind, noch, ob sie von der Regionalregierung getragen wurden. Es gibt sicherlich viele, bei denen man einfach eine Idee aufgriff, sie verwirklichte und dort auch die ganze Kraft reinsteckte, die eigentlich falsch eingesetzt, vergeudet war.
Ich glaube, daß jetzt, nach den ersten negativen Erfahrungen, auch ein Diskussionsprozeß in Gang gekommen ist. Mit dem Informationsbüro Wuppertal kommen wir immer mehr zu der Überzeugung, wegzugehen von den konkreten Projekten, und zu sagen, wir unterstützen die Entwicklung in einer Region. So verstanden, daß man den allgemeinen Entwicklungsplan als Projekt nimmt und ihn statt der vielen kleineren Projekte unterstützt. Wir haben die Idee, für die ländliche Entwicklung in der Region VI, in Matagalpa, zu arbeiten. Über Pantasma sind hier bereits persönliche Kontakte entstanden. Der Regionalregierung soll es überlassen bleiben, was sie mit dem Geld macht, sie müßte jedoch Rechenschaft ablegen. Es wird auch wieder darauf hinauslaufen, daß sie eine Schule oder eine Gesundheitsposten baut. Es passieren schon die gleichen Sachen wie zuvor, aber koordinierter und integrierter in die Entwicklungsplanung. Danach soll nicht mehr jede Gruppe

ihr Projekt haben. Um dies zu erreichen, denke ich, daß das Modell von Masaya, wo jemand direkt in den regionalen Entwicklungsausschüssen mitarbeitet, durchaus sinnvoll wäre[12].

Dies dürfte aber schwer durchzusetzen sein. Denn die Brigadisten und andere Reisende der Solidaritätsbewegung haben je nach Erfahrungen und Kontakten dabei die unterschiedlichsten Orte, weniger Regionen im Kopf. Gibt es denn bestimmte Kriterien, nach denen man vorgehen sollte?

Wie gesagt, sinnvoll wäre es, sich eine Region, die Region VI (Matagalpa) herauszunehmen. Dies könnte man auch rechtfertigen, weil Matagalpa eines der Kriegsgebiete ist und auch in die politische Arbeit der Solidaritätsbewegung hineinpaßt. Hier kann man die Parole 'Wir bauen auf, was die Contra zerstört hat' umsetzen. Die materielle Solidarität gegen die Zerstörung der Contra und die politische Arbeit lassen sich daran auch gut festmachen, was z.B. die Intervention der USA bedeutet. Deshalb finden wir diese Region sinnvoll. Es kommt hinzu, daß es in anderen Regionen, z.B. in der Region IV/Masaya schon zahlreiche Initiativen gibt. Dort ist das auch schon organisiert.
Ich denke schon, daß es sehr schwierig ist, damit umzugehen, weil es in der BRD auch ein starkes Interesse gibt, mit konkreten Projekten zu arbeiten. Ein Projekt, das sich in Kirchengemeinden oder in der Solidaritätsbewegung vorstellen läßt, erleichtert das Spendensammeln. Man muß halt schauen, wie man damit umgeht. Aber es sollte doch klar sein und man sollte auch dahin kommen, diese Konzeption als einen Prozeß zu sehen, in dem man z.B. konkrete Projekte aus einer Region vorschlägt und nach und nach das Geld einem gemeinsamen Fonds zukommen läßt.
In letzter Zeit entstanden Städtepartnerschaften, die quer durch's ganze Land gehen und dabei auch wieder alle Regionen miteinbeziehen. Diese Initiativen arbeiten mit Geldern, die nicht aus der Solidaritätsbewegung kommen. Das sind Gelder aus dem normalen Staatshaushalt, die einen Faktor darstellen könnten, um die Politik der Bundesregierung zu unterlaufen. Das kann über die Stadtparlamente geschehen. Ich denke aber, das ist zu trennen, von dem, was die Solidaritätsbewegung an Politik macht.

Projekte nehmen Zeit und Organisation in Anspruch. Dabei bleibt oftmals die politische Diskussion auf der Strecke, die in die BRD zurückführen müßte.

Das war ja eigentlich genau der Ansatz der Brigaden, dies stärker in den Vordergrund zu stellen. Die Brigaden, internationale Brigaden, in bestimm-

ten Momenten zu schicken, hat ja schon eine Geschichte. Sie stehen in der Tradition des antiimperialistischen Kampfes. Durch sie sollte auch wieder mehr die inhaltliche Seite diskutiert werden, über die Auswirkungen des US-Imperialismus in Nicaragua, über die Zusammenhänge, die bestehen zur BRD und auch zu El Salvador. Das alles aufzuzeigen, zu aktivieren, ist von uns aus der Sinn der Brigaden gewesen. Deshalb haben wir sie verstärkt unterstützt und mit ihnen zusammengearbeitet.
Man sollte sich in Zukunft nicht mehr so sehr auf Projekte konzentrieren, sondern die politische Dimension wieder stärker zum Ausdruck bringen. Wir müssen in Zukunft die politische Dimension dieses Krieges in der BRD stärker herausstellen, um sie dort in den Bewußtseinsbildungsprozeß einzubringen. Wir können von den Befreiungsbewegungen hier in Mittelamerika für unseren eigenen Kampf lernen. Man sollte versuchen, bei gleichzeitiger Wahrung der jeweiligen Eigenständigkeiten voneinander zu lernen, also die Idee des Internationalismus wiederaufnehmen.

Kannst Du einige Beispiele schlecht gelaufener Projekte nennen?

Da gibt es dieses Beispiel von Monte Tabor, wo eine Brigade ein Haus für das CDS (Stadtteilkomitee) gebaut hat. Dieses Viertel ist eigentlich unter diesem Namen bekannt, trägt heute aber den Namen eines gefallenen Helden und Märtyrers der Revolution. Deshalb wußte anfangs niemand, wo dieses Viertel lag. Dieses Projekt stand auch schon jahrelang auf der Wuppertaler Projektliste. Niemand machte sich Gedanken darüber, wie es dahin kam und was es eigentlich ist. Monte Tabor ist ein Viertel, in dem sehr viele Reiche leben. Nur um die Kirche herum gibt es einige arme Holzhäuser. Und dort arbeitete eine Brigade, wo es doch in Nicaragua eine ganze Reihe sehr viel wichtigerer Projekte gibt. Dieses Projekt wurde von einem Chilenen vorgeschlagen, der jahrelang in der BRD lebte, in unserem Internationalistenkreis mitarbeitete und auch bei den Kaffeebrigaden eine gute Arbeit leistete. Er kam mit einem Verantwortlichen von CDS-Nacional auf eine Sitzung von uns deutschen Internationalisten, der uns sein Einverständnis gab. Auch er schien Monte Tabor nicht näher zu kennen.
Wir merkten erst später, daß es eigentlich nicht zu verantworten ist, Brigadisten in dieses Reichenviertel zu schicken. Auch die Brigadisten selbst protestierten. Wir sprachen daraufhin nochmals mit dem Vertreter von CDS-Nacional, der uns sagte, daß an der Basis schon zu viele Erwartungen geweckt worden seien, daß es nicht mehr möglich sei, dieses Projekt rückgängig zu machen. Deshalb ist dann doch gebaut worden, deshalb stimmte auch das CDS-Nacional zu, obwohl es unterdessen mit der Idee, dort eine Brigade hinzuschicken, überhaupt nicht mehr einverstanden war. An diesem Beispiel

wird gut klar, worin die Gefahren liegen, wenn jeder sein eigenes Projekt auskundschaftet.
Wer mit Leuten auf einer Kooperative über ein Projekt redet, weckt Erwartungen, die die Leute immer wieder nachfragen. In Monte Tabor sind Erwartungen geweckt worden, die auch von der nationalen Instanz schwerlich frustriert werden konnten. Genau das passiert aber, wenn Brigadisten Projektideen der Campesinos aufgreifen und sagen, vielleicht können wir Geld sammeln und Euch unterstützen. Dann sind die Erwartungen da und für die lokalen oder regionalen Instanzen ist es schwierig, nein zu sagen. Durch dieses Verhalten, daß jeder Brigadist sein Projekt mit nach Hause nehmen will, wird eine Erwartungshaltung erzeugt, die schädlich für die ganze Entwicklung ist.
Ich will noch mal ein anderes Beispiel aus der Kaffeebrigade, in der ich gepflückt habe, erzählen. Mit den Internationalisten, mit denen ich zusammen war, redete ich ausführlich über diese Probleme, und sie waren sich der Gefahren durchaus bewußt. Auch sie hatten die Idee, ein Projekt zu unterstützen. Sie redeten mit den Leuten auf der UPE (staatlicher Landwirtschaftsbetrieb), fragten, welche Entwicklungsvorstellungen sie hätten, und was sie demnächst machen wollten. Ich drängte schließlich darauf, dies erst mit der Regionalregierung zu besprechen, ehe den Campesinos eine Zusage gemacht würde. Diese gab nie ihr Einverständnis, weil die Vorschläge der UPE nicht prioritär waren. Trotzdem kamen die Leute von der UPE später immer wieder zu mir, weil sie wußten, daß ich in Managua wohne, und fragten nach, was denn aus den Vorschlägen geworden sei, die sie damals gemacht hätten. Schon das Fragen, welche Pläne die Leute für die Zukunft haben, weckt so starke Erwartungen, daß es sehr schwer ist, diese wieder rückgängig zu machen. An diese Thematik müssen die Brigadisten sehr viel vorsichtiger herangehen.

Gesundheitsbrigaden

Auf dem Vorbereitungstreffen in Berlin gingen die ersten Brigadisten noch davon aus, daß sie – wie vorgesehen – zur Entlastung des einheimischen Personals in den Regionalkrankenhäusern eingesetzt würden. Letztlich traf dies nur auf Somoto zu. Dort fanden sie ein gut ausgerüstetes Krankenhaus mit funktionierender Operationsabteilung vor. Bis vor kurzem arbeiteten in Somoto noch cubanische Ärzte, die allerdings aus politisch–diplomatischen Erwägungen abgezogen wurden. So konnte die bundesdeutsche Brigade ohne größere Schwierigkeiten ihre Arbeit im vorgesehenen Umfang aufnehmen. Ihre fachliche Leistung wurde von der Bevölkerung an den Maßstäben gemessen, die die cubanischen Ärzte vorgaben. Diese wurden wegen ihrer kenntnisreichen und soliden medizinischen Betreuung geschätzt, waren darüber hinaus auch durch ihren langjährigen Aufenthalt in Somoto sozial integriert. Die Erklärung der Brigadisten, nur für einige Monate in Nicaragua arbeiten zu wollen, stieß daher bei den Bewohnern auf ein gewisses Befremden und distanziertes Verhalten. Erst als einige Gesundheitsarbeiter länger blieben, als sie zunächst angegeben hatten, Somoto auch zu einem ständigen Einsatzort der Gesundheitsbrigaden bestimmt wurde und damit zumindest die Kontinuität der Arbeit gewährleistet war, legte sich das anfängliche Mißtrauen.

Eine völlig andere Situation fanden die Brigadisten in Nueva Guinea und Matiguás vor. Ihre Arbeitsstellen waren keine Krankenhäuser, sondern Gesundheitszentren mit Betten. Dort gab es zunächst weder die räumlichen noch technischen Voraussetzungen für einen funktionstüchtigen OP, auch keine chirurgische Ambulanz mit Operationsmöglichkeiten.

Insbesondere bei den ersten Brigadistinnen – es waren sechs Frauen – in Nueva Guinea führten diese herben Überraschungen zu erheblichen Zweifeln an der Sinnhaftigkeit ihres Brigadeneinsatzes. Es kam noch hinzu, daß das Gesundheitszentrum personell nicht unterbesetzt war, somit ihre Arbeitskraft auch nicht in dem Maße gebraucht wurde, wie es vor ihrer Abreise dargestellt worden war. Auf den ländlichen Gesundheitsposten wäre zwar eine medizinische Betreuung notwendig gewesen, dort ließ man die Brigadistinnen jedoch aus Sicherheitsgründen nicht arbeiten.

Hatten sich die nicaraguanischen Behörden im Einsatzort vertan und dies gleich zweimal? Die tieferen Ursachen dieses Durcheinanders lagen in einer konzeptionellen Veränderung des nicaraguanischen Gesundheitswesens, das gerade der Kriegssituation angepaßt wurde. Danach sollten Gesundheitszentren wie Nueva Guinea und Matiguás eine OP-Abteilung erhalten, um klei-

nere Eingriffe und Notfalloperationen durchführen zu können, weil Verlegungen in die – bis zu 80 km entfernten – Regionalkrankenhäuser zu riskant wurden. Insbesondere nachts konnten die Verbindungsstraßen vor den immer häufiger werdenden Hinterhalten der Contra nur schwer geschützt werden. Neben ihren eigentlichen Aufgaben – Sprechstunde (consulta), Erste Hilfe, Mutter-Kind-Betreuung, Präventivmedizin – erhielten die Gesundheitszentren eine zusätzliche Funktion, für die man das deutsche Medizinpersonal vorgesehen hatte.
So waren die Brigadisten in Nueva Guinea und Matiguás in ihrer Anfangszeit damit beschäftigt, die technischen und hygienischen Voraussetzungen für operative Eingriffe zu schaffen. Erst danach konnten sie ihre vorgesehene Arbeit aufnehmen. Heute existieren in Nueva Guinea und in Matiguás zwei funktionierende Operationsabteilungen, die auch vollauf beansprucht werden und so zu einer verbesserten und kontinuierlichen Versorgung der Bevölkerung beitragen können.
le Brigadisten zu bewältigen hatten, war, eine erträgliche und sinnvolle Form der Zusammenarbeit mit den nicaraguanischen Kollegen zu finden. Bei beidseitiger Kooperationsbereitschaft war eine baldige Verständigung möglich. In Nueva Guinea allerdings gestaltete sich dieser Prozeß wegen der oftmals desinteressierten und antisandinistischen Haltung vieler Mitarbeiter schwieriger. Trotz kontinuierlicher Einsatzorte muß dieser Prozeß von allen Beteiligten bei der Ankunft neuer Brigadisten wieder durchlaufen werden. Die Erfahrungen der 'alten' Brigadisten sind dabei jedoch eine wertvolle Hilfe.

»Wir müssen aufpassen, nicht ins Fettnäpfchen zu treten«

Wir bringen nun ein Interview mit Gesundheitsbrigadisten aus Nueva Guinea. Nach den besonderen Anlaufschwierigkeiten in diesem Ort hat sich die Arbeit auch dort eingependelt und normalisiert.
Je nach Notwendigkeiten sind die Arbeitsschwerpunkte von operativer Medizin und Tätigkeit in der Sprechstunde (consulta) und der Ambulanz in den drei Orten variabel.

Mit welcher Motivation seid Ihr nach Nicaragua gefahren?

F.: Meine persönliche Motivation war, daß ich die nicaraguanische Revolution für eine gute Sache halte und sie deshalb auch politisch und fachlich unterstützen will. Hier fehlt es an qualifizierten Ärzten. Wie mir ein Verantwortlicher im Gesundheitsministerium erzählte, gibt es in Nicaragua 2 000 Ärzte, wozu er auch die Studenten im letzten Jahr ihres Studiums zählte. Nach einer anderen Rechnung hat Nicaragua 2 200 Ärzte, 1 000 sind Nicaraguaner und 1 200 ausländische Ärzte, wovon die Hälfte Cubaner sind. Es gibt auch einige aus der UdSSR und Bulgarien, aber auch viele aus westlichen Ländern.

G.: Es kommen aber auch noch andere Motivationen dazu, nämlich als Arzt auch einmal im Ausland arbeiten zu wollen, aus dem alltäglichen Trott herauszukommen. Ich weiß nicht, wie stark dieser Aspekt ist, glaube aber, daß er bei jedem mitreinspielt. Die Solidaritätsarbeit war zumindest in meinem Bekannten- und Freundeskreis ein ständiger Streitpunkt, weil viele meinten, in Nicaragua zu arbeiten würde nicht viel bringen, es wäre effektiver und man könnte mehr politische Solidaritätsarbeit in der BRD selbst machen. Aber ich finde unsere Arbeit hier eigentlich schon sehr sinnvoll, auch, daß man sich über das Land und seine Verhältnisse ein direktes Bild machen kann.

Könnt Ihr etwa von Eurer täglichen Arbeit erzählen, wo die Schwierigkeiten und Probleme liegen, und welches Eure Hauptaufgaben sind?

F.: Da wir zur Zeit als ein chirurgisches Team arbeiten, ist unser Hauptaufgabenbereich eigentlich klar. Die meiste Zeit verbringen wir im OP. Zum einen operieren wir Unfall- und Kriegsverletzte, letztere haben meist Schußwunden. Die Unfallverletzungen sind meist nicht so schwer und können deshalb in der Ambulanz versorgt werden. Den größten Teil der Arbeit nehmen aber die programmierten Operationen ein, das sind Sterilisationen, Leisten- und Nabelbrüche (Hernien). Unsere Arbeit beginnt morgens um 8 Uhr mit der Visite. Normalerweise möchten wir zwei Operationen am Vormittag machen, was aber häufig am Arbeitstempo des nicaraguanischen Personals scheitert. Es läuft nicht so, wie wir es von der BRD her gewöhnt sind, daß der Patient um 8.30 Uhr prämediziert, vorbereitet und rasiert vor dem OP steht, sondern, daß unser Anästhesist diesen Sachen hinterherrennen, sie teilweise selbst machen muß. Nachmittags sind wir meist mit den Notfällen aus der Ambulanz beschäftigt.

G.: Eine andere Aufgabe, die auch zu unserer Zuständigkeit gehört, ist die Versorgung der Notfälle. Hierfür gibt es einen kleinen gesonderten Raum, der vom Sprechzimmer abgetrennt ist und in dem die kleinen chirurgischen Versorgungen gemacht werden, wie Abszeß spalten, Wunden nähen, Ohren- und Nasenspiegelungen, Fremdkörperentfernung, gynäkologische Untersuchungen. Diese Patienten werden aus der Sprechstunde überwiesen. Der ursprüngliche Plan sah vor, daß einer von uns ständig Notfälle behandelt, aber dies ist schwierig, weil wir immer im OP zu tun haben.

Ihr habt eben schon den völlig unterschiedlichen Arbeitsstil von Nicaraguanern und Deutschen angesprochecn. Wie löst Ihr diese Widersprüche?

B.: Das ist ja größtenteils nicht Faulheit oder Schlampigkeit der nicaraguanischen Mitarbeiter, denn sie sind es nicht gewöhnt, chirurgische Patienten zu haben, wissen deshalb auch nicht, wie man sie zu einer Operation vorbereitet. Das muß man ihnen erklären. Zum Teil scheitert die Arbeit auch daran, daß Sachen fehlen, z. B. daß die OP-Kittel wegen des feuchten Klimas nicht trocken geworden sind. Dann heißt es halt, morgen geht nichts.
G.: Das klingt jetzt so, als läge es nur am Materiellen, aber das ist nicht wahr. Viel liegt auch an der Arbeitsauffassung der Leute. Vielleicht ist sie gar nicht so schlecht, es ist aber nicht die, die wir gewöhnt sind. In ihren Augen scheint das übertrieben zu sein, wenn alles so schnell gehen muß.
F.: Meines Erachtens muß man die Sache so sehen: Es gibt vieles hier, was von unserem Standpunkt aus kritisierbar ist, z. B. daß die Arbeit der Schwestern ineffektiv ist, daß sie viel Zeit für Kleinigkeiten und Banalitäten verlieren. Das ist in der BRD nicht so, weil es dort eine Stationsschwester gibt, die den Schreibkram erledigt, der nicht so umfangreich ist wie hier. In der BRD gibt es vorgedruckte Formulare und Matritzen. Hier müssen sie Tabellen selbst anlegen, haben kein Lineal etc. Daß sie eine andere Arbeitsauffassung haben, bedeutet nicht, daß sie den Patienten gegenüber gleichgültiger sind als bei uns. Ihre Einstellung zum Patienten als krankem Menschen ist nicht schlechter, aber ihr Verhalten ist ein anderes. Viele Sachen des pflegerischen Aufgabenbereiches werden von den Angehörigen übernommen, wie z. B. Waschen, Füttern, Betten beziehen, mit ihnen Spazierengehen etc.. Für mich ist das kein Konflikt, ich nehme das so hin. Bei einigen Schwestern ist es aber so, daß sie das Wichtige vom Unwichtigen nicht trennen können. So kommt es vor, daß ein frisch operierter Patient, der zufällig am Ende des Flures in einem Zimmer untergebracht ist, seine Medikamente erst dann bekommt, wenn er an der Reihe ist, nämlich als Letzter. Es fehlt so ein bißchen der Blick für die Prioritäten. Das Personal müßte eigentlich auf eine Intensiv- oder Wachstation vorbereitet sein, ist es aber nicht. Wir haben hier ja ganz unterschiedliche Arten von Operationen; wir haben Hernien, Vasektomien (Sterilisationen), die am nächsten Tag wieder entlassen werden können. Zugleich haben wir aber auch Patienten mit Relaparatomie (Wiedereröffnung der Bauchhöhle zu einer Nachoperation), mit septischem Ileus (Darmverschluß). Hier haben wir eine interdisziplinäre Station, wie wir sie aus der BRD gar nicht kennen. Eine Schwester auf Station muß hier Kinder

mit Durchfällen pflegen, Geburten einleiten und auch selbst durchführen, Asthma-Patienten genauso wie frisch Operierte betreuen. Die Arbeit ist zu mannigfaltig, zu viel und das Personal nicht entsprechend dafür ausgebildet. Deshalb treten diese Schwierigkeiten auf. Und wenn die Operationen eine Stunde oder noch später stattfinden, als wir sie geplant haben, na gut. Wir stehen in dieser Zeit nicht unnütz herum, sondern machen zwischenzeitlich Notfalldienst. Klar ist aber auch, daß die Arbeit effektiver wäre, wenn wir entsprechend ausgebildete Schwestern hätten.

Könnt Ihr denn mit dem nicaraguanischen Personal über diese Schwierigkeiten reden, z. B. darüber, daß der frisch Operierte mehr Zuwendung braucht?

G.: Also reden können wir darüber, aber ob sich dadurch etwas ändert, steht auf einem anderen Blatt.
B.: Ich finde aber schon, daß sich da ein bißchen was ändert. Ein Beispiel ist, daß jetzt postoperativ die Flüssigkeitsein- und -ausfuhr bilanziert wird. Das gab es zuvor nicht. Sie schreiben die einzelnen Werte untereinander, nicht kreuz und quer. Wir müssen es zwar selbst zusammenzählen, aber das ist egal.
G.: Blutdruckmessen können sie schon lange. Und wenn ich ihnen sage, daß die ersten beiden Stunden nach der Narkose sehr wichtig sind und die Patienten in kurzen Abständen kontrolliert werden müssen, und das nicht läuft, dann ist das keine Überforderung, sondern Interesse- und Gedankenlosigkeit. Sie schauen vielleicht nach dem Patienten, schreiben aber nichts auf, obwohl ich nach der Operation noch auf die Station mitgegangen bin und es ihnen erklärt habe. Das ist eigentlich wie bei uns, daß sich die einen sehr stark um die Leute kümmern, die anderen aber wenig Interesse haben.

Damit habt Ihr ein grundsätzliches Problem des nicaraguanischen Gesundheitswesens angesprochen. Zum einen die mangelnde Qualifikation, zum anderen die fehlende Bereitschaft nicht weniger Ärzte und Schwestern, in der ländlichen Gesundheitsversorgung mitzuarbeiten. Viele von ihnen sind ja nicht gerade begeisterte Anhänger des revolutionären Prozesses.

B.: Was haben die für ein Leben, die Schwestern leben hier nebenan in einer Bretterbude, noch um einiges schlichter als unsere. Abends sitzen sie vor der Tür und hören Radio, was sollen sie auch machen? Sie haben eine harte Arbeit hier, und das Leben ist nicht attraktiv. Esperanza sagte mir, also wenn Arbeit ist, dann tue ich auch was, selbst wenn es nachts 2 Uhr ist. Sie regt sich auch auf, wenn andere Schwestern nach Hause gehen. Da sind schon Konflikte der Schwestern untereinander spürbar.

G.: Dann kommt auch noch dazu, daß die Leute nach ihrer Ausbildung für zwei Jahre auf's Land gehen müssen. Leute mit langjähriger Erfahrung, die findet man hier nicht. Das Gleiche bei den Ärzten. Wenn sie einen Rang höher kommen, sind sie weg. Es ist schon verständlich, daß es so läuft, wie es läuft.
F.: Es ist klar, daß man nicht sagen kann, das Krankenhauspersonal würde aus lauter Revolutionären bestehen. Unter den Ärzten gibt es Contras. Von zweien wissen wir es ganz genau, aber sie arbeiten, sogar ganz gut. Einen Sturz der Regierung würden sie mit Freuden begrüßen.
G.: Wir sind hier zwar auf dem Land, und es besteht auch ein genereller Personalmangel, wir müssen aber sagen, daß der Personalschlüssel hier erheblich besser ist als in Managua. In Managua kommt es vor, daß eine Schwester 100 Patienten zu betreuen hat. Hier kommen auf eine Vollschwester 35 Patienten. Im Augenblick haben wir drei Vollschwestern – für jede Schicht eine. Diese werden jeweils von zwei bis drei Hilfsschwestern unterstützt. Das Krankenhaus hat 35 Betten. Mit uns arbeiten sechs nicaraguanische Ärzte.

Ihr habt den OP-Trakt in Gang gebracht. Sollen hier weiterhin Brigadisten arbeiten, oder sollen auch nicaraguanische Ärzte in den OP hineingenommen und angelernt werden mit dem Ziel, ihnen den OP nach gewisser Zeit zu übergeben?

F.: An die nicaraguanischen Ärzte, die hier sind, können wir den OP nicht übergeben. Dafür müßte ein Chirurg herkommen. Ich persönlich befürchte, wenn wir jetzt gingen und keine Chirurgen nachkämen, daß dann das Operieren eingestellt würde.

Ist es denn nicht das Ziel, daß Eure Arbeit von Nicaraguanern übernommen wird?

F.: Das geht nicht, wie ich anfangs dachte. Deshalb haben wir nach Möglichkeit immer einen Nicaraguaner zu den Operationen hinzugezogen. Es gibt beispielsweise einen Kollegen, der in seinem sozialen Jahr und sehr an Gynäkologie interessiert ist. Er würde jederzeit alleine Sterilisationsoperationen machen können. Das Problem ist jedoch, daß es nicht ausreicht, nur eine bestimmte chirurgische Operationsform zu beherrschen. Was passiert, wenn Du einen Bauch aufmachst und irgendetwas findest, womit Du nicht gerechnet hast? Wir hatten hier den Fall, daß eine junge, gesunde Patientin zu einer Sterilisationsoperation gekommen ist, die Operation an sich ist ja einfach. Als wir aber den Bauch öffneten – das Bauchfell war noch zu –

starb die Frau an einem Herzstillstand, der durch eine allergische Reaktion auf das Narkosemittel ausgelöst wurde. Herzstillstand. Das Herz kam zwar wieder, durch die Reanimation bekam die Frau jedoch einen Leberriß. Jetzt stelle ich mir vor, wenn es nur die einfache Sterilisationsoperation gewesen wäre, hätte sie der nicaraguanische Arzt ausführen können. Wenn es dann aber, wie in diesem Fall, zu Komplikationen kommt und die Frau aus der Leber blutet, kann man nicht sagen: Zunähen und nach Juigalpa verlegen. Man kann nicht kleine Operationen von Ärzten ausführen lassen, die keine ausreichende Erfahrung haben. Mit Komplikationen muß man immer rechnen, man muß dann auch wissen, was zu tun ist.

Ihr habt jetzt schon wiederholt von Sterilisationen gesprochen. Werden diese Operationen häufiger ausgeführt?

F.: Ja, sie machen den größten Teil unserer Operationen aus.

Wieviel Sterilisationen macht Ihr pro Woche?

B.: Normalerweise fünf bis sechs.

Sind die Sterilisationen im Rahmen des Gesundheitsprogramms vorgesehen? Nach welchen Kriterien wird der Eingriff vorgenommen? Liegt ihm eine eigene Entscheidung der Frau zugrunde?

F.: Sterilisationen sind im Gesundheitsprogramm vorgesehen und sind die Entscheidung der Frau selbst. Wir haben hier keine feste Formel für den Eingriff, so daß wir sagen würden, Alter mal Anzahl der Kinder etc. Wir haben auch keinen direkten Kontakt zu den Frauen, wenn sie diese Entscheidung treffen, sondern sie werden aus der Sprechstunde zu uns in den OP überwiesen. Ich habe erfahren, daß sie den Frauen verschiedene Möglichkeiten anbieten von Pille über Spirale bis hin zur Operation. Man legt ihnen wohl die Sterilisation nahe, weil man bei der Pille die notwendige Einsicht braucht und der Nachschub an Pillen oft fehlt.
B.: Es scheitert auch oft daran, die Pillen termingerecht abzuholen, auch wenn sie in der Apotheke vorhanden sind. Hier wird keine offizielle Kampagne für eine Sterilisation gemacht. Diese Art der Empfängnisverhütung spricht sich unter den Frauen schnell herum.
G.: Das ist ein einmaliger Eingriff und dann hat man nie mehr Probleme damit. Meist haben die Frauen schon sehr viele Kinder, und sind für die hiesigen Verhältnisse auch schon älter. Diese Methode ist am einfachsten, denn sie brauchen sich um nichts mehr zu kümmern.

F.: Wir operieren keine Frauen, die beispielsweise erst 25 Jahre alt sind und zwei Kinder haben. Die einzige, die wir in diesem Alter operierten, war eine unserer Krankenschwestern, weil sie zuckerkrank ist.
B.: Wenn man bedenkt, wieviele Kinder die Frauen hier haben, wie häufig auch die Partner wechseln, die wieder abhauen und nichts zur Ernährung der Familie beitragen, dann ist es nur logisch, daß wir eine lange Warteliste haben.

Sind sich die Frauen über die Konsequenzen im Klaren? Haben sie keine persönlichen, moralischen oder religiösen Bedenken gegen den Eingriff?

B.: Nichts dergleichen. Ich glaube, für sie ist das eine klare, konkrete Angelegenheit. Sie wollen ihre soziale Situation regeln und nicht noch mehr Kinder haben. Andererseits wissen sie in der Regel nicht, welchen Einfluß eine solche Operation auf ihren Hormonhaushalt oder ihr Sexualleben hat. Sie können sich auch wenig Vorstellungen über die Art der Operation machen. Wenn sie es sich trauen, fragen einige der Frauen nach, ob sich durch die Operation an ihrem Sexualleben etwas ändern würde oder ob sie weiterhin ihre Periode bekämen.
G.: Manche Frauen fragen uns auch, nach wieviel Jahren die Operation wiederholt werden müßte.

Werden auch Sterilisationen bei Männern durchgeführt?

B.: Um Gottes Willen!
G.: Bei der Brigade in Matiguás gab es zwei Männer, die zur Sterilisation kamen. Das war schon ein Weltwunder. Das passierte deshalb, weil zwei Brigadistinnen in Matiguás Sprechstunde abhielten, wozu auch die Familienplanung gehört. Sie erzählten jedem, der zur Familienplanung kam, daß die Operation am Mann viel einfacher wäre. Daraufhin erschienen auch wirklich zwei Männer.
B.: Bei allen Emanzipationsbestrebungen ist es auch nicht so sinnvoll, die Männer zu sterilisieren, denn die Partner wechseln häufig und Dauerehen sind hier noch seltener als bei uns. Wechselt die Frau den Partner, beginnt das Problem von vorne. In der BRD wäre das anders. Zu Hause würde ich auch Reklame für eine Männersterilisation machen. Aber hier bringt das nichts. Ich glaube, man müßte hierzu so viel Aufklärungsarbeit leisten und Energie investieren, damit es auch bei den Männern fruchtet. Ich halte dies jedoch für ziemlich hoffnungslos.

Ihr seid die erste Gesundheitsbrigade, die von der Arbeit wenig frustriert ist und in gutem Kontakt mit den nicaraguanischen Kollegen steht. Worauf führt Ihr dies zurück? Auf besonders gute Spanischkenntnisse, besonderes Einfühlungsvermögen oder die Vorarbeiten der anderen Brigadisten?

G.: Ich glaube, es hängt viel davon ab, daß wir hier wirklich operieren, daß wir hier arbeiten können. Wir beschäftigen uns kaum mit organisatorischer Arbeit, müssen nicht nach Managua fahren und uns wegen irgendwelcher Kisten herumstreiten, die versprochen, aber noch nicht angekommen sind. Wir müssen keinen OP renovieren und einrichten, sondern wir machen eine ganz konkrete Arbeit mit sichtbaren Ergebnissen. Die Leute sehen auch, daß, wenn es nötig ist, wir auch nachts aufstehen und mit ihnen zusammenarbeiten. Deshalb ist unsere Stellung schon mal eine ganz andere. Darüberhinaus ist es vielleicht auch eine persönliche Sache.

Was meint Ihr, worauf bei der Auswahl Eurer Nachfolger besonders geachtet werden sollte?

B.: Fachärztliche Qualifikationen sind zwar erwünscht, nicht aber reine Spezialisten. So war nämlich einer unserer Vorgänger, ein Facharzt für Gynäkologie, völlig frustriert, weil er hier nicht alle sein tollen Operationen, die er beherrschte, auch durchführen konnte. Die fachliche Qualifikation muß garantiert sein, aber die Fähigkeit zur Improvisation darf darunter nicht leiden.

Mit Nicaragua solidarisch zu sein und als medizinische Fachkraft hier zu arbeiten ist eine Sache. Sehr viel heikler ist es dagegen, sich in die politische Diskussion einzuschalten. Einige haben sich dabei den Mund verbrannt, etwa mit unüberlegten Äußerungen zu Eden Pastora.

F.: Genau darauf wollte ich eingehen. Dieses Problem ist ja auch erstmals in Berlin von den Organisatoren diskutiert worden, und ich glaube, daß die Kollegen darauf besonders achten sollten. Es ist bestimmt falsch, hierherzukommen und die eigene Vorstellung einer Revolution zu propagieren. Es wäre falsch, die Leute in politischen Diskussionen 'zurechtrücken' zu wollen. Hier sind die Fronten ziemlich anders. Für uns in Europa gelten andere Fronten, hier gibt es andere Gegner und andere Freunde. Und häufig ist es ja so, daß man in's Fettnäpfchen tritt, wenn man eine Diskussion anfängt, in der man eine komische Äußerung macht. Man muß hier wirklich lange, lange und effektiv gearbeitet haben, um das Vertrauen der Leute zu gewinnen. Und meistens ist es ja so, daß man gerade in den ersten drei bis sechs Wochen ein reges Interesse daran hat zu diskutieren. Später versinkt man in der tagtäglichen Arbeit und diskutiert eigentlich nicht mehr darüber, ob Eden Pastora gut oder schlecht ist. Darüber redet man nicht, weil man mit dem alltäglichen Kampf zu tun hat. Du siehst ja, was hier ständig passiert. Und gerade in den ersten Wochen, wenn wir sowieso durch eine bestimmte Brille beglotzt werden, sollten wir äußerst behutsam sein. Wenn man in dieser Zeit in's Fettnäpfchen tappt, ist das besonders schlimm. Man sollte also diesen Mantel zu Hause lassen und nur hierherkommen, um zu arbeiten und die Revolution, so wie sie ist, mit all' ihren Widersprüchen – das ist meine persönliche Meinung – hinnehmen und es den Nicaraguanern überlassen, wie sie mit den Problemen und ihrer Revolution fertig werden. Meine Aufgabe ist bestimmt nicht, die Nicaraguaner davon zu überzeugen, ob nun ein nicht kapitalistischer, dritter Entwicklungsweg besser sei oder eine richtige sozialistische Revolution. Dies überlasse ich den Nicaraguanern, und sie können es eigentlich auch entscheiden, wo und wie es hier weiterlaufen soll. Als Internationalisten können wir nur insofern Vorbild sein, daß wir gut arbeiten, freundlich und jederzeit abrufbar sind, daß wir zeigen, wir sind hier, um zu helfen – nicht mehr. Mit diesem Problem müssen sich die Kollegen, die kommen werden, schon auseinandersetzen. Es wäre vollkommen falsch hierher zu kommen und zu glauben, man hätte jetzt auch eine politische Mission. Ich glaube, wenn man in bescheidenem Maße mitreden will, muß man sehr gut Spanisch können, um die Worte wirklich so zu benutzen, daß sie nicht falsch verstanden werden. Ich persönlich würde mir das nicht zutrauen. Ich kann Dir ein Beispiel nennen, das sehr anschaulich ist. Ein spanischer Arzt arbeitete hier sehr gut mit einer deutschen Krankenschwester in Almendro, am Arsch der Welt. Sie arbeiteten wirklich sehr gut. Irgendwann wurde es ihnen zu viel, nicht die Arbeit, sondern die Anforderungen an Medikamenten und Verbandsmaterialien kamen nicht so zügig an, wie sie es wünschten und es bestimmt auch notwendig gewesen wäre. Auch wurden keine weiteren Schwestern hingeschickt, die Arbeit war somit auch personell schwer zu bewältigen. Auf jeden Fall war es eine Arbeit unter äußerst schwierigen Bedingungen. In einem ausführlichen Brief schilderten die beiden ihre Notlage, listeten ihre Kritikpunkte auf und schickten ihn an das Gesundheitsministerium. Im Anschluß daran brachten sie an ihrem Gesundheitsposten ein Plakat an, auf dem stand, daß sie aus Personalmangel nicht in der Lage wären, die Patienten zu versorgen – Notfälle ausgenommen. Von nicaraguanischer Seite wurde dieses Verhalten – in einem Kriegsgebiet noch dazu – als Sabotage, sozusagen als Anzettelung von Meuterei gewertet. Binnen 24 Stunden wurde der Spanier rausgeschmissen, obwohl er neun Monate arbeitete und auch ein gutes Verhältnis zu den Leuten dort hatte. Er war bestimmt kein Contra, ist aber ins Fettnäpfchen getreten. Aus Freundlichkeit uns gegenüber schmiß man die deutsche Krankenschwester nicht raus, legte ihr aber höflich und bestimmt nahe, daß auch sie den Ort zu verlassen hätte. Man muß wirklich aufpassen, was man macht; die Kritikpunkte, die angebracht wurden, waren völlig richtig, völlig korrekt, aber dieses Zettelchen im Anschluß daran, das war zuviel.

Neben Eurer fachlichen Qualifikation habt Ihr auch eine politische Funktion als Gesundheitsbrigadisten aus der BRD. Wie schätzt Ihr den politischen Wert Eurer Arbeit ein?

F.: Es ist schwer darzulegen, daß wir mit der Regierung der BRD nichts zu tun haben, daß wir nicht von ihr bezahlt werden, daß sie uns viel eher noch blockiert. Es ist jedenfalls sehr schwierig, nur durch unser Dasein eine spezielle politische Arbeit zu leisten. Daß wir hier sind und uns mit ihrer Revolution solidarisieren, das ist für die Leute schon befriedigend.
G.: Die Leute hier im Ort sprechen uns sehr oft an, laden uns zu einem Bier ein etc. Es gefällt ihnen, daß es nicht nur Internationalisten aus sozialistischen Staaten sondern auch aus westeuropäischen Ländern gibt. Ich glaube, sie fühlen sich auch durch uns in ihrem Weg bestärkt. Sie erfahren Solidarität ganz praktisch, sie wissen, daß wir hier sind und für sie arbeiten. Manche wissen auch, daß wir unsere Arbeit hier unbezahlt machen, was ihnen imponiert.
Bei einem Treffen deutscher Gesundheitsbrigadisten in Matagalpa haben wir vom Gesundheitsministerium erfahren, daß unsere Arbeit in solchen Vorposten wie Nueva Guinea oder Matiguás zur Folge hatte, daß andere Organisationen, die ihre Leute aus den Kriegsgebieten zurückgezogen hatten, jetzt wieder welche dorthin schicken. Das ist ein weiterer politischer Aspekt unserer Arbeit hier.

Ihr sprecht von den positiven Reaktionen der Bevölkerung auf Eure Arbeit. Jetzt bleibt Ihr nur sechs Monate. Sehr Ihr darin ein Problem?

F.: Wenn wir länger blieben, wäre dies besser. Ein Kollege aus Matiguás verlängert seinen Aufenthalt um ein Jahr. Ich denke nicht, daß es in erster Linie auf die Personen ankommt, die hier sind, sondern entscheidend ist ein regelmäßiger Arbeitsablauf, daß die Arbeit nicht stockt und immer Brigadisten hier sind. Es ist wichtig, daß die Brigadisten, die sich ablösen, dieselbe Arbeit machen. Es bringt nicht soviel, wenn einer aus dem Team länger bleibt, auch wenn er ein netter Kerl ist, die Arbeit aber nicht wie zuvor weiterlaufen kann.
G.: Deshalb finde ich es auch richtig, daß wir uns in unserem Konzept auf drei Orte beschränkt haben. Wir wollen garantieren, daß, wenn ein Arzt

geht, ein neuer gestellt wird. Wir haben allerdings Schwierigkeiten, Fachärzte zu finden. Leute mit einigen Jahren Berufserfahrung für die Brigadenarbeit zu gewinnen, wäre kein Problem; das allein ist aber nicht ausreichend. Zwar haben wir alle mehr Berufserfahrung als die Nicaraguaner in ihrem sozialen Jahr, doch wir haben Schwierigkeiten, selbständig zu arbeiten. Somit ist unser Hauptproblem, in der BRD einen Chirurgen zu finden, der hier selbständig eine Operation durchführen kann.

Aus Sicherheitsgründen hat der DED seine Entwicklungshelfer zurückgezogen. Die BRD schweigt sich aus zu dem Krieg, den ihr Hauptverbündeter, die USA, gegen Nicaragua führt. Seit einem knappen Jahr gibt es Arbeits-bzw. Gesundheitsbrigaden. Wieder steht das Sicherheitsargument im Vordergrund. Die Beteiligung an der 'vigilancia' (Nachtwache) wird hier und drüben heftig diskutiert. Wie sehr Ihr das in Nueva Guinea? Hattet Ihr in der BRD noch eine andere Sichtweise?

F.: Diese Diskussionen können eigentlich nur in der BRD geführt werden, denn hier haben wir solche Probleme nicht. Wenn man nicht in einem Prozeß drinsteht, sondern außen vor ist, muß man doch phantasieren. Neulich bekamen wir einen Stoß Zeitungen aus der BRD. Im Spiegel oder in der TAZ, ich glaube es war die TAZ, war ein Bild, auf dem die Kampfzonen in Nicaragua ganz genau markiert waren. Daraufhin bekam ich einen Schreck, weil Nueva Guinea mittendrin liegt. Wenn ich dieses Bild in der BRD gesehen hätte, wäre ich wahrscheinlich gar nicht nach Nueva Guinea gekommen oder hätte mir tausend Pampers für die Durchfälle mitgebracht, die ich wegen der Schießereien bekommen würde. Es ist aber so, daß wir den hier unterschwellig laufenden Krieg nur mittelbar erfahren. Wir hören so ganz aus der Ferne ein paar Schüsse und sehen auch die Verletzten. Dieser Krieg hat keine klaren Fronten und Bomben, wie sie aus dem Zweiten Weltkrieg bekannt sind.
Auch sind die Nicaraguaner sehr darauf bedacht, daß den Internationalisten nichts zustößt. Zum anderen ist es auch so, daß — und hier kann ich an der Motivationsfrage anknüpfen – man nicht zur Bedingung machen kann, ich komme nach Nicaragua, will als Internationalist gelten, will meinen Beitrag für Nicaragua leisten, aber ich will zugleich auch ein gutes und sicheres Leben führen. Man kann das schon so machen, wird aber dabei von den Nicaraguanern ein bißchen schief angesehen. Man kann nicht sagen: Ich gehe nicht in diesen Ort, weil er mir zu gefährlich ist. In den Augen der Nicaraguaner ist mit einer solchen Bemerkung die ganze politische Motivation in Frage gestellt. Man kann nicht verlangen, die nicaraguanischen Ärzte dorthin zu schicken, wo es Bomben hagelt und Schüsse fallen, und selbst nur

dorthin zu gehen, wo es sicher ist. Man muß zunächst wissen, daß die Nicaraguaner alles, aber auch wirklich alles tun, damit uns nichts zustößt. Aber man darf dies nicht zur Bedingung machen. Dies ist genau das, was die staatlichen Organisationen verlangen und darin liegt der kleine Unterschied zwischen den staatlichen Institutionen und unserer Organisation.
G.: Das zentrale Diskussionsthema bei den Brigadentreffen in Berlin war immer die Sicherheitsfrage. Was würde im Notfall passieren, wenn die Orte angegriffen würden? Gibt es Evakuierungspläne? Nach einer bestimmten Zeit landete die Diskussion immer wieder an diesem Punkt: Sicherheitsfrage. Ich erkläre mir das so, daß wir aus einem Land kommen, das Krieg und große Gefahren eigentlich nicht kennt. Man kann auch nicht einschätzen, wie man reagiert, wenn man mit Schüssen in einer Kriegssituation konfrontiert wird, ob man jämmerlich versagt, furchtbar Schiß hat oder ob man sich bewähren kann. Es ist zuviel. Es ist wirklich so, daß die Phantasie mit einem durchgeht, wenn man überlegt, was alles passieren könnte. Und hier geht es erstaunlich ruhig und unbeschwert zu, so daß sich die ganzen Fragen nach Sicherheit und Evakuierung überhaupt nicht mehr stellen. Nueva Guinea ist ziemlich sicher, weil es hier viel Militär gibt und der Ort gut bewacht ist. Man ist sicher im Ort, aber nicht sicher auf den Wegen. Eine Evakuierung käme hier gar nicht in Frage, denn man müßte sich von einem sicheren an einen unsicheren Ort begeben. Über vieles, was vorher immer groß und breit theoretisch rumgewälzt wurde, brauchen wir gar nicht mehr zu diskutieren, weil klar ist, daß es nichts bringt.
F.: Man hat auch ein anderes Empfinden, wenn man, wie wir, hier drinsteckt. Einmal bekamen wir einen Alarm mit, als einige Contras am Markt angegriffen haben. Die Schüsse waren ziemlich nah und wir hatten Angst. Es kam jemand zu uns gerannt und sagte, alle sollten zum Hospital kommen. Als die Schüsse fielen, hatten wir die Hosen voll, liefen dann langsam zum Krankenhaus hinauf und sahen, daß die Nicaraguaner kicherten, sich Witze erzählten und einige gar vor dem Fernseher saßen und sich die Olympischen Spiele anschauten. In einer solchen Situation hat man nicht das Gefühl, der einzige zu sein.

Baubrigaden

Jedes der drei Bauprojekte hat seine lokalen Besonderheiten und baulich bedingten Eigenheiten, die die unterschiedlichsten Problemlösungen verlangen. Aber auch Parallelen und Ähnlichkeiten sind in El Pochote, Talolinga und Pantasma anzutreffen. Beides – Gemeinsamkeiten und Unterschiede – sollen kurz und übergreifend dargestellt werden, ehe wir ein Interview mit Brigadisten aus El Pochote abdrucken.
Der Bau aller drei Neuansiedlungen ist durch Contraüberfälle notwendig geworden. Die ländliche Bevölkerung abgelegener Dörfer und Weiler floh vor Angriffen, Überfällen und Greueltaten der Contra und fand danach in provisorischen, oft stark beengten Unterkünften vorübergehend eine neue Bleibe. Der Bau neuer Häuser ist für sie so konzipiert, daß sie sich gleichzeitig auch gut verteidigen lassen, also nicht verstreut liegen. So wurde in Talolinga – das zu deutsch Schlammloch heißt und während der Regenzeit seinem Namen alle Ehre bereitet – das alte Dorf durch den Neubau von 42 Häusern ergänzt. Im Pantasmatal wurden mit Loma Alta und Las Braderas zwei aus militärischen Gesichtspunkten strategisch günstig gelegene kleinere Ansiedlungen ausgebaut. In El Pochote wurde für die Bewohner zweier Dörfer mit dem Bau von 80 Häusern begonnen, die noch vor drei Jahren in direkter Grenznähe zu Costa Rica lebten, jetzt aber ins Landesinnere zurückgewichen sind und künftig auch in dieser besser zu verteidigenden Neuansiedlung wohnen werden.
Gemeinsam ist allen drei Orten, daß ihre Bewohner meist auf Kooperativen in unmittelbarer Nähe arbeiten, die sofern nicht schon vorhanden, parallel zum Häuserbau aufgebaut und erweitert werden. Da alle drei Projekte in Kriegsgebieten liegen, werden sie von den zuständigen Regionalbehörden bevorzugt behandelt, d. h. mit notwendigen Baumaterialien versorgt. Trotzdem kommt es immer wieder zu Engpässen und Verzögerungen, die die verschiedensten Ursachen haben und um so häufiger auftreten, je mehr auf den Baustellen gebraucht wird. Wenn die Häuser, wie in Talolinga, ausschließlich aus Holz gefertigt werden, konnten die Bäume aus dem umliegenden tropischen Regenwald recht problemlos mit dem Traktor herangeschafft werden, es sei denn, ihm ging der Kraftstoff aus. Auch gerieten die Arbeiten ins Stocken, wenn die Benzinreserven der Motorsäge Neige gingen und die neuen Rationen noch nicht eingetroffen waren oder gar ein Ersatzteil gebraucht wurde. Sehr viel mannigfaltiger gestalteten sich die Probleme in El Pochote, wo zunächst auch mit Holzbauten begonnen, der weitere Kahlschlag aber wegen der geringen Baumbestände vom Umweltministerium gestoppt wurde. Inzwischen werden die Häuser auf Zement- und Backsteinba-

sis gebaut. Somit sind die Brigadisten bei ihren Materiallieferungen nicht nur von der Produktion der verschiedenen Herstellerbetriebe, sondern auch von Transportmöglichkeiten und Witterungsbedingungen abhängig. Stand schon mal ein LKW zur Verfügung, so konnte es – wie im September '84 gleich zweimal geschehen – passieren, daß der Wagen wegen überschwemmter Zufahrtstraßen nicht an seinen Bestimmungsort gelangte. Nachdem sich der Zustand der Wege gebessert hatte, dauerte es wiederum geraume Zeit, bis ein Ersatzfahrzeug gefunden werden konnte. Soviel zu den baulichen Konzeptionen und den nicaraguanischen Alltagsschwierigkeiten.

In jedem der drei Orte gab es von Anfang an nicaraguanische Bauverantwortliche (Ingenieur, Polier und Arbeiter), die die Vorgesetzten der Brigadisten waren bzw. sind. Einige der deutschen Brigadisten haben ausreichende handwerkliche Erfahrungen, andere solide praktische und theoretische Baukenntnisse (Zimmermann, angehende Statiker und Architekten), einige bringen 'nur' ihren guten Willen und etwas Geschick mit. Das Klima in einer Brigade ist von dem Verhalten der einzelnen untereinander und von den jeweiligen gruppendynamischen Prozessen abhängig. Im Verhältnis zu den nicaraguanischen Vorgesetzten haben sich im Laufe der Monate etliche Veränderungen ergeben. So stellte es sich in Pochote heraus, daß die für die bauliche Überwachung zuständigen Personen überfordert waren. Sie wurden durch eine kleine schweizerisch-guatemaltekische Nicht-Regierungsorganisation abgelöst, die seit viereinhalb Jahren im Baubereich arbeitet, und mit der die Regionalregierung gute Erfahrungen gemacht hat. Der Architekt dieser Gruppe 'SOFONIAS' kommt ein bis zwei Mal pro Woche nach El Pochote und bespricht die anstehenden Probleme mit den Brigadisten, den Maurern und dem Bauleiter vor Ort, die Angestellte von 'SOFONIAS' sind.

In Talolinga erwarben sich die Brigadisten schon in den ersten Wochen durch entschlossenes, in der Gruppe selbst jedoch umstrittenes Handeln die Anerkennung der Planungsbehörden. Als mehrere Termine verstrichen, bei denen das Baugelände vermessen und von umgekippten Bäumen, Gehölz und Gestrüpp gesäubert werden sollte, entschlossen sich die ungeduldigen Brigadisten, diese Sache selbst in die Hand zu nehmen. Von einigen wurde dieses Vorgehen als Mißachtung der nicaraguanischen Kompetenzen kritisiert. Nach anfänglichen Schwierigkeiten mit den nicaraguanischen Bauarbeitern, die zudem noch unregelmäßig an ihrer Arbeitsstelle erschienen, entschlossen sich die Verantwortlichen, den Brigadisten beim Häuserbau weitgehend freie Hand zu lassen. Ausschlaggebend hierfür war, daß drei fachlich äußerst versierte und zuverlässige Brigadisten ihr Vertrauen besaßen und zusicherten, bis zur Fertigstellung der Wohnsiedlung zu bleiben, und somit Kontinuität und Ansprechpartner gesichert waren. Problematischer wäre dieser Versuch zweifelsohne gewesen, wenn auch in Talolinga mit Zement-

fundamenten und Ziegelmauern und nicht ausschließlich mit Holz gebaut worden wäre. Talolinga ist nach achtmonatiger Bauzeit im November '84 fertiggestellt worden. Danach wurde ein gleich dimensioniertes Projekt im Nachbarort San Martin begonnen.
Im Pantasmatal verrichteten die Brigadisten ihre Arbeit gemeinsam mit einer Baubrigade des Wohnungsbauministeriums. Unterschiedliche Auffassungen über die Vorgehensweise am Bau waren nach Angaben der dortigen Internationalisten des öfteren Streit- und Diskussionspunkte, die jedoch stets konstruktiv gelöst werden konnten. Die Form der Zusammenarbeit ist keine hierarchische sondern eine solidarische, wurde uns versichert. Im Pantasmatal wurde viel mit Fertigbauteilen gearbeitet. Wegen der militärisch heiklen Lage – das Tal war zweimal Angriffsziel der Contra, wobei es jedesmal zahlreiche Tote gab – wurden zunächst die Verteidigungsanlagen der Siedlung fertiggestellt, weil dies eine Vorbedingung der zukünftigen Bewohner war, um in die Häuser einzuziehen.

»Werte, die wir von der BRD aus nicht kennen, müssen wir hier erst wieder lernen«

Im Februar 1984 wurde mit dem Regionalbüro des Wohnungsbauministeriums/MINVAH vereinbart, Brigaden zum Häuserbau nach El Pochote zu schicken. Wie lief das Ganze an und was beinhaltet der Vertrag?

Der Vertrag besagte, daß bis Ende September '84 achtzig Häuser fertig sein sollten.Im März war die erste Brigade mit 45 Leuten hier eingetroffen. Das Problem war zunächst, daß es zwar einen Vertrag gab, die Leute auch kamen, die Nicaraguaner das aber bis zu ihrer Ankunft nicht so recht glauben wollten und entsprechend nichts organisiert hatten.

Wie sah es denn hier in El Pochote aus, als die ersten Brigadisten kamen?

Einige der Holzhütten standen bereits, einige hatten angebaut. Es stellte sich heraus, daß das Holz, das versprochen war, garnicht existierte. Das Holz, das an der Straße lag, war nicht brauchbar. Man konnte es allenfalls zur Verschalung oder als Brennholz benutzen. Ende März, Anfang April stellte es sich dann definitiv heraus, daß kein Holz da war. Es konnte gerade mal eine Schule gebaut werden. Es waren schon 16 Fundamente gegossen und auch schon die Eckpfeiler aufgestellt. Bei den ersten vier Häusern waren schon die Verstrebungen für die Holzverkleidungen gezogen. Dann ging es nicht mehr weiter. Zum Glück kam die Osterwoche, der 1. Mai – also die ganzen Feiertage. Es stellte sich heraus, daß das Wohnungsbauministerium mit Pochote total überfordert war. Ein einzelner Ingenieur war zuständig für die gesamte Zone IX, die größer ist, als ein Landkreis bei uns. Er war für die Landvermessung und die Planung eines Prototypen für die Häuser hier in Pochote zuständig. Neben Pochote hatte er noch andere Projekte zu betreuen. Hier ist er ein-, vielleicht zweimal im Monat aufgetaucht.

Damit hat Euch ein ständiger Anprechpartner gefehlt?

Ja. Wir hatten hier einen nicaraguanischen Polier und einen Arbeiter von MINVAH, ansonsten nur Brigadisten. Sie konnten schon sehr viel, haben selbständig vermessen, auch Fundamente eingeschalt, aber es fehlte halt beständig an Material. Nichts ging weiter. Die endgültige Entscheidung, nicht mit Holz zu bauen, fiel im Mai. Ab der Osterwoche haben wir nicht mehr an den Häusern weitergebaut, sondern Infrastrukturmaßnahmen für die Brigadisten verbessert, d. h. wir haben unseren Speisesaal gebaut, Latrinen verbessert, die Werkstatt ausgerüstet etc. Es war zu dieser Zeit eigentlich auch schon besprochen und weitgehend geklärt, wie es weitergehen sollte, z. B. durch Gespräche mit der Gruppe SOFONIAS. Daraufhin haben wir die Lámina-Produktion vorbereitet, und haben die Schreinerei verbessert. Am Ende der Verhandlungen, die vorwiegend in Granada und Rivas geführt wurden, stand ein Treffen aller Beteiligten in Pochote.

Es war also ein Vorschlag der Regionalregierung die Gruppe SOFONIAS in Pochote einzuschalten?

Ja, das ist aber eine Ausnahme, weil sie bisher nie auf Regierungs- sondern immer nur auf Kommunalebene mit Kollektiven und Kooperativen gearbeitet haben. Dies hier ist ihr erstes und einziges Regierungsprojekt. In Chinandega betreuen sie ein Hausbauprojekt mit ca. 20 Häusern und hier in der Region haben sie schon Gesundheitsposten und insgesamt 32 Schulen gebaut. Deshalb hatte die Regionalregierung mit der Gruppe bereits gute Erfahrungen gemacht. Die Entscheidungen werden hier unter Beteiligung der Bevölkerung getroffen, die aber angesichts der anwesenden Prominenz sehr zurückhaltend war. Insgesamt sind 9 Ministerien beteiligt, die Geld in einen Fond einzahlen, der vom Wohnungsbauministerium verwaltet wird. SOFONIAS hat die praktische Bauaufsicht und muß alles in Córdoba genau abrechnen.

Ist die Lámina-Produktion eine Idee der Gruppe SOFONIAS?

Entwickelt wurde das Ganze in der Dominikanischen Republik. Wegen des Materialmangels suchte man nach einer devisensparenden Methode, Dachpfannen (Láminas) herzustellen. Eine dieser Láminas kostet 60 Córdobas, in Nicalit (Eternit) kostet eine Platte 90 Córdobas, in Zink, 1000 Córdobas.

Welche Probleme habt Ihr mit den Láminas und wie ist ihre Qualität?

Probleme gibt es durch das hohe Eigengewicht der Platten. Wir müssen uns eine bessere Befestigung überlegen, damit sie bei Sturm nicht herunterfallen. Man muß auch bedenken, daß die Eternit-Platten in der Fabrik maschinell hergestellt werden, unsere Láminas aber in Handarbeit produziert werden. Daher ist es klar, daß man an die Láminas nicht die gleichen Anforderungen stellen kann. Bei sorgfältiger und gewissenhafter Herstellung, würde ich sagen, daß sie nicht schlechter sind als diese Eternit/Nicalit-Platten.*

Ihr sagtet vorhin, daß die Bevölkerung bei der Planung miteinbezogen worden sei. Andere Brigadisten erzählten mir jedoch, daß die Betroffenen, als sie die ersten Häuser in Reihe stehen sahen, meinten, die Abstände wären zu eng und sie gefielen ihnen nicht.

Man kann nicht sagen, daß die Bevölkerung von Anfang an miteinbezogen worden war. Der Architekt vom Wohnungsbauministerium war mit seinem Plan hier, legte ihn den Leuten vor und sagte, daß man vorhabe ein Dorf zu bauen und ob ihnen der Plan gefalle. Sie sagten ja, 'como no' (warum nicht). Sie schauten sich den Plan an, konnten allerdings nicht allzuviel mit ihm anfangen. Es ist auch zuviel verlangt, einen solchen Plan lesen zu können. Ich könnte mir auch vorstellen, daß sie nicht glauben wollten, daß ihnen ein neues Dorf hingestellt werden sollte. Wir haben auch bei unserer Brigade gemerkt, daß die Bewohner garnicht richtig mithalfen. Das haben wir uns so erklärt, daß sie 'vigilancia' (Nachtwache) machen, kaputt sind, ihre Viehherden haben und noch die kleine Landwirtschaft. Aber wir hatten trotzdem ein komisches Gefühl, daß die Leute, für die die Häuser bestimmt

---

* Nach vorübergehenden Schwierigkeiten, eine geeignete Sturmbefestigung der 'láminas' zu finden, und einer fehlerhaften Produktion dieser Dachplatten mißtraute das die Bauaufsicht führende Ministerium MINVAH offensichtlich der 'lámina'-Qualität und beschloß, alle weiteren Häuser in El Pochote mit Nicalit-Platten zu decken. Diese Entscheidung überraschte SOFONIAS und die Brigadisten, denn sie hielten ihre 'láminas' für gleichwertig. Sie wunderten sich auch, daß sie nunmehr Nicalit-Platten zur Verfügung gestellt bekamen, wurde doch monatelang von den Behörden argumentiert, sie seien Mangelware. Ob diese Auseinandersetzung ein Konflikt zwischen herkömmlicher und angepaßter Technologie ist, läßt sich von hier aus nicht entscheiden.

waren, eigentlich nichts dafür taten. Wir fragten sie auf einer Versammlung, ob sie ihnen denn gefielen. Sie bejahten, nur seien diese Häuser etwas zu klein und stünden zu eng beieinander. Wir fragten nach, ob dies denn nicht mit ihnen abgesprochen worden sei, worauf sie antworteten; Ja, einer sei mit seinem Plan dagewesen aber ...
Wir erklärten ihnen, daß wir die Häuser aus Kosten- und Materialgründen nicht vergrößern könnten. Wir hielten die Größe auch für ausreichend im Vergleich zu ihrer jetzigen Wohnfläche. Die neuen Häuser haben immerhin 50 m^2, die alten um die 30 m^2. Küche und 'comedor' kommen noch zusätzlich dazu.

Ist es bewußt geplant, die Küche außen vor zu bauen, kein Konstruktionsfehler?

Nein, ganz bestimmt nicht. Geh mal durch San Juán oder Rivas, dann kannst Du sehen, daß alle Häuser, auch die, die erst kürzlich gebaut wurden, allesamt die Küche außen haben. Welche Frau kocht auch schon gerne bei 45° im Schatten in der Hausküche; ist ja idiotisch. Wir schlugen dann vor, wegen der ganzen Kritik eine Versammlung mit allen am Projekt Beteiligten einzuberufen. Dafür haben wir 36 kleine Holzhäuser, drei größere für den Gesundheitsposten, die Schule und Kirche gebastelt und sie in einem Sandkasten aufgestellt, so wie es der Plan vorsah. Fast das gesamte Dorf, auch viele Frauen und die Verantwortlichen standen um ihn herum. Einer von SOFONIAS erklärte den Plan: Die Leute sagten dann, daß sie das nicht gut fänden und ihnen eine richtig geometrische Anordnung sehr viel besser gefiele, also genau das, worauf wir in Deutschland keinen Bock mehr haben. Im Sandkasten wurde dann solange herumgespielt, bis die ideale Konstellation gefunden war. Das Treffen verlief gut. Stelle Dir das Ganze mal übertragen auf deutsche Verhältnisse vor: Ein Dorf von 200 Einwohnern klagt den Ausländern, daß ihnen die Aufteilung eigentlich nicht gefiele, die Ausländer berufen eine Versammlung ein und es kommt schließlich zu einer Veränderung an einem Dorf, das bereits im Bau ist.

Und jetzt ist die Mitarbeit der Bevölkerung am Bau besser geworden?

Die Beteiligung der Leute blieb aus verschiedenen Gründen aus. Einmal, weil sie nicht die Möglichkeit hatten, mitzuplanen, ehe es zu dieser Versammlung kam. Das andere war, daß die Leute hier in Pochote sagten: Was, wir sollen uns groß beteiligen und was machen die Leute aus San Francisco, für die die Siedlung ebenso da ist und die keinen Finger krumm machen?
Nach längeren Diskussionen beschlossen die Dorfbewohner, daß die Koope-

rative jeden Nachmittag acht Leute zu stellen habe, vier Frauen, vier Männer, denn die Kooperative arbeitet nur vormittags. Es war der Wunsch der Frauen, sich auch zu beteiligen, mit der Begründung, daß sie sich nichts schenken lassen wollten. Die Frauen stellten in erster Linie die Maurergehilfen. Das Ganze hat dann auch gut vier Wochen lang funktioniert. Danach ist es schlechter geworden, was nicht mit dem Willen, sondern mit organisatorischen Problemen zusammenhängt, zum Teil auch mit der Regenperiode, die wir die letzten zwei Wochen hatten. Es regnete hier wie seit zwölf Jahren nicht mehr. Wir waren fünf Tage lang völlig abgeschnitten. Folge waren Transport- und Versorgungsschwierigkeiten. Wir konnten also wieder nicht arbeiten. Wir hatten Mitte September schon mal die Situation, daß das ganze Dorf fünf Nächte lang 'vigilancia' machen mußte. Am darauffolgenden Tag sind die Leute müde. Dieselbe Situation haben wir auch jetzt. Wenn diese Spannung anhält, heißt das, daß die nächsten 14 Tage oder länger auf dem Bau nichts laufen wird. Manchmal wundere ich mich schon – wie heute nachmittag –, wo die Leute nach einer durchwachten Nacht noch die Kraft herholen, im forschen Tempo eine Schubkarre Zement durch die Gegend zu fahren. Es kommt auch noch dazu, daß ihre Feld- und Tierarbeit nicht warten kann, da sie Priorität hat.
Die Frauen haben voll mitgearbeitet bei der Entladung von LKWs mit Ziegelsteinen, Zement oder Kalk. Auch das Wasserholen für den Betonmischer haben sie selbst organisiert, als ihnen gesagt wurde, wir bräuchten bald wieder Wasser. Ein Problem ist aber, daß Juán Morales, der fürs Organisatorische Verantwortliche der Kooperative, die acht Leute, auch die Frauen einteilt, wo ich mir sicher bin, daß die Frauen das lieber unter sich ausmachen würden. Uns sagen die Frauen dann: Mensch, wir wissen garnicht, wen der Juán eingeteilt hat, wir treffen ihn nicht, das könnten wir doch auch selbst machen. Ich glaube, daß sie schon noch zu ihm hingehen werden, um ihm zu sagen, daß sie die Einteilung künftig unter sich ausmachen würden. Oder mir sagte heute Maria: Weißt Du eigentlich, warum ich nicht mehr auf den Bau komme? Deshalb, weil's mir mein Mann verboten hat. Er will das nicht, ich soll lieber auf die Kinder aufpassen. Ich kann an diesem Punkt dann nicht sagen, ich greife da nicht ein, denn wenn sie schon auf mich zukommt mit ihrem Problem, muß ich auch was dazu sagen. Ich riet ihr dann, sie sollte sich doch mit dem Ehemann zusammensetzen, damit auch er mal auf die Kinder aufpasst. Wir können also nicht generell sagen, wir greifen nirgendwo ein. Es gibt da Unterschiede. Was anderes ist ihre Selbstorganisation. das sollen sie unter sich ausmachen, das geht uns nichts an.

Ich halte es für eine wichtige Sache, daß es immer Leute gibt, die länger als zwei Monate bleiben. Sie gewährleisten eine gewisse Kontinuität, sind An-

Von Brigadisten gebaute Häuser in Talolinga (oben), El Pochote (unten)

sprechpartner für die Nicaraguaner und Bindeglied zu den neuankommenden Brigadisten. So muß man nicht alle paar Wochen bei Null anfangen. Wie seht Ihr das?

Das hat verschiedene Ebenen. Ich habe die Ankunft von zwei Brigaden mitbekommen, das war total unterschiedlich. Die erste Brigade kam hier nachts auf einem Transporter – sie war ziemlich groß – völlig aufgedreht an. Sie haben alles abgeladen, wollten anfangen, alles aufzubauen, sich richtig breit machen. Am nächsten Tag haben sie dann gleich ein Transparent ins Dorf gehängt. Ich habe das als unangenehmen, vereinnahmenden Zug empfunden, alles erstmal ranklatschen und das Dorf damit konfrontieren. Die nächste Brigade war anders, auch die Bedingungen ihrer Ankunft. Sie war kleiner, kam tagsüber an, hat's ruhig angehen lassen. Die Leute haben sich erstmal eingefühlt, schauten, was hier im Dorf so Sitte ist und überlegten, wo man sich langsam einbringen kann. Das empfinde ich auch immer als die größte Schwierigkeit bei Ankunft einer neuen Brigade, daß einigen Leuten die Sensibilität abgeht.
Vielen fehlt auch einfach ein Verständnis dafür, daß sie, auch wenn sie im Rahmen der Solibewegung hier am Bau arbeiten, doch meist nur Gäste für einige Wochen sind. Daß die ganzen BRD-Maßstäbe, und seien sie noch so gut gemeint, von Ökologie bis zu solidarischem Zusammenleben hier erstmal außer Kraft gesetzt sind. Man muß erstmal schauen, was die Leute hier für Traditionen, für eine Kultur haben.
Es gibt hier Traditionen, die auch nach 5 Jahren Revolution nicht rauszukriegen sind, bestimmt auch nicht in 10 Jahren. Diese Verhältnisse theoretisch zu erklären, heißt noch lange nicht, sie auch nachvollziehen zu können. Wir können uns nicht einmischen, wenn Juán Morales den Chef raushängen läßt, weil uns das nicht unmittelbar betrifft. Oder es geht auch nicht in der augenblicklichen Lage hier, die Forderung zu stellen, daß Industrien umweltfreundlicher zu gestalten seien, weil ihnen absolut das Geld fehlt, um einen Filter einzubauen. Oder die Latrinen. Der Bauplatz ist aller Wahrscheinlichkeit nach für den Latrinenbau ungeeignet, weil er reiner, gewachsener Fels ist. Man kann da keine Löcher reinbohren, zum anderen wird bei gewachsenem Fels kein Wasser mehr absorbiert, Scheißgruben sind innerhalb eines Jahres voll und man müßte neue bauen. Wir liegen hier einige hundert Meter vom Meer weg, das naheliegendste und ökonomischste wäre, alles ins Meer zu leiten. Unsere Idee war dann, die ganze Scheiße in ein Becken zu leiten und eine Biogasanlage zu bauen. Hervorragende Idee, aber dazu bräuchte man Toiletten mit Wasserspülung. Das Problem ist, daß wir hier nur einen Brunnen haben, der auf eine Kapazität von 1000 Leuten für Trinkwasserversorgung angelegt ist. Der Brunnen bringt in der Regenzeit

seine Leistung aller Wahrscheinlichkeit nach, aber in der Trockenzeit bestimmt nicht. Diese Idee ist aus Wasser- und auch aus Kostengründen nicht zu verwirklichen, denn wir bräuchten einen 100 000-Liter-Tank für die Klospülung. Das andere Problem ist, daß man für eine Biogasanlage eine große Klärgrube bräuchte, die aber mindestens ein bis zwei Kilometer vom Dorf entfernt sein muß. Dazu kommt, daß es hier keine Erfahrungen gibt, wie eine Biogasanlage in dieser Größe unter den hiesigen Bedingungen funktioniert. Es gibt auch keine Techniker, die dieser Anlage warten könnten. Aus Devisenmangel kann man es sich auch nicht erlauben, diese Sachen aus dem Ausland zu importieren und für eine Versuchsanlage sind diese Kosten zu hoch.

Diese fehlende Sensibilität, die Ihr vorhin angesprochen habt, führt doch bestimmt oft zu fetzigen Diskussionen unter Euch?

Ja, sehr fetzig. Bestimmt ist es ein Vorteil, lange hier zu sein und Prozesse mitzubekommen. Man entwickelt Verständnis für bestimmte Prozesse in Ministerien, ich werde aber auch ungeduldig, wenn ich bestimmte Sachen zum zehnten Mal erklären muß, zum Beispiel wenn immer wieder die Vorschläge von Biogasanlage und Windmühlen auftauchen. Es heißt hier aber vor allem, Sensibilität und Fingerspitzengefühl für die Nicaraguaner zu entwickeln, wenn es um unsere Lebenssituation geht oder wie wir mit Material umgehen. Wir sind hier keine Baustelle in der BRD, wo es an nichts mangelt, sondern wir müssen hier mit ALLEM äußerst sparsam umgehen. Kommt einer in die Werkstatt und macht mich an, weil ich ihm sagte, er sollte den Nagel wieder gerade klopfen. Wir hätten hier ja einen Berg von Nägeln. Stimmt auch, aber die sollen die ganze Bauzeit über reichen. Im Moment gibt es in Nicaragua bestimmte Nagelsorten überhaupt nicht. Bevorzugt wie wir sind – Frontprojekt – haben wir eine Sonderzuteilung bekommen. Diese Zuteilung, die wir bekommen, wird aus anderen Projekten rausgezogen und es ist das mindeste, daß wir damit dann auch behutsam umgehen. Das ist genau der Lernprozeß, den die Brigadisten machen können.

Dieser ganz Konsum und Luxus, der von den Brigadisten bei aller Bescheidenheit und Entbehrungen trotzdem mitgebracht wird, verändert El Pochote. Nach Fertigstellung des Projektes wird das Dorf nicht mehr das gleiche sein wie zuvor, ganz anders, als wenn es ausschließlich von Nicaraguanern gebaut worden wäre. Seht Ihr darin Probleme?

Oh ja, auf jeden Fall, es ist so, daß Bedürfnisse dadurch geweckt werden. Es

ist ja o.k., wenn die Brigadisten ihre Sachen hier lassen, es sieht dann aber so aus, daß – als kleines Beispiel – sich die Nicas um irgendwelche Leinentücher schlagen, oder Schlafsäcke oder Isomatten etc. Ich finde, daß dieser ganze Problemkreis von uns zu wenig diskutiert wird, vor allem auch, was wir an technischen Innovationen reinbringen, was wir auch an Veränderung von Bedürfnissen bei den Leuten erzeugen. Ich glaube, darüber sind wir uns gar nicht so richtig bewußt. Unser Einfluß ist gewaltig, denn hier in dem Dorf machen wir 10 % der Bevölkerung aus. Diese ganze Diskussion wurde nur etwas intensiver in der ersten Brigade geführt, als wir wegen der unklaren Lage im April 14 Tage Zeit hatten, uns darüber auseinanderzusetzen.
Mit dem Ergebnis, daß die einen sagten, das Ganze wäre äußerst problematisch, wir würden hier alternative Entwicklungspolitik betreiben, davon sollte man doch besser die Finger lassen. Die anderen sagten, wir müßten hier unseren eigenen Standpunkt überdenken und versuchen, eine Arbeitsstruktur zu finden, um diesen permanenten Wechsel von Leuten im Zaum zu halten. Die Bevölkerung ist mit ständigen Wechseln überfordert, immer wieder alle Probleme von vorne. Wir brauchen ein Mindestmaß an Kontinuität. Andererseits muß auch in der BRD überlegt werden, welche Art von Spenden für Pochote sinnvoll sind. So haben wir hier Kisten von Medikamenten bekommen, einen Schrott, den man besser den Pharmamultis vor die Tür gekippt hätte.

Es sind ja nicht nur die materiellen Werte, sondern auch die Umgangsformen, die hierhergebracht werden. Leicht angedeutet kritisieren dies ja auch einige Nicaraguaner. Empfindet Ihr, beispielsweise die Kleidung betreffend, bei einigen Leuten eine fehlende Sensibilität?

Ja, ich empfinde es manchmal als peinlich, daß ein Brigadist z. B. im knappen Tigerbadehöschen über den Dorfplatz läuft. Das würde er sich zu hause, in seinem Dorf in Hunsrück oder in Bayern nie getrauen. Unser comedor ist praktisch die Kneipe, der Dorfmittelpunkt, wo sich die Leute treffen. Man geht doch nicht in der Unterhose in die Kneipe. Das ist Kulturimperialismus der Linken. Eine andere Sache ist, daß den Leuten nicht im Kopf ist, daß hier Papierknappheit herrscht. Papier wird importiert, oft hat die Bevölkerung keines. Wir werden bevorzugt behandelt, obwohl wir es gar nicht wollen, haben wir immer unser Toilettenpapier. Ich erinnere mich an ein Beispiel, wo wir Papier bestellt hatten, es aber kein Papier gab, und die Compas in der Junta in San Juan ihre drei Rollen Klopapier einsammelten, um sie uns mitzugeben. Peinlich genug. Aber noch peinlicher finde ich es, wenn hier mit dem Papier geaast und es in der Regenzeit einfach auf den Boden gestellt wird, statt unter dieses kleine Dach, das wir hierfür gebaut haben. Werte, die wir von der BRD aus nicht kennen, müssen wir hier erst wieder lernen. Es geht nicht, zu Hause Umweltschutzpapier zu verwenden und solche Sachen hier nicht zu beachten. Ich denke öfter daran, daß so etwas in sechs bis acht Wochen einfach nicht zu verändern ist.

Was haltet Ihr von den These, es wäre wesentlich sinnvoller das Reisegeld von 100 Brigadisten nach Pochote zu schicken, um den Bau finanziell zu unterstützen. Mit 300 000 DM ließen sich doch gut nicaraguanische Arbeitskräfte bezahlen. Es gibt ja genügend Arbeitslose hier.

Meiner Meinung nach wäre das Projekt ohne SOFONIAS und ohne die Brigadisten nicht zustandegekommen. Wer von den Bewohnern würde hier, neben 'vigilancia', bzw. Land- und Viehwirtschaft, voll arbeiten können? Das Dorf wäre auch nicht in der Lage, alles selbst zu organisieren. Die andere Seite ist darin zu sehen, daß nicht jeder bereit ist, nach Pochote zum Arbeiten zu gehen. Es kommt hinzu, daß es in den Berufen, die hier gebraucht werden, an Arbeitskräften fehlt, nicht zuletzt weil viele mobilisiert und andere überlastet sind.
Ich möchte noch einen anderen Aspekt ansprechen. Die Situation war hier schon immer gefährlich, aber jetzt hat sie sich verschärft. Wir hatten ja auch die Diskussion, ob die Leute in dieser Situation hierbleiben oder nicht. Für uns drei war die Situation ziemlich klar – auch unter der Gefahr eines Angriffs. Das war aber nicht klar für die Leute, die erst 14 Tage hier waren. Deshalb hatten wir ein Treffen, und die meisten entschieden sich hierzubleiben. Ein starkes Argument unsererseits war, daß, wenn wir in dieser Situation gehen würden, dies auch sehr demoralisierend auf die Bevölkerung wirken würde. Daß wir in dieser Situation bleiben und weiterbauen, ist ein Stück Hoffnung, ein Stück Solidarität für die Leute und das könnte Geld überhaupt nicht vermitteln.

Jetzt nehmen ja auch Brigadisten an der 'vigilancia' teil und die bürgerliche BRD-Presse ist auf der Suche nach genau solchen Sensationsgeschichten. Sind es denn jetzt Arbeits- oder gar militärische Brigaden? Wie geht ihr damit um, und wie würdet Ihr das in der BRD vertreten?

Das ist ein heikler Punkt. Ich glaube nicht, daß man das der bürgerlichen Presse vermitteln könnte. Von ihr würde das bestimmt nur ausgeschlachtet werden. Aber in der Solidaritätsbewegung müßte dies schon diskutierbar sein. Es mag ja Leute in der Solidaritätsbewegung geben, die noch nie hier waren. Trotzdem ist klar, daß das Miteinander, das wir mit den Nicaraguanern hier haben, nicht bei der 'vigilancia' aufhören kann. Ich habe keine

Idee, wie man das an die Öffentlichkeit bringen könnte, ohne, daß es negativ ausgeschlachtet wird. Es als ein Tabuthema zu behandeln, also nur innerhalb der Solibewegung, wird auf Dauer eh nicht klappen. Ich finde, was wir vorhin bezüglich des Projektes gesagt haben, daß man an Material, Planung etc. nicht mit deutschen Maßstäben herangehen kann, das Gleiche kann man auch zur Bewaffnung sagen. Man kann hier nicht aufteilen in Steinewerfer und Friedliche. Die Frage der Bewaffnung stellt sich hier ganz anders. Als ich in Deutschland von Bewaffnung und kriegerischer Auseinandersetzung gehört habe, hatte ich viel mehr Schiß als hier, obwohl ich jetzt viel näher dran bin. Wir haben keinen Krieg bei uns, war für mich von daher auch nicht vorstellbar. Ich sehe hier die Leute, mit denen ich zusammenlebe, wie sie arbeiten, vigilancia machen, danach, wie sie kaputt nach Hause kommen im Morgengrauen; ich sehe die Frage von Bewaffnung ganz anders, sehe was Imperialismus bedeutet. So ungefähr vor zwei Monaten habe ich ziemlich Angst bekommen, als wir ein Mündungsfeuer im Busch sahen und dachten, jetzt ginge es los. Es war jedoch nur, daß die Compas auf ein Flugzeug schossen, das unseren Luftraum verletzte. Da ist mir auch klar geworden, daß ich einer ernsten Situation auch nicht hilflos aufgeliefert sein möchte. Wenn ich schon hier bin, will ich auch die Chance haben, mich verteidigen zu können, das auch koordinieren mit den Leuten, mit denen ich lebe. Und die 'vigilancia' gehört nun mal zum normalen Leben dazu. Ist nichts Besonderes oder was Heldenhaftes. Wir sind und bleiben Arbeitsbrigaden und jeder, der uns das nicht abnimmt oder auf was ganz anderes hinauswill, dem muß man deutlich die Meinung sagen. Wir hatten hier auch Leute, die keine 'vigilancia' gemacht haben, aus Gründen, die wir zunächst akzeptierten, die dann aber als die Situation sich verschärfte, dann doch gesagt haben, sie würden daran teilnehmen. Was wir hier überhaupt nicht gebrauchen können, sind Streetfighter, die auf action aus sind. Ich finde auch, daß man von der BRD aus die ganze Problematik nicht verstehen kann.
Ich denke, daß wir nicht einfach an einem Punkt aufhören können, nur Häuser bauen, sonst nichts; 'vigilancia' ist vielmehr eine konsequente Weiterentwicklung der Solidaritätsarbeit. Für mich ist es so, daß ich mich entschieden habe, mit den Leuten hier etwas gemeinsam zu machen, und wenn es brenzelig wird, dann bin ich eben auch dabei. Das hat bestimmte Konsequenzen, zu denen ich auch stehe. Ich habe aber Verständnis dafür, wenn einzelne Leute sagen, gut, ich baue hier Häuser, aber die Situation habe ich von der BRD aus nicht so eingeschätzt, also gehe ich. Das ist eine der beiden Möglichkeiten, aber ich akzeptiere auch diese Haltung. Gefährlich finde ich nur, hier den Held spielen zu wollen und sich eigentlich gar nicht überlegt zu haben, was hier los ist.

Neue Wege der Projektarbeit

In diesem Kapitel wollen wir kurz einige Träger von Entwicklungspolitik vorstellen, die zwar aus der Solidaritätsbewegung mit Nicaragua hervorgegangen, ihrer Rechtsform nach jedoch entweder dem breiten Spektrum der Nicht-Regierungsorganisationen (NRO's) zuzurechnen sind oder als Dienstleistungs- und Wirtschaftsbetriebe ihre Erfahrungen und Kenntnisse fachbezogen in Projekte einbringen, die meist sogar auf ihre Initiative hin entstanden sind.

Dies gilt beispielsweise für die **'Werkschule Berlin'**. Sie wurde 1977 von ehemaligen Sozialarbeitern mit einer zusätzlichen Berufsqualifikation gegründet. Ihre Initiatoren wollten den herkömmlichen Rahmen von Sozialarbeit durchbrechen und entwickelten ein Konzept, nach dem die Sozialarbeiter und Lehrer auf zwei Jahre mit Jugendlichen ohne Schulabschluß zusammenwohnen, die in dieser Zeit den Hauptabschluß nachholen sollen. Das Zusammenwohnen mit den Jugendlichen in einer Gruppe wird als wichtiges Moment für soziales Lernen und ihre politische Motivierung angesehen. Dieses Modell der Jugendarbeit wird vom Berliner Senat finanziell gefördert.

Heute unterstützt die Werkschule Berlin in Santa Rosa, einem armen Stadtteil von Masaya, eine Elektroausbildungswerkstatt für nicaraguanische Jugendliche. Deren Konzeption ist stark von der Werkschule geprägt, denn in Nicaragua gibt es keine grundlegende handwerkliche Berufsausbildung, wie wir sie aus der BRD kennen. Die Werkschule bemühte sich, die fachliche Ausbildung den nicaraguanischen Basisnotwendigkeiten – einfache Hauselektrik mit Lampen– und Stromanschlüssen, auch einfache Gerätereparatur – anzupassen und sie mit demokratischen Lehr- und Lerninhalten wie Eigenverantwortung der Auszubildenden und Mitbestimmung am Arbeitsplatz zu verbinden. Ziel ist es, den Lehrlingen in einer achtzehnmonatigen Ausbildung solide theoretische und praktische Kenntnisse im Elektrohandwerk zu vermitteln. In dieser Form ist die Elektrowerkstatt – und neben ihr die vom Verein Monimbó unterstützte Holzwerkstatt 'Tonio Pflaum' (vgl. auch Interview »Der politische Aspekt der Solidarität ist der weitaus wichtigste«), die nach gleichem Muster arbeitet – ein Novum in Nicaragua und unserer Meinung nach ein gutes Beispiel dafür, wie wesentlich in einem Industrieland geprägte Konzepte konstruktiv in die Entwicklungsplanung eines Dritte-Welt-Landes einfließen können.

Finanziert wird das Nicaragua-Projekt der Werkschule Berlin zum einen aus Überschüssen, Sonderschichten und einem Rechnungsaufschlag ihrer Firma

'Elektrobau', zum anderen von Beiträgen der GEW-Berlin, dem kaufmännischen Lehrlingskollektiv 'Ökotopia' in Berlin sowie durch Aktionen von Öffentlichkeitsarbeit. Darüber hinaus erhielt die Werkschule für '85 eine Zusage der Grünen in Göttingen über 20 000 DM, um einen aus der BRD kommenden Elektromeister für den ersten Ausbildungskurs zu bezahlen, dessen Aufgabe es ist, gemeinsam mit den nicaraguanischen Ausbildern didaktische Materialien zu erstellen und den Unterricht zu gestalten.
Vergleichbare Projektansätze verfolgt die Mannheimer 'Handwerkergenossenschaft', ein Betrieb in Selbstverwaltung, dem eine Schreinerei, Polsterei, Kfz-Werkstatt und ein Café angeschlossen sind. Sie gründeten ein Unterstützerkomitee und wollen 1985 in Monimbó/Masaya mit der Ausbildung nicaraguanischer Jugendlicher als Kfz-Mechaniker beginnen.
Ein weiteres Beispiel in dieser Reihe ist die Schäfereigenossenschaft 'Finkhof', die im Allgäu eine Schafzucht einschließlich der Herstellung von Wolle betreibt und 1983 in Nicaragua mit dem Aufbau einer Ziegenzucht bei Diriamba/Region IV begonnen hat (vgl. Interview: »Der politische Aspekt der Solidarität . . . «)
Eine etwas andere Entstehungsgeschichte haben bestimmte Solidaritätskomitees oder Unterstützergruppen, die sich im Laufe ihres Nicaragua-Engagements als gemeinnützige, spendenberechtigte Vereine konstituiert haben. So der 'Verein zur Förderung von Landwirtschaft und Umweltschutz in der Dritten Welt e. V.'. Die Idee seiner Gründung ging von Einzelpersonen aus der Solidaritätsbewegung aus, die in ihrem entwicklungspolitischen Selbstverständnis stark an medico international orientiert sind und Projekte unterstützen wollen, wie sie sich aus dem Vereinsnamen ergeben. Ordungsgemässe Satzung und bewilligte Gemeinnützigkeit sollen staatliche Zuschüsse ermöglichen und zusammen mit den Spendengeldern eine finanziell abgesicherte Projektarbeit garantieren. In Nicaragua unterstützte der Verein bisher finanziell und personell die Arbeiten zum biologischen Pflanzenschutz, die im Rahmen des GTZ-Pflanzenschutzprojektes in den letzten Jahren nicht gebührend berücksichtigt worden sind (vgl. Interview).
Die Anfänge des 'CITA-Freundeskreises e. V.' fallen in das Jahr 1983. Der Verein entwickelte sich aus persönlichen Kontakten eines in Nicaragua arbeitenden Elektromechanikers (Reinhard Erlach), die er zu seinen alten Freunden und Arbeitskollegen aufrechterhielt. In den letzten zwei Jahren (1983-1985) schickte der Freundeskreis LKWs, Ersatzteile und Maschinen in einem Gesamtwert von 120 000 DM an das Institut für angepaßte Technologieentwicklung CITA. Der Vereinszweck beschränkt sich nicht auf die Materialbeschaffung, sondern ist darüber hinaus auf eine praktische Solidarität angelegt, die – kurz umschrieben – auf eine emanzipatorische Völkerverständigung abzielt und nicht auf Nicaragua beschränkt bleiben soll. Mit

Reinhard Erlach, der mittlerweile unter DÜ-Vertrag arbeitet, folgt im Anschluß ein Interview.
Ein weiteres Interview führten wir mit Rosi Karges und Werner Schlienz, die als Vertreter des 'Verein Monimbó e. V.' inzwischen seit vier Jahren in Nicaragua leben. Sie schildern Anspruch und Wirklichkeit der vom Verein unterstützten Holzausbildungswerkstatt 'Tonio Pflaum'. Darüber hinaus geben sie Einblicke in die schwierigen Anfangszeiten der projektbezogenen Solidaritätsarbeit, die bei großen Teilen der nicaraguanischen Behörden auf Unverständnis und Mißtrauen gestoßen ist, weil sie sich unter einer parteiunabhängigen Solidaritätsarbeit kaum etwas vorstellen konnten. Daß sich dies geändert hat, zeigt ein Stück undogmatischer Lernfähigkeit der Sandinisten. Daß die beiden trotz erheblicher Frustrationen durchhielten, zahlte sich aus: Rosi Karges sitzt heute im Entwicklungsausschuß der Region IV/Masaya, wo u. a. die Möglichkeiten deutscher Brigadeneinsätze diskutiert werden, um sie in Einklang mit der regionalen Entwicklungsplanung zu bringen. Werner Schlienz ist Koordinator des Werkstattprojektes.
Der Verein Monimbó ist außerdem ein frühes Beispiel dafür, wie Bevölkerungskreise, die sich traditionell kaum mit Solidaritätsarbeit beschäftigen, wie etwa die Gewerkschaften, den Zugang zu Nicaragua fanden.

»Der politische Aspekt der Solidarität ist der weitaus wichtigste«

Was ist der Verein Monimbó ?

Der Verein Monimbó war ursprünglich ein Zusammenschluß von Gewerkschaftern aus dem DGB-Ortskartell Dietzenbach. Sie unterstützten Nicaragua während der Alphabetisierungskampagne mit Papier, Schreibmaterial und einer Abzugsmaschine. Danach überlegten sie, wie die begonnene Solidarität weitergeführt werden könnte. Anfang '81 setzten wir uns mit zwei Vertretern des Dietzenbacher Vereins und CST-Gewerkschaftlern, die unsere bisherigen Ansprechpartner in Masaya waren, zusammen, um unsere weitere Unterstützungsarbeit zu diskutieren. Wir wollten ein Projekt des hessischen Jugendringes unterstützen, das eine Größenordnung von 25 000 DM hatte. Für uns war es naheliegend, das Projekt im Arbeits- bzw. Ausbildungsbereich anzusiedeln. Wir führten ebenfalls Gespräche mit dem Stadtteilkomitee (CDS) von Monimbó, das uns bat, etwas für die kriegsgeschädigten Familien zu machen, deren Väter umgekommen waren und deren älteste Kinder bereits arbeiten mußten. Daneben sprachen wir mit den Müttern von Gefallenen (héroes y mártirès) und den Kunsthandwerkern in Masaya, das als Hochburg dieser Zunft gilt. So kristallisierte sich eine Ausbildungswerkstatt für Jugendliche heraus, die aus kriegsgeschädigten Familien kommen und das Schreinerhandwerk erlernen sollten. Denn in Nicaragua existieren praktisch keine Ausbildungsstrukturen, wie wir sie aus der BRD kennen. Normalerweise schicken die Eltern ihre Kinder zu Verwandten, die eine Schreinerei oder Schusterei haben, und bezahlen dafür. Die Jugendlichen üben dabei mehr oder weniger Hilfsarbeiten aus. Wenn sie etwas können, gehen sie weg und fangen an zu arbeiten. Sie können gut abgucken, sind ausgezeichnete Empiriker, haben aber Schwierigkeiten, tiefere Zusammenhänge zu verstehen. Sie wissen z. B. nicht, warum Holz abgelagert werden muß.
Unsere Idee war es, den Jugendlichen innerhalb eines Jahres die Grundlagen im Schreinerhandwerk zu vermitteln. Wir wollten nicht nur Geld stiften, eine Art einseitiger Entwicklungshilfe leisten, sondern nach dem Motto 'Solidarität lernen' auch herausfinden, ob wir aus der Entwicklung hier auch etwas für uns in der BRD lernen können. Einen wechselseitigen Prozeß in Gang zu setzen, war ein wichtiger Gedanke für uns.

War dieser Austausch erfolgreich oder ist er Anspruch geblieben ?

Es ist zweifelsohne eine große Stärke vom Verein Monimbó, daß bei seinen

Veranstaltungen ein ganz anderes Publikum anzutreffen ist, als bei Veranstaltungen in Frankfurt. Der Verein ist verankert in der 25 000-Einwohner-Stadt Dietzenbach. Im Komitee arbeiten ältere Leute und Gewerkschafter mit. Ich denke, daß dieser Begriff 'Solidarität lernen', diese anfaßbare Solidarität, die wir praktizieren, dazu beiträgt, daß für viele Nicaragua mehr geworden ist, als nur Kampf gegen den Imperialismus. Denn wir sind von einer abstrakten Ebene weggekommen. Dietzenbach war auch die erste Gewerkschaftsbasis, die etwas zu Nicaragua machte. Dieses Engagement war vom DGB-Vorstand nicht abgesegnet. Wir mußten den Verein Monimbó gründen, weil dem DGB-Ortskartell untersagt wurde, internationale Beziehungen aufzunehmen. Schon ein Brief an Ernesto Cardenal kommt der Aufnahme internationaler Beziehungen gleich.
Zum Prozeß der Auseinandersetzung, auch des Informationsaustausches haben unsere Berichte über das tägliche Leben in Monimbó und Nicaragua viel zu Anschaulichkeit und Verständnis beigetragen. Darüberhinaus schreiben wir regelmäßig Berichte über Projekte, die der Verein betreut, schildern die Beteiligung der Bevölkerung, die Probleme, die durch die ökonomische Situation auftreten und durch die Aggression, der Nicaragua ausgesetzt ist, nochmals verschärft werden.
Auf der anderen Seite gab es viele Besucher aus der BRD hier in Masaya/Monimbó: Freunde, Delegationen und allein in diesem Jahr bisher zehn Brigaden. Im Februar '84 war eine Gruppe von Jugendlichen aus Dietzenbach hier, die in einem sechswöchigen Aufenthalt einen kleinen Anbau für die Schreinerwerkstatt fertiggestellt hat. Im Gegenzug, um die Solidarität nicht allzu einseitig werden zu lassen, gab es viele Einladungen aus der BRD an Nicaraguaner. 1981 wurden erstmals zwei Gewerkschafter aus Masaya zum 1. Mai nach Dietzenbach eingeladen. Zum 1. Mai 1982 erging eine Einladung an den Bürgermeister von Masaya. Anfang '84 reiste eine Gruppe von zehn nicaraguanischen Jugendlichen auf Einladung einer Offenbacher Kirchengruppe in die BRD. Die Offenbacher knüpften die Kontakte, als sie '82 hier am Projekt 'Coyotepe', einem Kinderpark und Freizeitgelände, mitarbeiteten. Auf Einladung Wischnewskis waren im September drei prominente Politiker aus Masaya/Region IV und eine Vertreterin der sandinistischen Frauenorganisation AMNLAE in die BRD. Dieser rege Austausch führt zu immer intensiveren Beziehungen zwischen Masaya und Dietzenbach, obwohl das Ziel, das wir uns gesetzt haben, zu einer Städtepartnerschaft zu gelangen, bisher nicht erreicht wurde.

Ist das an den Mehrheitsverhältnissen im Stadtparlament gescheitert?

Das kann man eigentlich nicht sagen, weil in Dietzenbach die SPD zusammen mit der DKP und den Grünen gegenüber der CDU eine Mehrheit von einer Stimme hat. Im gerade laufenden Wahlkampf (Oktober '84) wollte der Bürgermeister die Städtepartnerschaft nicht zum Thema machen, weil die CDU mit drei Forderungen angetreten ist: Gegen die Anerkennung Dietzenbachs als atomwaffenfreie Zone, gegen die besetzten Häuser, gegen die Nicaragua-Unterstützung. Die SPD bekam kalte Füße und wollte eine Städtepartnerschaft nur dann mittragen, wenn sie dafür eine breite Mehrheit gehabt hätte, was aber Quatsch ist, weil eine Nicaragua-Entscheidung immer eine Kampfabstimmung ist. Als der Ministerpräsident der Region IV vor dem Dietzenbacher Parlament eine kurze Dankesrede für die 20 000 DM-Spende hielt, die ihm von der Stadt kürzlich überreicht wurde, begannen die CDU-Abgeordneten Tumulte zu initiieren, stießen Buh-Rufe aus, schlugen auf die Tische und schrien, das wäre ja wohl das erste Mal, daß ein Vertreter einer Terrororganisation vor einem deutschen Parlament reden würde. Die SPD scheute sich, den Konflikt offensiv anzugehen. Hinterher applaudierten sie ihm, gingen auf ihn zu, umarmten ihn demonstrativ, schüttelten ihm die Hände und wünschten ihm alles Gute für den Kampf. Es ist halt einfacher 20 000 DM zu spenden, als eine Partnerschaft anzustreben. Wir argumentierten, daß eine Partnerschaft auch einen Sinn innerhalb Nicaraguas hätte, mit der hier gearbeitet werden könnte.

Was waren die Gründe dafür, daß sich das Projekt Schreinerwerkstatt zwei Jahre lang hingezogen hat, bis mit ihm begonnen werden konnte ? Waren es Kompetenzstreitigkeiten oder lag es vielleicht daran, daß man es in einem nationalen Ausbildungsprogramm ansiedeln wollte ?

Bei der Frage, welchem Träger wir die Werkstatt angliedern sollten, landeten wir zunächst beim Kulturministerium, weil dieses Projekt ursprünglich als Teil der 'Universidad Indígena' (Universität für Ureinwohner) geplant war. Als Ausbildungswerkstatt sollte sie die indianischen Kulturreste retten und wieder neu beleben. Doch im Ministerium bestand die Vorstellung, es müßte ein schlüsselfertiges Millionenprojekt sein. Das lag jedoch außerhalb unserer Möglichkeiten, war auch gar nicht unser Interesse. Die Verantwortliche im Ministerium, mit der wir eine Zeit lang zu tun hatten, war unserer Meinung darauf aus, das Geld zu bekommen, und wir werden den Eindruck nicht los, daß sie sich mit diesem Projekt ein Denkmal setzen wollte.
Die Nicaraguaner haben unsere Funktion als Gewerkschafter nicht verstanden. Auch nicht, daß ein solches Projekt wichtig wäre, um die Gewerkschaft an Nicaragua anzubinden. Sie haben auch nicht verstanden, daß es nicht der DGB war, und dachten wohl eher an eine Art Staatssolidarität, wie es jetzt ein Beispiel in Jinotepe gibt, wo die DDR eine große Technikerschule bau-

te.
Die Zuständigkeit für unser Projekt war einfach nicht klar. Wir verhandelten auch mit dem Sozialministerium, weil unser Projekt kriegsgeschädigten Familien zugute kommen sollte. Darüberhinaus mit der Stadtverwaltung von Masaya und den Stadtteilkomitees. Wir waren schon nahe daran aufzugeben. Doch der Bürgermeister von Masaya sagte uns, im Moment sei die Situation so verkeilt und die Interessen so unterschiedlich, daß wir im Augenblick nicht weiterkämen. Er schlug uns daraufhin vor, an den Stadtentwicklungsprojekten, in Landgemeinden, mitzuarbeiten. Es gibt in jeder Region einen Entwicklungsausschuß, in den die einzelnen Gemeinden ihre Probleme wie Wasserversorgung, Schule etc. einbringen. Sein Rat ging dahin, die Werkstatt erst einmal beiseite zu lassen. So arbeiteten wir ein Jahr mit der Stadtverwaltung von Masaya zusammen, und das lief sehr gut, weil sie auch ein Gespür für den Stellenwert von Solidaritätsarbeit hatte. Wir führen das unter anderem darauf zurück, daß zwei Mitglieder der Stadtverwaltung im spanischen Exil waren.
Die Ende '82 von der nicaraguanischen Regierung beschlossene Regionalisierung der Verwaltungsaufgaben spielte schließlich eine große Rolle für die Bewilligung unseres Projektes Anfang '83. Wir merkten schon damals – noch ehe die Dezentralisierung beschlossen wurde – daß viele Leute in der Stadtverwaltung von Masaya sauer auf Managua waren. Managua hat alles an sich gerissen und entschieden, wie sie es für richtig hielten, sich aber wenig um die Interessen vor Ort gekümmert. Wir spürten eine zaghafte Unterstützung für uns.
Letztlich setzten sich dann auch die örtlichen Kräfte durch, die uns wohlgesonnen waren, nachdem sie sich ein Bild von unserer Arbeit in der Stadt machen konnten.

Wie sah Eure Stadtteilarbeit aus? Ich erinnere mich an den Bau einer Wasserleitung.

Ja, das war unser erstes Projekt. Wasserversorgung ist hier nicht selbstverständlich. Zwei bis drei Kilometer außerhalb der Stadt gibt es sie meist nicht mehr. Wir besuchten zunächst Versammlungen der Landarbeiter und überlegten mit ihnen gemeinsam, wie die Unterstützung für eine zu bauende Wasserleitung aussehen könnte. Die Bauern sagten, sie seien bereit, die Arbeitskräfte zu stellen, sammelten auch Geld, aber es fehlte ihnen ein Teil zur Realisierung. Ein Kilometer Wasserleitung kostet rund 10 000 DM. Das können die Gemeinden nicht aufbringen, weil sie sehr arm sind. Für uns war das ein Anfang und wir wußten noch nicht, was dabei herauskommen würde. Wir verfaßten Berichte über die Schwierigkeiten eines Dorfes und seine mangelnde Infrastruktur, beschrieben den Alltag, stellten Bildserien zusammen und schickten dies alles in die BRD. Damit weckten wir bei verschiedenen Gruppen Interesse und Bereitschaft, solche Projekte zu unterstützen. So kamen die 10 000 DM für die Wasserleitung bald zusammen.

Wie habt Ihr über die Mitarbeit an solchen dörflichen Infrastrukturmaßnahmen wieder den Bogen zu Eurer Schreinerwerkstatt bekommen?

Wir fanden innerhalb des Stadtteils Monimbó Kontakt zu einem recht gut funktionierenden CDS, dem 'Reparto Oscar Perez'. Dort arbeiteten wir mit, beteiligten uns an der 'vigilancia' (Nachtwache). Wir fragten sie dann, ob sie Interesse hätten, die Schreinerwerkstatt mitzuunterstützen. Recht schnell erklärten sie sich dazu bereit. Sie stellten uns ein Gelände mit Haus zur Verfügung, das einem früheren Somozisten gehörte und zu zwei Dritteln zerstört war.

Wann waren die Vorarbeiten für die Werkstatt abgeschlossen und wann habt Ihr mit der Ausbildung hier begonnen?

Wir begannen im März '83, das Haus wieder aufzubauen, und waren im Juli '83 fertig. Zur gleichen Zeit kam der erste Ausbilder, der das Ausbildungsprogramm mit vorbereitete und anschließend mit einigen Lehrlingen die Werkstatt auch selbst aufbaute, d. h. das Inventar wie Arbeitstische und Schränke fertigte. Im Oktober '83 fingen wir mit der eigentlichen Ausbildung an. Wir hatten einen Schreiner gefunden, der über gute Kenntnisse verfügt. Ich selbst gebe Ratschläge für den methodisch-didaktischen Aufbau der Ausbildung und bin auch für die Koordination des Projektes zuständig.

Hier habt Ihr ja Neuland betreten. Kannst Du etwas zur Erarbeitung der Ausbildungspläne, der didaktischen Materialien und der Ausbildungsdauer sagen?

Die Ausbildungswerkstatt war konzipiert für 15 bis 16 Lehrlinge. In den Diskussionen mit dem Schreiner einigten wir uns zunächst auf eine einjährige Ausbildung. Es hat sich jetzt gezeigt, daß dies ein ausreichender Zeitraum ist, um den Jugendlichen die Grundlagen des Schreinerhandwerks beizubringen. Wir haben ein Programm entwickelt, in dem die Jugendlichen von Anfang an Stücke produzieren, die nützlich sind. Sie lernen dabei, Sägen und Anschlagwinkel zu benutzen, sie lernen die Oberfläche zu bearbeiten, zu lackieren. Wir begannen mit kleinen Holzkisten, bei denen die Bretter stumpf zusammengefügt werden, es folgten kleine Bücherregale, dann Stühle

und Tische. Im Augenblick stellen sie Fenster her. Als Abschlußarbeit fertigen sie ein kleines Schränkchen mit zwei Türen.
Die Ausbildung sieht vor, daß jeden Tag von morgens 7. 30 bis 9. 00 Uhr theoretischer Unterricht stattfindet, wovon 45 Minuten Materialkunde sind, 30 Minuten Technisches Zeichnen und eine Viertelstunde Mathematikunterricht. Der Unterricht läuft während der gesamten Ausbildungszeit, auch müssen die Lehrlinge regelmäßig Zwischenprüfungen ablegen. Jede Arbeit, die sie herstellen, wird von einer technischen Zeichnung begleitet. Neben der technischen Ausbildung versuchen wir, die Lehrlinge auch darauf vorzubereiten, später selbständig als Kollektiv zu arbeiten, d. h. sie lernen während der Ausbildung, die Werkstatt selbst zu organisieren und zu verwalten. So gibt es Lehrlinge, die zuständig sind für die Werkzeuge, ihre Ausgabe, ihre Pflege, andere haben sich um die Reinigung der Werkstatt zu kümmern, ein weiblicher Lehrling ist für den Verkauf der Produkte zuständig, eine ist Sprecherin der Lehrlinge, einer ist für's Holz verantwortlich usw. Einmal haben sie bisher Zuständigkeitsbereiche getauscht. Öfters zu rotieren wäre schlecht gewesen, weil sie doch eine gewisse Zeit brauchen, bis sie mit ihren neuen Aufgaben vertraut sind. Ich glaube aber, daß durch die Berichte, die jeder Verantwortliche in den wöchentlichen Sitzungen gibt, alle merken, wo es welche Probleme gibt, was funktioniert hat und was nicht.

Das eine Ausbildungsjahr ist nun fast rum. Sitzen die Lehrlinge gerade an ihrer Abschlußarbeit, und was kommt danach? Wird es einen neuen Kurs geben?

Die Idee ist, daß die Lehrlinge, die kurz vor ihrem Abschluß stehen, weiterhin zusammenbleiben und ein zweites Ausbildungsjahr beginnen, in dem sie stärker unter produktionsmäßigen Bedingungen arbeiten sollen. In dieser Zeit sollen sie bereits Möbel für den Markt herstellen und Aufträge übernehmen. Auf der anderen Seite sollen sie ihre innere Struktur und Organisation festigen, lernen, die in der Zusammenarbeit auftauchenden Probleme zu lösen. Andererseits sollen sie auch ihre technischen Kenntnisse vertiefen.

Das Ziel ist, sie zu einer Kooperative hinzuführen?

Ja. Und wir vom Verein Monimbó sind bereit, sie dabei in begrenztem Rahmen weiterhin zu unterstützen. D. h., sie müssen zumindest versuchen, auf einem Fuß selbständig weiterzugehen, bis sie dann über kurz oder lang in der Lage sein werden, ein Kollektiv zu bilden. Von der Stadt Dietzenbach gibt es bereits eine Spende in Höhe von 20 000 DM für ein entsprechendes Gebäude. Die Werkzeuge und Maschinen müssen noch gekauft werden. Da-

für müssen wir noch Geld auftreiben. Sehr viel wird von der Bereitschaft der Lehrlinge abhängen, sich daran zu beteiligen. Etwa in der Art, daß sie einen Teil ihres Verdienstes für den Aufbau des Kollektiv abzweigen. Parallel zu der Weiterarbeit der Lehrlingsgruppe soll im Februar '85 ein neuer Kurs beginnen, der 8 bis 10 Jugendlichen ermöglichen soll, ebenfalls das Schreinerhandwerk binnen eines Jahres zu erlernen. In diesem Jahr (1984) hatten wir 16 Lehrlinge, sechs von ihnen sind weggegangen, zehn sind geblieben. Für hiesige Verhältnisse ist das ein guter Schnitt. Im Augenblick liegt das Schwergewicht noch auf der Ausbildung, doch die können das, was sie produzieren, verkaufen. Wenn sie es verkaufen, wird ihnen der bei den Herstellungskosten eingesetzte Arbeitslohn ausbezahlt. Im Augenblick verdienen die Lehrlinge 300 Córdobas im Monat, ihr Meister 6 000.
Die Finanzierung der Werkstatt, die Löhne und Gehälter werden von Dietzenbach aufgebracht. Bis jetzt sind rund 100 000 DM in dieses Projekt investiert worden. Der Aufbau des Gebäudes schlug mit 20 000 DM zu Buche, ca. 30 000 DM wurden für Werkzeuge und Maschinen ausgegeben, der Rest waren laufende Kosten wie die Bezahlung der Gehälter, Wasser und Strom, auch Reparaturkosten.

Steht die Schreinerwerkstatt in einem Zusammenhang mit dem nationalen Ausbildungsprogramm SINAFORP?

SINAFORP ist nicht als Berufsausbildung oder Berufsschule konzipiert. Sie bieten sechs- bis achtwöchige Kurse an, in denen Grundlagen aufgefrischt und Zusammenhänge vermittelt werden sollen, so daß schon im Berufsleben stehende Empiriker hinterher in der Lage sein sollen, am Arbeitsplatz auftauchende Probleme zu lösen.
Wir hingegen haben ein anderes Konzept. Zu uns kommen Jugendliche und machen eine Ausbildung. Sie verfügen noch nicht über berufliche Kenntnisse. Im günstigsten Fall haben sie die Volksschule abgeschlossen, wenn nicht, so holen sie dies in Abendkursen nach. Auch ist unser Ausbildungskonzept weitergehend. Es soll zu einer Kooperative hinführen; das Projekt ist stark im Stadtteil integriert, denn wir haben einen Beirat, in dem Vertreter aus dem Stadtteilkomitee (CDS), der Mütter und Lehrlinge sitzen.

Holz- und Elektrowerkstatt sind sich in der Konzeption sehr ähnlich. Gibt es vergleichbare Projekte in Nicaragua oder haben sie einen Pioniercharakter?

Ich glaube, wenn Nicaragua genügend Geld hätte, wäre schon längst ein Lehrlingsausbildungsprogramm auf die Beine gestellt worden. Im Moment sind sie erst dabei, das sechste Pflichtschuljahr einzuführen. Die Probleme fangen also schon weiter unten an. Holz- und Elektrowerkstatt haben deshalb einen Pioniercharakter.

Als deutsche Internationalisten, die seit Jahren in Nicaragua leben, habt Ihr ein gutes Stück Vorarbeit für die zahlreichen Brigadeneinsätze geleistet. Noch vor drei bis vier Jahren begegnete man der unabhängigen Solidaritätsbewegung mit Unverständnis bis hin zu offenem Mißtrauen.

Ja, das stimmt, aber ohne es zu wollen. Anfangs begegnete man uns mit Mißtrauen. Wir waren einzelne Leute, die nach Nicaragua kamen, von Solidarität redeten, aber weder vom Staat, noch von anderen Organisationen oder Institutionen bezahlt wurden. Wir waren Vorwürfen und Unterstellungen ausgesetzt, die hart an der Grenze des Erträglichen waren. Es gab Situationen, wo man uns von den Ministerien in Managua aus nahelegte, das Land zu verlassen. Über Visageschichten versuchte man uns rauszuekeln. Betrieben wurde dies von ganz bestimmten Leuten in der Regierung, die heute nur noch wenig Einfluß haben. Wir versuchten immer wieder klar zu machen, wie das Komitee in Dietzenbach arbeitet und welche Möglichkeiten wir haben. Wir beharrten auf bestimmten Voraussetzungen für unsere Projektarbeit, d. h., klein anzufangen, auch für ein gerade entstehendes Projekt in der BRD eine Unterstützungsbereitschaft zu fördern. Uns wurde der Vorwurf gemacht, wir würden das Volk aufhetzen, weil wir nach den Vorstellungen einiger Bürokraten eben sehr starrköpfig waren und eine Unterstützung hier im Stadtteil hatten. Starrköpfig waren wir in dem Sinne, daß wir sagten, wir könnten keine halbe Million auf den Tisch legen. Unser Interesse war es, politische und ökonomische Solidaritätsarbeit zu leisten, ein Projekt zu unterstützen und Nicaragua zu verteidigen.
Es gab Zeiten, in denen wir vom Geheimdienst überwacht wurden, wo uns gute Freunde plötzlich geschnitten haben, weil das Gerücht umging, wir wären CIA-Agenten und würden bald des Landes verwiesen. Ein Verdacht, dem eigentlich alle seit längerer Zeit hier lebende Internationalisten vor einigen Jahren ausgesetzt waren. Als Reagan '81 an die Macht kam, ging man von verstärkten CIA-Aktivitäten in Nicaragua aus. Der Chef der Staatssicherheit, Lenin Cerna, ermahnte seine Landsleute, wenn sie auf öffentlichen Plätzen sitzen würden, darauf zu achten, was die umherlaufenden Bleichgesichter machen würden, denn sie könnten ja CIA-Agenten sein. Es gab bestimmt auch Fälle, wo der CIA über so Leute wie uns, die ein Projekt machen wollten, an Informationen rankommen wollte, daß auch Agenten eingeschleust wurden, die etwas über die Stimmung in der Bevölkerung, in der FSLN und in den Stadtteilkomitees herausbekommen sollten.

Was hat Euch veranlaßt trotzdem in Nicaragua zu bleiben und wie habt Ihr diese Zeiten durchgestanden?

Ich glaube, das war einmal der Rückhalt vom Dietzenbacher Komitee, dem Verein Monimbó, obwohl die Meinungen hierzu sehr unterschiedlich waren. Einige meinten, wenn sie unsere Solidaritätsarbeit nicht wollten, dann lassen wir es halt, oder sie sagten, wenn sie das mitgemacht hätten, wären sie auch abgehauen. Andere rieten uns, erst einmal abzuwarten und nicht aufzugeben.

Wir bekamen auch Unterstützung von anderen Internationalisten, die solche Vorwürfe kannten und uns nahelegten hierzubleiben. Es war für uns beide wichtig, dies alles auch mit anderen zu diskutieren, da wir sonst schnell an einen Punkt gekommen wären, zu denken, die eigene Wahrnehmung stimme nicht mehr. Es gab auch immer wieder Leute in dem ganzen Apparat, die sagten, es sei eigentlich gut, was wir machten. Wichtig für uns war auch, daß es solche gab, die die Solidaritätsbewegung in der BRD kannten und daher auch ein Gespür, ein Vertrauen hatten und Möglichkeiten sahen, mit der Solidaritätsbewegung zusammenzuarbeiten. Sie verstanden, daß es in der Solidaritätsbewegung um die Vermittlung der Realität ging und die Projekte nur ein Vehikel dazu waren. Dies war schon ein ziemlich langsamer, ja sogar langwieriger Prozeß.

Ich kann mich noch daran erinnern, welch lange Vorverhandlungen es gab, ehe im Sommer '82 die erste Brigade nach Coyotepe kam. Verhandlungen zwischen dem Internationalen Jugendgemeinschaftsdienst (IJGD) und der FSLN, wir als Vermittler. Heute sind die Brigaden in erster Linie ein organisatorisches Problem. Heute bringen wir sie in Familien unter, was bei der IJGD-Brigade noch nicht möglich gewesen wäre. Hier hat ein gegenseitiger Lernprozeß stattgefunden.

Wenn wir dagegen unsere heutige Situation betrachten, daß wir allein in die Dörfer gehen, Versammlungen einberufen und so einen Einblick haben, in das, was wo und wie läuft, wenn wir wollten, könnten wir die Leute schon aufhetzen. Inzwischen hat die Revolution in Nicaragua einen anderen Kurs eingeschlagen, und sie sagen, 'bitte, hier offene Türen für alle'. Man muß sich auch einmal überlegen, welch großes Vertrauen uns die Nicaraguaner entgegenbrachten, als die letzten Brigaden hier waren, denn über die Hälfte der 130 Brigadisten, die innerhalb der letzten drei Monate in Masaya waren, wohnten in den Häusern der Familien. Und diese Leute kriegen eine ganze Menge mit. Das alles wäre ohne solides Grundvertrauen nicht möglich. Ich glaube, daß Nicaragua in den letzten Jahren ein starkes Selbstvertrauen gewonnen hat.

Mittlerweile scheinen die Nicaraguaner ihr Verhältnis zur Solidaritätsbewegung neu definiert zu haben. Sichtbarer Ausdruck davon sind die Vielzahl von Brigaden gerade in der Region IV, Masaya. Könnt Ihr Angaben zu deren Zahl und der Höhe der materiellen Solidarität machen?

In den letzten zwei Jahren waren ca. 500 Personen aus der Solidaritätsbewegung der BRD in Masaya/Region IV. Die Hälfte von ihnen in den ersten zehn Monaten des Jahres '84. '82 kamen gerade einmal zwei Gruppen, '83 waren es fünf und in diesem Jahr waren es über 20 Gruppen. An Spenden sind in den Jahren 83/84 schätzungsweise 7-800 000 DM zusammengekommen. Für die Solidaritätsbewegung ein schöner Batzen Geld, doch verglichen mit den Problemen dieser Region mit ihren 100 000 Einwohnern ein Tropfen auf den heißen Stein. Zwar sind wir über jede Mark mehr froh, die hierher kommt, aber der wichtigste Aspekt der Solidarität muß ein politischer sein. Es ist zwar toll, wenn wir bei einem Schulbau mithelfen, Nicaragua muß aber in die Lage versetzt werden, Schulen aus eigener Kraft zu bauen. Das geht nur politisch, und das muß auch immer wieder deutlich gemacht werden.

Welchem gesellschaftlichen Spektrum gehören die einzelnen Brigadisten an?

Um die gesellschaftlichen Zusammenhänge aufzuzeigen, aus denen sie kommen, nenne ich einige der Projekte, die in der Region IV durchgeführt wurden. Angefangen mit El Pochote. Dort war und ist das gesamte linke Spektrum der BRD vertreten, von den Autonomen bis hin zu Gewerkschaftern. Unter ihnen ein Betriebsrat, der seit 20 Jahren an einem Schreibtisch im Arbeitsamt sitzt. In Los López wurde von Abiturienten und Lehrern aus Wiesbaden ein Schulbau errichtet. Eine Gruppe aktiver GEW'ler aus München, die zum Teil schon älter waren, baute eine Schule in Diriomito. Eine andere Gruppe aus Baunatal/Nordhessen baute für eine Kooperative einen Schweinestall mit auf. Die Jusos arbeiteten an zwei Schulen mit, sie halfen beim Latrinenbau, bei der Schule 'Don Bosco' im Stadtteil Monimbó stellten sie sechs Klassenzimmer fertig. Während der sechsmonatigen Bauzeit der Schule waren immer Brigaden mit durchschnittlich zwanzig Leuten hier. Die GEW-Aschaffenburg hat zu ihrer Finanzierung ca. 70 000 DM aufgebracht, die Gewerkschafter haben zum Teil auch mitgearbeitet. Aus Darmstadt war eine kleine Technikerbrigade hier, die auf einem staatlichen Landwirtschaftsbetrieb Landmaschinen reparierte. Schon zum dritten Mal waren jetzt 15 Leute vom IJGD organisiert hier, die bei früheren Aufenthalten auf dem Kinderfreizeitgelände mitarbeiteten und jetzt beim Aufbau eines Kaninchenzuchtprojektes, das Teil dieses Parkes ist, mithalfen. Später sollen dort Ka-

ninchen und Ziegen gezüchtet werden. Die Kleintierzucht soll der lokalen Selbstversorgung dienen. Sie können schnell verbraucht werden, und es entfällt das Problem der Kühlung, das sich bei großen Betrieben der Fleischverarbeitung immer stellt.
Auch war eine Elektrikergruppe von 7 Leuten hier, unter ihnen war der Älteste 55 Jahre. Sie legten auf dem Coyopete Strom und knüpften Kontakt zu dem in Masaya ansässigen staatlichen Metallbetrieb, INCA, der mit 400 Beschäftigten arbeitet. Zwischen Deutschen und Nicaraguanern findet inzwischen ein guter Austausch statt, d. h., wenn die Leute hier technische Probleme haben, schildern sie diese den deutschen Kollegen, die dann versuchen, den Fehler zu finden. Wenn's nötig ist schicken sie auch Materialien rüber, damit hier Reparaturen ausgeführt werden können.
Schließlich war noch eine Gruppe aus Mainz hier, die beim Aufbau einer Schaf- und Ziegenzucht in der Nähe von Diriamba geholfen hat.
Initiiert wurde dieses Projekt vom 'Finkhof', der im Allgäu eine Schafszucht einschließlich der Herstellung von Wolle betreibt. Zwei ihrer Leute waren für ein Jahr in Nicaragua – inzwischen sind sie von zwei anderen abgelöst worden –, um beim Aufbau behilflich zu sein. Im Austausch für sie gingen zwei Nicaraguaner ins Allgäu, um dort den Betrieb kennenzulernen.

Wie kommt es zu den Projekten, in denen die Leute aus der Solidaritätsbewegung arbeiten? Macht Ihr Vorschläge oder treten die Nicaraguaner an Euch heran?

Es gibt hier einen regionalen Entwicklungsausschuß, in dem auch wir sitzen. Entwicklungsausschuß klingt etwas hochtrabend, dahinter verbirgt sich, daß Vertreter der Landgemeinden sich mit Verantwortlichen der Regionalregierung oder Stadtverwaltung zusammensetzen, um ihre Probleme gemeinsam zu diskutieren. Voraussetzung ist immer – und andere Projekte können wir nicht unterstützen – daß die Landgemeinden sagen, wir brauchen eine Schule, einen Gesundheitsposten oder eine Wasserleitung. Wenn sie von sich aus bereit sind, Arbeitskräfte zu stellen, Geld zu sammeln, Unterstützung für die Baubrigaden zu leisten und diesem Projekt im Ausschuß eine Priorität zugeordnet wird, können wir sagen, wir halten eine Unterstützung aus der BRD unter diesen oder jenen Bedingungen für möglich. Das Gute an diesem Ausschuß ist, daß man sich durch die Diskussion einigt, welchem der Projekte Priorität zugeordnet wird, da klar ist, daß es nicht für alle Pläne Geld gibt.
Für uns wie für die Stadtverwaltung gilt als unabdingbare Voraussetzung für eine Unterstützung, daß eine starke Eigenbeteiligung der Bevölkerung existieren muß. Die eigene Organisationsfähigkeit ist ein starkes Kriterium. Wir könnten es uns auch weder finanziell noch personell leisten, den Betroffenen

ohne Eigenbeteiligung beispielsweise eine Schule hinzustellen. Unsere Projekte sind nur in organisierten Gemeinden möglich, die sich selbst um Materialien, Transporte etc. kümmern. Die Zusammenarbeit läuft aber auch umgekehrt. Gruppen mit bestimmten Fähigkeiten oder Möglichkeiten aus der BRD fragen nach, ob ein Bedarf daran bestehen würde. So schrieb uns eine Berliner Gruppe, daß sie für ein Bibliotheksprojekt Bücher besorgen könnte, wofür sie hier ein Interesse vermutete. Wir fragten nach und das Interesse war gegeben. Uns wurden die gewünschten Buchtitel genannt. Die Leute, von denen der Vorschlag kam, reisten nach Nicaragua und arbeiteten bei der Erweiterung der Bibliothek mit. Es gab einige solcher Anfragen, die wir positiv beantworten konnten.

Dorfbewohner beim Bau ihrer Wasserleitung (Region IV/Masaya)

»Ohne Beispiel wird hier nichts bewegt«

Wie ist das Projekt, in dem Du arbeitest, entstanden?

Angefangen haben die ganzen Aktivitäten mit einer Essener Gruppe in dem Moment, als die Evangelische Studentengemeinde eine Reise zum Kaffeepflücken nach Nicaragua gemacht hat. Während dieser Reise habe ich dann das Forschungszentrum für angepaßte Technologie in der Landwirtschaft/CITA – INRA kennengelernt. Boris, ein alter Bekannter von mir, arbeitet schon länger hier. Zufällig haben sie damals genau jemanden mit meiner Berufsausbildung, Elektromechaniker, gesucht. Ich habe dann sofort einen Vertrag gemacht und bin zurück in die BRD gefahren, um dort alles zu klären. Dort erhielt ich dann einen Brief von CITA, daß es gut wäre, wenn ich Maschinen besorgen könnte. Das alles war im Dezember '82. Weil ich nicht wußte, wo ich die Maschinen herkriegen sollte, habe ich mich an meine alten Freunde in Essen gewandt, die ich noch von meiner früheren politischen Arbeit her kannte. Sie haben dann gesagt: Das machst Du nicht alleine, das machen wir zusammen.

Wir bildeten eine Gruppe von zunächst zehn Leuten und begannen damit, Briefe an verschiedene Leute zu schicken mit der Bitte um Spenden. Gleichzeitig organisierten wir Feste, gingen zu kirchlichen Organisationen usw. Daraufhin konnten wir den ersten Transport vorbereiten. Er bestand aus Maschinen, einer Drehbank, Bohrmaschine, Schweißwerk, Handwerkszeug im Wert von 50-60 000 DM sowie einem LKW. Wir dachten, daß nach dieser Aktion die Aktivitäten der Gruppe beendet seien. In jener Zeit war ich schon in Nicaragua. Da kam dann das Angebot der Gruppe, die sagte: 'Wir machen weiter!' Drei Leute der Gruppe waren dann hier und haben CITA besucht. Mit diesen direkten Informationen konnten sie dann in der BRD astreine Veranstaltungen machen. Sie haben den Rundfunk eingeschaltet und die Musikgruppe 'Pueblo' nach Deutschland geholt und eine Tournee organisiert. Dadurch ist CITA dann auch in der BRD ein bißchen bekannt geworden. Wir haben danach einen Verein gegründet, der auch gemeinnützig ist. Das ist der augenblickliche Stand. Also nochmal zusammengefaßt: Der erste Transport hatte einen Wert von rund 60 000 DM, der zweite so um die 30 000 DM und der, der jetzt kommt, nochmal so um die 60 000 DM. Wir arbeiten viel mit Betriebsräten zusammen. So haben wir beispielsweise eine Drehbank geschenkt bekommen, die auf dem Markt runde 30 000 DM kosten würde. Das alles klappt eben, weil wir sehr aktiv sind und viele Kontakte haben.

Wirst Du auch vom Freundeskreis CITA in Essen bezahlt?

Nein, mein Lohn ist eine vollkommen andere Geschichte. CITA finanziert grundsätzlich nur Materialien. Ich hatte ein Jahr lang einen Vertrag von der ZIM (Zentralstelle für Internationale Migration, eine Einrichtung des Arbeitsamtes). Der ist jetzt ausgelaufen und ich bin auf der Suche nach einer neuen Finanzierung durch Dienste in Übersee. Nur mit dem Lohn, den man bekommt, ist es nicht so einfach, hier zu leben, vor allem dann, wenn man mal in die BRD will und einen Flug bezahlen muß.

Kannst Du jetzt was zur direkten Arbeit und zum Aufgabenbereich von CITA sagen?

Ganz generell gesagt, ist CITA dazu da, den Lebensstandard der Landbevölkerung zu verbessern. Unsere Aktivitäten beziehen sich nur auf die Region I, also Estelí.
Die Region in ihrer Gesamtheit ist zwar nicht unbedingt Kriegsgebiet, aber es besteht eine latente Bedrohung. Zwischen Estelí und Matagalpa gibt es praktisch immer Schwierigkeiten mit Überfällen. CITA arbeitet einmal für Kooperativen und – was immer größeren Raum einnimmt – mit beim Aufbau von 'asentamientos", das heißt beim Aufbau von Ansiedlungen für Flüchtlinge oder Evakuierte. Ansiedlung heißt in der Region I, daß Leute aus extrem kriegsbetroffenen Gebieten, wo ein Leben und Produzieren nicht mehr möglich sind, umgesiedelt werden.
Organisatorisch untersteht CITA direkt der Agrarreformbehörde/INRA. Normalerweise ist für Neuansiedlungen zwar das Wohnungsbauministerium/MINVA zuständig, hier in Kriegsgebieten ist das aber INRA. Heute arbeiten bei CITA ein Anthropologe, zwei Architekten, zwei Sozialarbeiter, Boris und ich. Boris ist mehr für die Wasserversorgung zuständig, ich für Biogas.
Ganz wichtig ist beispielsweise ein Anthropologe, der sagen kann: 'Die Leute sind gewohnt, daß eine Küche außerhalb des Hauses steht'. Das wiederum ist wichtig für den Architekten, der mit seinem technischen Kopf erstmal fragt, 'wie kriegen wir ein billiges Haus, das alle wichtigen Funktionen hat?' Es gibt ein Beispiel, wo das Wohnungsministerium Betonhaus an Betonhaus gebaut hat. Viele Menschen haben große Probleme, in diesen Dingern zu leben, weil sie daran gewöhnt sind, ihre Hühner zu halten oder auch Schweine. Diese Wünsche müssen berücksichtigt werden.
Das Besondere bei den Neuansiedlungen ist, daß die 'asentamientos' in Eigenleistung hergestellt werden und später eine Betreuung in der Landwirtschaft dazukommt. Dadurch sollen die Leute lernen, wie man zum Beispiel

ohne Kunstdünger organisch düngen kann, sie lernen auch besondere Anbautechniken. Die Agrarreform als Ganzes fährt zweigleisig. Es gibt eine Form mit Produktionsmethoden wie in der DDR, wo Traktor an Traktor nebeneinander kilometerlange Anbauflächen für Reis bearbeiten. Man muß auch ganz ehrlich sagen, daß es in der heutigen Zeit keine Alternative zu dieser Produktionsart gibt. Auch als Liebhaber der Alternativ-Technologie im Landwirtschaftssektor muß man das einfach sehen.
Der Vorteil für CITA ist, daß die Leute in den Neusiedlungen durch den Wechsel des Wohnortes und die Umstände neuen Ideen viel aufgeschlossener gegenüberstehen. Ein anderer Vorteil besteht darin, daß wir in unserem eigenen Ausbildungszentrum den Leuten alles zeigen können, ohne das Zeigen von Beispielen wird man hier nichts bewegen können.

Welche Sachen haben sich denn durchsetzen können?

Durchgesetzt hat sich beispielsweise die 'tracción animal'. Traditionsgemäß arbeiten die Bauern hier mit einem Ochsengespann. Da wird einfach ein Baum mit einer Astgabel genommen. Der Baum wird abgesägt, die Astgabel präpariert. Dann wird das Ding so lange durch die Ackerfurche gezogen, bis es abgenutzt ist und ein neuer Baum drankommt. CITA hat Geräte entwickelt, die genau an die Bedingungen in der Region angepaßt sind: weicher Boden oder schwerer Boden, viele oder wenige Steine. Wir haben einen Wendepflug – eine absolute Neuerung für Ochsengespanne – entwickelt. Mit dem einfachen Ding früher konnte man nur im Kreis pflügen und hatte enorme Verluste an den Ecken. Jetzt kann man hin und her gehen und immer das Messer vom Pflug wenden. Davon sind die Leute ziemlich begeistert.

Ist der neue Pflug jetzt auch aus Holz?

Nein. Das ist ein richtiges Gestell mit Rädern. Es gibt verschiedene Modelle. Für größere Produzenten mit Rädern dran, für kleinere Produzenten eine leichtere Ausführung. Das ist ein Beispiel für eine Sache, die sich durchgesetzt hat.

Wie sieht das nun mit Biogas – dem Schwerpunkt Deiner Arbeit – aus?

Biogas war in der ersten Etappe geplant, um den Gebrauch von Brennholz zu reduzieren. Das wurde aufgegeben. Wenn man nämlich den Preis der Anlage in Relation zum Nutzungsgrad beim Kochen betrachtet, dann ist dieser Preis sehr hoch. Es entstehen auch leicht Streitigkeiten, wenn mehrere

Von CITA entwickelte Sonnentrockner für Reis, Mais, Bohnen, Kaffee etc.

Familien die Anlage benutzen, nach dem Motto: 'Ihr kocht die Bohnen länger als wir'. Deshalb sind wir davon abgegangen. Es gibt jetzt zwei Linien. Einmal die industrielle Nutzung, zum Beispiel bei der EMPRA, der staatlichen Schweinezuchtfirma. Wenn die wollen, können sie am Tag 8 000 m^3 produzieren. Damit kann man 24 Stunden am Tag einen 80 PS Motor betreiben, um Strom zu erzeugen.
Der andere Sektor ist für mich und CITA allerdings interessanter: der Gebrauch von Biogas in Kooperativen. Wenn man weiß, daß die Kooperativen zum Teil 15 km von der nächsten Tankstelle entfernt sind, die Leute kein Auto haben und nicht an das Stromnetz angeschlossen sind, taucht dann die Frage auf: Wie können wir an Energie herankommen? Die Frage des Kochens ist dabei vollkommen uninteressant. Das wichtigste in Nicaragua ist Wasser. Ohne Wasser läuft nichts. Deshalb ist eine zweite zentrale Frage: Wie können wir Wasser pumpen? Wir können dann sagen: Okay – Also Wasser, können wir machen. Im Moment sind wir dabei, einen geeigneten Motor zu suchen, so um die 30 PS rum. Dabei berücksichtigen wir verschiedene Nutzungsmöglichkeiten. Wenn zum Beispiel kein Gas da ist, kann man zur Not auch mit Diesel oder Benzin arbeiten.
Da entwickeln wir drei oder vier Prototypen. Innerhalb der Milchproduktion – ein neueres Programm – bauen wir zur Zeit ein System zur Nutzung von Biogas auf. Da wird zum Beispiel ein kleiner Generator mit drangebaut. Die Leute haben dann Strom und können sich einen Fernseher kaufen. Die Bewässerungszeit wird mit der Stromproduktion gekoppelt. So etwa von 5 bis 11 Uhr abends läuft dann der Motor, und in der Zeit kann man dann schön die Nachrichten oder irgendeine Serie gucken, während gleichzeitig das Wasser auf den Acker läuft.
Das ist eine konkrete Verbesserung des Lebensstandards. Da werden in der Bundesrepublik viele Leute sagen: Fernseher? – Wieso das denn? Aber man muß sehen, daß hier die Leute oft bis zu 10 km laufen müssen, um überhaupt an eine Zeitung ranzukommen. Wenn die dann einen Fernseher oder ein Radio haben, ist das schon eine Verbesserung des Lebensstandards. Das ist so meine Aktivität. Einen Motor bauen wir, der ist für Biogas gemacht, kann aber auch mit Benzin betrieben werden. Dieser Motor könnte mit den Mitteln, die es hier im Land gibt, – das ist zumindest meine Idee – gebaut werden.

Wie weit bist Du mit der Entwicklung? Wann ist der Prototyp fertig?

Ich habe einen Motor für Kerosin gekauft. Wir sind dabei, ihn umzubauen. Fertig sind zwei Modelle für den Gebrauch von Gas. Einmal ein Dieselmotor und ein Benzinmotor. Damit haben wir schon gute Ergebnisse erzielen können. Der Benzinmotor läuft jetzt nur mit Gas, springt an mit Gas und arbeitet vollkommen ruhig, pegelt sich selber, – also alles Bedingungen, die man braucht.

Fazit

1) Nicaragua ist kein Fallbeispiel für die Wende in der Entwicklungspolitik nach dem Regierungswechsel in Bonn.
Schon die SPD/FDP-Regierung ging seit 1981 auf Distanz zu den Sandinisten, schon unter der SPD- geführten Regierung kam der Fluß der Gelder nach Nicaragua ins Stocken.
Die Möglichkeiten der SPD als Regierungspartei wurden nicht genutzt, und die notwendigen Regierungsverhandlungen zur Abwicklung der entwicklungspolitischen Zusammenarbeit nicht in die Wege geleitet. Am Tag seiner Entlassung unterschrieb der damalige SPD-BMZ-Minister Offergeld ein Regierungsabkommen mit Moçambique und stellte damit die Weichen für eine langfristig angelegte entwicklungspolitische Zusammenarbeit. Dies wurde gegenüber Nicaragua nicht gemacht, obwohl etwas ähnliches möglich gewesen wäre, - hätte man es gewollt.
Die Haltung von SPD/FDP/CDU/CSU gegenüber Nicaragua ist, wenn auch unterschiedlich stark, geprägt von der Unterordnung entwicklungspolitischer Grundsätze unter außen- und bündnispolitischen Leitlinien. Somit markiert der Amtsantritt Präsident Reagans 1981 in viel stärkerem Maße den Zeitpunkt der Wende in der Politik der Bundesregierung gegenüber Nicaragua als der Regierungswechsel in Bonn ein Jahr später.

2) Wie die Befragung des Spektrums offizieller Entwicklungshelfer und Experten (GTZ und DED), sowie von Repräsentanten und Helfern anderer Organisationen übereinstimmend ergab, sind die politischen Rahmenbedinungen für eine entwicklungspolitische Zusammenarbeit in Nicaragua um ein Vielfaches besser als in den meisten Staaten der Dritten Welt.
Hemmnisse wie eine korrupte Bürokratie als ein Hauptübel entwicklungspolitischer Zusammenarbeit sind in Nicargua so gut wie nicht vorhanden. Die grundbedürfnisorentierte und partizipatorische Entwicklungsstrategie der nicaraguanischen Regierung nach 1979 wird von den vom BMZ bezahlten Experten und Entwicklungshelfern ebenfalls übereinstimmend als vorbildhaft charakterisiert.
Die von der Bundesregierung immer wieder in die Diskussion gebrachten Begründungen für die Streichung und Kürzung der Entwicklungshilfe an Nicaragua
— Nicaragua destabilisiere die Region,
— es gäbe keine demokratischen Freiheiten,

— Nicaragua sei nicht wirklich blockfrei,
— die sinnvolle Verwendung der Gelder sei nicht gewährleistet usw.
wurden von den in Nicaragua arbeitenden deutschen Entwicklungshelfern nicht geteilt und als Propaganda interpretiert, die nichts mit der Realität im Land zu tun habe.

3) Anhand der heute noch in Nicaragua sehr engagiert arbeitenden NRO's läßt sich ein in den letzten 20 Jahren verändertes Verständnis von Entwicklungspolitik nachzeichnen. Lag der Schwerpunkt in den frühen 60er Jahren noch auf der humanitär-karitativer Katastrophenhilfe und sah man in der Entwicklungshilfe ein Instrument den Entwicklungsländern den Anschluß an die Industrienationen zu erleichtern, gehen die NRO's heute davon aus, daß nur strukturelle Veränderungen wirkliche Veränderungen mit sich bringen können. Damit meint man eine Entwicklung, die auf den eigenen Ressourcen der Entwicklungsländer aufbaut, eine Entwicklung, die Grundbedürfnisse wie Bildung, medizinische Versorgung und ein menschenwürdiges Auskommen garantiert. Entwicklung, die die Bevölkerung aktiv in diesen Umwälzungsprozeß einbezieht.
Langfristig geht dieser Ansatz davon aus, daß eine andere gesellschaftliche, politische und wirtschaftliche Weltordnung notwendig ist.
Unter den Schlagworten »Hilfe zur Selbsthilfe«, »Bewußtseinsbildung«, »grundbedürfnisorientierte Strukturveränderungen« unterstützen die NRO's in Nicaragua eine emanzipatorische Entwicklung. Aus diesem Selbstverständnis, ergibt sich für sie auch eine Öffentlichkeitsarbeit in der Bundesrepublik, die jedoch, abhängig vom jeweiligen politischen Selbstverständnis sehr unterschiedlich ausfällt.

4) Jede ökonomische Hilfe bleibt zweifelhaft, wenn das Aufgebaute durch militärische Angriffe wieder zerstört wird. Nicaragua braucht in erster Linie eine politische Unterstützung, die die USA zur Einstellung des Krieges bewegt, um die Chance zu haben, seine selbstbestimmte Entwicklung weiterzuführen. In dieser politischen Unterstützung liegt die Bedeutung der Solidaritätsbewegung. Die große Zahl von Nicaragua-Reisenden aus diesem Bereich hat zu einem realistischeren Bild Nicaraguas beigetragen und eine politische Isolation mitverhindert.
Ihr ökonomischer Beitrag ist – verglichen mit der staatlichen Hilfe und der der NRO's – gering, aber nicht zu unterschätzen: Mit diesem Geld wird u.a. der Bau von Flüchlingssiedlungen ermöglicht; zudem arbeiten die Brigadisten in Kriegsgebieten, in denen staatliche Entwicklungsorganisationen der BRD nicht mehr präsent sind.
Aber der 'Projekte-Boom' der Solidaritätsbewegung birgt auch Probleme:

Projekte werden individualistisch gestartet, ohne daß geklärt ist, ob sie in den Gesamtrahmen der nicaraguanischen Entwicklung passen und ob die Kräfte der Unterstützer ausreichen werden, um sie zu einem Ende zu bringen. So werden auch Hoffnungen in der nicaraguanischen Bevölkerung geweckt, die dann enttäuscht werden. Eine selbstgenügsame Beschränkung auf die Propagierung und finanzielle Unterstützung des jeweils eigenen Projekts, läßt leicht den Blick und die Kraft dafür verlieren, daß die politische Unterstützung Nicaraguas vorrangig ist.
Heterogenität und dezentrale Struktur machen eine Stärke der Solidaritätsbewegung aus, da sie damit einen hohen Mobilisierungseffekt hat. Gleichzeitig bewegt sie sich aber zwischen den Extremen einer unreflektierten Identifizierung mit dem Revolutionsprozeß und einer ebenso unreflektierten Aufkündigung der Solidarität bei politischen Ereignissen, die dem eigenen Weltbild entgegenstehen. Die Solidaritätsbewegung kann nur dann eine stärkere politische Kraft in der BRD werden, wenn sie eine offene, kritische und vor allem koninuierliche Auseinandersetzung über die Entwicklung in Nicaragua führt und die eigenen Kriterien und Werte kritischer überprüft und weiterentwickelt.

5) Mit dem Buch »Tödliche Hilfe« von Brigitte Erler liegt erstmals eine kritische Analyse aus der Sicht einer Dissidentin der Bonner Entwicklungshilfebürokratie vor, die eine wertvolle und anschauliche Ergänzung zu den Beiträgen von beispielsweise Senghaas und Myrdal darstellt.
Betrachtet man die entwicklungspolitische Praxis der letzten Jahrzehnte, so ist Brigitte Erler generell zuzustimmen: Entwicklungshilfe ist schädlich, sie hat tatsächlich oft tödliche Konsequenzen. Die daraus gezogenen Schlußfolgerung einer sofortigen Einstellung der Entwicklungshilfe ist ein in der kritischen Auseinandersetzung mit Entwicklungspolitik immer häufiger formulierter Standpunkt.
Unsere Arbeitsergebnisse lassen uns jedoch zu einer anderen Enschätzung kommen: Entwicklungshilfe kann nur dann sinnvoll sein, wenn – wie in Nicaragua – die politischen Rahmenbedinungen für eine auf den Ressourcen des Landes aufbauende Entwicklung und einer tatsächlichen praktizierten Grundbedürfnisstrategie vorhanden sind. Doch gerade solche Entwicklungen wie in Nicaragua werden zu blockieren versucht, weil sie der Logik weltweiter Abhängigkeitsstrukturen widersprechen.
Ein weiterer, in der neueren entwicklungspolitischen Diskussion erörterter Vorschlag lautet, nur noch für Länder wie Nicaragua öffentliche Mittel bereitzustellen, diese aber nicht mehr durch zwischenstaatliche Kooperation, sondern ausschließlich über nicht-staatliche Träger zu vergeben. Diese For-

derung verkennt jedoch die machtpolitischen Realitäten in der BRD. Keine Regierung würde auf das Recht verzichten, zumindest Höhe und Verteilungsschlüssel der Gelder zu bestimmen. Auch die NRO's, die das gesellschaftliche Spektrum der BRD widerspiegeln, bieten per se noch keine Gewähr für sinnvolle Entwicklungshilfe.
Die Elend-Show 'Ein Tag für Afrika' zeigte, daß es angesichts der Verelendung in der Dritten Welt eine große Hilfsbereitschaft in der Bevölkerung der Bundesrepublik gibt, die aber auch in ihrer überwiegenen Mehrheit gleichzeitig eine Veränderung der Weltwirtschaftsstrukturen ablehnt, da sie um die eigenen Arbeitsplätze fürchtet. Daß diese Weltwirtschaftsstrukturen zu Armut und Ausbeutung in der Dritten Welt wesentlich beitragen, ist in den letzten Jahren dennoch zu einer verbreiteten Erkenntnis geworden. Was dagegen fehlt, ist die Anwendung dieser Erkenntnis auf die Wirtschaft der BRD selbst. Nur wenn es in der entwicklungspolitischen und Internationalismusdebatte gelingt, ein Gesellschafts- und Wirtschaftskonzept für die Industrieländer zu entwickeln, das einerseits die berechtigten Ängste um die Arbeitsplätze ausräumt und andererseits Lösungen für eine neue Weltarbeitsteilung anbietet, können Voraussetzungen für eine gerechtere Politik gegenüber der Dritten Welt geschaffen werden.
Nur Bewußtseinsveränderungen, die über Öffentlichkeitsarbeit eingeleitet werden müssen, und die in ihrer Konsequenz zu radikalen politischen, ökonomischen und gesellschaftlichen Veränderungen führen, können den scheinbar unabänderlichen Teufelskreis von Hunger, Elend, Ausbeutung und neuer Abhängigkeit durchbrechen. Vor diesem Hintergrund sind die von Teilen der Evangelischen Kirche, medico international, Terre des Hommes und großen Teilen der Solidaritätsbewegung propagierten konzeptionellen Vorstellungen richtungsweisend.

Menschen können nicht entwickelt werden; sie können sich lediglich selbst entwickeln. Wenn ein Fremder auch einem Mann ein Haus bauen kann, so kann er ihm doch nicht Stolz und Vertrauen in sich selbst als menschliches Wesen bringen.
Diese Dinge muß ein Mensch durch eigene Taten schaffen. Er entwickelt sich durch das, war er tut; indem er seine eigenen Entscheidungen fällt, sein Verständnis darüber erweitert, was er tut und warum er es tut; indem er selbst Fähigkeit und Wissen entwickelt und selbst – als gleichberechtigtes Mitglied – an dem Leben seiner Ortsgemeinschaft vollen Anteil nimmt.

(Aus: Freedom and Socialism, Daressalam/Tansania 1968, selection from writing and speech 1965-68, Julius G. Nyrere)

Anmerkungen

Ideologie und Praxis staatlicher Entwicklungspolitik in der BRD

1) Hofmeier, Rolf; Bonner Entwicklungspolitk: Grundlinien und Rahmenbedingungen, in: Steinweg, R. (Red.); Handel + Hilfe = Frieden ?, Frankfurt a. M. 1982, S. 245
2) vgl. Holtz, Uwe; Entwicklungspolitische Richtlinien des Bundestages, in: Entwicklung und Zusammenarbeit, Jg. 25, 12 / 84, Bonn 1984. Die Fraktion der Grünen hatte zum Zeitpunkt der Abstimmung wegen der 'Affäre Reents' den Plenarsaal verlassen.
3) vgl. Bundesministerium für Wirtschaftliche Zusammenarbeit (Hg.); Journalistenhandbuch Entwicklungspolitik, Bonn 1984, S. 9.
4) vgl. Gutowski, Armin; u. a.; Allgemeine Probleme der staatlichen Auslandshilfe, in: Sonderdruck aus Handbuch der Finanzwissenschaft, 3, gänzlich neu bearbeitete Auflage, Tübingen, 1982, S. 424.
5) vgl. Wiemann, J.; Die Neue Weltwirtschaftsordnung im Lichte der entwicklungspolitischen Strategiedebatte, in: GTZ, Technische Zusammenarbeit in der Entwicklungsplanung. Aufgaben, Erfahrungen und Probleme deutscher Regierungsberater, Eschborn, o. J. S. 145
6) vgl. BMZ (Hg.) Journalistenhandbuch, a. a. O., S. 11.
7) vgl. Hofmeier, R.; a. a. O., S. 248.
8) vgl. Protz. M.: Administrative Zusammenarbeit in der Entwicklungspolitik, Speyerer Forschungsberichte, Nr. 25, Speyer 1982, S. 235.
9) vgl. Martinek, M.; Die Verwaltung der detuschen Entwicklungshilfe und ihr Integrationsdefizit – Eine verwaltungswissenschaftliche Struktur und Funktionsanalyse, Bad Honnef 1981, S. 86
10) vgl. Schimank, U.; Das außenpolitische Interorganisationsnetz als Hemmnis einer eigenständigen deutschen Entwicklungspolitik: Heteronomie und Autonomisierungsbestrebungen des Bundesministeriums für Wirtschaftliche Zusammenarbeit, in: Glagow, M.; Deutsche Entwicklungspolitik: Aspekte und Probleme ihrer Entsscheidungsstruktur, Saarbrücken, Fort Lauderale, 1983, S. 54.
11) vgl. Martinek, M.; a. a. O., S. 87.
12) Dauerstädt, M.; Entwicklungspolitk – Politk ohne Entwicklung, Bonn 1984, S. 21.
13) Die Zusammenstellung beruht auf der Darstellung von M. Dauerstädt, a. a. O., S. 20ff.
14) vgl. Tetzlaff, Rainer; Die Dritte Welt Politik der Bundesrepublik Deutschland zwischen Friedensrethorik und Realpolitik. Eine Einführung mit politischen Empfehlungen, in: Steinweg, R.; a. a. O., S. 50.
15) Hofmeier, Rolf; a. a. O., S. 242.
16) Kriterien für diese Ländergruppe sind: niedriges Pro-Kopf-Einkommen, hoher Preisanstieg bei Importen (z. B. Öl) im Vergleich zu Exporten, gestiegene Transport- und Transitkosten, hoher Schuldendienst, niedrige Währungsreserven und eine relativ große Bedeutung des Außenhandels für die Wirtschaft des Landes.
17) BMZ (Hg.); Leitlinien für die bilaterale Finanzielle und Technische Zusammenarbeit mit Entwicklungsländern, vom 23. Februar 1984, S. 27; und eigene Zusammenstellung.
18) vgl. Brauer, D.; Integration in den Weltmarkt?, in: E + Z, Jg. 25, Hamburg, 2 / 84.
19) Bohnet, M.; Deutsche Entwicklungspolitik: Bilanz und offene Fragen, in: Glagow, M.; Hg. a. a. O., S. 291.

20) siehe hierzu: Dauderstädt, M.; Pfaller, A.; Bestandsaufnahme und Bewertung neuer entwicklungspolitischer Ansätze, München, Köln, London, 1984, S. 81.
21) vgl. Hammer, H.R.; Wirtschaftsprobleme der Entwicklungsländer, München 1978, S. 477.
22) Warnke, J.; zitiert in: Gottwald, Gabi; Ideologie und Praxis konservativer Entwicklungspolitik, in: ISTMO, Nr. 3, Münster 1983, S. 64.
23) siehe Protz, M.; a. a. O., S. 266.
24) Martinek, M.; a. a. O., S. 127.
25) vgl. Martinek, M.; ebenda, S. 52.
26) siehe: Informationszentrum Dritte Welt Freiburg (Hg.); Entwicklungspolitik, Hilfe oder Ausbeutung ?, 7. völlig überarbeitete und erweiterte Auflage, Freiburg, 1983, S. 139.
27) siehe hierzu: Sohn, K. H.; Hilfen für das Auslandsengagement mittelständischer Unternehmer - Aufgabe der DEG, in: Rationalisierung, 33. Jg., München 1982, Heft 7/8, S. 153 ff.
28) Martinek, M.; a. a. O., S. 111.
29) Warnke, Jürgen; Die Wirtschaftskooperation zwischen der Bundesrepublik Deutschland und den Schwellenländern Ost- und Südasiens aus entwicklungspolitischer Sicht, in: Laumer, H.; Wachstumsmarkt Südostasien. Chancen und Risiken unternehmerischer Kooperation, München, Köln, London, 1984.
30) Schmidt, R. H.; Transfer von Technologien in ländliche Räume der Entwicklungsländer. Vorschläge für eine verbesserte Umsetzung und Verbreitung, München, Köln, London, 1984, S. 55.
31) vgl. Die Grünen im Bundestag; Mischfinanzierung und Lieferbindung: Mißbrauch der Entwicklungshilfe, Bonn im September 1984, S. 7.
32) sinngemäß: 'Engpaß'. Siehe hierzu die umfängliche Studie über Absorptionsprobleme und 'constraints' von H. G. Geis/P. Hartig; Absorptionsprobleme der Entwicklungsländer als Defekte der öffentlichen Entwicklungszusammenarbeit, Berlin, 1983.
33) von Stockhausen, J.; Nichtstaatliche Entwicklungsträger auf dem Vormarsch?, in: Aus Politik und Zeitgeschichte, Bonn, 23/83, S. 38.
34) siehe: Dauderstädt/Pfaller; a. a. O. S. 96. Einen Überblick über die US-amerikanische Entwicklungshilfepolitik bietet B. May, Die Entwicklungspolitik der Reagan-Administration, in: Aus Politik und Zeitgeschichte, Bonn, 49/84. Zum Beispiel ist kürzlich die »verstärkte deutsch-amerikanische Zusammenarbeit bei der Rauschgiftbekämpfung« beschlossen worden (BMZ–Information Nr. 12/84 vom 16. 10. 84), wobei es gerade auch um die Stärkung der Repressionsorgane (in der BMZ-Information 'lawenforcement') totalitärer Regimes geht.

BRD-Entwicklungsgelder für Nicaragua - ein Zahlenverwirrspiel

1) Staatssekretär Köhler am 10. 5. 83 in einem Brief an Gabi Gottwald.
2) Bundestags-Drucksache 10/922 vom 25. 1. 84, Antwort der Bundesregierung auf die große Anfrage der SPD-Fraktion zur Lage in Mittelamerika.
3) Handelsblatt vom 17. 2. 81.
4) FAZ vom 30. 12. 82.
5) Die Zahlen beruhen auf Angaben des BMZ.
6) Mit Warenhilfe werden Kredite bezeichnet, die es Nicaragua ermöglichen sollen, Nahrungsmittel, landwirtschaftliche und maschinelle oder industrielle Ausrüstungsgegenstände auf dem Weltmarkt zu kaufen.

7) FIR/Managua 'Borrador de Ficha sobra la RFA', ohne Jahr.
8) Ausbau des Telefonnetzes: 14,5 Mio. DM; Reparatur der Siemens-Kraftwerksturbinen: 1,5 Mio. DM; Industrielles Reaktivierungsprogramm für Kooperativen und Kleinindustrie: 14 Mio. DM. Durch einen parlamentarischen Vorstoß der FDP wurde im November '83 die Prüfung des Teilantrages zur Reparatur der Kraftwerksturbinen in die Wege geleitet und im BMZ 'totgeprüft', wie die treffende Bezeichnung für bewußt durch die Bürokratie verschleppte Anträge lautet.
9) TAZ vom 4. 2. 83.
10) ebenda.
11) So Staatssekretär Lengl (BMZ), vgl. TAZ vom 18. 8. 83.
12) TAZ vom 24. 5. 83.
13) TAZ vom 23. 8. 83.
14) vgl. auch Kapitel über entwicklungspolitische Vorstellungen der CDU.
15) Süddeutsche Zeitung vom 9. 12. 83.
16) Hiervon entfielen 36 % oder 7,4 Mio. $ auf die private Zuckerindustrie, 39 % (8,1 Mio. $) auf die private Reisindustrie und 25 % (5,1 Mio.) auf den privaten Bausektor.
17) Eigene Quelle, Gespräche im FIR/Managua.
18) Eigene Quelle, Gespräche im FIR/Managua.
19) Bundesgesetzblatt Jg. 1980, Teil II, S. 1529.
20) Die Zahlen beruhen auf Angaben des BMZ.
21) Der FDP-Bundestagsabgeordnete Schäfer gibt auf dem entwicklungspolitischen Symposium am 22. 1. 85 bekannt, daß Anfang '85 noch 15 Mio. DM an TZ offen sind.
22) vgl. Kapitel über die GTZ in diesem Buch.
23) Angaben nach FIR/Managua.
24) ebenda.

Die Sozialdemokratie und Nicaragua

1) Forschungs- und Dokumentationszentrum Chile-Lateinamerika (Hg.); Szialdemokratie und Lateinamerika, Berlin (West), 1982, S. 7/8.
2) vgl. hierzu: Entwicklungspolitische Korrespondenz (EPK), Hamburg, 15. Jg., 1984, Heft 2, Wer hilft wem ? Bundesdeutsche Entwicklungshilfe, S. 6-10.
3) Die Bundesrepublik sah damals die Aufnahme diplomatischer Beziehungen zur DDR durch dritte Staaten als unfreundlichen Akt an. Das hieß, Dritte-Welt-Staaten, die diplomatische Beziehungen zur DDR aufnahmen, wie beispielsweise Tansania, bekamen keine Entwicklungshilfe mehr. Da das Konzept auf den Ideen des damaligen Staatssekretärs Hallstein beruhte, verewigte sich dieser in den einschlägigen Politik-Lexika unter dem Stichwort 'Hallstein-Doktrin'.
4) Alle hier aufgeführten Zitate sind den »Auszügen aus dem unkorrigierten Protokoll der entwicklungspolitischen Diskussion auf dem Parteitag der SPD in Hamburg vom 15.-17. November 1977« entnommen.
5) Hofmeier, Rolf; Bonner Entwicklungspolitik: Grundlinien und Rahmenbedingungen, aus: Hilfe + Handel = Frieden ? Die Bundesrepublik in der Dritten Welt, Frankfurt a. M. 1982, S. 263/64.
6) nach: Petras, James; in: Le Monde Diplomatique, Mexico, Juni 1980.
7) Lölhöffel, Helmut; Frankfurter Rundschau vom 5. 11. 84.

8) Seidelmann, Raimund; Die Sozialistische Internationale als Parteienbewegung und politischer Wegbereiter, aus: Europa-Archiv, Bonn, Folge 21, 1981, S. 659.

9) Journalisten Handbuch Entwicklungspolitik, 1983, BMZ; (Hg.) Bonn, 1983, S. 177f.

10) Aus einer Rede des kubanischen Regierungschefs vor dem 2. Kongreß der Kommunistischen Partei Kubas/PCC im Dezember 1980, abgedruckt in Granma vom 28. 12. 1980, zitiert nach: Rathgeber, Theo; Sozialdemokratische Solidarität mit Nicaragua und El Salvador, in: FDCL (Hg.), Sozialdemokratie und Lateinamerika, a. a. O., S. 278.

11) vgl. hierzu: Rediske, Michael; Umbruch in Nicaragua – Die Entstehung der Revolution aus dem Zerfall bürgerlicher Herrschaft, Berlin (West) 1984, S. 177ff., sowie: Dabagjan, E. S.; Die Sozialdemokratie und Nicaragua. Übersetzung der Rede des sowjetischen Lateinamerika-Experten auf einer round-table-Konferenz des Lateinamerika-Instituts der Akademie der Wissenschaften der UDSSR, 1979, o. Ortsangabe, unveröffentlichtes Manuskript.

12) Die FAO war ein Zusammenschluß von 16 politischen Organisationen und Gewerkschaften, deren Bandbreite von der bürgerlichen Opposition bis zu Sympathisanten der FSLN reichte. Vgl. zur Thematik SI/SPD – Zentralamerika die informative und materialreiche Pressedokumentation »La Internacional Socialista en Centroamérica« aus der Reihe El Parcial, erschienen am 11. Dezember 1983, Hamburg.

13) Rathgeber, Theo; a. a. O., S. 284.

14) ebenda, S. 304.

15) vgl. Erler, Brigitte; Bestandsaufnahme der politischen und ökonomischen Beziehungen zwischen der Bundesrepublik Deutschland und Nicaragua von Juli 1979 bis Frühjahr 1983, Manuskript, ohne Ort und Jahr, S. 3.

16) vgl. Christliche Initiative El Salvador (Hg.); Nicaragua – El Salvador – Zwei Entwicklungsmodelle im Vergleich, Münster, Oktober 1984.

17) Die CSUCA ist ein Zusammenschluß der zentralamerikanischen Universitäten zur Durchführung gemeinsamer Forschungsprojekte und Veröffentlichung gemeinsamer Publikationen.

18) In Costa Rica finanziert die FES das Centro de Estudios Democráticos para América Latina/CEDAL. Das CEDAL wurde 1968 gegründet. Es bestehen engste Verbindungen ideologischer und personeller Art zur Regierungspartei PLN (Partido Liberación Nacional). Das Studienzentrum dient in erster Linie der Weiterbildung von PLN-Kadern und Gewerkschaftlern. Jährlich nehmen ca. 8 000 Personen an den Seminaren und Kursen des CEDAL teil. Die Aktivitäten des CEDAL haben nicht unwesentlich zur Spaltung der costaricanischen Gewerkschaftsbewegung beigetragen.

19) siehe hierzu: International Herald Tribune, ein Beitrag von Juan de Onis: »Socialist International Leaders push Managua to Liberalize«, aus: El Parcial, a. a. O., S. 118.

20) Lindenberg, Klaus; Bericht, Mittelamerika-Reise Hans Jürgen Wischnewskis, 9. - 25. Mai 1983, Manuskript, Juni 1983, ohne Ortsangabe.

21) Seidelmann, Raimund; a. a. O., S. 661.

22) Buci-Glucksmann, Christine; Therborn, Göran; Der sozialdemokratische Staat – Die Keynesianisierung der Gesellschaft, Hamburg, 1982, S. 293.

23) Die Trilaterale Kommission ist ein informeller Zusammenschluß von Politikern, Gewerkschaftsführern, Journalisten und Vertretern transnationaler Unternehmen aus den USA, Japan und Westeuropa. Mitglieder waren oder sind beispielsweise Horst Ehmke, Vorsitzender der SPD-Bundestagsfraktion, Helmut Schmidt, Ex-Bundeskanzler, Horst Vetter, Ex-DGB-Vorsitzender, Theo Sommer/Die Zeit, Franz Josef Strauß. – Während der Regierungszeit Jimmy Carters (1976-1980) hatten Mitglieder der Trilateralen Kommission Schlüsselposten in der US-Administration besetzt.

Siehe zur Trilateralen Kommission besonders: »The crisis of democracy« 1975 by Trilateral Commission und »Continuity and change in the industrial relations systems in Western Europe, North America and Japan«, Manuskripte, Mai 1978.

24) In diesem Zusammenhang gibt auch die Äußerung des Lateinamerika-Fachmanns der SPD, Uwe Holtz, einen Sinn, der während einer Podiumsdiskussion zur Entwicklungspolitik der BRD gegenüber Nicaragua am 22. Januar in Köln mitteilte: »Die FES wird demnächst ihre Präsenz in Nicaragua verstärken«.

25) nach: Frankfurter Rundschau vom 16. 2. 1981. Zitiert von Tilmann Evers in: Sozialdemokratie und Lateinamerika, a. a. O., S. 84.

Entwicklungs- und Nicaraguapolitik der CDU

1) Pressemitteilung des Bundesfachausschusses (BFA) Entwicklungspolitik der CDU vom 2. 12. 1982, S. 1.
2) Solidarisch gegen Armut und Not in der Welt, Partnerschaftliche Zusammenarbeit zur Sicherung unserer eigenen Zukunft, herausgegeben von der CDU, ohne Jahr (jedoch vor März '82), S. 9.
3) Zum Thema: Entwicklungspolitische Konzeptionen der CDU, hrsg. von der Bundesgeschäftsstelle der CDU, Bonn, Juli 1976, S. 11.
4) Pressemitteilung des BFA Entwicklungspolitik der CDU vom 3. 1. 1980, S. 8.
5) ebenda.
6) ebenda.
7) Entwicklungspolitische Konzeptionen, a. a. O., S. 10.
8) Statt Millionenprojekte Projekte für Millionen, hrsg. vom BFA Entwicklungspolitik der CDU, Bonn, 2. 12. 1982, S. 4.
9) ebenda.
10) Statt Millionenprojekte . . . , a. a. O., S. 9.
11) Entwicklungspolitische Konzeptionen, a. a. O., S. 10.
12) ebenda, S. 11.
13) Pressemitteilung der BFA Entwicklungspolitik vom 3. 1. 1980, S. 6.
14) ebenda, S. 11.
15) Solidarisch gegen . . . , S. 8.
16) Minister Warnke laut ' Bonner Rundschau' vom 23. 12. 82.
17) vgl. F. Mensing, Entwicklungspolitik auf dem Prüfstand des Parlaments, in: E + Z, Nr. 12/84, S. 22.
18) BFA Entwicklungspolitik, 1/80, S. 3.
19) ebenda.
20) ebenda, S. 8.
21) BFA Entwicklungspolitik . . . , 1/80, S. 4.
22) Generalanzeiger vom 6. 11. 1982.
23) Entwicklungsprogramm Karibik und Zentralamerika, Antrag der CDU/CSU im deutschen Bundestag, Drucksache 9/1298 vom 1. 2. 1982.
24) Gottwald, Gabi; Ideologie und Praxis konservativer Entwicklungspolitk; in: ISTMO 3/4, Februar 1983, S. 50.
25) Solidarisch gegen . . . , S. 8.
26) Beschlußempfehlung und Bericht des Ausschusses für wirtschaftliche Zusamenarbeit, Drucksache des deutschen Bundestages 9/1344 vom 10. 2. 1982.
27) Solidarisch gegen . . . , S. 6.

28) IIS-Auslandsinformationen, Überlegungen für eine neue deutsche Außenpolitik in Richtung Afrika, Asien/Pazifik und Lateinamerika, Teil 3, hrsg. von Konrad-Adenauer-Stiftung, Institut für Internationale Solidarität (IIS), Bonn, 29. 3. 1983.
29) Solidarisch gegen ..., S. 7.
30) ebenda.
31) BFA Entwicklungspolitik ..., 1/80, S. 7.
32) Interview der Deutschen Welle mit Minister Warnke am 26. 10. 1982.
33) Solidarisch gegen ..., S. 18.
34) ebenda.
35) ebenda, S. 12.
36) Entwicklungspolitische Konzeptionen ..., S. 9.
37) Solidarisch gegen ..., S. 12.
38) ebenda, S. 13.
39) Köhler, Volkmar, in: E + Z, Nr. 11/82, S. 6.
40) Statt Millionenprojekte ..., S. 1.
41) Pieroth, Elmar, auf einer CDU-Pressekonferenz am 2. 12. 82, vgl. dazu Pressemitteilung vom gleichen Tag, S. 3.
42) ebenda.
43) Entwicklungspolitische Konzeptionen ..., S. 17/18.
44) vgl. Gottwald, Gabi, a. a. O., S. 54.
45) Statt Millionenprojekte ..., S. 1.
46) Solidarisch gegen ..., S. 14.
47) Köhler, Volkmar; Karibik und Lateinamerika – eine Herausforderung für unsere Entwicklungspolitik, IIS-Auslandsinformationen der Konrad-Adenauer-Stiftung, 20/82 vom 27. 10. 82, S. 6.
48) ebenda, S. 7.
49) ebenda.
50) ebenda, S. 5.
51) ebenda, S. 6.
52) Überlegungen für eine neue deutsche Außenpolitik ..., a. a. O., S. 4.
53) BFA Entwicklungspolitik, 1/80, S. 11.
54) Statt Millionenprojekte ..., S. 6.
55) FAZ vom 16. 3. 82.
56) ebenda.
57) FAZ vom 26. 3. 82.
58) Süddeutsche Zeitung (SZ) vom 16. 12. 82.
59) Gampert, Andreas; die Auseinandersetzung um die Entwicklungshilfe der Bundesrepublik für Nicaragua, nahua script 3, hrsg. vom Informationsbüro Nicaragua e. V., Wuppertal, S. 26.
60) ebenda, S. 27.
61) ebenda, S. 29.
62) vgl. in diesem Buch: 'Zahlenverwirrspiel'.
63) Gampert, Andreas, a. a. O., S. 31.
64) Tageszeitung (TAZ) vom 26. 11. 83.
65) Köhler im Ausschuss für wirtschaftliche Zusammenarbeit (AWZ).
66) TAZ vom 6. 12. 83.
67) ebenda.
68) FAZ vom 30. 12. 82.
69) FAZ vom 1. 1. 83.
70) Frankfurter Rundschau (FR) vom 13. 3. 84.

71) Minister Warnke in der AWZ-Sitzung vom 7. 6. 84.
72) ebenda.
73) Antwort Köhlers auf eine schriftliche Anfrage von Gabi Gottwald, Die Grünen, vom 13. 10. 83.
74) AWZ-Sitzung vom 7. 6. 84.
75) AWZ-Sitzung vom 8. 2. 84.
76) Ein vom damaligen US-Außenminister Haig vorgelegtes Weißbuch mit dem Titel 'Kommunistische Interventionen in El Salvador' sollte die Unterstützung der salvadorenischen Guerilla durch Nicaragua beweisen, stellte sich aber als plumpe CIA-Fälschung heraus.
77) Buchanan-Analyse, vgl. hierzu Blätter des Informationszentrum Dritte Welt (iz 3 w) Nr. 106/Dez. '82.
78) AWZ-Sitzung vom 9. 11. 83 (Diskussion über Länderberichte).
79) Milizsoldaten leisten ihren Dienst in der Freizeit ab.
80) Köhler in der AWZ-Sitzung vom 14. 9. 83.
81) Gampert, Andreas, a. a. O., S. 21.
82) CDU-MdB Lamers in der Mittelamerika-Debatte des Deutschen Bundestages am 27. 1. 84, S. 3663/2.
83) Spiegel, 42/83.

»Der Weg nach Bonn ist jedesmal sehr bitter«

1) SELA = Sistema Económico Latinoamericano. Gegründet im Oktober 1975 in Panamá-City, dem 25 lateinamerikanische Länder angehören. Ziel ist die Förderung eines von den USA relativ unabhängigen Wirtschaftssystems durch regionale Zusammenarbeit, die Unterstützung lateinamerikanischer Großunternehmen und eine gemeinsame Preispolitik. SELA versteht sich auch als Plattform koordinierter Wirtschaftspolitik gegenüber internationalen Handelspartnern.
2) CEPAL = Comisión Económica Para América Latina. Im Februar 1984 als Organ des Wirtschafts- und Sozialrates der Vereinten Nationen gegründet. Ziele sind die Lösung wirtschaftlicher Probleme in Lateinamerika, die Förderung der Wirtschaftsbeziehungen der lateinamerikanischen Länder untereinander und nach außen.
3) Ein 1981 seitens Nicaragua vorgestelltes Projekt zum Bau einer Kartonfabrik in León wurde vom BMZ abgelehnt. Weitere Ergänzungsvorschläge wurden erst gar nicht beantwortet. Als dann 1982 völlig unerwartet eine positive Antwort für das 15 Millionen DM Projekt erfolgte, war dieses von Frankreich übernommen worden (was die BMZ-Planer sicherlich wußten). Die im Bundeshaushalt bereitgestellte Summe verfiel.
4) TELCOR = Telecomunicaciones Revolucionarias. In den 40 Millionen DM Finanzhilfe die in der Bundesrepublik so häufig debattiert wurden, sind 14,5 Mio. DM für die Renovierung und den Ausbau des Fernmeldewesens vorgesehen. Weiterhin im 40 Millionen Paket enthalten ist ein Wartungs-Projekt und die Ersatzteil-Lieferung für die Siemens-Turbinen des Kraftwerks von Managua.

Die Gesellschaft für Technische Zusammenarbeit

1) vgl. VDI-Nachrichten Nr. 39 vom 28. 9. 84, S. 37.
2) vgl. hierzu gesondertes Kapitel.

3) Lexikon Dritte Welt, hrsg. von Nohlen, Dieter, Hamburg 1984, S. 248 (Angaben von 1981).
4) Bezeichnung für Mitarbeiter, die im allgemeinen zwei Jahre draußen sind, im Gegensatz zu Kurzzeitexperten, die einige Wochen bis zu einigen Monaten im Ausland sind. 1983 schloß die GTZ mit 944 solcher Gutachter und Kurzzeitexperten Verträge ab: Journalistenhandbuch Entwicklungspolitik 1984, hrsg. vom BMZ, Bonn.
5) vgl. Kapitel 'Zahlenverwirrspiel'.
6) Es gibt Anzeichen dafür, daß keine Geschäfte mehr zwischen Siemens und Nicaragua getätigt werden (Boykott).
7) vgl. komplette Liste im 'Zahlenverwirrspiel'.
8) Anonyme, den Verfassern bekannte GTZ-Quelle.
9) Anonyme, den Verfassern bekannte GTZ-Quelle.
10) entfällt.
11) Der integrierte Pflanzenschutz wird auch von der chemischen Industrie propagiert, von ihr jedoch so verstanden und interpretiert, daß man ohne ihre Produkte nicht auskommen kann. Es ist auch ein Unterschied, ob man unter Integration die Berücksichtigung von 2 oder 10 biologischen Faktoren versteht.
12) 'Deutsches Zentrum für Entwicklungstechnologie' ist eine '78 ins Leben gerufene Unterabteilung der GTZ, die im wesentlichen drei Aufgaben hat:
    - Auffinden technologischer Lösungen für bestimmte Probleme, die aus Entwicklungsländern nachgefragt werden
    - Technologische Probleme auszumachen, für die es noch keine, insbesondere keine angepaßten Lösungen gibt
    - Durchführung von Pilotprojekten, in denen angepaßte Technologien erprobt werden.
13) Anlagen diesen Stils werden in der BRD von dem Rüstungs- und Raumfahrtkonzern MBB, und auch einer kleineren Firma in Süddeutschland gebaut.
14) Aus GTZ-Handbuch, Projektnummer (PN) 80.2186.7.
15) Vgl. 'Zahlenverwirrspiel'.
16) Quelle: FIR/Managua (eigene Aufzeichnungen).
17) Anonyme, den Verfassern bekannte GTZ-Quelle.
18) vgl. Kapitel 'Solidaritätsbewegung'.
19) Andere Fachleute, die mit angepaßter Technologie in Nicaragua zu tun haben, formulieren dies nicht so hart.

Der Deutsche Entwicklungsdienst

1) Erklärung der Entwicklungshelfer des Deutschen Entwicklungsdienstes (DED) in Nicaragua zum Todestag von Tonio Pflaum, in: Blätter des IZ3W, Freiburg, Juni 1984, Nr. 118, S. 35.
2) ebenda.
3) Politische Erklärungen der DED-Entwicklungshelfer in der Vergangenheit:
   1980: Aufforderung, keine neuen Entwicklungshilfezusagen an das Putschregime in Bolivien zu machen.
   1981: Aufforderung, in El Salvador die Opposition anzuerkennen, wie es zuvor Mexico und Frankreich getan hatten.
   Warnung vor neuen politischen Auflagen des Internationalen Währungsfonds gegenüber Peru und Tansania.

Aufforderung an die Bundesregierung, sich gegenüber Reagan für die Auflösung der Trainingslager der Contra in Nicaragua einzusetzen.
Protest gegen den Bau der Startbahn West als aberwitzigem großtechnologischen Projekt.
Bezahlte Anzeige in »Der Tagesspiegel«, in der der Berliner Innensenator Lummer zwei Tage nach dem Tod von Klaus Jürgen Rattay aufgefordert wurde, seine 'Saat der Gewalt' zu beenden.
aus: Die Tageszeitung vom 1. 10. 84. Unter dem Pseudonym Internus Externalis veröffentlichter Artikel unter der Überschrift: 'Bürokratenmacht und die Angst der Untertanen'.

4) Als die Bundesregierung in den 60er Jahren, gemäß der Hallstein-Doktrin die diplomatischen Beziehungen zu Tansania abbrach, blieb der DED dennoch im Land.
5) Die Grünen sind immer noch nicht Mitglied, da man die Neuwahl des Verwaltungsrates immer wieder verschoben hat.
6) Die folgenden Ausführungen stützen sich wesentlich auf den sehr informativen Beitrag von Herbert Hepatitis, offensichtlich ein Pseudonym für einen DED-Mitarbeiter. »Die Eroberung des Freistaats Kladow« – Zur Wende beim Deutschen Entwicklungsdienst, in: Blätter des IZ3W, Freiburg i. Br., Dezember 1984, Nr. 124, S. 22-26.
7) Hepatitis, Herbert; a. a. O., S. 24.
8) Unter Kuratel, Der Spiegel, Nr. 23, Hamburg 1984.
9) Siehe hierzu die folgenden Interviews.
10) Auswirkungen der BMZ-Politik auf die DED-Mitarbeit in Nicaragua, wenn die angekündigten Restriktionen verwirklicht werden. Unveröffentlichtes Manuskript, Managua, 23. 2. 1984.
11) Köhler, Volkmar; Parlamentarischer Staatssekretär beim Bundesminister für Wirtschaftliche Zusammenarbeit in einem Leserbrief an die Frankfurter Rundschau, Weihnachtsausgabe 1984.
12) Den Autoren bekannte Quelle aus dem DED.

Nicht nur Vergabe von Geld und Personal die bundesdeutschen NROs

1) BMZ (Hg.); Journalisten Handbuch Entwicklungspolitik 1983, 9. Auflage, Bonn 1983, S. 175 ff..
2) BMZ Aktuell 1982; Die entwicklungspolitische Zusammenarbeit zwischen autonomen nicht-staatlichen Organisationen und dem Bundesministerium für Wirtschaftliche Zusammenarbeit, Bonn, August 1983.
3) Bensheimer Kreis Koordinationsstelle, c/o Kübel-Stiftung GmbH; Bensheimer Kreis – Freie Träger der Entwicklungszusammenarbeit, Bensheim, August 1983.
4) **Quelle:** Glagow, Manfred; Schimank, Uwe; Die Nichtregierungs-Organisationen in der Entwicklungspolitik, in: Glagow, Manfred (Hg.); Deutsche Entwicklungspolitik: Aspekte und Probleme ihrer Entscheidungsstruktur, Bielefelder Studien zur Entwicklungssoziologie, Saarbrücken-Fort Lauderdale 1983, S. 145.
5) **Quellen:**
Interviews mit:

(BfdW) **– Werner Rostan**
(DÜ)

(TdH)	**- Klaus Schmidt**
(EIRENE)	**- Albert Gelhardt**
(MEDICO)	**- Walter Schütz**
	- FES
	- FNS

Telefonische Auskunft:

Terre des Hommes	vom 5.3.1985
MISEREOR (Aachen)	vom 5.3.1985
BfdW	vom 7.3.1985
EIRENE	vom 8.3.1985
DWHH	vom 8.3.1985
EZE	vom 7.3.1985
ÖMW	vom 12.3.1985

Schriftliche Auskunft:

ASW vom 8.3.1985

Die politischen Stiftungen: (Friedrich Naumann und Friedrich Ebert Stiftung)
Nach telefonischer Anfrage wurde mitgeteilt, man müsse solcherlei Auskünfte (gefragt war nach dem Umfang der finanziellen Mittel für Nicaragua von 1979-1984) schriftlich beantragen.
Die Antwort beider Stiftungen war fast gleichlautend: »Sehr geehrter Herr Ernst, wir danken Ihnen für Ihren Brief vom 6. März. Leider kann die Stiftung grundsätzlich keine Angaben über Projektförderungssummen machen. Dies ist auch zum Schutz unserer Partner so, was Ihnen insbesondere im Fall Nicaragua verständlich sein wird.«
Die Ebert Stiftung bedauerte um eine Nuance mehr und schickte mir noch Ihren Hochglanz Jahresbericht.
Somit beruhen unsere Zahlenangaben auf inoffiziellen Informationen von Mitarbeitern der Stiftungen, deren Namen, auch wir bitten um Verständnis, nicht nennen möchten.

Erläuterungen zu den in der Tabelle auftauchenden Abkürzungen:

FACS:	Sandino Stiftung; ist für die Koordination der für die nicaraguanischen NRO's ins Land fließende Gelder zuständig.
AMNLAE:	Sandinistische Frauenorganisation
CST:	Sandinistische Arbeitergewerkschaft
UNA:	Staatliche Universität
MIDINRA:	Landwirtschaftsministerium
ATC:	Sandinistische Landarbeitergewerkschaft
JS:	Sandinistische Jugendorganisation
LA PRENSA	stramm antisandinistische Oppositionszeitung
PLI:	Liberale Partei (Schwesterpartei der FDP)
CECOOP:	Von der PLI dominierter Genossenschaftsverband
INSSBI	- Sozialministerium
KEG -	Kommission der Europäischen Gemeinschaft

6) Glagow, Manfred; Schimank, Uwe; Die Nicht-Regierungs-Organisationen in der deutschen Entwicklungspolitik, in: Glagow, Manfred (Hg); Bielefelder Studien zur Entwicklungssoziologie, Bd. 19, Deutsche Entwicklungspolitik: Aspekte und Probleme ihrer Entscheidungsstruktur, Saarbrücken-Fort Lauderdale 1983, S. 146.
7) BARRICADA vom 2.11.84.
7a) Bensheimer Kreis, freier Träger der Entwicklungszusammenarbeit (Übersichtsbroschüre, Stand August 1983), Bensheim 1983, S. 18
7b) Leserbrief der Deutschen Welthungerhilfe in Frankfurter Rundschau vom 28. März 1985
7c) Bensheimer Kreis, freier Träger..., a. a. O., S. 18
8) vgl. Arbeitsgemeinschaft für Internationale Entwicklungsfragen; Deutsche Entwicklungshilfe-Organisationen, Bd. 1, Hamburg, 1984, S. 57.
9) Glagow, Manfred; Schimank, Uwe; a. a. O., S. 161.

medico international

1) Leo Locher, medico international; Erfahrungen mit der Unterstützung von Gesundheitsprojekten, in: Befreiung zur Gesundheit, Berlin 1980, S. 259.
2) ebenda, S. 239/40.
3) ebenda, S. 240.
4) vgl. hierzu: Projektdossier Gesundheitsprojekte am Rio San Juan, hrsg. von medico international, Frankfurt, in Zusammenarbeit mit der Hungerhilfe Nicaragua der Evangelischen Thomas-Kirchengemeinde Düsseldorf.

Die Evangelische Kirche/Brot für die Welt/Dienste in Übersee

1) Den Verfassern bekannte DÜ-Quelle.
2) ebenda.
3) Dieser Beitrag sollte bis 1975 auf 5 % gesteigert werden und liegt heute bei knapp 2 %.
4) Kammer der EKD für kirchlichen Entwicklungsdienst.
5) Der im November '76 eingesetzte Ausschuß 'Entwicklungsbezogene Bildung und Publizistik' (ABP) ist das Gremium, das heute in Zusammenarbeit mit verschiedenen Trägern entwicklungspolitische Bildungsarbeit im Bereich der EKD die Durchführung des Rahmenkonzeptes überwacht.
6) Der Entwicklungsdienst der Kirche, Ziffer 16.
7) ebenda, Ziffer 15.
8) ebenda, Ziffer 25.
9) Frankfurter Rundschau vom 3. 1. 84, S. 12.
10) ebenda.
11) Der Entwicklungsdienst der Kirche, Ziffer 29.
12) Der Überblick 3/80, S. 37.
13) Der Überblick 1/83, S. 3.
14) ebenda S. 4.
15) ebenda.
16) Asien 41,12 %, Afrika 32,23 %, Überregional 10 % (Verteilung der bewilligten Mittel 1959-79), nach BfdW-Jahresbericht 1980, S. 16.

17) BfdW-Jahresbericht 1983, S. 10.
18) 'Brot für die Welt', Darstellungen, Grundsätze, Perspektiven, 5. überarbeitete Auflage, Stuttgart, Jan. 1979.
19) vgl. Interview im Kapitel 'Kirche in der Revolution'.
20) Daraufhin wurde diese Lieferung vom EMW übernommen.
21) Benannt nach dem Bischof Antonio de Valdivieso, der während der spanischen Kolonialzeit Partei ergriff für verfolgte Indianer, die unter den raffgierigen Grundbesitzern, den Brüdern Contreras, schwer zu leiden hatten. Sein Eintreten für die Armen mußte der Bischof mit dem Leben bezahlen – er wurde ermordet.
Das CAV stellt sich mit dieser Namensgebung in die Tradition einer Kirche der Armen.
22) DÜ, Partner für morgen, Ökumenische Aufgaben für Fachkräfte, Stuttgart o. J., S. 6.
23) 10 dieser 26 Stellen sind erst im November '84 bewilligt und noch nicht vollständig besetzt worden, weil es an geeigneten Bewerbern mangelte.
24) Landwirtschaft (2), Sozialarbeit (2), Planung und Statistik (1), Handwerk (1), Projektbüro (1); so teilen sich die weiteren DÜ'ler in Nicaragua auf.

Die bundesdeutsche Solidaritätsbewegung mit Nicaragua

1) vgl. Nicaragua Aktuell (NA), Magazin der Solidaritätsgruppen für Nicaragua und Mittelamerika, hrsg. von Nicaragua-Komitee Kiel, Nr. 2, August 1979, S. 22.
2) Carter's Versuche, den sich abzeichnenden Sieg der Sandinisten in letzter Minute zu verhindern, lassen sich kaum mit wirtschaftspolitischen Interessen der USA erklären. Auch für die Carter-Administration war Nicaragua primär ein politisches Problem. Die letzte von ökonomischen Interessen wesentlich mitbestimmte US-Intervention in Zentralamerika liegt 31 Jahre zurück (Sturz der Guzmán Arbenz-Regierung in Guatemala 1954).
3) NA Nr. 4, Februar 1980, S. 26.
4) Dies geht aus einem Gespräch hervor, das Hermann Schulz in seiner Eigenschaft als Sekretär der europäischen Solidaritätsbewegung für das Volk von Nicaragua im März 1982 mit Ernesto Cardenal und Sergio Ramirez führte.
5) Brief der Photojournalistin Cordelia Dilg aus Managua, abgedruckt in den Blättern des iz3w (Informationszentrum Dritte Welt), Nr. 104, September 1982, S. 24.
6) Zur Geschichte und Arbeit der Gesundheitsbrigaden, vergleiche das anschaulich geschriebene Buch ». . . und ich weiß, daß ich noch bleiben will«, hrsg. vom Gesundheitsladen Berlin e. V., Berlin, September 1984.
7) vgl. Blätter des iz3w Nr. 117, Mai 1984, S. 4.
8) 'Nicaragua Libre', Bericht der ersten Arbeitsbrigaden nach Nicaragua (Kaffeepflücker), Berlin, März 1984, S. 2.
9) Bericht der ersten Arbeitsbrigaden . . .
10) Die Zahlen beruhen auf Angaben von Brigadisten, die von Beginn bis Fertigstellung des Projektes in Talolinga mitarbeiteten.
11) CEPAD (Comite evangelicó pro ayuda y desarollo) ist eine nationale evangelische Entwicklungshilfeorganisation, vgl. hierzu auch das Interview. »Über die Bibellektüre soll auch das soziale Engagement gefördert werden.«
12) vgl. Interview: »Der politische Aspekt der Solidarität ist der weitaus wichtigste.«

Abkürzungen

AA	Auswärtiges Amt
AGKED	Arbeitsgemeinschaft Kirchlicher Entwicklungsdienste
AID	Agency for International Development/Büro für internationale Entwicklung; Entwicklungshilfebehörde der USA
AMNLAE	Asociación de Mujeres Nicaragüenses 'Luisa Amanda Espinoza'/Nicaraguanische Frauenorganisation (Massenorganisation der FSLN)
APP	Area de Propiedad del Pueblo/Landwirtschaftliche und industrielle Betriebe im Volksbesitz; hierzu zählen Besitzungen Somozas und von Personen, die eng mit ihm zusammenarbeiteten und nach dem 19.7.1979 enteignet wurden.
ASA	Arbeits- und Studienaufenthalte in Afrika, Asien und Lateinamerika; Hochschul-Stipendienprogramm
ASW	Aktionsgemeinschaft Solidarische Welt e.V.; 1957 als Aktionsgemeinschaft für die Hungernden gegründet. Über ein Patenschaftsprogramm werden Kleinstprojekte im Bereich der ländlichen Entwicklung und Ausbildung von Jugendlichen gefördert.
ATC	Asociación de Trabajadores del Campo/Vereinigung der Landarbeiter (Sandinistische Landarbeitergewerkschaft)
AWZ	Ausschuß für Wirtschaftliche Zusammenarbeit; der Ausschuß des Bundestages befaßt sich mit der Erörterung entwicklungspolitischer Fragen. Langjähriger Vorsitzender ist der SPD-Abgeordnete Dr. Uwe Holtz.
Bensheimer Kreis:	In ihm schlossen sich 1976 verschiedene autonome, nicht-staatliche Organisationen auf freiwilliger Basis zusammen, um ihre Arbeit in Entwicklungsländern und ihr Bildungs- und Öffentlichkeitsarbeit in der BRD untereinander und mit staatlichen Stellen abzustimmen.
BfdW	Brot für die Welt
BMFT	Bundesministerium für Forschung und Technologie
BMWi	Bundesministerium für Wirtschaft
BMZ	Bundesministerium für Wirtschaftliche Zusammenarbeit
CAV	Centro Antonio Valdivieso

CDS	Comité de Defensa Sandinista/Sandinistisches Verteidigungskomitee (Sandinistisches Dorf- und Stadtteilkomitee)
CEPAD	Comité Evangélico pro Ayuda y Desarrollo/Evangelisches Komitee für Hilfe und Entwicklung
CIERA	Centro de Investigaciones y Estudios de la Reforma Agraria/Forschungs- und Studienzentrum für die Agrarreform; ist als Forschungs-, Ausbildungs- und Eva luierungszentrum dem MIDINRA angegliedert.
CITA	Centro de Investigaciones para Tecnología Apropiada/-Forschungszentrum für angepaßte Technologie
COIP	Cooperación Industrial del Pueblo (Holding-Gesellschaft der verstaatlichten Industrieunternehmen Nicaraguas)
CST	Central Sandinista de Trabajadores/Sandinistische Arbeiterzentrale (Dachgewerkschaft)
DED	Deutscher Entwicklungsdienst
DÜ	Dienste in Übersee
DWHH	Deutsche Welthungerhilfe/German Agro-Action
EIRENE	Das griechische Wort für Frieden. EIRENE — Internationaler Friedensdienst e.V., 1957 gegründet, ist eine NRO, die in Entwicklungsländern ausgehend von den Prinzipien Frieden, Gewaltfreiheit und Völkerverständigung durch freiwillige und finanzielle Hilfe v.a. Genossenschaften, Berufsausbildungsmaßnahmen für Jugendliche und zahlreiche Projekte ländlicher Entwicklung fördert.
EKD	Evangelische Kirche in Deutschland
ENIPLAS	Empresas Nicaragüenses de la Indústria Plástica (Zusammenschluß verstaatlichter Plastikbetriebe)
EPS	Ejército Popular Sandinista/Sandinistisches Volksheer (die Streitkräfte Nicaraguas)
EZE	Evangelische Zentralstelle für Entwicklungshilfe
FACS	Fundación Augusto César Sandino (Koordinationsstelle für Projekte von Nicht-Regierungsorganisationen in Nicaragua)
FAO	Food and Agriculture Organization of the United Nations/Ernährungs- und Landwirtschaftsorganisation der Vereinigten Nationen
FDR	Frente Democrático Revolucionario/Demokratisch Revolutionäre Front, El Salvador
FES	Friedrich-Ebert-Stiftung, SPD

FIR	Fondo Internacional de Reconstrucción/Nationaler Wiederaufbaufonds; Koordinationsstelle für staatliche finanzielle und technische Hilfe aus dem Ausland
FMLN	Frente Farabundo Martí de Liberación Nacional/Nationale Befreiungsfront Farabundo Martí, El Salvador
FNS	Friedrich-Naumann-Stiftung, FDP
FSLN	Frente Sandinista de Liberacíon Nacional/Sandinistische Front zur Nationalen Befreiung
FZ	Finanzielle Zusammenarbeit
'Gruppe der 12'	Eine Gruppe 12 prominenter, nichtmarxistischer Nicaraguaner, die dem kleinen und mittleren Bürgertum angehörten, lebten im selbstgewählten Exil in Costa Rica. Sie unterstützte politisch und diplomatisch den Kampf der FSLN gegen Somoza. Nach dem Überfall der FSLN auf die Kaserne der Nationalgarde in San Carlos (Oktober 1977) gab die 'Gruppe der 12' eine Erklärung ab, in der sie zum Sturz des Somozaregimes aufrief. Am 5.7.1978 kehrte sie unter großem Jubel der Bevölkerung nach Nicaragua zurück. Bekannte Mitglieder dieser Gruppe: der heutige Vizepräsident Sergio Ramírez und der Kulturminister Ernesto Cardenal.
GTZ	Gesellschaft für Technische Zusammenarbeit
HSS	Hanns-Seidl-Stiftung, CSU
IMEP	Indústrias Metalúrgicas del Pueblo/Verstaatlichter metallverarbeitender Betrieb
INE	Instituto Nicaragüense de Energía/Nicaraguanische Energiebehörde
INRA	Instituto Nicaragüense de la Reform Agraria/Nicaraguanisches Institut für die Agrarreform (Teil des MIDINRA)
IRENA	Instituto de Recursos Naturales y del Ambiente/Institut für natürliche Ressourcen und Umwelt
IWF	Internationaler Währungsfonds; Sonderorganisation der UNO zur Harmonisierung des internationalen Währungssystems und Stabilisierung der Wechselkurse durch Bereitstellung von Zahlungsmitteln, Krediten zur Überwindung von Zahlungsbilanzschwierigkeiten. Neokolonialistische Institution, die von den westlichen Industrieländern kontrolliert wird und massiv in die Wirtschafts-, Sozial- und Finanzpolitik der Entwicklungsländer eingreift.

KAS	Konrad-Adenauer-Stiftung, CDU
KfW	Kreditanstalt für Wiederaufbau; gegründet 1948 zur Verwaltung der Marshall-Plan-Gelder; heute wickelt sie die finanziellen Entwicklungshilfeprogramme der Bundesregierung ab.
LLDC	Least Developed Countries; die nach UN-Kriterien am stärksten unterentwickelten Länder der Welt
MdB	Mitglied des Bundestags
MED	Ministerio de Educación/Erziehungsministerium
MIDINRA	Ministerio de Desarrollo Agropecuario y de Reforma Agraria/Ministerium für landwirtschaftliche Entwicklung und Agrarreform
MINSA	Ministerio de Salud/Gesundheitsministerium
MINVAH	Ministerio de Vivienda y de Asentamientos Humanos/ Wohnungsbauministierum
MSAC	Most Seriously Affected Countries; nach UN-Kriterien von bestimmten Krisenphänomenen am stärksten betroffene Länder mit einem Bruttoinlandsprodukt unter 400 US-$
NRO	Nicht-Regierungsorganisation
OAS	Organisation Amerikanischer Staaten; ihr gehören alle Staaten des amerikanischen Kontinents an. Die Charta der OAS enthält u.a. einen kollektiven Beistandspakt im Falle eines extrakontinentalen Angriffs. Die Signatarstaaten vereinbarten, etwaige Streitigkeiten untereinander friedlich zu regeln und das Selbstbestimmungsrecht zu achten.
ÖEZ	Öffentliche Entwicklungszusammenarbeit
ÖMW	Ökumenisch-Missionarischer Weltdienst
SINAFORP	Sistema Nacional por la Formación Profesional/Nationales System für die Berufsausbildung
SI	Sozialistische Internationale
TELCOR	Telecomunicación y Correos/Telefonverbindungen und Post (Ministerium für Post und Telefon)
TZ	Technische Zusammenarbeit
UCA	Universidad Centroamericana/Zentralamerikanische Universität; von Jesuiten gegründete und geleitete Universtität, die vom Staat finanziell unterstützt wird und neben der staatlichen Universität UNAN (Universidad Nacional de Nicaragua) besteht.
UN/UNO	United Nations/Vereinte Nationen

UNCTAD	United Nations Conference on Trade and Development/ UN-Konferenz für Handel und Entwicklung; sie wurde auf Drängen der Entwicklungsländer eingerichtet, jedoch nicht – wie gewünscht – als eigenständige Welthandelsorganisation, sondern als ständiges Organ der UN-Vollversammlung.
UPE	Unidad de Producción Estatal/Staatliche Produktionseinheit, eine Untergliederung der APP
VE	Verpflichtungsermächtigung

Adressen

Solidaritätsarbeit und Informationen zu Nicaragua-Zentralamerika:

Forschungs- und Dokumentationszentrum
Chile-Lateinamerika e. V.
Gneisenaustraße 2
1000 Berlin 61
Tel. 030/693 40 29

Freundschaftsgesellschaft BRD – Kuba e. V.
Kaiserplatz 3
5300 Bonn 1
Tel. 0228/21 06 48

Informationsstelle Lateinamerika e. V.
Römerstraße 88
5300 Bonn 1
Tel. 0228/65 86 13

Informationszentrum Dritte Welt
Postfach 5328
Kronenstraße 16
7800 Freiburg
Tel. 0761/7 40 03

Informationsbüro Nicaragua e. V.
Katernberger Schulweg 123
Postfach 10 13 20
5600 Wuppertal 1
Tel. 0202/7605 27

Informationsstelle El Salvador e. V.
Sterntorbrücke 13
5300 Bonn 1
Tel. 0228/69 20 30

Informationsstelle Guatemala e. V.
Oscar Romero Haus
Heerstr. 205
5300 Bonn 1

Christliche Initiative El Salvador e. V.
Kardinal von Galen Ring 45
4400 Münster
Tel. 0251/8 95 03

Botschaft der
Republik Nicaragua
Konstantinstraße 41
5300 Bonn/Bad Godesberg
Tel. 0228/35 59 38

Schäfereigenossenschaft Finkhof e.G.
St. Ulrichstraße 1
7954 Arnach/Bad Wurzach
Tel. 07564/530

Werkschule Berlin e. V.
c/o Lothar Werner
Elricherstraße 18
1000 Berlin 47 (Britz)

Verein Monimbó e. V.
Darmstädterstraße 23
6057 Dietzenbach
Tel. 06074/26 89 1

Verein zur Förderung von
Landwirtschaft und Umweltschutz in der Dritten Welt
Mainzer Straße 14
6501 Stadecken-Elsheim 2
Tel.: 06130/460
(werktags nach 17 Uhr)

medico international e. V.
Hanauer Landstraße 147-149
6000 Frankfurt 1
Tel. 069/49 03 50

Costa Rica AG Hamburg
c/o Manfred Ernst
Forsmannstraße 27
2000 Hamburg 60
Tel. 040/279 72 88

Sozialwissenschaftliche Studiengesellschaft
Zentralamerika e. V.
Coerdestraße 42
4400 Münster
Tel. 0251/27 73 30

Freundeskreis CITA
c/o ESG Essen
Universitätsstraße 19
4300 Essen 1
Tel. 0201/23 97 73

Mittelamerika-Informationsdienst e. V.
Sterntorbrücke 13
5300 Bonn 1
0228/62 67 81

Handwerkergenossenschaft e. G.
Verbindungskanal, linkes Ufer 20-24
6800 Mannheim 1
Tel. 0621/10 33 24/5

Adressen von Brigadenkoordinationen:

El Pochote-Initiative
c/o Angelika Stietz
Eulerweg 4
6103 Griesheim
Tel. 06155/67 32

Vorbereitungsgruppe Nueva Guinea
c/o Christian Eggers
Pinnasberg 72
2000 Hamburg 4
Tel. 040/31 65 50

Für Pantasma gilt die Anschrift des Informationsbüro Nicaragua e. V.

Adressen: Entwicklungspolitik – Protest und Informationen

Brot für die Welt
Stafflenbergstraße 76
7000 Stuttgart 1

Dienste in Übersee
Gerokstraße 17
7000 Stuttgart 1

Misereor
Mozartstraße 9
5100 Aachen

Deutscher Entwicklungsdienst
Kladower Damm 229-237
1000 Berlin 22

Gesellschaft für Technische Zusammenarbeit
Dag Hammarskjöld Weg 1
Postfach 5180
6236 Eschborn 1

Deutscher Gewerkschaftsbund
Abt. Internationales
Hans-Böckler Straße 39
4000 Düsseldorf

Bundesministerium für
Wirtschaftliche Zusammenarbeit
Karl-Marx-Straße 4-6
5300 Bonn 1

Arbeits- und Studienaufenthalte in
Entwicklungsländern/ASA
Lützowufer 6-9
1000 Berlin 30

ASA – Freundes und Förderkreis e. V.
Postfach 31 05 27
1000 Berlin 31

terre des hommes
Postfach 4126
4500 Osnabrück

Friedrich-Ebert-Stiftung
Godesberger Allee 149
5300 Bonn 2

Konrad-Adenauer-Stiftung
Rathausallee 12
5205 St. Augustin 1

Friedrich-Naumann-Stiftung
Margarethenhof
Königswinterer Straße
5330 Königswinter 41

Die Grünen im Deutschen Bundestag
Büro Ludger Vollmer
Bundeshaus
5300 Bonn

Zeitschriften

Blätter des iz3w (Informationszentrum 3. Welt) erscheint alle 6 Wochen und ist zu beziehen über: Aktion 3. Welt e. V., Kronenstr. 16, 7800 Freiburg

envio, hrsg. vom Instituto Historico Centroamericano/Managua (erscheint monatlich), deutsche Fassung zu beziehen über: Informationsbüro Nicaragua e. V., Katernberger Schulweg 123, 5600 Wuppertal 1

Informationsdienst El Salvador/IDES (Nachrichten und Berichte zu Zentralamerika) c/o FDCL, Gneisenaustr. 2, 1000 Berlin 61

ila-Info (Informationsstelle Lateinamerika) erscheint monatlich, zu beziehen über: ila, Römerstr. 88, 5300 Bonn 1

istmo (Studien zu Zentralamerika), hrsg. von Sozialwissenschaftliche Studiengesellschaft Zentralamerika e. V. (SSZ), Coerdestr. 42, 4400 Münster, erscheint 2 bis 4 mal jährlich

Lateinamerika-Nachrichten, Gneisenaustr. 2, 1000 Berlin 61, erscheint 11 mal im Jahr

Mittelamerika-Magazin, hrsg. vom Mittelamerika-Komitee, 2300 Kiel, Königsweg 7, erscheint monatlich

Der Druck dieses Buches wurde u.a. ermöglicht durch ein Darlehen der **"Aktion Selbstbesteuerung"** - Friede durch gerechte Entwicklungspolitik.